Mauro F. Guillén

2030 축의 전환

새로운 부와 힘을 탄생시킬 8가지 거대한 물결

2030 축의 전환

마우로 기엔 지음 | 우진하 옮김

리더스북

이제 전 세계 경제에 깊이 뿌리를 내린 한국은 현재 진행 중인 대규모 변화에 함께 발맞춰 끊임없이 변화하고 있다. 아니, 사실 한국은 가장 크게 변모한 국가 중 하나이며 지금부터 2030년까지 계속 발전을 멈추지 않을 것이다.

인구 통계적, 경제적, 그리고 기술적 관점에서 전 세계는 계속 변화하고 있다. 서로 다른 수많은 흐름이 상호 작용을 일으킬 때마다, 사람과 조직은 변화 탐색에 필요한 적응의 과정을 거치기 전에 미래를 어느 정도 예측하고 싶은 충동을 느끼게 될 것이다. 한국과 같은 나라에서 2030년까지의 흐름을 분석하는 일은 바로 이런 이유에서 중요하다.

지난 2년 동안 우리에게는 인구 통계를 비롯해 경제와 기술 변화의 흐름을 구체적으로 정리해야 할 더 많은 이유가 생겼다. 이른바 코로나바이러스감염증-19이하 코로나19의 대유행, 공급망과 관련된 광범위한 문제, 그리고 최근의 물가 상승으로 많은 추세가 가속화되거나 반대로 둔화되는 흐름이 공존하는 상황이 있다. 이제 우리는 그만큼 예측이 어려운 변덕스러운 흐름에 휩싸여 있는 것이다.

일부 유럽 국가들이나 미국과 비교해 한국의 합계 출생률은 2021년 기준으로 여성 1인당 0.81명으로 감소했다. 이는 세계 선진국 중에서도 가장 낮은 수준이다. 이러한 출생률 하락의 배후에는 코로나19의 대유행과 더불어 미래에 대한 불확실성이라는 요소가 더해진 상황적 요인이 있다. 또한 이에 따라 젊은 세대들도 가정을 꾸리기보다는 더 많은 교육을 받거나 일하는 데 전념하게 되었다. 물론 생활비와 주거비 상승의 문제도 있다. 그런데 만일 이런 추세가 계속된다면 한국은 60세 이상 인구 1명당 15~59세에 해당하는 인구가 2022년 2.5명에서 2030년에는 불과 1.7명으로 줄어들어 세계 최하위라는 불명예를 얻게 될 것이다. 다시 말해 퇴직자에게 연금과 보건 및 기타 복지를 제공하는 측면에서 여러 가지 문제가 발생하게 될 것이다. 반면에 이 상황은 어쩌면 한국 국내 시장은 물론 국제 시장에 새로운 제품이나 기술을 개발해 소개할 좋은 기회가 될 수도 있다.

최근 벌어진 일련의 사태로 인해 가속화되고 있는 또 다른 흐름은 바로 불평등이다. 한국의 중산층 규모는 세계에서 가장 큰 편에 속하며 이 중산층이 사회·경제적 안정의 근본적인 밑바탕임은 분명하다. 그렇지만 지금 젊은 세대는 치솟는 주거비와 좋은 일자리를 두고 벌어지는 경쟁으로 인해 큰 어려움을 겪고 있다. 한국은 100만 달러 이상의 자산을 가진 인구의 비율이 세계 최상위권인데, 그 숫자는 코로나 발생 직전인 2019년에서 2021년 말까지 24만 3000명에서 27만 2000명으로 증가했다. 따라서 이런 불평등이 심화되는 흐름은 한국 사회에 충분히 긴장과 마찰을 일으킬 수 있다.

나는 2021년 10월에 개인적으로 한국의 수도 서울을 비롯해 부산과 인천 등을 방문했다. 그리고 한국 대도시들의 생명력에 깊은 인상을 받았다. 무엇보다 그곳에서 전 세계적으로 유명한 로봇과 전자 기술, 그리고 디지털 플랫폼의 인상적인 성과를 직접 목격할 수 있었다. 또한 한국이 발전을 지속하는 동시에 탄소 가스 배출을 최소화하기 위해 어떤 노력을 하고 있는지도 알게 되었다. 따라서 한국은 인구 통계나 경제적 동향 이외에도 다양한 분야에 걸쳐 기술의 새로운 적용이라는 측면에서 앞서가고 있는 나라임에 분명하다.

이 책을 읽기 시작했다면 이러한 다양한 흐름이나 추세, 그리고 동향들이 각각 서로 어떻게 연결되어 결합되는지 생각해보기를 권한다. 그리고 이 책의 마지막 장까지 놓치지 말고 모두 읽기를 바란다. 마지막 장에서 나는 사람들이 어떻게 도전에 맞서고, 수많은 변화의 한가운데에서 기회를 발견하고 활용할 수 있는지 그 방법을 설명할 것이다.

세상이 바뀌었다. 코로나19의 세계적인 대유행은 새로운 기술이 도입되는 시대를 선보일 것이다. 소위 전문가라고 하는 사람들은 소매업의 소멸과 출퇴근 시대의 종언, 그리고 세계화의 역전 현상이 올 거라고 말한다.

개인적으로는 이 위기의 흔적이 평생에 걸쳐 지속될 것이라 생각하지만, 모든 데이터가 수집되기 전에 상황을 지나치게 과장하거나 혹은 너무 많은 전환을 예측하는 것은 조심해야 한다. 분명 전자상거래와 재택근무, 보호무역과 외국인 혐오 같은 반세계화 현상들은 매우 중요한 추세들이다. 하지만 반드시 전문가들이 주장하는 방향으로만 세상이 흘러가는 건 아니다.

이전에 유행했던 감염병과는 달리 이번 사태는 기존에 이미 진행되고 있던 흐름을 더욱 가속할 것이다. 새로운 기술은 더 신속하게 도입되고 인구 고령화는 더 가파르게 진행되며, 여성의 사회적 역할은 훨씬 커지고 신흥공업국 경제는 더 빠르게 성장해 세계에서 가장 큰 소비 시장으로 부상할 것이다.

그리고 한국은 내가 이 책에서 상세하게 분석할 큰 경향들의 가속화 속에서 가장 큰 혜택을 볼 것이다. 지정학적 한계에도 불구하고 한국은 세계에서 가장 역동적인 경제 권역 안에 자리하고 있다. 이런 전략적 위치는 하늘이 준 기회일지도 모른다. 한국은 K팝과 영화, 드라마 등을 중심으로 하는 문화 강국, 그리고 삼성이나 현대로 대표되는 혁신과 창의의 중심지로 거듭나고 있다.

하지만 미래는 여전히 불확실하다. 내가 1990년대에 방문했을 당시, 한국은 21세기로 나아가고 있었다. 점점 더 많은 사람들이 교육에 투자했고 사회를 떠받치는 중산층의 규모는 확대되고 있었으며 새로운 서비스 경제가 곳곳에서 시도되고 있었다. 한편 우리가 코로나19 이후에 마주칠 수많은 어려움들은 전 세계와의 공조 속에서만 적절하게 다뤄질 수 있다.

한국은 모든 것이 중간 규모인 국가다. 다시 말해 자체적인 인구수나 경제 규모에만 의존해서는 미래의 번영을 장담할 수 없으며, 다른 국가들과의 협력 없이 세계화에 앞장설 수 없다. 그렇지만 세 가지 중요한 변화를 기회로 바꿀 수 있으면 한국의 미래는 밝다고 생각한다. 우선 노년층을 시간제 근로자로, 그리고 환경 문제를 의식하는 소비자로 활용함으로써 경제 발전의 촉매로 삼자. 둘째, 고등교육을 받은 사람, 특히 '여성'의 창의력을 적극 이용하자. 셋째, 세계화, 국제 무역, 이민을 받아들이는 동시에 그 과정에서 변화에 뒤떨어지는 사람들이 없도록 하자. 이제부터 내가 소개하는 이야기들은 이런 가능성들을 실현하기 위한 방법들을 보여준다.

여러 사실과 통계

다음 산업혁명이 예상되는 곳: 사하라사막 이남 지역
이유: 멕시코의 국토 면적에 달하는 약 5억 에이커(약 202만 제곱킬로미터)
　　　의 비옥한 토지가 아직 농경지로 개발되지 않은 채 남아 있다.

2000년, 전 세계의 부에서 여성이 차지한 비율: 15퍼센트
2030년, 전 세계의 부에서 여성이 차지할 비율: 55퍼센트

2017년, 전 세계에서 기아에 허덕이는 인구: 8억 2100만 명
2030년, 전 세계에서 기아에 허덕일 인구: 2억 명
2017년, 전 세계의 비만 인구: 6억 5000만 명
2030년, 전 세계의 비만 예상 인구: 11억 명
2030년, 비만해지리라고 예상되는 미국인: 전체 미국인의 50퍼센트

2030년, 전 세계 도시의 토지 점유 비율: 1.1퍼센트
2030년, 전 세계의 도시 거주 인구 비율: 60퍼센트
2030년, 도시의 탄소 배출량 비율: 87퍼센트
2030년, 해수면 상승에 노출된 도시 인구 비율: 80퍼센트

현재 최대 규모의 중산층 소비 시장: 미국과 서유럽
2030년, 최대 규모의 중산층 소비 시장: 중국
2030년, 신흥 경제국의 중산층 진입 인구: 10억 명
현재 미국의 중산층 인구: 2억 2300만 명
2030년, 미국의 중산층 인구: 2억 900만 명

들어가는 글

시간은 우리를 기다려주지 않는다

사람들은 그저 보고 싶은 것만 보고, 듣고 싶은 것만 듣는 법이지.

— 테일러 판사, 하퍼 리Harper Lee의 『앵무새 죽이기To Kill a Mockingbird』에서

때는 2030년.

파리에서 베를린에 이르는 서유럽의 날씨가 이상하리만큼 더워지면서 한여름의 기온이 나날이 최고 기록을 경신했다. 국제적 언론들은 이 사실을 우려하며 계속해서 보도했다. 런던을 떠나 케냐의 수도에 있는 나이로비 공항에 막 도착한 비행기에는 레헤마가 타고 있었다. 그녀는 영국에 몇 주간 머물며 친척들을 만나고 돌아왔다. 이민자의 눈으로 영국을 바라보니 세상이 얼마나 넓고 다양한지를 배우고 큰 통찰을 얻은 것만 같았다.

공항을 걸어 나오면서 레헤마는 100년 전만 해도 아프리카 대륙을 호령한 식민지 제국의 현재 모습이 케냐와 얼마나 다른지를 되새겨보았다. 그녀는 많은 영국인이 여전히 물건을 구입할 때 현금을 사용하는 모습을 보고 놀랐다. 케냐인들은 오래전부터 휴대전화를 이용한 결제를 생활화했다. 이제는 휴대전화가 지갑을 대신하고 있었다. 그녀는 택시를 타고 집으로 가는 길에 택시 기사와 이야기를 나누며 웃었다. 자신과 이웃 친

구들 대부분이 온라인 학교에 '다녔다'고 영국인들에게 이야기했더니 제대로 이해하지 못했다는 등의 이야기였다.

　케냐 나이로비 공항에서 수천 마일 떨어진 미국 뉴욕의 JFK 공항에서는 앙헬이 입국 수속이 끝나기를 기다리고 있었다. 그녀는 2주 후에 뉴욕대학교에서 2년 동안의 이학 석사 과정을 시작할 예정이다. 그녀는 수속이 끝나기를 기다리며 《뉴욕 타임스New York Times》를 읽었다. 1면 기사를 보니 미국에서 역사상 최초로 노년층 인구가 청년 인구보다 많아진 모양이었다. 그녀의 고국인 필리핀과 비교하면 놀라운 차이가 아닐 수 없었다. 미국에서는 돌봄이 로봇들이 기본적인 문제들을 해결해주는 수만 명의 노인이 집에 남는 방을 빌려주고 겨우 생활을 꾸려나간다고 한다. 특히 연금만으로는 생활이 불가능해진 노인들이 그렇게 산다고 한다. 앙헬은 미국 여성들이 남성들보다 더 많은 부를 차지하고 있다는 사실을 불평하는 듯한 기고문을 읽었다. 기고자는 이런 추세가 미국 경제를 불안하게 만들 수 있다고 생각하는 듯했다.

　앙헬이 《뉴욕 타임스》의 나머지 기사들을 다 읽을 때까지도 입국 수속은 끝나지 않았다. 입국을 기다리는 외국인들의 줄은 길었고 아주 천천히 움직였다. 하지만 미국 시민과 영주권자들의 줄은 그보다 훨씬 빨리 움직였다. 앙헬의 귀에 블록체인 기술이 입국 수속을 무척 간편하게 바꿨다는 잡담이 들려왔다. 블록체인 기술은 생활 속의 여러 분야를 획기적으로 바꾸었다. 이제는 해외에서 구입한 물품에 대한 세금도 바로 처리될뿐더러, 수속을 마치고 짐을 찾아 공항을 나오면 예약해둔 자율 주행 차량에 바로 올라탈 수 있었다.

＊　　　＊　　　＊

2020년. 요즘은 어디서든 "중국이 모든 분야에서 세계 최고가 될 것이다"라는 말을 들을 수 있다. 또한 중국이 곧 전 세계의 패권을 두고 미국과 경쟁할 것이라는 말도 들린다. 물론 이 말들은 어느 정도 사실이지만, 전체적인 상황을 보여주지는 못하고 있다. 2014년, 인도가 쏘아 올린 화성 탐사선이 화성 궤도에 진입하는 쾌거를 이루며 전 세계를 놀라게 했다. 그것도 첫 번째 시도 만에 성공한 일이었다. 우주개발 시대가 열린 후 미국과 러시아 그리고 유럽이 우주선을 화성 궤도에 보내기 위해 여러 번 발사했지만 성공한 사례는 절반에도 미치지 못했기 때문에 인도의 성공은 무척 놀라운 일이었다. 이 역사를 이루기 위해 인도우주연구기구ISRO가 들인 예산은 7400만 달러에 불과했다.

그렇다면 이 붉은 행성의 궤도에 인공위성을 보내려면 예산이 얼마나 필요할까? 우주왕복선이 우주에 한 번 나갔다 돌아오는 데 드는 돈은 4억 5000만 달러 정도다. 각각 우주여행과 화성 여행을 소재로 한 할리우드 영화〈인터스텔라〉와〈마션〉의 제작비는 1억 6500만 달러와 1억 800만 달러였다.

인도는 미국 우주개발의 이면을 그린『필사의 도전The Right Stuff』을 쓴 톰 울프Tom Wolfe가 말한 "꼭 필요한 자질"을 갖추고 있다. 세계 최고 수준의 기술진이 있으며, 모든 일을 제시간에 맞춰 효율적으로 해낼 능력도 있다. 인도 탐사선의 화성 궤도 진입은 우연히 맞아떨어진 성과가 아니었다. 인도는 그전에도 미국을 비롯한 유수의 강대국을 앞서 나간 적이 있다. 인도는 2009년의 첫 번째 달 탐사에서 달 표면에 물이 존재한다는 증거를 처음으로 찾아냈다. 영국 일간지《가디언Guardian》의 보도에 따르면 이 물은 "극지방에 집중되어 있으며, 태양풍 때문에 만들어진 것 같다." 미국항공우주국NASA은 10년이 지나서야 인도의·발견을 독자적으로 확인할 수 있었다.

예전에는 우주를 탐사하려면 많은 로켓 과학자와 엄청난 노력이 필요했다. 즉, 초강대국이 많은 돈과 자원을 쏟아 붓고 영웅적인 우주비행사와 유능한 전문가들이 참여해야 실현이 가능했다. 어렵고 막대한 비용이 들기 때문이었다. 그랬던 현실은 이제 지나간 역사의 일부가 되었다.

오래전에는 세계가 부강한 국가와 그렇지 못한 국가로 깔끔하게 나뉘었다. 출생률은 높았고, 현직 노동자의 수가 은퇴자의 수보다 많았으며, 사람들은 주택과 자가용을 갈망했다. 기업들은 성공의 기준을 유럽과 미국의 수준에 맞췄다. 공적 부채와 사적 부채는 모두 국가가 발행한 통화로 결제되었다. 학교 교사들은 학생들에게 '정정당당하게 행동해야 한다'고 가르쳤다. 우리는 그런 법칙이, 처음 사회생활을 시작하고 가정을 꾸리며 자녀들을 키워 독립시키고 은퇴할 때까지 통용될 거라고 생각했다.

그 익숙했던 세상은 새로운 법칙들이 이끄는 새롭고 당혹스러운 현실에서 빠르게 사라지고 있다. 우리가 깨닫지 못하는 사이에 대부분의 국가에서는 노년층 인구가 청년층 인구보다 많아지고, 여성들은 남성들보다 더 많은 재산을 소유할 것이다. 아시아의 중산층 시장은 미국과 유럽을 합한 것보다 커질 것이다. 또한 우리는 공장 노동자들보다 더 많은 산업용 로봇, 인간들의 두뇌보다 더 많은 컴퓨터, 인간들의 눈보다 더 많은 감지 장치, 그리고 국가들의 수보다 다양한 통화에 둘러싸일 것이다.

그것이 바로 2030년의 세계다.

펜실베이니아대학교 경영대학원인 와튼스쿨의 교수인 나는 지난 몇 년 동안 10년 후의 세상을 연구해왔다. 기업의 미래뿐만 아니라 앞으로 닥쳐올 눈사태 같은 변화에 영향받을 노동자와 소비자에도 관심이 깊다. 수많은 강연에서 정치가, 기업의 경영자와 중간관리자, 고등학생과 대학생에 이르는 사람들에게 이 책에 쓴 내용들을 이야기했다. 또한 나는 소셜 네트워크 서비스와 온라인 강의로 많은 사람과 접촉했다. 사람들은 내가 그리는 미래에 언제나 경탄과 우려가 뒤섞인 반응을 보인다. 이 책은 앞으로 닥쳐올 혼란을 헤쳐나가는 지침서가 되어줄 것이다.

앞으로 어떤 미래가 펼쳐질지는 아무도 확실하게 알지 못한다. 아는 사람이 있다면 부디 연락하기를 바란다. 함께 큰돈을 벌 수 있을 테니 말이다. 앞날을 완벽하게 예측할 수는 없더라도 향후 10년 동안 일어날 수 있는 일 몇 가지는 추정할 수 있다. 예를 들어보자. 이 책의 예측에 영향받을 만한 사람들의 소비 성향은, 그들의 교육 수준이나 소셜 미디어 활동을 분석하면 대강은 설명할 수 있다. 또한 얼마나 많은 사람이 여든에서 아흔 살까지 살 수 있을지 상식적인 선에서 계산할 수도 있다. 그리고 노년층 중 몇 퍼센트 정도가 인간이든 로봇이든 간병인을 필요해할지를 꽤 정확히 예측할 수도 있다. 간병하는 로봇들이 다양한 억양으로 여러 언어를 구사하며, 고집을 피우지도 않고 쉬는 날도 없으며, 금전적인 문제를 포함한 어떤 문제로든 노인을 괴롭히지 않는다고 상상해보자.

이 책의 핵심은 바로 '시간은 우리를 기다려주지 않는다'는 사실이다. 2030년은 예측할 수 없을 정도로 먼 미래가 아니다. 우리는 코앞에 있는 미래의 기회와 도전 모두에 대해 준비해둘 필요가 있다. 오늘날 우리가 아는 세상은 2030년이 되면 사라지고, 사람들은 지난날을 돌아보며 "세상이 그렇게 급박하게 돌아갈 때 나는 뭘 하고 있었지?"라고 자문할 것이다.

우리 대부분에게 이런 변화들은 혼란스러울뿐더러 두렵기까지 하다. 이렇게 해서 우리는 몰락할까? 아니면 새로운 부흥을 경험할까? 이 책은 독자들이 빠르게 변화하는 수많은 현상의 의미와 영향을 이해하도록 돕고, 현재의 불안을 해결하고 미래를 낙관할 수 있는 이야기를 전달한다. 또한 새롭고도 낯선 상황 속에서 무엇을 해야 하고 하지 말아야 할지를 제시함으로써 앞으로 펼쳐질 새로운 변화를 헤쳐나가도록 도울 것이다.

핵심은 바로 이것이다. 끝은 새로운 종류의 시작을 의미하며, 그 새로운 시작에는 수많은 기회가 함께한다. 눈에 보이지 않는 곳까지 파고들어 새로운 트렌드를 예측하고, 단절보다는 소통을 택하며, 자신과 자녀들, 배우자, 미래의 가족, 직장 등을 위해 올바른 결정을 내릴 줄 안다면 말이다. 변화의 충격은 모든 사람에게 영향을 미칠 것이다.

*　　　*　　　*

모든 것이 한꺼번에 뒤바뀌는 시대적 변화는 사소하고 작은 여러 변화들이 모여 서서히 진행된다. 우리는 종종 간과하지만, 지금도 이런 작은 변화들이 하나둘씩 축적되고 있다. 천천히 떨어지는 물방울이 결국 그릇을 가득 채우는 법이다. 똑, 똑, 똑 떨어지는 물방울 소리가 시계 소리처럼 들리지 않는가? 그러다가 어느 순간 물이 갑자기 넘쳐흐르면 우리는 깜짝 놀란다. 하지만 그때가 되면 이미 늦은 것이다.

2030년에는 사하라사막 이남 지역이 세계에서 인구밀도가 가장 높은 지역 중 하나가 될 것이다. 그렇게 되면 중국과 한국, 일본 등이 포함된 동아시아 지역에서 비슷한 현상이 나타났던 20세기 말과는 다른 상황이 펼쳐질 것이다. 물론 아프리카의 케냐나 나이지리아 같은 나라의 출생률은 시간이 지날수록 낮아지고 있지만, 대부분의 다른 나라들과 비교하면 여전히 훨씬 많은 아이들이 태어나고 있다. 게다가 이 지역에 사는 사람들의 기대 수명은 놀라울 정도로 늘고 있다.

인구 규모만으로는 큰 변화가 일어나지 않는다고 생각하는 사람들도 있을 것이다. 그렇다면 미래에 사람들이 얼마나 많은 돈을 벌고, 그 사람들의 수가 얼마나 많아질지 생각해보자. 2030년 무렵에는 아시아 시장이 일본을 제외하더라도 규모가 엄청나게 커져서 세계 소비 시장의 무게중심이 동쪽으로 옮겨갈 것이다. 기업들은 시장의 흐름을 따라가는 수밖에 없으니, 대부분의 새로운 상품과 서비스는 아시아 지역 소비자들의 취향을 반영할 것이다.

여기서 잠시 더 생각해보자. 이런 추세에 서로 얽혀 있는 상황들이 맞물리면 어떤 현상들이 나타날까?

세계 대부분의 지역에서 낮아지는 출생률은 우리가 점점 더 빠르게 노령화 사회로 진입하고 있음을 의미한다. 이런 인구통계학적 변화의 상당 부분은 여성들이 주도하는데, 점점 더 많은 여성들이 교육을 받고 가정 밖에서 경력을 개척하고 있으며 더 적은 자녀를 출산하고 있다. 우리가 미처 깨닫기도 전에 남성 백만장자들보다 여성 백만장자들의 수가 더 많아질 수도 있다.

부는 역시 도시 지역으로 집중된다. 전 세계 도시 지역의 인구는 일주일에 평균 150만 명씩 늘고 있다. 도시 지역이 차지하는 면적은 지구 전체 토지의 1퍼센트에 불과하지만 전체 인구의 55퍼센트가 거주하며 에너지 소비 및 탄소 가스 배출의 80퍼센트를 차지한다. 바로 이 때문에 기후 변화를 개선하려고 노력할 때 도시 지역이 항상 먼저 거론된다.

한편 각 세대는 각기 다른 다양한 열망이나 포부를 드러낸다. 무언가를 소유하기보다는 공유 경제를 주장하는 밀레니얼 세대에 많은 관심이 쏠리고 있지만, 이들에 대한 관심은 지나친 것일 수도 있다. 인구 비율로 봤을 때 향후 10년 안에 가장 많은 비중을 차지하는 세대는 60세 이상 노령 인구가 될 것이다. 현재 미국의 부의 80퍼센트 이상을 차지한 이들은 전 세계적으로 가장 큰 소비자 집단인 이른바 '실버 시장gray market'을 만들어 내고 있다. 이제는 대기업이든 중소기업이든 계속 살아남고 싶다면 노년 층에 더 많은 관심을 돌려야 한다.

다음 그림 1을 살펴보자. 이 그림은 각각의 작은 변화들이 어떻게 연결 되어 작용하는지를 보여준다. 이 변화들을 따로 놓고 보면 어느 것도 전 세계적인 영향을 미치지는 못한다. 각각의 변화를 다른 것과 분리하여 추 적하면 그 원인과 결과를 확인하고 예측할 수 있을 것이다. 인간은 정신 적으로 구분하기를 좋아하는데, 잠재의식 속의 심리적 방어기제 때문이 다. 우리는 이 방어기제로 일종의 인지부조화를 피한다. 불협화음을 일으 키는 흐름이나 사건, 혹은 감정이나 인식이 일으키는 불안감과 불편함을 해소하려는 것이다. 주어진 상황을 구분하여 생각함으로써 모든 상황이 일으키는 상호작용에 압도당하지 않으려는 것이 이런 정신적 구분의 진 짜 목적이다.

이제 미국과 서유럽에서는 인구 노령화가 피할 수 없는 현실이 되고 있 다. 그러는 사이에 대부분의 신흥공업국 시장에서는 더 젊은 세대들이 중 산층으로 진입해 주도권을 행사하고 있다. 지금과는 다른 유형의 소비자 들인 이들은 자신들의 습관이나 취향을 대단히 중요하게 생각한다. 중산 층이 확대되면서 점점 더 많은 여성들이 이전에는 볼 수 없었던 유형으로 부를 축적하고 있다. 중산층 남녀들은 도시적 생활 방식을 지향하며 그 어느 때보다도 많이 전 세계의 도시들로 이주하고 있다. 그 도시에서는 수많은 발명가와 기업가가 나타나 현재의 기술을 뒤흔들며 혁신을 이끌 고 있다.

이들은 새로운 기술로 과거의 습관이나 생활 방식 등을 파괴하며 가정이나 직장을 비롯해 자동차와 개인 생활 용품에 이르는 모든 분야에서 새로운 발상들을 이끌어내고 있다. 이렇게 되면 또 다른 개념의 화폐들이 출현해 더 많이 퍼지고 더 쉽게 사용하는 세상이 올 것이다. 새로운 흐름들 중 일부는 이미 우리 앞에 나타나고 있다. 그렇지만 2030년은 되어야 의미 있는 결과를 이끌어낼 수 있는 이른바 임계질량에 도달할 것이다.(이러한 경향은 후기에서 언급한 코로나19 팬데믹 같은 획기적인 사건이 일어나면 더 빨라지고 격렬해진다.)

이처럼 우리 주변에서 일어나는 변화들을 '순차적'으로 나타낸 그림은 간단하고 편리하다. 하지만 실제 세상은 그렇게 움직이지 않는다.

인류학자와 사회학자들에 따르면 인간은 이미 오래전부터 이 세상을 각각의 기준에 따라 구분해 복잡함을 줄이려 했다. 그렇게 해서 우리는 상황을 정리하

낮은 출생률

새로운 세대

새로운 중산층

증가하는 여성의 부

도시의 성장

파괴적 기술 혁신

새로운 소비

새로운 화폐

그림 1

고 전략을 개발하며 결정을 내리고 삶을 이어간다. 이러한 구분들은 우리를 둘러싼 환경의 모호한 본질을 탐색하는 과정을 도우며, 우리가 여전히 상황을 통제할 수 있다고 안심시켜준다.

기업과 조직들 역시 그렇게 생각하고 움직인다. 이들은 모든 것을 구분

하여 생각한다. 예컨대 고객들을 '선도적 사용자', '앞선 사용자' 그리고 '뒤늦은 사용자' 등으로 구분한다. 상품도 현재 시장 점유율과 미래의 성장 가능성을 판단해 '고성장 상품', '수익 주종 상품', '사양 상품' 혹은 '신개발 상품' 등으로 분류한다. 뿐만 아니라 직원들도 태도나 행동 혹은 잠재력을 바탕으로 '협조적 직원', '성실한 직원', '꼼꼼한 직원' 등으로 구분한다.

그런데 이렇게 구분만 하면 새로운 가능성을 알아보지 못할 수도 있다.

예를 들어보자. 전구와 전화기 그리고 자동차와 더불어 19세기 말에 등장한 가장 위대한 발명품 중 하나가 바로 은퇴라는 개념이었다. 이때에야 비로소 사람들은 취미와 가족을 위한 시간, 그리고 그동안 해온 일들을 반추할 시간을 갖게 되었다. 19세기 이후 사람들은 인생이 '어린 시절-일-은퇴'라는 단계로 구분된다고 생각한다. 우리는 은퇴 이후 많은 것들을 즐길 수 있기를 원한다.

신생아가 적어지고 각 세대 사이에서 새로운 역학관계가 조성되는 이때, 우리는 전통적 삶에 관한 개념 몇 가지를 새롭게 생각해야 한다. 통념과 달리 노년층은 중요한 소비자다. 자신들만의 생활 방식이 있는 이들은 밀레니얼 세대만큼, 아니 그 이상으로 앞선 신기술 수용자가 될 가능성이 있다. 가상현실과 인공지능, 혹은 로봇 공학 기술 등을 생각해보자. 이 기술들이 우리 삶의 마지막 시기를 어떻게 바꿀 수 있을까? 우리는 오래된 생각을 떨쳐야 할지도 모른다. 과거와 달리 우리는 학교에 다시 다니면서 예전보다 훨씬 많은 기술들을 새롭게 배울 수도 있다. 2019년 《뉴욕 타임스》에는 "폐교 위기에 처한 초등학교에 입학한 한국 할머니들"이라는 제목의 기사가 실리기도 했다.

나는 그림 1과 비슷한 '수직적' 사고방식을 피하라고 권하고 싶다. 그 대신 주어진 문제에 '수평적'으로 접근할 것을 제안하고 싶다. 발명가이자 상담가 에드워드 드 보노Edward de Bono가 개발한 이 수평적 사고의 개념은 '기존의 주어진 상황에 집착하지 않고 상황 자체를 바꾸는 방법을 고민하는 것'이다. 본질적으로 질문을 다시 구성하여 문제를 측면에서 공략하는 방법이다. 상황에 대한 돌파구는 주어진 기준 안에서만 생각하는 것이 아니라 익숙한 가정을 버리고 규칙을 무시하며 창의성을 폭발시킬 때 나타난다. 화가 파블로 피카소Pablo Picasso와 조르주 브라크Georges Braque는 비율과 원근법에 대한 기존의 가정과 규칙들을 버림으로써 입체파의 선구자가 될 수 있었다. 스위스 태생의 프랑스 건축가 르코르뷔지에Le Corbusier 역시 마찬가지였다. 르코르뷔지에는 넓은 열린 공간을 만들기 위해 벽을 없애는 현대식 건축법을 고안했다. 또한 건물의 측면 전체를 유리창으로 덮기도 하고, 강철과 유리 그리고 시멘트의 본질적인 우아함을 불필요한 장식 뒤에 숨기지 않고 그대로 드러냈다. 프랑스의 소설가 마르셀 프루스트Marcel Proust는 이런 말을 남겼다. "진정한 발견의 여정은 새로운 풍경을 발견하는 데 있는 것이 아니라, 새로운 눈을 갖는 데 있다."

실제로 와튼스쿨의 동료 교수인 조지 데이George Day와 폴 슈메이커Paul Schoemaker가 개발한 개념인 '주변 시력peripheral vision'을 활용하면 수평적 사고로 더 유익한 효과를 얻을 수 있다. 기업과 조직들도 초점을 맞추고 있는 부분의 주변에서 나오는 약한 신호를 제대로 알아차려 해석하고 행동하지 못하면 비효율적으로 움직이게 된다.

1888년 설립된 사진 전문 기업 코닥Kodak은 아날로그 사진기용 필름과 관련 상품들을 판매해 20세기 동안 엄청난 수익을 올렸다. 1990년대가 시작되자 코닥의 기술진은 디지털 촬영의 엄청난 가능성을 알아차렸지만, 단기적인 성과에만 집중한 코닥의 최고경영진은 사람들이 기존의 아날로그 사진을 계속 이용할 것이라고 굳게 믿었다. 그래서 어떻게 되었을까? 2012년, 코닥은 결국 파산을 신청했다. 하퍼 리의 소설『앵무새 죽이기』에 나오는 테일러 판사는 이렇게 말한다. "사람들은 그저 보고 싶은 것만 보고, 듣고 싶은 것만 듣는 법이지." 사람들은 결국 언제나 예상치 못한 특별한 상황에 대해서는 두 눈을 감아버린다.

그림 2를 살펴보자. 앞으로 다가올 세상에 대한 예측을 또 다른 그림으로 나타낸 것이다.

각 항목 사이를 시계 방향으로 도는 큰 화살표는 흐름들을 하나의 선으로 잇는다. 이것은 본질적으로는 그림 1과 같지만 이번에는 둥글게 배치되어 있다. 그리고 이 하나의 선으로만 그림을 보면 의미를 오해할 수 있으므로, 여덟 개의 풍선 안에 들어 있는 각각의 유행이나 흐름이 다른 일곱 개와 상호작용하는 것을 작은 화살표로 나타냈다. 나는 이 책을 통해

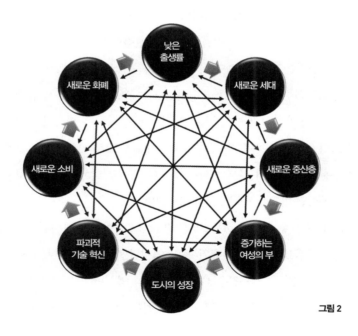

그림 2

2030 축의 전환

각각의 수평적 관계를 살펴보고, 독자들을 이렇게 얽히고설킨 관계 속으로 안내해 전 세계에서 어떤 일들이 벌어지는지 보여주려고 한다. 특히 다가오는 2030년에 주목할 것이다.

여기서 수평적 사고를 적용한 사례를 살펴보자. 세계 최대의 숙박 공유 제공 업체 에어비앤비Airbnb는 일반 호텔 업체들과 경쟁하는 동시에 은행의 고객들을 빼앗고 있다. 어떻게 그런 일이 가능할까? 많은 노인들이 어느 순간이 되면 가지고 있는 저축만으로는 생활을 꾸려나가기가 어렵다는 사실을 깨닫는다. 이들에게는 대단히 가치 있는 자산 하나가 남아 있다. 바로 주택이다. 지금까지는 집을 팔지 않고 필요한 돈을 확보하는 전통적인 방법이 두 가지 있었다. 첫 번째는 집을 담보로 은행에서 돈을 빌리는 방법이다. 하지만 그러면 어떤 식으로든 채무자가 되고, 매달 은행에 돈을 상환해야 하는 압박감에 시달려야 한다. 두 번째는 집을 담보로 하여 매달 일정한 돈을 은행으로부터 받고 일정한 시기가 되면 집을 은행에 넘기는 방법이다. 이 방법은 비교적 부담이 적지만 자녀들이 집을 상속받지 못한다.

여기서 에어비앤비가 등장한다. 자녀들이 떠나고 남은 빈 방들을 에어비앤비를 통해 찾아와 머물고 가는 여행자들에게 빌려주는 것이다. 집 주인이 여행을 떠나거나 자녀들 집에 머무는 식으로 집을 비울 경우 집 전체를 빌려주기도 한다. 어느 쪽이든 빌려주는 쪽과 빌리는 쪽은 서로의 형편에 맞춰 자유롭게 조건을 조정할 수 있으며, 집 주인은 집을 은행에 넘기는 일 없이 필요한 돈을 확보할 수 있다. 에어비앤비는 서로 다른 흐름들이 하나로 합쳐지지 않았다면 결코 성공할 수 없었다. 줄어드는 출생률과 더 길어진 기대 수명, 연금이나 사회복지 수당만으로는 불안한 미래, 그리고 폭발적인 스마트폰 사용 증가와 점점 커지는 공유 개념에 대한 관심이 하나로 맞물린 덕분에 성공할 수 있었다. 나는 이런 밀접한 관계를 통한 발전상을 보여주고, 이 발전이 어떻게 전개되며 2030년에는 과연 어떻게 임계질량에 도달할지도 설명하려 한다. 이렇게 펼쳐지는 새로운 세상은 기회와 위험을 동시에 제공하므로, 각 개인과 기업, 조직들도 새로운 시대에 강점과 약점을 동시에 드러낼 것이다. 이 책의 결론에서 역설했듯이 우리는 과거와는 다른 방식으로 새로운 세상에 접근할 필요가 있다. 마지막 부분에서는 새로운 현실과 기회를 이해하고 활용하는 데 유용한 원칙과 접근 방식들을 소개하겠다.

모든 것이 이미 시작되었고 바로 우리 코앞까지 와 있다는 사실을 명심하자.

차례

01
....

출생률을 알면
미래가 보인다

아기는 입과 위장뿐 아니라 두 손도 갖고 태어난다.

— 에드윈 캐넌Edwin Cannan, 영국 경제학자 · 인구통계학자

　　20세기 이후 전 세계 인구는 무시무시하게 증가해왔다. 1820년에는 전세계 인구가 약 10억 명이었다. 100년 후에는 세계 인구가 20억 명으로 불어났다. 대공황 시대와 제2차 세계대전이라는 잠깐의 공백기 이후 인구 증가율은 엄청나게 속도를 내기 시작했다. 1960년에 30억 명, 1975년에 40억 명, 1987년에 50억 명, 2000년에 60억 명, 그리고 2010년에는 70억 명까지 불어났다. 1968년 스탠퍼드대학교 교수 폴 에를리히Paul Ehrlich와 앤 에를리히Anne Ehrlich는 『인구 폭발The Population Bomb』이라는 책을 발표해 큰 반향을 불러일으켰는데, 책 표지에는 "억제할 것인가 아니면 멸망할 것인가?"라고 쓰여 있었다. 이후 각국 정부와 대다수의 국민들은 불가피하다고 생각해온 문제를 심각하게 바라보게 되었다. 지구는 이제 초만원이었고 인간들은 스스로는 물론 수백만 종에 달하는 식물과 동물 종들의 멸망을 앞당기고 있었다.

　　그렇지만 2030년을 바라보는 지금 우리는 출생률 저하와 맞닥뜨리고

있다.

앞으로 수십 년 동안 세계 인구는 1960년과 1990년 사이에 늘어난 인구수의 절반 이하 정도만 증가할 것이다. 일부 국가에서 이민자들의 비율이 상당히 높은 사실을 감안하면 실질적으로는 인구수가 줄어든다. 예를 들어 1970년대 이후 미국 여성들은 평균적으로 가임 기간 동안 두 명 이하의 자녀를 낳았는데, 이 정도 출생률로는 세대교체를 장담할 수 없다. 전 세계 많은 국가의 상황이 비슷하다. 브라질, 캐나다, 스웨덴, 중국 그리고 일본 같은 국가에서는 앞으로 노년층을 누가 돌보며 그들의 연금을 누가 부담하게 될지 진지하게 고민하기 시작했다.

동아시아와 유럽 그리고 미국 등지에서 출생률이 크게 낮아지는 반면, 아프리카와 중동 그리고 남아시아 지역은 출생률 하락이 미미하기 때문에 전체적으로 경제 및 지정학적 권력의 균형이 변화하고 있다고 볼 수 있다. 현재 선진국에서 한 명의 신생아가 태어날 때 신흥공업국과 개발도상국에서 신생아 아홉 명이 태어난다고 생각해보자. 혹은 미국에서 한 명이 태어날 때 중국에서는 4.4명, 인도에서는 6.5명, 그리고 아프리카에서는 10.2명이 태어난다면? 게다가 세계에서 가장 가난한 지역에서도 차츰 아이들에게 영양을 제대로 공급하고 질병을 예방한다면 이들이 성인이 될 때까지 무사히 자라 부모가 될 확률이 크게 높아진다. 반세기 전만 해도 케냐나 가나 같은 아프리카 국가에서는 아이들 네 명 중 한 명이 14세가 되기 전에 사망했다. 지금은 그 비율이 열 명 중 한 명꼴이다.

전 세계의 다양한 지역에서 나타나는 급격한 인구수 변화는 단순히 어느 나라에서 신생아가 많이 태어나느냐는 문제뿐만 아니라 기대 수명이 빠르게 늘고 있는 문제와도 관련이 크다. 예를 들어 1950년대에는 세계에서 가장 낙후한 지역에서 태어난 사람들의 기대 수명은 가장 발전한 국가와 비교해 평균 30년 이상이나 적었다. 이제는 그 차이가 17년 정도다. 1950~2015년에 유럽의 사망률은 3퍼센트 정도 낮아졌지만 아프리카에서는 무려 65퍼센트나 낮아졌다. 모든 연령대의 사망률이 낮아지면서 가장 가난하고 어려운 국가에서도 기대 수명이 점점 높아지고 있다.

이러한 인구통계학적 변화가 전 세계에 미치는 영향을 판단하기 위해 그림 3을 살펴보자. 이 그림은 1950년과 2017년 사이 각 지역의 인구 분포와 유엔UN이 추정하는 2100년의 예상 분포를 보여준다.

초점을 2030년으로 돌려보자. 2030년이 되면 인도를 포함한 남아시아 지역은 인구 규모로만 따지면 세계 최고 수준이 된다. 그 뒤를 아프리카가 잇고, 중국을 포함한 동아시아 지역은 3위로 밀려난다. 1950년만 해도 인구 규모가 세계 2위였던 유럽은 캄보디아와 인도네시아, 필리핀 그리고

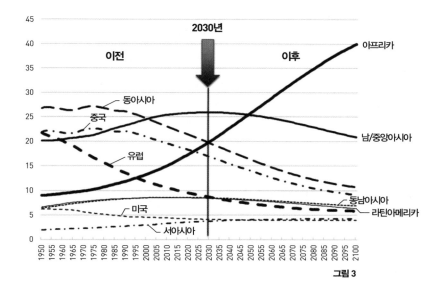

세계 인구의 지역별 분포(%)

그림 3

태국 등이 포함된 동남아시아 지역과 라틴아메리카에 이어 6위가 된다.

국가 간 이주나 이민은 인구 흑자 국가에서 인구 적자 국가로 사람들을 보냄으로써 중대한 변화가 낳는 충격을 조금이나마 누그러뜨릴 수 있다. 사실 이런 일은 역사적으로 되풀이되었다. 1950년대와 1960년대에도 많은 남유럽 사람들이 북유럽으로 이주했다. 그렇지만 이번에는 이민이나 이주만으로는 인구 불균형 문제를 해결하지 못할 것 같다. 내가 이렇게 예측하는 이유는 수많은 국가의 정부가 벽돌과 시멘트 같은 옛날 방식 또는 레이저나 화학 감지 장비 같은 첨단 기술로 국경을 감시하거나 국경에 장벽을 건설하는 데 열중하기 때문이다.

장벽들이 실제로 세워지지 않거나 효과를 발휘하지 못하더라도 이주나 이민은 인구의 흐름에 큰 영향을 미치지 못할 것이다. 현재 확인할 수 있는 이주와 인구 성장을 보면, 지중해와 맞닿아 있지 않은 사하라사막 이남 지역의 아프리카 50개국은 2030년에 세계에서 인구가 두 번째로 많은 지역이 될 것이 확실하다. 그렇다면 향후 20년 동안 이주민 규모가 2배 정도 늘어난다고 가정해보자. 이처럼 이주민 규모가 늘어나도 2033년까지만 인구 변동을 지연시킬 수 있다. 즉, 우리가 예상하는 새로운 세상의 시작을 향하는 주요 인구 흐름을 막을 수 없을뿐더러 고작해야 3년 정도 흐름을 완화시킬 수 있을 뿐이다.

여성과 아기들이 좌우하는 세상

그렇다면 어째서 전 세계적으로 출생률이 떨어지고 있을까? 대답하기 까다로운 질문이다. 결국 임신을 하려면 무척 잘 알려져 있고 실천하기도 쉬운 그 방법이 동원되어야 한다. 우선 우리 가족의 족보를 소개하며 질문에 대답해보겠다. 내 고조할머니는 스페인 분이셨는데 21차례나 임신하고 19명의 자녀를 낳으셨다. 처음 출산하셨을 때 나이는 스물한 살이었고, 마지막 출산은 마흔두 살에 하셨다. 이후 국가가 발전하면서 여성들의 교육 수준이 높아지고 가족의 규모가 줄어들기 시작하다가 마침내 여성 한 사람이 한 명에서 두 명 정도의 자녀를 낳는 수준이 되었다.

여기서 돌아봐야 할 중요한 문제는 세계 다른 지역들의 사정이다. 아프리카와 중동, 그리고 남아시아 지역 등지에서는 지금도 수백만 명의 여성들이 평생 동안 다섯에서 열, 아니 그보다 많은 자녀를 낳는다. 평균적으로 보면 시간이 흐를수록 개발도상국에서도 여성 한 사람이 낳는 자녀의 수가 크게 줄고 있다. 선진국에서는 앞서 언급한 것과 같은 이유로 약 2세대 전부터 출생률이 곤두박질치기 시작했다. 이제 여성들이 가정 밖에서 더 많은 기회를 누리며 살 수 있는 세상이 되었고, 이 기회를 잡기 위해 여성들은 더 수준 높은 교육을 받는 쪽을 선택했다. 그 결과 여성들은 임신과 출산을 미루었다. 사회와 경제생활에서 여성의 역할이 변화하여 일반적인 현상이 되었고 전 세계적인 출생률 저하의 가장 중요한 요인이 되었다. 여성들은 점점 더 세상을 좌지우지하는 중요한 존재가 되고 있다.

미국의 경우를 살펴보자. 미국에서는 여성들이 생각하는 삶의 우선순위가 빠르게 바뀌고 있다. 1950년대에는 미국 여성들이 보통 스무 살에 결혼했고 남편의 나이는 평균 스물두 살이었다. 지금은 각각 스물일곱 살과 스물여덟 살로 바뀌었다. 첫 아이를 출산하는 연령대도 평균 스물여덟 살로 올라갔다. 이런 변화가 일어나는 데는 역시 교육의 영향이 컸다. 고등학교를 졸업하는 여성들의 숫자가 점점 더 많아졌으며 그들 중 상당수가 대학에 진학했다. 1950년대에는 25~29세 여성 중 대학 졸업자 비율이 7퍼센트로 남성의 절반 정도였는데, 지금은 여성이 40퍼센트에 육박하는 반면 남성은 오히려 그보다 적은 32퍼센트에 불과하다.

성관계에 대한 무관심

인구의 진화는 대단히 복잡하고 번거로운 과정을 거친다. 수천 년 동안 인구 성장에 큰 영향을 미친 요소는 식량 확보와 전쟁, 그리고 질병이나 자연재해 등이었다. 철학자와 신학자, 과학자들은 오랜 세월 동안 지구의 자원이 얼마나 많은 사람을 감당할 수 있느냐는 문제로 고민해왔다. 1798년, 영국 국교회의 사제이기도 했던 경제학자 토머스 로버트 맬서스 Thomas Robert Malthus 는 훗날 '맬서스의 함정 Malthusian trap'으로 알려지는 이론을 발표하면서 사람들이 너무 많은 자녀를 낳고 자원을 계획 없이 낭비한다고 경고했다. 맬서스가 살았던 시대에 전 세계 인구는 10억 명 이하였는데 지금은 75억 명이 지구에 살고 있다. 맬서스는 그 주체할 수 없는 성욕 때문에 인간이야말로 인간의 가장 위험한 적이 된다고 생각했다. 그에 따르면 고삐 풀린 듯 늘어나는 인구 때문에 식량 공급이 속도를 따라가지 못하고 결국 기근과 질병이 뒤따르게 되어 있었다. 맬서스를 비롯한 당대의 많은 학자는 인간이 무서운 번식 능력 때문에 멸종의 위협에 처할 것이라고 두려워했다. 맬서스는 이렇게 기록했다. "인구의 위력은 인간을 위해 자원을 공급하는 지구의 능력을 월등히 뛰어넘는다. 그렇기 때문에 조산이든 사산이든 어떤 수단으로든 사람들의 숫자를 줄여야 한다."

오늘날을 살아가는 우리는 맬서스가 발명과 혁신의 잠재력을 과소평가했다고 말할 수 있다. 발명과 혁신은 농업 분야를 혁명적으로 개선했다.

맬서스는 또한 더 빠르고 값싼 해양 운송 수단 덕분에 국제적 교역이 가능해져서 식량 공급망이 엄청나게 확대될 가능성도 간과했다. 그렇지만 인구와 식량 문제가 동전의 양면과 같다는 사실을 지적한 점은 적절했다.

식량 생산과 분배에 관한 혁신의 잠재성을 과소평가한 맬서스는 현대 기술이 인간의 성욕을 감소시킬 수 있다는 사실은 생각하지 못한 듯하다. 기술과 성욕의 관계는 놀라울 정도로 간단하다. 이제 수많은 오락거리를 언제든 접할 수 있게 된 우리는 그만큼 성관계에 대한 흥미를 잃어버렸다. 현대사회는 라디오에서 텔레비전, 비디오 게임과 인터넷에 이르는 수많은 오락을 우리에게 제공하고 있다. 미국을 비롯한 일부 선진국에서는 지난 몇십 년 동안 성관계 횟수가 줄고 있다. 《성적 행동 보고서Archives of Sexual Behavior》라는 학술지에 실린 연구 결과에 따르면 "1990년대 후반과 2010년대 초반을 비교하면 미국 성인들의 연평균 성관계 횟수가 9회 정도 줄었다." 특히 결혼한 부부나 장기적으로 한 배우자와 살고 있는 사람들이 그런 경향을 나타냈다. 시대별로 구분하면 "1930년대에 태어난 이른바 '침묵의 세대'가 가장 성관계를 많이 했고, 1990년대에 태어난 '밀레니얼 세대'의 성관계 횟수가 제일 적다"고 한다. 이 연구는 이렇게 결론 내렸다. "미국인들의 성관계 횟수가 점점 줄어드는 이유는 장기간 함께하는 배우자가 없는 사람들이 늘어나서이기도 하며, 짝이나 배우자가 있더라도 성관계를 적게 하고 있기 때문이다."

성적 욕망에 오락거리가 미치는 영향력을 보여주는 사례들 가운데는 정전에 관한 재미있는 사례가 있다. 2008년, 동아프리카 연안에 있는 잔지바르Zanzibar섬에서 대규모 정전 사태가 한 달 이상 계속되었다. 정전의 영향을 받은 집들은 발전소에 의존하는 가정들이었고, 디젤 엔진을 쓰는 자가 발전기 이용자들은 상관이 없었다. 이 상황은 연구자들에게 정전과 출생률의 관계를 연구할 수 있는 '자연스러운 실험 공간'을 마련해주었다. 전기 공급이 끊긴 가정은 '실험 집단', 자가 발전이 가능했던 가정은 '통제 집단'이 되는 셈이었다. 9개월이 흐르자 실험 집단에서는 평소보다 20퍼센트나 많은 아이들이 태어났고 통제 집단에서는 아무런 변화도 일어나지 않았다.

돈의 힘이 세상을 움직인다

당연한 이야기지만 돈은 출생률에 대단히 중요한 역할을 한다. 2018년 《뉴욕 타임스》가 한 설문 조사를 했다. 미국인들이 자녀를 더 적게 가지거나 아예 갖지 않는 이유를 밝히기 위해서였다. 조사 결과 가장 큰 다섯 가지 이유 중 네 가지는 돈 문제와 관련 있었다. "임금이 물가상승률을 따라잡지 못하는 상황에서 갚아야 할 학자금 대출금까지 겹치면, 대학을 졸업하고 부부가 함께 정규직으로 돈을 벌어도 안정적인 가정생활을 꾸리기가 정말 어렵다." 아내와 함께 직장생활을 하는 스물아홉 살의 데이비드 칼슨David Carlson의 말이었다. 젊은 저소득층 가정 역시 자녀 갖는 것을 두려워한다. 이들은 제대로 된 가정을 꾸리든지 아니면 다른 중요한 일에 돈을 쓰든지 양자택일해야 하는 상황에 처한다. 예를 들어 루이지애나주 배턴루지 토박이인 브리트니 버틀러Brittany Butler는 가족 중에서 유일한 대졸자다. 스물두 살의 브리트니에게 최우선 순위는 사회복지학 석사 학위 취득, 학자금 상환, 그리고 안전한 곳으로의 이사 등이었고 자녀 문제는 그다음이었다.

1960년대로 돌아가보자. 시카고대학교의 경제학자 게리 베커Gary Becker

는 출산에 관한 사람들의 결정을 새로운 시각으로 볼 수 있는 주장을 제기했다. 부모들은 자신들이 원하는 자녀의 '양'과 '질' 사이에서 손해와 이익을 저울질한다. 예를 들어 가족의 수입이 늘어나면 사람들은 차를 한 대나 두 대쯤 더 살까 고민하는데, 수입이 계속 늘어난다고 해서 수십 대의 자동차를 사려고 하지 않는다. 냉장고나 세탁기를 수십 대 사들이지도 않는다. 베커는 그 이유를, 수입이 많아지면 사람들이 양보다 질에 더 초점을 맞추기 때문이라고 설명했다. 즉, 사람들은 여러 대의 차가 아닌 새로 나온 더 크고 고급스러운 승용차나 SUV를 구입하는 것으로 만족한다. 이를 자녀들에게 적용하면, 사람들은 더 적은 자녀에게 더 많은 관심과 지원을 하고 싶어 한다고 말할 수 있다. "자녀들의 양과 질 사이의 관계는 자녀들의 실효 가격이 수입과 함께 올라가는 가장 중요한 이유가 된다"는 것이 베커의 주장이다. 다시 말해, 부모들은 수입이 많아지면 자녀에게 더 많이 투자하고 더 나은 기회를 마련해주고 싶어 한다.

게리 베커는 인간 행동에 대한 이런 통찰력으로 1992년에 노벨경제학상을 수상했다. 그는 출생률 같은 복잡한 문제에 대한 처방에서 사람들의 선호도와 문화적 규범, 그리고 가치의 역할 등을 무시하긴 했지만 어쨌든 중요한 사회적 경향을 지적했다. 많은 부모가 이제 시간과 자원을 이전보다 적은 자녀들에게 투자하며, 자녀들에게 성공으로 이어질 가능성이 있는 최선의 기회를 제공하려 한다. 그것이 대학 등록금 준비든 아니면 과외 수업이나 특별활동이든 상관없이 말이다. 메릴랜드대학교의 사회학자 필립 코언 Philip Cohen은 이렇게 설명한다. "우리는 아이들이 불평등이 심해지는 환경 안에서 경쟁할 수 있도록 더 많이 투자하여 최선의 기회를 제공하고 싶어 한다." 이런 관점에서 보면 아이들은 순 현재 가치와 수익률을 가진 투자의 대상인 셈이다.

자녀의 수에 대한 부모들의 결정을 이해하려면 부모가 자녀 한 명당 얼마만큼의 돈을 써야 하는지를 계산하는 것이 좋다. 2015년, 미국 연방 정부는 미국 가정이 자녀 한 명을 17세까지 키우는 데 드는 평균 비용이 23만 3610달러에 달한다고 추산했다. 아이를 대학교까지 보내려면 그 액수는 2배 이상 뛰어오를 수 있다. 나는 우리 가족의 수입과 지출을 컴퓨터에 기록하는데, 앞으로 두 아이가 등록금이 비싼 대학교를 졸업한다고 가정하면 아이 하나당 적어도 50만 달러 이상을 지출하게 된다는 놀라운 계산 결과가 나왔다. 나는 똑같은 수입과 조건에서 두 딸이 없는 상태를 가정하고 다시 계산해보았다. 그러자 스포츠카와 바닷가 별장을 살 수 있는 여유 자금이 남았다.

정부가 임신과 출산에 영향을 미칠 수 있을까?

작지만 부유한 섬나라인 싱가포르는 인구의 4분의 3이 중국계다. 이 나라 정부는 국민들이 5C, 즉 현금cash, 자동차car, 신용카드credit card, 고급 아파트condominium, 교외 레저 시설 이용권country club을 위해 자녀 갖기를 포기하는 상황을 대단히 우려하고 있다. 몇 년 전, 싱가포르 정부는 저출산 문제를 직접 해결하기로 했다. 정부 관료들은 자녀가 없는 부부들에게 싱가포르가 지속적으로 경제성장을 하려면 젊은 세대가 꼭 필요하다는 사실을 역설하는 공문을 보냈다. 이 공문에는 발리섬에서 무료 휴가를 보내도록 해주겠다는 특이한 제안이 포함되었다. 관료들 생각에는 이 휴가가 부부의 금슬에 좋은 영향을 미칠 것 같았다. 공짜로 멋진 휴양지에서 휴가를 즐길 기회를 알아본 부부들은 바로 제안을 받아들였다. 하지만 순순히 정부의 의도를 따르지는 않아서 관료들을 최소한으로 만족시킬 정도의 아이들도 태어나지 않았다. 결국 이 시범 계획은 9개월 만에 중단되었다.

중국은 악명 높은 한 가구 한 자녀 정책을 통해 인구수를 조절하려고 시도한 적이 있다. 1970년대 후반에 중국이 후진적이고 체계적이지 못한 집산주의식 경제체제에 직면하자, 앞날을 내다봤던 개혁파 지도자 덩샤오핑鄧小平은 급격하게 늘어나는 인구는 국가의 빈곤으로 이어질 것이라는 결론을 내렸다. 중국 정부는 과거의 역사를 주의 깊게 살펴보았다. 중국 인구는 1500~1700년에 서구 유럽과 비슷한 수준으로 증가했다. 그런데 1700년대로 접어들면서 장기간 평화와 번영이 지속되고 농작물 생산이 전례가 없을 정도로 늘어나자 인구가 훨씬 빠르게 증가하기 시작했다. 이 기간 동안 밀과 쌀의 경작지는 2배에서 심지어 3배 가까이 확장되었고, 아메리카 대륙으로부터 옥수수와 고구마 같은 새로운 작물까지 수입하여 재배하면서 농작물 생산성이 더 높아졌다. 중국의 일부 지역은 제1차 산업혁명의 발상지인 영국보다도 빠르게 생활수준이 올라갔다. 1800~1950년에 양쯔강 이남 지역에서는 인구 증가율이 둔화하기도 했는데, 주된 이유는 과도한 경작, 정치적 불안, 그리고 내전과 외세 개입 및 침략 등이었다.

1950년대에 중국공산당이 실시한 이른바 대약진운동大躍進運動이 초래한 엄청난 기근과 1960년대 문화혁명의 대혼란 속에서도 중국의 인구는 1950과 1979년 사이에 매 10년마다 1억 2000만~1억 5000만 명씩 늘었다. 중국은 곧 인구가 10억 명이 넘는 최초의 국가가 될 전망이었다. 덩샤오핑과 공산당의 개혁파는 인구 증가를 막지 못하면 중국이 경제 파탄을 맞이할 거라고 결론 내렸다. 이에 따라 1979년부터 한 가구 한 자녀 정책을 강제로 실시하기 시작했다.

이 정책의 입안자들은 1960년대 이후 중국의 출생률이 급격하게 낮아
지고 있다는 현실을 알아차리지 못했다. 출생률이 낮아진 주된 이유는 세
계 다른 지역에서 나타나는 출생률 저하의 원인과 똑같았다. 도시화, 여
성의 교육 수준 향상과 사회 진출, 그리고 많은 자녀를 갖는 대신 적은 자
녀에게 더 많은 기회를 주는 방향으로 마음을 바꾼 부모 등등. 중국의 지
도부는 주어진 문제를 수평적으로 생각하지 못했다.

다음 수치들을 생각해보자. 1965년에 중국 도시 지역의 출생률은 여성
한 명당 자녀 6명이었다. 1979년이 되어 한 가구 한 자녀 정책이 실시되
기 시작했을 때는 이미 여성 한 명당 자녀 수가 1.3명으로 줄어든 상태였
는데, 이 수치는 여성 한 명당 최소한 두 자녀는 있어야 하는 인구 보충 출
생률을 훨씬 밑돌았다. 도시가 아닌 지방에서는 1960년대 중반까지 여성
한 명당 평균 7명의 자녀를 두었는데, 1979년에는 3명으로 줄어 있었다.
한 가구 한 자녀 정책이 실시되는 동안 도시 지역 출생률은 1.3명에서 1명
으로 떨어졌고, 지방의 경우 3명에서 1.5명이 되었다. 중국의 인구통계학
자들은 학술지 《중국연구中國硏究》에서 이렇게 지적했다. "중국의 출생률
저하는 대부분의 경우 당의 한 가구 한 자녀 정책과는 무관한 현상이다."
즉, 출생률 감소는 공산당의 관료주의 덕분이 아니라 변화하는 환경에 따
라 사람들이 선택하여 일어난 현상이었다. "이 정책은 현실적 필요성이나
제대로 된 인구통계학적 분석이 아니라 정치 역학과 사이비 과학에 기초
한다"는 것이 전문가들의 결론이었다.

2015년 중국은 한 가구 한 자녀 정책을 폐기했다. 이제 세계 제2위의
경제 대국에서 인구 증가가 다시 문제가 될까? 노벨상 수상자인 경제학자
아마르티아 센Amartya Sen은 이렇게 지적한다. "여성의 발전이 중국의 한
가구 한 자녀 정책을 능가했다." 점점 더 많은 중국 여성이 수준 높은 교

육을 받고 사회로 진출하고 있다. 다시 말해 자녀를 많이 낳을 가능성이 줄어든다는 뜻이다. 비교해보면, 중국과 같은 정책을 한 번도 실시하지 않은 이웃의 타이완이나 한국의 여성 한 명당 출생률은 중국의 1.6명보다도 훨씬 낮은 1.1명 수준에 불과하다. 결국 "경제발전이 최고의 피임"이라는 유명한 구호가 중국뿐만 아니라 전 세계에서 사실로 증명된 셈이다.

얄궂은 일이지만 한 가구 한 자녀 정책이 낳은 가장 큰 결과는 세대 차이, 혹은 세대 사이의 단층이 될 전망이다. 2030년 무렵 중국에서는 15~35세 인구가 9000만 명 줄어들고, 60세 이상 인구는 1억 5000만 명 늘어날 것으로 예상된다. 즉, 중국은 세계에서 가장 대규모로 가장 빠르게 인구 노령화 현상을 겪을 것이다. 이 놀라운 변화가 미치는 영향은 2장에서 자세히 살펴보겠다.

중국 한 자녀 정책의 최고 수혜자

요즘 미국 언론 보도는 무역 적자, 기술 절도, 기업인으로 가장한 중국의 산업스파이들에 관한 소식들로 가득하다. "기업 다섯 곳 가운데 한 곳 비율로 중국이 기술과 정보를 훔치고 있다고 토로." 2019년 미국의 종합 경제지 《포천Fortune》에 실린 기사 제목이다. 이런 기사를 읽는 사람들은 중국이 곧 미국이나 다른 서방 세계 국가들을 능가할 것이고, 이 미래의 초강대국이 수단과 방법을 가리지 않고 경쟁자들을 물리치려 한다고 생각할 수도 있다.

한편 중국의 한 가구 한 자녀 정책이 미국 소비자들에게 행운을 가져다주었다고 생각하는 정치가나 언론인은 찾기 힘들다. 하지만 경제학자들이 수평적 사고를 발휘해 출생률과 저축 간 믿기 힘든 관계를 찾아냈다. 중국 정부가 법적 조치로 시행한 한 자녀 정책은 남아 선호 사상과 맞물려 젊은 남성이 젊은 여성보다 20퍼센트 더 많은 성비 불균형을 만들어냈다. 2017년 《이코노미스트Economist》는 "왜곡된 성비 불균형이 낳은 중국의 결혼 재앙"이라는 기사를 보도했고, 《뉴욕 타임스》도 "수백만 명의 중국 남성이 홀로 밸런타인데이를 보내다"라는 기사를 실었다. 이 기사에 따르면 중국의 부모들이 이 문제를 해결하기 위해 발 벗고 나섰는데, "결혼 시장의 극심한 경쟁 때문에, 결혼 적령기의 아들이 있는 가정에서는 적당한 짝을 찾을 가능성을 높이기 위해 저축을 늘리고 있다"는 것이 관련 자료들을 집중적으로 분석한 경제학자 상진 웨이Shang-Jin Wei와 샤오보 장Xiaobo Zhang의 결론이다. "1990~2007년의 성비를 살펴보면 이 기간 동안 각 가정의 저축률이 60퍼센트 이상 증가한 이유를 알 수 있다." 이런 현상은 중국 전역에서 찾아볼 수 있으며, 중국은 다양한 공산품뿐만 아니라 이렇게 저축한 금액까지 수출하는 형편이다. 미국의 탐욕스러운 소비 열풍에 들어간 자금의 대부분은 중국 가정의 저축에서 나왔다. 중국의 성비 불균형과 그에 따라 과도하게 높아진 저축액이 아니었다면, 미국인들은 지난 20여 년 동안 주택 담보 대출과 소비자 대출에 대해 더 높은 이자를 감당해야 했을 것이다. 예컨대 지난 20년 동안 미국의 30년 만기 주택 담보 대출의 고정 금리가 5퍼센트가 아닌 6퍼센트대였다면, 매달 갚아야 하는 액수는 25퍼센트 이상 늘어났을 것이고, 따라서 다른 곳에 쓸 돈이 훨씬 줄어들었을 것이다. "그게 무슨 상관이야?"라고 어리둥절해할 수도 있지만, 샌프란시스코에서 집 한 채를 사는 문제는 실제로 중국 가정이 얼마큼을 소비하고 또 저축할지 결정한 결과의 영향을 받았다.

중국의 성비 불균형은 새로운 디지털 경제의 소비에도 영향을 미쳤다.

다양한 인터넷 만남 사이트에 사람들이 얼마나 많은 돈을 쓰고 있는지 생각해보자. 전 세계에서 수억 명이 이런 만남 사이트를 이용하는데, 이들이 쓰는 돈은 연평균 50억 달러가 넘는다. 사람들은 장래의 배우자나 애인, 혹은 잠시 즐길 수 있는 상대를 찾아 사이트에 접속한다. 돈을 쓰는 형태는 국가별로 다양하다. 중국인들은 전체 비용의 2퍼센트 정도만을 즉석 만남용 사이트나 앱 회원 가입 등에 사용하지만, 유럽인과 미국인들은 애슐리 매디슨Ashley Madison, C-데이트C-Date, 퍼스트 어페어First Affair, 빅토리아 밀란Victoria Milan 그리고 틴더Tinder 같은 가벼운 즉석 만남용 사이트나 스마트폰 어플리케이션에 지출하는 비용이 21퍼센트에 달한다. 반면 중국인들은 81퍼센트 이상의 비용을 바이히Baihe나 지아유안Jiayuan 같은 비교적 진지한 중매 사이트에 지출하며, 유럽인과 미국인들의 경우는 40퍼센트 정도다. 이처럼 중국 남성들은 잠시 즐기는 상대가 아닌 진지한 배우자를 고르는 일을 더 중요시한다. 이것도 성비 불균형이 가져온 국가적 위기의 결과라고 할 수 있다. 당연한 일이지만 중국의 여성들에게는 훨씬 많은 선택의 여지가 생겼다. 한 연구진이 중국 최대의 만남 사이트 중 하나에 남성과 여성들의 모의 자기 소개서를 올리는 실험을 했다. 연구 결과에 따르면 모든 남성이 여성의 소득수준에 상관없이 거의 동일한 비율로 각 여성의 자기 소개서를 확인했다. 반면에 여성들은 소득이 높은 남성 쪽으로 몰리는 경향이 뚜렷했다. 소득이 가장 높은 남성은 가장 낮은 남성보다 평균 10배 이상 여성들의 관심을 끌었다.

흥미로운 일이지만 다른 국가들에서는 성비 불균형의 결과가 정반대의 방향으로 나타난다. 러시아에서는 많은 남성이 일찍 사망하기 때문에 젊은 남성이 더 부족하다. 사망 원인은 대부분 과도한 음주 탓이다. 성비 불균형 문제가 너무 심각하기 때문에 시베리아 일부 지역의 여성들은 일부

다처제를 합법화하자는 주장까지 제기하고 있다. 케임브리지대학교의 인류학자 캐럴라인 험프리Caroline Humphrey에 따르면, 시베리아 여성들은 "아무도 없는 것보다 남자 반쪽이라도 좋다"는 생각을 점점 더 많이 하게 되었다고 한다. "일부다처제 합법화는 큰 축복이 될 것이다. 어쨌든 정식으로 남편을 얻음으로써 재정적, 물리적 지원을 정당하게 받을 수 있고 자녀에 대한 권리도 보장되며 국가의 혜택도 합법적으로 받을 수 있다"는 게 그들의 주장이다. 중국과 러시아가 합의하여 서로 부족한 부분을 채우면 이상적이겠지만, 불행히도 중국의 성비 불균형은 러시아에 비해 7배는 더 높다. 중국의 인구가 그만큼 많기 때문이다. 그야말로 중매 사이트도 감당 못 할 규모가 아닐까.

아프리카의 베이비 붐

유럽과 미국 그리고 동아시아의 인구가 제자리걸음을 하는 동안 사하라사막 이남 지역에서는 과거보다 더디긴 하지만 인구가 계속 증가하고 있다. 현재 13억 명 정도인 이 지역 인구는 2038년에 20억 명, 2061년에는 30억 명에 육박할 것으로 예상된다. 일부에서는 큰 전쟁이나 치명적인 전염병이 발생하여 아프리카의 인구 증가에 제동이 걸릴 것이라고 예측한다. 역사상 가장 많은 사상자를 낸 전쟁인 제2차 세계대전에서 약 5000만~8000만 명이 사망했다고 추정되는데, 아프리카는 이 전쟁의 영향을 거의 받지 않았다. 지금까지 총 3600만 명이 사망한 에이즈AIDS의 경우 사망자의 3분의 2가 아프리카 지역에서 나왔는데, 특히 남아프리카공화국, 나이지리아, 탄자니아, 에티오피아, 케냐, 모잠비크, 우간다, 짐

바브웨 등이 큰 피해를 입었다. 하지만 그림 3에서 에이즈가 가장 기승을 부린 1980년대와 1990년대의 지역별 인구 분포를 보면 아프리카는 인구 성장 곡선이 거의 변하지 않았다. 따라서 적어도 수억 명의 목숨을 앗아갈 정도의 대규모 전쟁이나 전염병만이 아프리카 대륙의 인구통계학적 성장에 중요한 영향을 미칠 수 있다.

어쩌면 아프리카가 그 많은 사람을 제대로 감당할 수 없을 거라고 생각할 수도 있다. 그렇다면 아프리카 대륙의 '실제 면적'이 어느 정도인지를 생각해보자. 학교 교과서에 실린 세계지도들은 제작 방식 때문에 북반구에 비해 아프리카 대륙의 크기를 작게 표현하는 경우가 많다. 그림 4를 보면 아프리카 대륙의 실제 면적은 중국과 인도, 서유럽과 동유럽, 미국, 일본을 합친 것 정도다.

물론 아프리카에는 사람이 살 수 없는 거대한 사막이 있다. 그렇지만 일본을 제외한 다른 지역들에도 사막과 비슷한 곳이 있다. 심지어 유럽에도 사막이 있다. 유명한 영화 〈아라비아의 로렌스〉는 사막 장면의 대부분을 아라비아반도가 아닌 스페인 남부 지방에서 촬영했다. 여러 사막의 넓이를 생각하더라도 아프리카 대륙에는 아직 농경지가 아니지만 무척 풍요롭고 드넓은 땅이 있다. 아프리카의 크기를 생각하면 인구 과잉의 가능성은 희박하다. 현재 아프리카에는 13억 명이 살고 있는데, 앞서 언급한 국가들의 인구를 합하면 35억 명이 조금 넘는다. 현재 1제곱마일(약 2.6제곱킬로미터)당 인구밀도는 아시아가 아프리카보다 3배, 유럽보다는 4배 높다.

아프리카의 인구 증가는 몇 가지 곤란한 문제를 불러올 수 있다. 아프리카 대륙에는 세계에서 가장 다루기 어려운 종교 및 민족 관련 분쟁이 진행되는 지역들이 있다. 냉전시대부터 영향을 받아 시작된 간헐적 내전

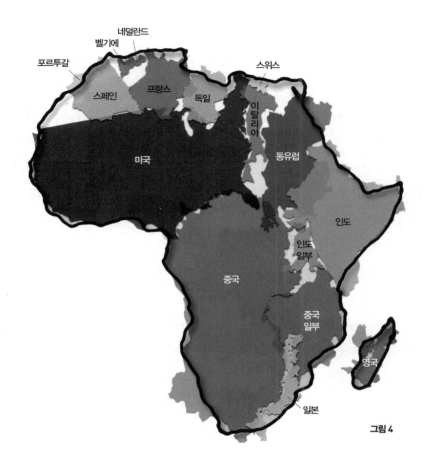

네덜란드
벨기에
포르투갈
스페인
프랑스
독일
스위스
이탈리아
미국
동유럽
인도
인도 일부
중국
중국 일부
영국
일본

그림 4

들은 몇십 년에 걸쳐 아프리카의 사회기반시설들을 무너뜨렸다. 특히 정부 행정조직에서 사법제도와 시민사회에 이르는 정치적, 사회적 제도들이 막대한 피해를 입거나 발전하지 못해 아프리카는 '실패한 국가들'이 가장 많이 몰려 있는 대륙이 되고 말았다. 아프리카의 54개 주권 국가 중 절반 이상이 정치적 혼란과 무정부 상태 및 무법 상태에 시달리고 있다. 이런 갈등과 폭력 사태는 개인의 안전뿐만 아니라 경제적 발전까지 위험에 빠뜨리고 지방에서 도시로의 이주, 그리고 주로 유럽을 향한 국제적 이주의 원인이 된다.

아프리카는 위험으로부터 자유로운 곳은 아니다. 그렇지만 이곳의 인구 증가가 낳는 잠재적 이익은 결코 무시할 수 없다. 점점 느는 인구 때문에라도 아프리카는 눈여겨봐야 할 곳이 되었다. 좋든 나쁘든, 아프리카의 운명이 곧 세계의 운명이 될 수도 있다. 좋은 쪽으로 일이 풀리면 아프리카는 전 세계를 돕는 활력의 주요 원천이 될 것이고, 안 좋은 쪽이라면 역시 전 세계가 그 부정적 결과들을 감지할 것이다. 인구 문제가 곧 우리의 운명은 아니지만 그것은 많은 사람의 삶에 영향을 미친다.

아프리카의 이중 혁명

사람들 대부분은 가장 큰 사업 기회는 주로 서비스 분야에 있으며 IT 기술이나 스마트폰 어플리케이션 분야가 유망하다고 생각한다. 그렇다면 아프리카의 인구 증가 현상을 수평적 사고로 접근해보자. 세계은행World Bank에 따르면 아프리카의 농업 규모는 2030년까지 1조 달러에 이를 것이라고 하는데, 이 정도 규모라면 전 세계 경제를 바꿀 수 있는 새로운 금광을 발견한 것과 마찬가지다. 대부분 도시가 아닌 지방에서 태어나는 아프리카 아이들의 미래는 이 농업 분야의 변화와 발전에 달려 있다. 광대한 토지와 풍부한 수자원에도 불구하고 아프리카는 식량을 자급자족하지 못하고 있다. 지금까지 코코아나 광물, 원유 같은 채취 산업이 아프리카 경제의 바탕이 되었지만, 가까운 미래에는 농업과 그와 관련된 생산 및 관리 산업이 늘어나는 인구를 먹여 살리는 동시에 아프리카의 성장을 견인할 것이다. 아프리카의 농업 발전 앞에는 두 가지 난제가 놓여 있다. 먼저 멕시코 면적에 맞먹는 5억 에이커(약 202만 3428제곱킬로미터)에 달하는 땅을 개간해야 하며, 생산성을 엄청나게 끌어올려야 한다.

아프리카는 지난 세기에 유럽과 아메리카 대륙, 동아시아에서 일어난 것과 비슷한 농업 및 산업의 이중 혁명을 경험할 것이다. 농업 분야가 확장하면서 일어날 발전의 이점들을 생각해보자. 농부가 생산성 향상과 더 나아진 생활수준을 바란다면 먼저 더 좋은 종자와 비료를 사용할 필요가 있다. 농부가 성공하면 그 마을에서는 각종 농기구 수리를 비롯해 농업을 지원하는 새로운 일자리들이 만들어진다. 단순한 생계 수단이었던 농업의 생산성이 크게 높아지면서 잉여 농산물이 규모가 커지는 도시로 판매되면 자연스럽게 식량 수입이 줄어든다. 또한 원료 상태의 농산물을 가공하고 저장해 공급하는 과정에서도 다른 일자리들이 창출된다. 어쩌면 대륙 전역에서 수천만 개의 일자리가 만들어지고 제조업 경기가 크게 발전하며 가공 상품을 도시 주민들에게 공급하고 판매하는 서비스 산업 분야가 새롭게 호황을 맞을지도 모른다. 이것이야말로 아프리카가 맞이할 수 있는 농업과 산업의 이중 혁명의 핵심이다.

이러한 잠재력을 현실로 끌어내기 위해 여러 분야의 수많은 기업과 조직이 새로운 발상과 실험을 도입하고 있다. 예를 들어 아프리카 농업 기술 재단African Agricultural Technology Foundation은 농부들에게 토양 분석과 종자 선별에 관한 기술을 제공하고 있다. "일부 농부들은 토질에 맞는 종자와 비료를 준비하면 최대 10배가 넘는 수확량을 기대할 수 있다는 설명을 듣고도 그저 웃어넘긴다. 한번도 들어본 적이 없는 이야기이기 때문이다." 현장에 파견된 재단 직원의 말이다. 새뮤얼 오위티 아위노Samuel Owiti Awino의 경우를 예로 들어보자. 케냐의 빅토리아 호수 근처에 있는 그의 경작지는 들쭉날쭉한 강수량과 치명적인 잡초 때문에 많은 피해를 보고 있었다. 절망에 빠진 아위노는 가족을 먹여 살리고 남은 농작물을 팔아 생계를 유지할 정도의 생산량을 올리기 위해 자신이 생각할 수 있는 방법은 다 써보았다. "아프지만 정확한 병명을 모를 때는 뭐든 하나라도 효과가 있기를 바라며 이 방법 저 방법을 닥치는 대로 써보게 됩니다." 아위노의 말이다. "오랫동안 그런 식으로 일해왔지요." 아위노는 정확하고 과학적인 방법을 동원하면 자신이 거둘 수 있는 최대 수확량의 2배나 많은 옥수수를 수확할 수 있다는 사실을 알고 깜짝 놀랐다.

세상에 널리 퍼진 '인구 폭발'이라는 유언비어와는 달리, 인구통계학적 성장은 실제로는 농업 분야에서 아프리카의 성장을 이끄는 출발점이 될 수 있다. 그러면 일자리가 늘어나고, 관련 경제활동도 활발해지며, 아프리카뿐만 아니라 세계 곳곳이 혜택을 입을 수 있다. 토양 관리, 관개수로, 그리고 유통 분야의 개선은 엄청난 유익을 가져다준다.

아프리카가 이렇게 미래를 향해 나아가려면 우선 아위노 같은 생계형 농민들을 수준 높은 농업 전문가로 만들어야 한다. 아프리카의 인구 증가를 기회로 만들기 위한 특별한 방법 가운데 하나는 카사바cassava라는 작물의 재배와 수확, 가공이다. 열대지방에서 주로 자라는 뿌리채소로 남아메리카가 원산지인 카사바는 놀라울 정도로 가뭄에 강하고 한 번 심으면 18개월 동안 언제든 수확이 가능하다. 다만 사람이 직접 손으로 심어야 하는데, 이 때문에 지역 농민들에게는 중요한 수입원이 된다. 카사바는 개발도상국들에서 쌀과 옥수수에 이어 세 번째로 중요한 탄수화물 공급원이며 주로 가루나 음료수로 가공된다. 사하라사막 이남 지역에서는 최소한 3억 명 이상이 카사바를 주식으로 삼고 있다. 게다가 글루텐이 없으며, 당분이 밀보다 낮아서 일반 곡물보다 건강에 좋은 대체 식품이므로 당뇨병 환자들도 안전하게 섭취할 수 있다. 아프리카에서 카사바 재배를 늘리면 그 일부를 합판의 재료나 알약, 연고 같은 여러 의약품의 충전제, 그리고 바이오 연료 등 수출에 유리한 고부가가치 상품으로 가공할 수 있다.

카사바의 엄청난 가능성을 현실로 만들려면 전문 인력과 장비가 필요하다. 잠비아의 중심부에서는 셀레스티나 뭄바Celestina Mumba가 매주 많은 시간을 들여 카사바 재배 농부들에게 종자 선별이나 재식거리栽植距離 같은 간단한 기술로도 수확량을 늘리는 방법을 가르치고 있다. 이 분야의 전문가인 그녀는 주로 농부들이 카사바를 제대로 기를 수 있도록 돕고 있다. 잠비아에서 2000마일(약 3200킬로미터) 떨어진 나이지리아에서는 펠릭스 아폴라비Felix Afolabi 목사가 아폴라비 아그로 디바인 벤처스Afolabi Agro Divine Ventures라는 공익사업체를 설립해 젊은 카사바 재배 농부들을 지도하며 쟁기와 써레, 그리고 직선식 분무기, 파종기, 수확기, 트랙터, 불도저 등 나이지리아 농업을 기계화하는 데 필요한 장비들을 제공하고 있다. 셀레스티나 뭄바와 펠릭스 아폴라비 같은 농업 기반 사업가들은 아프리카의 농업과 산업혁명의 선구자들이다.

사하라사막 이남 지역에서 카사바 생산량을 더 끌어올리는 데 필요한 인력 및 기술적, 재정적 자원의 상당 부분은 아프리카 현지에서 조달할 수 있지만, 외국 기업들과 비영리 재단들도 크게 기여할 수 있다. 카사바에는 수분이 많아서 수확한 후 24~48시간 이내에 가공해야 하므로 가공에 필요한 장비가 재배지 근처에 있어야 한다. 영리 목적의 사회적 기업인 더치 농업 개발 및 교역 기업Dutch Agricultural Development and Trading Company, DADTCO은 많은 가난한 공동체를 돕는 것이 목표인데, 아프리카의 소규모 자영농들에게 트럭으로 운반할 수 있는 가공, 정제, 건조 설비를 제공한다. 이렇게 하면 마을과 마을 사이를 옮겨 다니면서 농부들을 도울 수 있다. 이 이동식 가공소가 도착하면 바로 수확을 시작할 수 있다. 앞으로는 농부들과 다른 지역의 사업가들도 이런 장비들을 준비해 카사바 가공에 나설 수 있을 것이다.

카사바 생산이 확대되면 지금 자라고 있는 지방의 아이들을 위한 일자리들이 가까운 장래에 생긴다. 바로 아이들이 성인이 된 후 살아가는 데 필요한 일자리들이다. 또한 아프리카는 전 세계 맥주 음료 산업의 중심지가 될 수도 있다. 디아지오Diageo나 SAB밀러SABMiller 같은 몇몇 세계 최대의 주류 회사가 이미 생산자들을 통해 구매한 카사바로 맥주를 만들고 있다. 이에 따라 최종 생산품의 가격이 낮아질뿐더러 값비싼 해외 수입품에 대한 아프리카의 의존도도 줄어들고 있다. 카사바 맥주가 이른바 가성비가 뛰어나고 환경적으로도 지속가능하다는 사실이 입증되면, 우리의 집 근처에서 아프리카산 맥주를 저렴한 가격에 맛볼 날도 머지않았다. 세계의 거대 주류 회사들도 긴장해야 할 것이다!

실리콘사바나

앞으로 다가올 농업과 산업혁명을 제외하더라도 아프리카는 한 분야에서만큼은 어느 국가보다 빠르게 21세기로 도약했다. 바로 이동통신 기술이다. 이 변화는 이미 아프리카 대륙 전체의 삶을 변화시키고 있다.《아이리시 타임스Irish Times》가 소개한 나오미 완지루 응강가Naomi Wanjiru Nganga의 이야기를 생각해보자. 서른네 살의 그녀는 케냐의 수도 나이로비의 빈민가 코로고초에 산다. 건강이 좋지 않지만 길거리에서 폐지를 주워 시장에 내다 팔아 네 아이를 키운다. 그녀가 가진 유일한 첨단 기술 제품은 기본적인 기능만 가능한 휴대전화인데, 통화뿐 아니라 금융 거래도 하고 아일랜드의 어느 자선단체로부터 지원금도 받고 있다. 그녀는 빠르게 발전하는 아프리카 이동통신 사업의 직접적인 수혜자다.

케냐는 10년 전에 모바일 결제를 선도하는 국가 중 한 곳이 됨으로써 세계를 놀라게 했다. 지금은 케냐 전체 인구의 4분의 3이 이 기술을 적극 활용하고 있으며, 나이로비는 미국의 실리콘밸리를 빗대어 '실리콘사바나Silicon Savannah'라고 불리는 도시가 되었다. 그래서 나는 2030년의 세상을 미리 보고 싶어 하는 사람들에게 무조건 아프리카로 가보라고 권한다.

이동통신 기술이 건강과 보건 분야에 도움이 된다는 사실은 잘 알려져 있다. 예를 들어 케냐에서는 도시가 아닌 지역에 사는 인구 대부분이 가장 가까운 의료시설과 버스로 최소한 한 시간 이상 떨어져 살고 있다. 이 문제를 해결하기 위해 케냐는 휴대전화를 통한 긴급 상담 전화와 초기 진단 제공에서 교육과 복약 지도, 그리고 후속 조치에 이르는 다양한 의료 지원 사업을 실시하고 있다. 현재 전체 인구의 90퍼센트가 휴대전화를 사용하는 케냐에서는 휴대전화 기록이 공식적인 인구 통계 조사보다 정확할 때가 있다. 정부기관들도 보건이나 복지 정책을 세울 때 임금 대장이나 학교 등록 기록보다 휴대전화 관련 자료를 더 많이 사용한다.

다른 많은 국가처럼 케냐도 숙련된 의료 인력이 부족하고 의료 관련 비용이 높으며 수요가 치솟는 문제로 고민하고 있지만, 많은 인터넷 지원 계획 등을 통해 농촌 거주자들에게 더 많은 혜택을 부여하려 애쓰고 있다. 케냐의 사례에서 볼 수 있듯이 보건 분야에 이동통신 기술을 사용하면 포괄적인 보건복지 지원 문제를 기술적이고 효율적으로 해결할 수 있다. 미국도 이런 사례를 본보기로 삼을 수 있다. 선진국에서도 국민들의 건강과 보건 문제가 끊임없이 이어지는 정치적 논쟁거리이며 관련 비용도 해마다 치솟고 있기 때문이다.

이민자에 대한 불안과 분노

2030년에는 다른 어느 지역보다 아프리카와 남아시아의 인구가 많아지고, 지금과는 다른 방식으로 사람들이 전 세계로 퍼지고 이동할 것이다. 장차 다른 국가로 이주하는 사람들의 수는 변하더라도 이유만은 그대로일 것이다. 이주나 이민은 세계의 어느 지역에서 출생률이 낮고 또 다른 지역에서는 출생률이 높을 때, 혹은 내전이나 정치적 불안, 기근, 경제 위기, 자연재해 같은 위기 상황이 발생했을 때 두드러지게 일어난다. 최근에는 일부 사람들이 국제적 이주를 막아야 할 필요가 있는 '홍수'처럼 여긴다. 정치 지도자들은 장벽을 건설하겠다고 부르짖으며, 여러 국가가 유럽연합EU 같은 정치 및 경제 조직이나 무역 조약들에서 탈퇴하고 있다. 어떤 사람들은 이민자들을 반대하는 현수막을 들고 거리를 행진한다. 하지만 이민자들이 일자리를 빼앗아 가고 세금을 낭비한다는 두려움이 모두 잘못되었고 근시안적인 사고에 불과하다면?

사람들 대부분은 이주민들이 저소득층의 일자리는 물론 조건 좋은 제조업 일자리까지 빼앗는다고 생각한다. 미국 과학, 공학 및 의학 한림원U.S. National Academies of Sciences, Engineering, and Medicine, 이하 미국 한림원이 주요 보고서들에서 내린 결론에 따르면 대부분의 이민자들은 지역 주민들과 일자리를 놓고 경쟁하지 않는다. 그 이유는 대부분의 이민자들이 기술이 거의 없거나 반대로 대단히 전문적인 기술을 갖추고 있기 때문이다. 그 때문에 이들은 고국에서는 좋은 일자리를 찾기가 어렵다. 반면에 기계공이나 수

리공 같은 중간 수준의 기술을 가진 사람들은 자국 내에서 충분히 일자리를 얻을 수 있으므로 굳이 다른 나라로 이주하려고 고민할 필요가 없다. 미국이나 일본, 유럽 같은 선진국에서는 농업과 서비스 분야처럼 기술이 거의 필요 없는 일자리는 풍부하며, 전문적인 기술이 필요한 일자리도 마찬가지다.

선진국에서는 일자리 소멸 현상이 중간 정도의 기술을 지닌 사람들이 몰려 있는 제조업 분야에서 일어난다. 왜냐하면 그 일이야말로 쉽고 좀 더 경제적으로 기계화 혹은 자동화가 가능하기 때문이다. 경제 대국들 입장에서는 중간 수준의 기술이 필요한 일자리를 기계로 대체하는 쪽이 경제적으로 합리적인 선택이다. 왜냐하면 상대적으로 자동화하기 쉬울뿐더러, 사용자 입장에서는 자동화와 기계화에 관심을 느낄 만큼 근로자들에게 지급하는 임금이 높기 때문이다. 이 문제는 6장에서 자세히 살펴보겠다. 어쨌든 일자리가 사라질지도 모른다는 불안감이나 분노를 이민자들에게 표출하는 일은 엉뚱한 짓이다. 일자리는 이민자가 아니라 기술적 변화 때문에 사라지는 경우가 많기 때문이다. 와튼스쿨의 동료 교수인 브리타 글래넌Britta Glennon은 과학자와 전문 기술자들에 대한 입국 비자를 제한하면 오히려 미국 국내의 일자리가 줄어든다는 사실을 깨달았다. 기업들이 재능 있는 인재들을 찾아 연구 담당 부서들을 해외로 옮겨버리기 때문이다. 그렇다면 미국이 이민자들을 엄중하게 제한하면 가장 이득을 보는 곳은 어디일까? 바로 중국과 인도, 캐나다다. 기업들의 연구 담당 부서들이 주로 이 국가들로 이전하기 때문이다.

많은 이민자의 미국 내 취업에 관한 통계를 교육 수준에 따라 분석하면 이민자들이 미국인들로부터 일자리를 빼앗는다는 주장은 사실이 아님을 알게 된다. 고등학교를 중퇴한 취업자들 중 42퍼센트가 바로 이민자들이며, 박사 학위 소지자들 중 29퍼센트가 외국 출신이다. 반면에 고등학교를 제대로 졸업하고 취업한 사람들 중에서는 15퍼센트, 대학 중퇴자들 중에서는 10퍼센트, 그리고 학사 학위 소지자들 중 14퍼센트만이 이민자들이다. 그런데 미국 인구 조사국U.S. Bureau of the Census의 보고에 따르면 고도로 숙련된 관리직이나 기술 관련 일자리의 숫자는 늘어나는 반면 중간 수준의 기술이 필요한 단순 노동 관련 일자리들은 자동화나 기계화 때문에 급격하게 줄어드는 추세다.

특정 직업에 관한 자료들을 깊이 추적하면 대부분의 이민자들이 해당 지역 주민들과 일자리를 두고 경쟁하지 않는다는 증거를 더 많이 찾아볼 수 있다. 미국 워싱턴 D.C.의 어반 연구소Urban Institute에 따르면 미국에서 고등학교를 졸업하지 못한 이민자들이 가장 많이 종사하는 직업 세 가지는 가사 도우미, 주방 일, 그리고 농업 관련 단순 노동이다. 그런데 고등학교 졸업장이 없는 미국인들 중 훨씬 많은 수가 주로 계산대 담당, 트럭을 포함한 각종 차량 운전, 경비직 등에 종사한다. 따라서 일자리를 두고 이민자와 현지 사람들이 직접 경쟁하는 일은 거의 없다고 볼 수 있다.

이주나 이민은 인구 노령화가 초래하는 여러 어려움을 극복하는 데 도움이 된다. 국제연합에서는 이를 '대체 이주replacement migration'라고 명명했다. 미국 노동 통계국U.S. Bureau of Labor Statistics의 자료들을 보면 출생률이 높았던 베이비 붐 세대가 은퇴 시기에 접어들면서 미국 경제는 수십 개 이상 일자리의 노동력 부족을 채우기 위해 이민자들을 더 많이 받아들일 필요가 있다고 한다. 그중에는 간호조무사, 병자 및 고령자 담당 자택 도우미, 건축 현장 노동자, 조리 담당, 소프트웨어 개발자 등이 포함되어 있다. 미국에서는 2030년까지 앞서 언급한 일자리를 포함한 여러 일자리의 절반 이상을 외국 출생의 인력이 채울 예정이다.

정말로 이민자들이 지역 주민들을 경제적 위기로 몰아가고 있는지 확인하는 또 다른 방법은 수입을 확인하는 것이다. 이민자들이 같은 일자리를 두고 경쟁하고 있다면 지역 주민들의 수입도 줄어들어야 한다. 이 문제를 자세히 확인한 미국 한림원은 이렇게 결론 내렸다. "전체 미국 국민의 수입에 이민자들이 미치는 영향은 미미하거나 거의 없다고 볼 수 있다." 대부분의 조사와 연구 결과는 그보다 더 중요한 점을 지적한다. "전체적으로 미국 국민들보다는 소수 민족들처럼 원래부터 차별받는 집단과 먼저 이민 온 이민자들이 부정적인 영향을 더 크게 받는다." 이 사실은 최근 유럽과 미국에 이민 온 사람들 중 상당수가 이민이나 이주에 반대하는 후보들이나 정당을 지지하는 모순을 설명해준다. 또한 실제로 지역 주민 가운데 이민자들의 영향에 가장 크게 노출되는 쪽은 고등학교 중퇴자들이다. 이들도 여러 선거에서 쟁점이 되고 있는 이주 반대 정책이 더 강력하게 시행되기를 원한다.

앞서 언급한 여러 증거는 이민자들이 지역 주민들과 일자리를 두고 경쟁하지는 않는다는 사실을 보여주지만, 만약 이민자들이 정부로부터 불평등하게 많은 사회복지 혜택을 받는다면 해당 국가에 실제로 손해를 끼칠 가능성이 있다. 사실 이민자들에 분노하는 유럽인과 미국인들의 감정 밑바탕에는 이민자들이 노동으로 기여하는 것보다 더 많은 복지 혜택을 누리기 때문에 나라의 재정적 부담이 커진다는 원망들이 자리한다. 하지만 여기에도 사람들의 통념을 반박하는 증거들이 있다. 전 세계 모든 이민자의 72퍼센트는 경제활동이 가능한 연령대로, 전체 인구의 58퍼센트가 경제활동이 가능한 것과 크게 비교된다. 전 세계적으로 신뢰받는 경제협력개발기구OECD의 발표에 따르면, 1990년대 이후 이민자들은 노동력 증가분에서 미국에서는 47퍼센트, 그리고 유럽에서는 70퍼센트를 담당하고 있는데, 이들이 내는 세금은 정부로부터 받는 복지 혜택보다 많다. 미국 한림원도 다음과 같이 보고했다. "연령대에 상관없이 모든 정부의 수치들을 종합하면, 이민 2세대 성인들은 보통 1세대나 3세대 이상 성인들에 비해 정부 재정에 긍정적인 영향을 미쳤다." 1994~2013년에는 '이민 1세대와 2세대 모두'가 복지 혜택 대비 납부하는 세금의 비율이 더 늘었다. 다시 말하면 시간이 지날수록 이민자들은 정부의 사회복지 정책에 따라 받는 혜택보다 노동력과 소득세 등을 통해 정부 재정에 더 많이 기여한다. 또한 연방정부는 대부분 경제활동이 가능한 연령대인 이민자들을 통해, 재정 분야에서 이민자 자녀들의 교육비를 보조해야 하는 각각의 주나 지역들보다 긍정적인 영향을 더 많이 받는다. 미국 한림원의 결론은 다음과 같다. "교육과 수입이 비슷한 수준인 이민자들과 현지인들이 정부에 미치는 재정적 영향은 거의 같다."

이민자가 일자리를 만든다

구글Google과 인텔Intel, 이베이eBay, 페이스북Facebook, 그리고 링크드인LinkedIn과 테슬라Tesla 등은 두 가지 공통점이 있다. 이 기업들은 미국 경제에 혁명을 일으켰으며, 창업자 혹은 공동 창업자가 이민자 출신이다. 이들이 없으면 전 세계 경제는 크게 달라질 것이다. 미국의 모든 첨단 기술 관련 신생 기업들의 23퍼센트는 이민자들이 창업했으며, 특정 지역에서는 그 비율이 더 높다. 예컨대 캘리포니아에서는 40퍼센트, 매사추세츠에서는 42퍼센트, 뉴저지에서는 45퍼센트의 기업을 이민자들이 세웠다는 것이 카우프만 재단Kauffman Foundation과 베이 에이리어 카운실 경제 연구소

Bay Area Council Economic Institute의 조사 결과다. 또한 중립을 표방하는 연구소인 미국 정책 재단National Foundation for American Policy에 따르면 2016년 미국에서 선정된 '유니콘 기업', 그러니까 10억 달러 이상의 가치를 지닌 비상장기업 87개 중 44개를 이민자들이 세웠다. 이 44개의 신생 기업을 세운 이민자 출신 창업자들 중 23명은 대학이나 대학원 진학을 위해 미국으로 건너왔으며, 국적별로 보면 인도가 제일 많고 그다음이 캐나다, 영국, 독일, 그리고 이스라엘순이다. 그중 한 사람인 데이비드 힌다위David Hindawi는 1944년에 이라크 바그다드의 한 유대인 가정에서 태어났다. 그의 부모는 그를 데리고 1951년에 신생 독립국인 이스라엘로 이주했고, 그는 이스라엘 공군으로 복무했다. 1970년에 그는 캘리포니아대학교 버클리 캠퍼스에서 박사 학위를 받기 위해 처음 미국으로 건너왔고, 2007년에 아들 오라이언Orion과 함께 인터넷 보안 전문 업체 태니엄Tanium을 설립해 500명의 직원이 일하는 기업으로 키워냈다.

이민자들은 보통 직접 기업을 세우고 경영자가 되려 하기 때문에 국가 경제에 많은 도움이 된다. 미국 한림원의 종합 보고서에 따르면 특히 출원 기록만 봐도 "이민자들이 더 창의적"이며, "이민자들이 더 혁신적인 이유는 특별히 더 뛰어난 능력을 물려받아서가 아니라 과학과 공학 분야에 집중하기 때문"이라고 한다. "이민이라는 행위 자체가 순수한 기업가의 도전 정신과 비슷하다." 온라인 취업 소개 사이트로 유명한 링크드인의 공동 창업자 리드 호프먼Reid Hoffman은 2013년 일간지 《워싱턴 포스트Washington Post》에 기고한 글에서 다음과 같이 말했다. "익숙해진 모든 것들을 내려놓고 다른 곳에서 새로운 시작을 한다. 성공하려면 새로운 사회에 녹아들 필요가 있으며 기술을 습득해야 한다. 때로는 즉흥적으로 선택해야 할 때도 있는데, 이민 그 자체와 마찬가지로 대담한 계획과 결단이 필요하다."

이민자들이 미국의 보건 분야에 기여한 내용도 살펴보자. 조지 메이슨 대학교에서 2016년에 실시한 연구에 따르면 미국 전체 인구의 13퍼센트가 이민자 출신이지만, 내과의와 외과의의 28퍼센트, 환자와 노약자, 유아를 돌보는 각종 전문 돌봄이의 22퍼센트, 그리고 정식 전문 간호사의 22퍼센트가 이민자 출신이다. 생명공학 분야 업체들이 고용한 의학 전문 과학자들의 절반 이상도 이민자 출신이다. 이러한 수치들이 드러내는 핵심적인 내용은 이들의 대부분이 고국에서 의료 및 보건 분야에 관한 교육과 훈련을 받았다는 사실이다. 물론 일부는 본국의 학위로 부족해 미국에서 취업하기 전에 훈련 규정에 따라 추가 교육을 받아야 할 때도 있지만, 미국이 자체적으로 충분한 인력을 배출하지 못하고 있다는 사실은 분명하다. 또한 의료 및 보건 관련 이민자 인력이 미국 사람들과 일자리를 놓고 경쟁하지는 않는다는 것도 확실하다.

과학 분야의 노벨상 수상자들을 살펴보는 것도 유익하다. 2000년 이후 미국 국적으로 노벨 화학상, 물리학상, 그리고 생리의학상을 수상한 85명 중 33명, 즉 40퍼센트가 외국 출신이다. 미국이 세계 최고의 혁신 국가라는 위치를 계속 유지하고 싶다면 이민자들이 절대로 빠트릴 수 없는 중요한 역할을 하고 있다는 사실을 기억해야 한다. 특히 지식 기반 경제를 계속 성장시키고 싶다면 더욱 그렇다.

미국 한림원은 이미 1997년에 작성한 보고서를 통해 이민자들이 미국 경제에 미치는 이민자들의 영향력을 긍정적으로 평가했고, 2017년 보고서에서는 이렇게 분석했다. "미국에 이민자들이 오지 않을 경우 국내총생산GDP이 크게 하락하고, 1인당 국내총생산 역시 마찬가지가 될 것이다. 노동력 확보에 거의 도움이 되지 않는 노년층 인구가 점점 더 늘고 있기 때문이다. 이민자들이 들어옴으로써 아이들의 양육과 음식 준비, 청소, 수리, 그리고 건축에 관한 비용이 많이 절감된다고 볼 수 있다." 미국 경제에서 중요한 위치를 차지하는 부동산 시장에서, 새로운 이민자들과 그 자녀들의 독립이 주택 수요를 견인하고 있다. 또한 이민자들이 아이들을 맡아 돌봐주지 않으면 미국 중산층 가정의 일하는 엄마들이 직장에서 제 몫을 충실히 하기 어려울 것이다. 2030년 미국의 경제는 창의적이고 역동적인 이민자들에 더 많이 의지할 것이다. 물론 국경을 가로막는 장벽을 건설하자는 목소리가 잦아들 때 가능한 일이겠지만.

이민자에 대한 인지적 편향

이민 문제에 관해 우리는 긍정적인 측면보다 부정적인 측면에 초점을 맞추는 경향이 있다. 심리학자 에이머스 트버스키Amos Tversky와 대니얼 카너먼Daniel Kahneman은 우리가 살면서 여러 문제에 대해 잘못된 결정을 내리는 이유는 우리의 사고가 '손실 회피 편향loss aversion bias'의 영향을 받기 때문이라고 주장한다. 수많은 실험을 시행한 두 사람은, 사람들은 이익을 보는 것보다 손실을 피하는 쪽을 선호하는 경향이 있다는 결론에 도달했다. 놀라운 일이지만 사람들 대부분은 10달러를 얻는 것보다 10달러를 잃지 않는 쪽을 택한다.

노르웨이의 행동경제학자 테아 비그Thea Wiig는 베르겐대학교에서 석사학위를 받을 때 한 가지 실험을 했다. 한쪽 사람들에게는 이민자들이 사회에 공헌하는 취업 관련 통계 자료를 제시하고, 다른 쪽 사람들에게는 이민자들이 일으키는 잠재적 사회적 손실을 보여주는 사회복지 정책 자료를 제시했다. 비그는 사람들의 마음속에서 '이득보다 손실을 더 크게 느끼는' 심리를 발견했다. 이런 심리는 곧 이민자들에 대한 부정적인 태도로 이어졌다. 그녀의 주장에 따르면 "사람들은 이민자 때문에 발생하는 비용을 강조하는 부정적인 설득 작전에 취약하다." 구체적으로 말하면 "노르웨이 이민자들의 취업률은 60퍼센트 정도인데, 이 정보를 통해 각 개인들은 이민자들에 대한 정책을 평가할 때 좀 더 엄격한 기준을 적용한다." 이 연구에 따르면 이민자들에 대한 선호도와 그에 따른 정책의 범위는 사람들의 인지적 편향 속에서 만들어지며, 심지어 조종이나 조작도 가능하다. 2030년에 가까워진 현재 우리는 이민자들에 대한 부정적인 여론 형성이 얼마나 능수능란하고 사회에 영향을 미치는지, 그리고 그 여론이 얼마나 효과적으로 이민자들의 공헌을 감추는지를 깨달아야 한다.

언론인 제임스 서로위키James Surowiecki는 《뉴요커New Yorker》에 기고한 글에서 "조국을 빼앗기고 있다"라는 선동적인 표현이 너무나 잘 먹히는 이유는 사람들의 손실 회피 편향을 자극하기 때문이며, 이것이 바로 사람들이 이민자들을 반대하는 정치가들에게 힘을 실어주는 원인이라고 주장했다.

손실 회피 편향을 다루는 또 다른 연구들은 이민자들의 행동에 주목한다. 내국인들, 이민을 결심한 외국인들, 그리고 고향에 머물기로 결정한 외국인들의 행동을 분석한 한 연구에 따르면 세 집단 중에서 이민자들이 위기 상황에서 가장 인내력이 높았다. 그렇다면 많은 이민자들이 개인 사업을 선택하는 이유도 설명된다.

그렇지만 잠재적 이민자들이 다른 사람들과 마찬가지로 미래의 경제 전망에 대한 좋은 소식보다는 나쁜 소식에 더 민감하게 반응한다는 사실도 주목할 필요가 있다. 또한 마티아스 자이카Mathias Czaika는 또 다른 연구에서 이민자들이 고국을 떠나는 큰 원인은 가고자 하는 나라에서 얻을 수 있는 기회보다는 현재 살고 있는 곳의 경제적 어려움이라고 지적했다. 이러한 사실로 알 수 있는 것은 대부분의 이민자들이 단지 원래 누리던 생활수준을 좀 더 개선하기 위해 이민을 선택하는 것은 아니라는 점이다. 이들은 상황이 어렵거나 심지어 절망적일 수도 있는 경제적 환경에서 탈출하고 싶어 한다.

가난이나 그로 인한 결핍은 이민의 핵심적인 이유다. 왜냐하면 이 요인들이 위험을 극복하는 태도에 영향을 미치기 때문이다. 윌리엄 클라크William Clark와 윌리엄 리소스키William Lisowski가 학술지《미국 국립 과학원 회보Proceedings of the National Academy of Sciences》에 발표한 연구에 따르면 이민자들은 다른 국가로 이주하기로 결심하면서 얻는 이익과 손실을 주의 깊게 저울질한다. 주택이나 다른 형태의 자산을 보유하고 있는 사람들은 이주를 진지하게 고민하지 않는다. 그런 이유 때문에 국경의 장벽보다는 가난한 국가의 토지 재분배가 이민자의 숫자를 더 크게 줄여줄 수 있다.

현실적으로 이민이나 이주의 장점에 주목해야 할 이유는 얼마든지 있다. 2018년 미국 사회 보장국Social Security Administration 이사회 보고서는 2030년까지 사회 보장 기금의 '단기 재정 타당성'이 최소 수준에도 못 미칠 것이라고 경고했다. 연방정부가 사회보장제도를 장기적으로 유지하는 것을 목표로 하지 않고 우선은 계속 기금을 사용하는 데만 급급하기 때문이다. 일간지《USA 투데이USA Today》는 "사회보장 및 건강보험 기금이 천천히 고갈되고 있는데도 워싱턴의 어느 누구도 손가락 하나 까딱하지 않고 있다"는 기사로 이 보고서를 지지하고 나섰다.

이민자들은 사회의 위협이 아니라 연금제도의 미래를 책임져줄 또 다른 기회다. 이민자들은 사회보장 보험에 매년 수십억 달러를 세금 형식으로 납부하고 있다. 심지어 위장 취업 등을 통해 가짜로 등록되어 있는 사람들도 마찬가지다. 미국의 정책 연구소인 뉴 아메리칸 이코노미New American Economy에 따르면 2016년에만 800만 명에 달하는 위장 취업자들이 130억 달러에 달하는 보험금을 납부했다고 추정되는데, 이들은 보통 납부한 만큼의 혜택을 돌려받을 수 없다. 가장 많은 보험금을 납부하는 계층은 저임금 이주 노동자들인데, 연수입이 12만 8400달러 이하인 경우 수입의 6.2퍼센트를 보험금으로 내야 하기 때문이다. "불법 이민자들을 추방하면 사회보장 보험 기금에 단기적, 장기적으로 부정적인 영향을 미칠 뿐이다. 우선 사람들이 있어야 기금이 정상적으로 운용될 수 있기 때문이다." 비영리 연구 단체인 경제 정책 연구소Economic Policy Institute의 연구원 모니크 모리시Monique Morrissey의 설명이다. 사회 보장국 이사회는 보고서를 통해 왜 이민자가 많아지면 장기적으로 이익이 되는지를 이렇게 설명한다. "이민자들은 상대적으로 젊기 때문에 이들이 일하며 내는 납부금으로 은퇴자들이 받는 연금을 보충할 수 있다. 전체 이민자들이 늘어나면 기금을 원활하게 운용할 수 있다."

문제의 핵심은 생각의 방향이다. 우리가 수평적으로 생각하면 위기는 오히려 큰 기회가 될 수 있다. 기회에 초점을 맞출수록 2030년의 도전들을 성공적으로 이겨낼 수 있는 가능성도 훨씬 커진다.

두뇌 유출의 진실

이민자들을 가장 강력하게 반대하는 사람들조차 뛰어난 전문 기술을 지닌 외국인들이 미국 경제에 필요한 부분을 채워줄 수 있다는 주장에는 동의한다. 그런데 이 말은 우리가 형편이 어려운 나라들의 인재를 빼내서 우리만의 이익을 추구한다는 뜻일까? 1950년대를 돌이켜보면 영국이 '두뇌 유출'이라는 표현을 처음 사용하며 인적 자본이 미국과 캐나다로 빠져나가는 상황을 비난했다. 당시 의사와 전문 기술 인력, 그리고 다른 분야의 전문가들은 영국 밖에서 조건이 더 좋은 일자리를 찾을 수 있었다. 지난 30~40년 동안 그때와 비슷한 인재 유출이 방글라데시, 나이지리아, 필리핀 같은 개발도상국에서 일어났다. 이 나라들은 가장 중요한 자국의 인적 자본을 빼앗겼다. 그런데 캘리포니아대학교 버클리 캠퍼스의 지리학자이자 정치과학자인 애너리 색스니언AnnaLee Saxenian은 두뇌 유출이라는 빈곤의 악순환이 '두뇌 순환'의 선순환으로 바뀌어 인재들의 고국과 새로운 국가 모두를 유익하게 할 수 있다고 주장한다.

예를 들어 민 우Miin Wu는 고국인 타이완을 떠나 스탠퍼드대학교에서 전기공학 박사 과정을 공부하기 위해 미국으로 건너왔다. 1976년 학업을 마친 그는 IT업계의 전설인 실리코닉스Siliconix와 인텔Intel 같은 기업에서 근무했고, 10년 뒤에는 실리콘밸리에서 VLSI 테크놀로지VLSI Technology를 공동 창업했다. 집적회로를 설계하고 생산하는 회사였다. 1980년대 후반에 타이완은 반도체 생산 중심지가 되었고, 민 우는 자신의 배경을 이용해 타이완에서 마크로닉스Macronix라는 회사를 시작하기로 결정했다. 초창기 타이완 반도체 제조사들 중 하나이자 나스닥 상장 기업이었다. 그는 태평양을 오가는 사업가가 되었고, 그의 도전 정신은 고국과 제2의 조국에 유익을 안겨줬다.

제임스 김James Kim, 한국 이름 김주진도 학업을 계속하기 위해 1960년대에 미국행을 택했고 와튼스쿨에 입학했다. "남한, 북한 할 것 없이 한반도는 전쟁으로 피폐해져 있었다. 어떤 희망도 없을 것 같던 그때의 상황

66 **2030 축의 전환**

은 겪어보지 않고는 알 수 없을 것이다. 우리는 정말 찢어지게 가난했고, 사방이 모두 폐허였다." 박사 학위를 받은 김주진은 대학 교수로 근무하다가 1969년에 반도체 제조사 앰코 테크놀로지Amkor Technology를 세웠다. 앰코 테크놀로지의 2018년 매출액은 약 42억 달러 규모이며, 동아시아와 포르투갈의 제조 공장 및 미국의 여러 설비에 3만 명 가까운 임직원을 고용하고 있다. 이 회사는 이름이 모든 걸 다 말해준다. '앰코Amkor'는 '아메리카America'와 '한국Korea'라는 뜻이다. 앰코는 한국이 오늘날의 기술 선진국이 될 수 있도록 큰 도움을 주었다. "우리는 살아남아 지금까지 버텼고 결국 번영할 수 있었다." 김주진 회장의 말이다.

민 우나 김주진처럼 선견지명을 갖춘 기업가들은 여러 국가에 동시에 긍정적인 영향을 미치는 이민자의 힘을 상징한다. 낮아진 운송비와 디지털 기술로 수월해진 의사소통 덕분에 기업가들은 인도나 미국, 혹은 미국과 중국처럼 멀리 떨어진 나라를 쉽게 오가며 기업을 경영할 수 있게 되었고, 각 나라별로 유용한 자원들을 사용할 수 있다. 대륙을 가로질러 실시간으로 복잡한 업무를 수행하거나 기업을 경영하는 일이 가능해진 것이다. 그 결과, 이민자들의 고국과 제2의 고향 모두에서 많은 일자리들이 만들어진다. 지금까지는 이런 협력을 위한 시장은 주로 미국이었지만 장차 중국과 인도의 소비 시장이 성장하면 새로운 초국가적 형태의 기업가나 기업이 활약할 수 있는 더 거대한 기회가 열릴 것이다.

색스니언이 말한 두뇌의 선순환은 전 세계에 다양한 영향을 미친다. 미국처럼 지속적으로 고급 두뇌의 부족에 시달리는 국가는 자격이 뛰어난 이민자들을 끌어들이고, 이들은 새로운 기업가로 성장하며 일자리를 만들어낸다. 그렇지만 가장 중요한 건 미국과 세계의 다른 거대 신흥공업국 시장들 사이에 세워지는 일종의 가교다. 특히 세계 경제활동과 소비의 무게중심이 북대서양에서 아시아, 그리고 종국에는 아프리카로 이동하면서 장차 엄청난 부가 재분배될 가능성이 크다.

세계은행은 학업을 위해 미국으로 왔다가 기업가들과 기술자들로 성장한 사람들이 형성한 '이민자 연결망diaspora network'을 통해 나타나는 엄청난 규모의 국제적 협력을 평가했다. 태어난 나라에 따라 다르지만 이런 이민자들의 절반에서 4분의 3 이상이 고국으로 돌아갔고, 그중 상당수는 그곳에서 새로운 사업을 시작했다. 또한 미국과 고국을 최소한 1년에 한 차례 이상 오가며 양국에서 사업을 꾸려나가는 사람들도 그중 절반 이상이나 된다. 이런 고급 인력들이 형성한 이민자 연결망의 혜택을 가장 많이 본 나라는 이스라엘, 타이완, 인도 등이다. 정보통신 기술은 초기 투자 자본이 적게 들기 때문에 이러한 초국가적 발전을 이끄는 경제 분야의 핵심에 자리한다.

이민자들이 만드는 기회는 이토록 크지만, 이민자들을 받아들이는 국가의 국민들이 손해를 보고 있다고 인식하는 순간 일어날지 모를 혼란과 어려움도 클 수 있다. 이민자들의 규모와 받아들이는 시기, 그리고 구성 문제를 결정하기 위한 최선의 정책들에 관해서는 차분한 논의가 필요하다. 그래야 양국이 얻을 수 있는 기회를 극대화할 수 있다. 또한 그래야 수백만 명이 직장을 잃고 공동체가 붕괴하는 일 없이 세계화를 추진할 수 있다. 여러 연구에 따르면 이민자들을 국가별로 숫자를 정해 받아들이는 정책은 최선은 아니므로 필요한 인력과 그 자격을 기준으로 정하는 쪽이 타당하다. 이와 관련해서는 캐나다가 가장 성공한 사례일 것이다. 캐나다는 외국인 대학생들이 졸업하는 동시에 취업을 보장해줌으로써 전문 기술을 지닌 고급 인력들을 성공적으로 유치하고 있다. 2018년 캐나다의 비영리 정책 조사 기관인 컨퍼런스 보드Conference Board of Canada와 경영자 협회는 이민자들의 숫자를 제한할 경우 향후 20년간 캐나다의 경제성장률이 3분의 1가량 떨어질 것으로 내다봤다. "캐나다가 이민자들을 받지 않으면 노동력 감소와 낮은 경제성장률을 경험하는 동시에 보건과 같은 사회복지 분야 기금 조성에도 큰 어려움을 겪을 것이다." 2030년에는 이민자들의 적극적인 기여를 잘 이용하는 동시에 경제 상황이 변화하여 피해를 보는 사람들을 잘 다독이는 국가가 가장 활발하게 경제활동을 할 수 있을 것이다.

출생률과 이민 그리고 기회

1장에서는 출생률을 통해 2030년의 모습을 간략하게나마 예측했다. 가까운 장래에 젊은 소비자들이 등장하고, 일부 국가에서는 이민자들이 노령 인구를 빠르게 대체할 것이다. 그사이에 시대에 뒤처지는 사람들을 새로운 현실에 적응시키는 데 들어가는 비용이 커지면서 불안과 심지어 분노도 함께 커질 것이다. 이런 모순적인 충돌이 빚어내는 결과는 우리가 현재의 불안을 어떻게 미래에 대한 희망과 기회로 바꾸느냐에 따라 달라질 것이다.

미국을 포함한 수많은 국가가 직면한 이 문제의 해결책은 각기 다른 세대별 집단의 욕구와 희망 사이에서 어떻게 균형을 잡느냐에 달려 있다. 늘 그렇지만 젊은 세대와 나이 든 세대는 미래를 완전히 다른 시각으로 바라본다. 젊은 세대는 희망을 바라보지만 나이 든 세대는 상실을 생각한다. 2장에서는 이러한 대규모 세대 변화에 숨어 있는 기회들을 살펴보겠다.

02
····

밀레니얼 세대보다
중요한 세대

종교적 믿음과 실존적 절망 사이에서 선택의 기로를 마주하며 자란 나의 세대는
결국 대마초를 선택했다. 그랬던 우리가 이제는 달콤한 포도주를 탐한다.

— 페기 누년Peggy Noonan, 미국 언론인 · 작가

오늘날 전 세계가 주목하는 세대는 약 23억 명에 달하는 밀레니얼 세대, 그러니까 1980~2000년에 태어난 세대다. 기업과 정치가들 모두가 그들의 마음과 주머니 속의 돈, 그리고 투표권을 원한다. 미국의 투자은행 모건 스탠리Morgan Stanley에 따르면 밀레니얼 세대는 현재 "경제활동에 가장 중요한 연령대"다. 이제부터 가정을 꾸리고 아이를 갖고 정착을 위해 돈을 쓰기 시작하기 때문이다.

그렇지만 이건 잘못된 생각이다.

밀레니얼 세대는 이전 세대와 크게 다르지 않다. 이 연령대의 사람들도 각기 삶의 형태와 규모가 다르다. 누군가는 수준 높은 교육을 받았고 누군가는 그렇지 못했다. 누군가는 부자지만 누군가는 하루하루를 살아가기도 버겁다. 누군가는 소비 자체를 미덕으로 여기고 누군가는 소비와 상업주의를 혐오한다. 이런 태도나 행동을 일반화하기를 좋아하는 언론들은 이들을 대부분 선정적인 방향으로 소개한다.

"밀레니얼 세대, 불편한 저녁 약속은 이제 그만."

"밀레니얼 세대, 브런치는 보여주기 위한 것."

"밀레니얼 세대, 우리는 역시 맥주보다 포도주."

"밀레니얼 세대, 불필요한 격식은 이제 끝."

"밀레니얼 세대, 꼭 극장에 갈 필요 있나요?"

"밀레니얼 세대, 내 집 장만의 개념을 뒤흔들다."

"밀레니얼 세대, 성관계도 줄였다."

밀레니얼 세대에 대한 세간의 관심은 과장되어 있다. 일반적인 생각과는 달리 밀레니얼 세대는 전 세계적으로 봐도 그리 빠르게 성장하는 소비자층이 아니다. 실제로 소비가 빠르게 늘고 있는 세대는 따로 있다.(그 연령대를 알고 나면 깜짝 놀랄 것이다.) 이들 대부분은 기업들의 무시를 받아왔지만 꼬박꼬박 투표하는 성향 때문에 정치가들에게는 소중한 유권자들이다. 지금 이들은 전 세계 자산의 최소한 절반 이상을 소유하고 있으며, 미국의 경우에는 비중이 80퍼센트 이상이다. 이들은 바로 60세 이상의 세대다.

2030년이 되면 전 세계 60세 이상 인구가 35억 명에 달할 것이다. 그중 대부분은 유럽과 북아메리카, 그리고 중국에 거주할 것이다. 미국에서 이 연령대의 집단은 베이비 붐 세대와 침묵의 세대 모두를 포함한다. 침묵의 세대는 대공황 시기를 겪으며 성장했고, 제2차 세계대전을 겪었거나 참전했다. 언론인 톰 브로카우Tom Brokaw는 이들을 "가장 위대한 세대"라고 불렀다. 미국의 역사가 닐 하우Neil Howe는 경제 전문 잡지 《포브스Forbes》 기고문에서 "오늘날 노년층이 누리는 상대적 풍요로움은 역사상 전례가 없던 일"이라고 지적했다. 관련 주제에 관심이 많은 그는 '밀레니얼 세대'라는 말을 처음 사용했다.

미국 연방준비은행Federal Reserve의 자료에 따르면 '침묵의 세대'는 베이비 붐 세대에 비해 재산이 1.3배 정도 많고 'X세대'보다는 2배 많다. 밀레니얼 세대보다는 무려 23배나 많다고 한다. 닐 하우는 이렇게 말했다. "시장은 이제 이들의 새로운 구매력을 알아차렸고, 60대에서 70대에 이르는 나이 많은 소비자들의 관심을 끌기 위해 많은 비용과 노력을 쏟고 있다."

산업계 동향을 분석하는 전문 잡지《애드버타이징 에이지Advertising Age》는 "심지어 나이키Nike나 폴란드 스프링Poland Spring 같은 유명 기업들도 80세 이상의 고객을 겨냥한 홍보 활동에 관심을 보인다"라고 보도했다. 또한 미국에서 노년층과 관련된 의료 비용이 많아지고 있다는 상식은 잘못되었다. 2002년 이후 증가한 의료 및 건강 관련 비용의 상당 부분은 18~64세 사람들에게 집중되어 있다.

세대를 바라보는 관점의 변화

우리는 역사상 유례가 없이 혼란한 갈림길 위에 서 있다. 상대적으로 규모가 비슷한 여러 세대가 활동 무대를 공유하며 세계에 미치는 영향력을 두고 경쟁하고 있다. 이 세대들은 자신들이 성년이 되었을 때와 현재의 상황 모두에 맞춰 특정한 방식으로 행동한다. 소설가 존 더스 패서스John Dos Passos는 이렇게 썼다. "세계관은 개인이 아닌 세대의 작품이다. 그렇지만 우리 각자는 좋건 나쁘건 그 세계에 벽돌 하나씩을 더하고 있다."

기업들은 두 가지 문제에 동시에 직면했다. 밀레니얼 세대 소비자들의 행동을 제대로 따라가지 못할뿐더러, 지금까지 어느 세대보다도 오래 살고 많은 소비를 해온 나이 든 세대에 어떻게 접근해야 할지도 잘 모른다. 사람들이 흔히 생각하는 65세부터의 은퇴 생활이라는 기준은 더 이상 의미가 없을 수도 있다. 이 문제가 복잡한 이유는 두 세대 집단에 공통점이 없기 때문이다. 린다 번스타인Linda Bernstein은 2016년 《포브스》에 "베이비 붐 세대에 대한 불만 폭발"이라는 제목의 기사를 실었다. 많은 젊은이가 베이비 붐 세대에 분노하며 금융 위기에서 기후변화, 그리고 불안한 경제 상황에 이르는 모든 것을 이들의 탓으로 돌린다는 내용이었다. 여기에는 정치적 갈등도 개입되었다. 평균적으로 젊은 사람들은 더 진보적이고, 부모와 할아버지 세대가 대중의 인기에만 영합하는 선동형 정치가들과 새로운 형태의 국가주의, 그리고 이유 없는 차별을 지지한다고 생각하는 경향이 있다. 게다가 2008년에 일어난 금융 위기는 모든 세대가 부모 세대보다 재정적으로 더 안정된 상황을 누릴 수 있다는 오래된 믿음에 의문을 던졌다. 그렇지만 각 세대는 상대의 자기중심적 태도와 재정에 대한 투명하지 못한 태도를 문제 삼으며 서로 손가락질하고 있다.

2030년이 다가오면서 '젊음'과 '나이 듦'에 대한 일반적인 정의가 사라지면 세대 간의 역학 관계도 바뀔 것이다. 우리는 더 이상 활력과 젊음을 동의어로 볼 수 없을뿐더러, 쇠퇴를 나이 든 사람의 전유물로만 볼 수도 없게 되었다. 새로운 기술이 발전함에 따라 은퇴와 노인의학에 대한 우리의 관점도 바뀔 것이다. 여기서 잠시 우리의 부모와 조부모 세대가 지구에서 가장 생산적이고 활기찬 세상을 머릿속으로 그려보자. 그리고 최첨단 기술의 세계에서 성장한 밀레니얼 세대가 사업을 시작하면서 특히 60세 이상의 노년층을 주요 고객으로 여기는 장면도 상상해보자. 직원을 고용하는 데 나이가 조건이 되지 않는 세상, 예컨대 70세 이상의 사람들이 새롭게 취업하는 세상이 전혀 이상하지 않은 광경은 어떤가. 연간

15조 달러에 육박할 것으로 추산되는 이 60세 이상 사람들의 구매력을 과연 어떻게 구체화할 수 있을까?

과연 노령화는 새로운 빛이 될까, 아니면 반대로 그늘이 될까?

독일의 사회학자 카를 만하임Karl Mannheim은 각 세대 구분의 중요성을 처음으로 지적했다. 한 세기 전에 그는 세대를 같은 시간과 공간으로 하나가 되어 자신들만의 특별한 방법으로 행동하는 집단이라고 정의했다. 세대의 행동 방식은 특정한 경험을 통해 집단적으로 형성되어 일생 동안 지속된다. 예컨대 대공황 시기나 제2차 세계대전, 민권 운동, 그리고 인터넷이나 소셜 미디어 등이 그렇게 집단으로 겪을 수 있는 특정한 경험들이다. 여기서 말하는 '세대'는 '연령으로 구분하는 세대'와는 의미가 다르다. 연령대에 따른 구분은 그저 서로 비슷한 시간대에 태어났다는 것뿐, 통일된 특성 같은 것은 없다.

특정 세대의 구성원들은 사회경제적 지위나 문화적 가치관의 차이에도 불구하고 공동의 의식을 발전시킨다. 만하임은 이런 하위 집단을 또 다른 '세대 구분의 단위'로 보았다. 예를 들어 미국의 '민권 운동 세대'는 사회에 대한 관점과 각각의 대의명분, 그리고 정치적 참여의 정도에 따라 그 안에서도 다르게 나타날 수 있다.

1970년대에 프랑스의 인류학자이자 사회학자 피에르 부르디외Pierre Bourdieu가 처음 개념화한 이 세대의 문제에는 또 다른 측면이 있다. 부르디외는 역사적 사건보다는 성향이나 소인素質에 더 초점을 맞췄다. 그에 따르면 각 세대는 "다른 세대가 상상할 수 없거나 부끄럽다고 여기는 자연스럽고 합리적인 관습이나 의지를 발전시킨다." 다시 말하면 그가 '아비투스habitus'라고 부른 습득된 일상이라는 요소와 사회화가 각 세대를 구분하는 기준이 된다.

특히 저축과 소비 측면에서 각 세대가 경제에 미치는 영향력을 이해하려면 이런 정체성에 관한 요소가 대단히 중요하다. 각기 다른 세대가 각자의 경제적, 정치적 목적들을 놓고 경쟁하는 모습을 생각해보자. 그다음 각각의 세대 안에도 우선순위와 필요에 따라 다양한 하위 집단이 존재한다는 점도 생각하자.

또한 나이가 특정 집단의 태도나 행동에 어떤 영향을 미치는지도 고려해보자. 태어날 때 어떤 모습이었든 상관없이 한 집단에 속하면 나이 들면서 결국 하나의 가치 체계를 중심으로 모이게 될까?

밀레니얼 세대와 실버 세대

"나도 곧 머리는 희끗희끗해지고 몸에 힘이 빠지는 때를 곧 맞이할 것이다." 영국의 언론인이자 편집자 스테파노 하트필드Stefano Hatfield의 말이다. "그때가 오면 기업과 광고주들이 나에게 관심을 가져주기를 기대한다. 특별히 나를 주목하고 적극적으로 말 걸어주기를 말이다."

설문 조사에 따르면 50세 이상 영국인들 중 무려 96퍼센트가 소비 시장에서 무시당하는 듯한 기분을 느낀다고 한다. 미국 은퇴자 협회AARP에서도 최근에 비슷한 의견을 내놓았다. "베이비 붐 세대는 충분히 여유가 있는데도 기업들이 신경 쓰는 것 같지 않다." 50대에 접어드는 사람들이 이런 기분을 느낀다면 60대나 70대 이상의 사람들은 과연 어떤 기분일지 상상할 수 있는가. 젊은 세대의 숫자는 점점 줄어드는 반면에 60대 이상 세대의 수는 전 세계 어디를 가도 늘고 있다는 사실을 사람들은 왜 모를까?

구체적으로 숫자를 살펴보자.

중국에서는 대략 5만 4000명이 60세 생일을 맞는다. 그것도 매일. 그 수는 미국에서 약 1만 2000명이고, 전 세계적으로는 무려 21만 명에 달한다. 이 정도는 그저 기업 몇 개로 감당할 수 있는 규모가 아니다. 현재 전 세계적으로 10억 명에 이르는 이 연령대의 사람들 수는 2030년에 14억 명에 달하게 된다. 미국에서는 1400만 명이 더 늘어나 총 9000만 명이 된다. 또한 멕시코는 600만 명, 영국은 300만 명, 인도는 5000만 명, 그리고 중국은 무려 1억 1300만 명이 더 늘어난다. 저개발국이나 후진국도 엄청난 증가세를 마주할 것이다. 예를 들어 방글라데시의 60세 이상 인구는 현재 1300만 명에서 2030년에 2100만 명으로 뛰어오른다.

인구통계학적 변화에 따른 사회적 결과를 분석하는 사람들에게 중요한 문제는 전체 인구에서 이 연령대의 집단이 어느 정도 비중을 차지하느냐다. 2030년이 되면 일본은 38퍼센트, 독일은 34퍼센트, 영국은 28퍼센트, 그리고 미국과 중국은 각각 26퍼센트와 25퍼센트다. 그렇다면 연금과 건강보험은 이런 상황을 감당할 수 있을까?

똑같은 통계 자료를 기회라는 잣대로 옆에서 바라보자. 2018년 《포브스》는 인구의 노령화가 "기업들에는 축복"이라고 표현했다. 《이코노미스트》 역시 최근에 "나이 든 소비자들이 경영의 지평을 새롭게 바꿀 것이다"라고 주장했다. 우리는 이른바 '실버 시장' 시대를 눈앞에 두고 있으며, 이 시장은 특히 개발도상국들에서 무시 못 할 소비의 중심으로 성장하고 있다. 하지만 미국의 경영 자문 회사 보스턴 컨설팅 그룹Boston Consulting Group은 현재 기업 일곱 곳 중 한 곳 정도만 이 연령대의 집단을 맞이할 준비가 되어 있다고 추정한다. 기존 기업이든 신생 기업이든 상관없이 대부분의 기술과 홍보, 판매 관련 부서가 젊은 세대만 겨냥하고 있다는 점은 누구나 아는 사실이다. 따라서 기업들 입장에서는 실버 시장이라는 새로운 기회를 파악하기 어려워할 수밖에 없다. 이것은 분명한 실수다. 실버 시장은 과거에 비해 현재 더 활성화되고 있을뿐더러, 일부에서는 이들의 구매력이 2030년이 되면 무려 20조 달러에 이를 것으로 추산한다.

실버 시장 소비자들의 욕구와 필요를 제대로 파악하기란 그리 쉽지 않다. 서던캘리포니아대학교의 노인학부School of Gerontology 학부장 마리아 헹케Maria Henke는 이렇게 지적했다. "노년층은 상대하기가 쉽지 않다. 불필요한 아첨이나 과장 광고 같은 건 전혀 먹히지 않는다. 광고라면 평생 지겹도록 봐온 사람들이니까 말이다." 과연 1944~1964년에 태어난 베이비 붐 세대는 라디오 광고 방송에서 지금의 소셜 네트워크 서비스Social Network Service, SNS 홍보까지 온갖 새로운 광고란 광고는 평생 목격해온 사람들 아닌가. 그러니 그만큼 피로감이 쌓였을 수도 있다. "광고에서 말하는 것처럼 저게 정말로 필요한 물건인가?"라고 묻는 데도 지쳤을 것이다.

적절한 의사소통과 홍보 전략을 찾아내는 것 외에도 어려움은 있다. 같은 노년층이라도 어떤 사람들은 더 빨리 늙는다. 이들의 필요와 선호도는 같은 나이라도 서로 다르게 진화하며, 때로는 자신이 '나이 들었다'고 느끼거나 생각하지 않는 사람들도 있다. 하트필드의 지적은 날카롭다. "광고나 홍보 관련 업체 대부분이, 그리고 특히 언론이 지금의 50대가 과거 우리 부모 세대의 50대와는 확연히 다르다는 사실을 알아차리지 못한다."

문제는 사람들을 기계적으로 연령에 따라 나누고 구분하는 데 있다. 세계 유행의 흐름을 바꾼 코코 샤넬Coco Chanel은 이런 유명한 말을 남겼다. "40세가 지나면 결코 젊다고는 할 수 없지만 나이에 상관없이 누구나 아름다워질 권리가 있다." 미국의 경영 전문 월간지《패스트 컴퍼니Fast Company》의 제프 비어Jeff Beer는 이렇게 언급했다. "나이 든 소비자들에게 맞췄다는 광고라는 게 결국 지나치게 저자세이거나 아니면 무시하는 듯한 태도를 보이는 게 고작이다." 광고 대행사 TBWA에서 문화 전략 부서를 담당하는 세라 라비아Sarah Rabia는 이 어려운 상황을 다음과 같이 적절하게 요약했다. "좀 더 포괄적인 시각으로, 나이로만 상대를 정의하지 않으려 한다. 하지만 동시에 사람들 각각의 가치관과 유사점도 살펴봐야 한다. 베이비 붐 세대든 밀레니얼 세대든 공통점이 많을 수도 있으니까 말이다. 아니면 아예 나이 든 세대만을 집중적으로 공략하되 낙관적이면서도 현대적이며 진보적인 시각으로 접근해야 할 것이다."

세계적인 광고 대행사 맥갠McGann에서 연구와 조사 부분을 책임지고 있는 나디아 투마Nadia Tuma는 관련 연구에서 이렇게 지적했다. "대부분의 사람들에게 잘 늙어간다는 건 자신보다 젊은 사람과 나이 든 사람 모두와 함께 시간을 보내는 것을 의미한다. 그러니까 세대가 다 함께 어울리는 관계를 말하는데, 이런 관계는 값비싼 화장품보다 훨씬 강한 위력을 발휘한다." 여기서 중요한 점은 2030년이 되면 과거의 기준이나 구분은 더 이상 의미가 없어진다는 사실이다. "우리가 연구하는 인구통계학이 오히려 사람들을 깊이 이해하는 데 방해가 될지도 모른다." 투마의 결론이다.

실버 시장 소비자들을 제대로 이해하기가 얼마나 어려운지를 보여주는 또 다른 사례가 있다. 공구나 자동차처럼 상대적으로 수명이 긴 소비재는 나이 많은 소비자들에게 또 다른 어려움을 안겨준다. 이런 제품들은 5년, 10년, 심지어 20년은 멀쩡히 견딜 수 있도록 설계 단계부터 고려하여 생산한다. 그런데 이 기간 동안 나이 많은 사용자의 필요나 개인적 역량이 어떤 식으로든 달라질 수 있다. 그러면 그 제품은 '해당 사용자에게는 맞지 않는' 애물단지가 될 가능성이 크다. 그리고 실버 시장 소비자들이 이런 종류의 제품들을 젊은 세대만큼이나 자주 바꾸지는 않는다는 사실도 잊지 말자. 특히나 현재 보유한 저축액을 은퇴 기간이 끝날 때까지 유지해야 하는 상황이라면 더욱 그렇다. 60세 이상인 사람에게는 어떤 세탁기가 좋을까? 세탁물을 넣는 문이 정면에 있는 쪽이 아직은 더 사용하기 쉬울 것이다. 될 수 있으면 전기도 적게 써야 할 것이다. 그렇지만 나이가 70세가 되고 80세가 되면 전기세에 상관없이 위로 세탁물을 넣었다 빼는 세탁기를 더 찾게 되지 않을까? 작동을 위한 손잡이 등은 더 커지고 미끄럽지 않아야 하며, 표시되는 글자나 그림 등도 더 알아보기 쉬워야 한다. "손에 힘이 없거나 문제가 있는 사람은 문이 위에 달린 세탁기의 문을 쉽게 열고 닫을 수 있는지를 가장 신경 쓰게 된다." 노년층을 대상으로 한 세탁기 관련 기사의 한 대목이다. "또한 시력이 안 좋은 사람들에게는 세탁물이 들어가는 입구가 크고 넓어야 편리하다."

나이 든 사람들의 필요에 맞추는 방법이 두 가지 있다. 첫째는 구매하지 않고 대여하는 방식이다. 소비자는 몇 년마다 새로운 제품으로 교환할 수 있으며, 비싼 돈을 주고 산 제품을 오래 쓰지 못할 가능성이 있는 사람들에게는 금전적으로도 더 이익일 것이다. 둘째는 사용자의 건강과 체력 혹은 인지 능력이 떨어질 것을 예상해서 기능적으로 설계한 제품이다. 세탁기를 예로 들면, 세대에 관계없이 사용할 수 있도록 디지털 방식으로 표시되는 계기반을 다양하게 설정할 수 있도록 만들면 좋을 것이다.

노년층의 숨겨진 특성

실버 시장을 위한 새로운 제품과 서비스를 선보일 기회는 얼마든지 있다. 문제의 핵심은 실버 시장의 고객들이 돈을 사용하는 방식을 이해하는 것이다. 당연한 말이지만 이들은 삶의 질을 대단히 중요시한다. 미국 은퇴자 협회에 따르면 노년층 대부분은 재정적 안정과 육체와 정신의 건강, 여가 시간 활용, 그리고 가족과의 관계 등 자신들이 누리는 삶의 질에 대해 대체로 낙관적이다. 네 명 중 세 명꼴로 삶의 질이 더 나아지거나 지금 상태를 유지할 것으로 기대한다.

그러나 이런 낙관적 시각이나 만족감은 70대를 넘어서면서 줄어든다. 노년층의 삶의 질은 점점 더 독립성과 자율성, 이동성, 그리고 연결성과 밀접해진다. 삶의 질은 육체적, 인지적 능력 쇠퇴의 결과들 외에 외로움을 견디고 계속해서 인생의 즐거움을 찾아가는 능력에 따라 달라진다. 스웨덴의 영화감독 잉마르 베리만Ingmar Bergman이 1957년에 발표한 영화 〈산딸기Smultronstället〉는 이런 모습을 잘 담아냈다. 영화에서 성격이 까다로운 78세의 한 외과 의사가 국가에서 수여하는 명예 학위를 받기 위해 차를 몰고 400마일(약 644킬로미터)에 이르는 여정을 떠난다. 그는 이 여정에서 여러 사람을 만나며 과거의 아픈 기억을 떠올리기도 하고 현재 겪고 있는 좌절들을 다시 한 번 생각하기도 한다. 그중 몇 사람은 그와 동행하며 스스로에 대한 정체성을 함께 탐구한다. 이 여정이 실제로 나타내고자 하는 건 그가 느끼는 외로움의 정도이다.

실버 시장의 규모가 커지면서 2030년이 되면 건강 및 가사 관리 등의 관련 산업 시장도 큰 호황을 맞을 것이다. 여가 시간을 활용하게 해주는 오락 산업도 마찬가지일 것이다. 어쩌면 가장 흥미로운 기회는 삶의 질에 관한 산업에 있지 않을까? 여기서도 혁신적이고 창의적인 해결책이 중요한 역할을 할 것이다.

신발에 관해 생각해보자. 여기에는 취향과 선호도는 말할 것도 없고 모양이나 품질, 가격과 관련해 수많은 선택지가 있다. 많은 기업이 신발 산업에 진출했는데, 유명한 나이키를 제외하면 시장 점유율이 엇비슷하다. 이제 여기에 실버 시장의 필요가 더해졌다. 무릎과 엉덩이의 통증을 줄여주는 신발은 이미 큰 인기를 끌고 있다. 멋진 겉모습과 더불어 실용성은 이제 신발을 기획할 때 빠트릴 수 없는 요소가 되었다. 움직임에 무리가 없는 소비자들이라면 이런 문제들을 깊게 생각하지 않을 수도 있지만, 필요에 따라 오른쪽과 왼쪽 신발의 크기나 모양을 달리해달라는 요구도 점점 늘고 있다.

수백만 명의 잠재적 고객은 소비자 중심의 세부 사항을 살펴보면서 시시각각 달라지는 인구통계학적 변화를 영업 전략에 반영하는 기업들을 선호할 것이다. 그렇다면 현장의 판매 매장들은 어떤 전략을 취해야 할까? 매장들이 실천할 수 있는 몇 가지 사례들이 있다. 노년층은 아침 일찍 일어나는 경향이 있기 때문에 매장 문을 일찍 열고, 일찍 오는 고객에게는 가격 할인을 제안한다. 매장을 찾고 구매하는 횟수에 따라 일정 금액을 적립해주면 더 좋고, 매장 안에는 앉을 곳을 많이 마련한다. 또한 노년층의 요구와 필요를 잘 이해할 수 있도록 훈련받은 직원을 고용한다.

건강과 신체 단련 분야에도 사업 기회가 있다. 젊은 세대가 일하는 직장 근처에는 운동 시설이나 요가 학원 등이 많다. 국제 노년 도움 협회ICAA는 노년층이 거주지 근처에서 이용할 수 있는 체육 시설을 실내와 실외를 가리지 않고 찾아서 인터넷으로 제공한다. 그런데 주민 10만 5000명이 사는 텍사스 케이티 77494번지 근처에서 찾아볼 수 있는 시설은 고작 다섯 곳뿐이다. 또한 내가 사는 주민 2만 명의 필라델피아 시내에는 두 곳, 그리고 미국에서 가장 젊은 세대가 가장 많이 사는 곳들 중 하나인 버지니아 렉싱턴에는 단 한 곳뿐이다. 플로리다 섬터 카운티는 중위 연령대 인구가 가장 많고 총 주민은 12만 5000명에 달하지만 노년층을 위한 체육 시설은 일곱 곳에 불과하다. 이제는 노년층이 많이 살거나 혹은 살고 싶어 하는 지역에 더 많은 시설을 개장하는 일을 생각해볼 때다.

인터넷 쇼핑은 어떨까? 운동 능력과 이동성이 떨어지는 노년층이 좀 더 편리하게 물건을 살 수 있는 인터넷을 앞으로 더 많이 이용할 것이냐는 문제는 많이 논의되었다. 시장 조사 전문 기관 이마케터eMarketer에 따르면 미국의 60대 이상 사람들은 매장에 가기 전에 인터넷으로 물건을 확인하거나 인터넷 사이트에서 직접 물건을 구매하는 능력이 다른 연령대에 비해 크게 뒤떨어지지 않는다. 다만 스마트폰으로 구매를 결정하거나 소셜 미디어로 필요한 정보를 얻는 일은 훨씬 어색해한다고 한다. 실버 시장 소비자들은 최신 디지털 기술을 따라가지 못하는 것은 아니지만 지금까지 그래온 것처럼 개인적인 도움을 받을 수 있는 지역의 작은 상점들을 선호하는 경향이 있다.

시장 조사 업체인 닐슨Nielsen의 자료에 따르면 노년층은 다른 연령대에 비해 상점을 자주 찾으며, 특히 식료품과 잡화를 파는 상점을 자주 찾는다. 한 가지 방법이 또 다른 방법을 완전히 잠식하지는 않으므로 인터넷과 오프라인 매장은 서로 부족한 부분을 보완할 수 있다. 다만 노년층 소비자들 상당수가 남은 저축액을 신경 쓰며 가격에 대단히 민감하다는 사실은 기억해야 한다.

주택과 식료품, 생필품, 건강 및 교통, 그리고 교육 등의 필수품 구입을 제외한 지출도 실버 시장을 위한 기회의 장이 될 수 있다. 미국에서는 30대 후반에서 50대 후반의 연령대가 꼭 필요한 것 외의 지출을 가장 많이 하며, 이 비중은 전체 지출의 40퍼센트다. 노년층은 이동성이 떨어지고 돌봄이의 도움이 많이 필요할수록 불필요한 지출을 줄여나간다. 75세 이상이 되면 불필요한 지출의 비율이 33퍼센트 이하로 떨어진다.

노년층의 필요 외 지출을 세계적인 규모로 생각하면 한 가지를 유념해야 한다. 유럽과 캐나다, 일본은 이런 지출의 비율이 미국보다 12퍼센트포인트 높은데, 그 원인은 본인이 부담해야 하는 건강관리 비용이 상대적으로 낮기 때문이다. 다시 말해, 건강보험 등의 비용을 국가가 어느 정도 보조해주느냐가 필요 외 지출에 영향을 미친다. 예를 들어 미국의 65세 이상 사람들은 평균 수입의 14퍼센트를 건강이나 의료 관련 비용으로 지출하지만 영국은 3퍼센트 미만이다. 따라서 영국의 노년층은 옷이나 외식 혹은 여행 등에 2배 더 많이 지출할 수 있다.

흔히 노년층은 다른 연령대보다 시간이 많으므로 여가 활동에 많은 돈을 쓸 거라고 생각하지만 실제로는 그렇지 않다. 실버 시장 소비자들은 여행과 여가 활동 분야의 큰손이 아니다. 오히려 이들은 건강이 허락하는 한 시간제나 임시직으로라도 다시 일하거나 자원봉사 같은 활동을 하고 싶어 한다. 게다가 '여가 생활'의 종류는 무척 다양해서 중요한 유행이나 흐름이 잘 드러나지 않을 수도 있다. 그렇다면 사람들이 여가 시간에 어떤 일을 하는지 생각해보자. 노년층은 40대나 50대에 비해 더 많은 여가 시간을 텔레비전을 보거나 책을 읽고, 편안하게 이것저것을 생각하면서 보낸다. 오늘날의 노년층은 이전 세대 노년층보다는 여행 등에도 기꺼이 시간과 돈을 쓰고 싶어 한다. 아무래도 이전 세대보다는 건강과 체력에 좀 더 자신이 있기 때문이다. 노년층의 여행 관련 지출을 보면 유럽과 중국, 그리고 일본이 미국보다 많다. 다시 말하면 다른 곳보다 미국에서 관련 산업의 잠재력이 높다는 뜻도 된다. 적어도 건강관리 관련 비용이 더 올라가지 않는다면 말이다. 또한 노년층 대부분이 단거리 여행을 선호한다는 점을 생각하면, 실버 시장 소비자들을 겨냥한 여행 상품은 주로 국내 일자리들을 만들 것이다.

인구 피라미드의 꼭대기에서 찾은 기회

수많은 기업이 실버 시장에서 성공의 비결을 찾았고, 하락세에 접어들었던 기업들도 여기에 맞춰 환골탈태함으로써 기사회생했다. 세계에서 역사가 가장 오래되고 규모도 크며 유명한 다국적 기업 중 하나인 필립스 Philips를 떠올려보자. 헤라르트 필립스Gerard Philips는 아버지인 프레데릭 필립스Frederick Philips와 함께 1891년 네덜란드에서 필립스를 공동으로 설립했지만 1895년에 파산 직전까지 몰렸다. 헤라르트는 대학에서 공학을 전공한 동생 안톤 필립스Anton Philips를 데려와 제품 설계부터 엄격하게 과학적인 방식을 적용하는 쪽으로 방향을 바꾸었다. 1600년대에 네덜란드가 과학 혁명의 선두주자였던 것처럼 그들은 혁신의 정신을 잊지 않았고 이후 세상을 놀라게 한 제품들을 쏟아냈다. 1907년에 텅스텐 필라멘트를 쓰는 전구를 내놓았고, 1939년에는 전기면도기, 1963년에는 세계 최초의 카세트테이프, 1972년에는 비디오 재생기를 내놓았다. 1983년의 콤팩트디스크CD와 전 세계 장거리 무선통신 장비 상용화, 그리고 1998년의 DVD 플레이어도 모두 필립스의 작품이다.

그렇지만 1980년대와 1990년대 들어 필립스는 일본과 한국, 중국의 경쟁사들 때문에 많은 어려움을 겪었다. 수십억 달러로 불어난 적자가 회사를 집어삼키기 일보 직전이었다. 최고경영진은 적자를 흑자로 돌리기 위해 할 수 있는 일은 다했다. 최고의 전문가들을 영입하고 생산 공정을 새롭게 바꾸었으며 전 세계로 이어지는 물류 방식도 바꾸었다. 홍보와 영업 방식도 전과 달라졌다. 경영진은 이중 보고 체계와 다기능 부서를 통해 회사를 재정비했다. 기술부와 영업부가 힘을 합쳐 고객들이 진정으로 원하는 상품을 만들어보자고 생각했다. 그렇지만 아무런 효과도 없었다.

창립 후 약 100년 동안 필립스의 수장은 다섯 번만 바뀌었다. 하지만 어려움을 겪던 30년 동안 필립스를 거쳐 간 수장은 여섯 명이나 되었다. 2011년, 프란스 반 하우턴Frans Van Houten이 필립스의 CEO로 임명되었다. 반 하우턴은 외부 인사가 아니라 평생을 필립스에서만 일해왔으며, 그의 아버지는 필립스 이사진 중 한 명이었다. 그렇지만 그는 전임자들의 실수를 되풀이하지는 않았다. 전 세계적인 경제와 인구통계학적 흐름을 거스르려 하기보다는 그 흐름에 올라타야 한다고 판단한 그는 필립스의 주력 상품이었지만 매년 매출이 떨어지던 전구와 텔레비전에 관해 다시 한 번 생각했다. 필립스처럼 세계적인 다국적 기업이 앞으로 할 일은 무엇인가? 반 하우턴은 결국 다른 길을 제시했다. 건강관리와 관련된 전자제품에 초점을 맞추기로 한 것이다. 뿐만 아니라 연구 집약적이며 특수한 목적에 사용되는 맞춤형 의료 장비도 생산하기로 했다. 전 세계적으로 노년층의 인구가 많아지면서 이런 제품들에 대한 수요도 함께 늘고 있었다. 현재 필립스의 의료 분야 매출은 전체 매출의 3분의 2 이상을 차지하고 있다. 그리고 필립스의 순이익 또한 크게 올랐다.

노년의 재발견

주로 최신 기술 분야를 취재하는 언론인 제니퍼 졸리Jennifer Jolly는《USA 투데이》에 기고한 글에서 이렇게 말했다. "얼마 전 일을 그만둔 어머니는 최신 기술에 정통한 노년층의 대표적인 사례다. 어머니는 인터넷으로 여러 사람과 대결하는 워즈 위드 프렌즈Words with Friends라는 게임에도 능숙할 뿐 아니라 페이스북에 사진을 올리는 법도 잘 알고 있다. 셀카 찍는 솜씨도 나쁘지 않다." 졸리의 결론은 이렇다. "생각해보면, 머지않아 이렇게 매일 일상생활에서 디지털 기술을 부담 없이 접하도록 의사들이 노년층과 그 주변 사람들에게 권할 것 같다." 실제로 《노인학 연구Journal of Ger-ontology》에 실린 미시간주립대학교 교수 실라 코튼Sheila Cotten의 연구 결과에 따르면, 미국의 노년층 가운데 인터넷을 활발하게 사용하는 사람들은 우울증이 적게 나타났다. 정작 노년층 당사자들은 이런 연구 결과를 놀랍게 여기지 않는다. 70세의 애너나 매클레스키Annena McCleskey는 엉덩이 고관절 수술을 받고 회복 중이다. "나는 폐쇄된 상황 속에 갇혀 있고 싶지 않다. 알고 지내는 사람들을 비롯해 모든 것으로부터 멀어지는 삶은 싫다." 인터넷은 매클레스키에게 가족과 친구, 그리고 여흥거리를 되돌려주었다.

'기술이 모든 것을 바꾼다'는 주문은 노년층과 관련해서는 틀림없는 사실이다. 의학과 영양학, 생명공학을 비롯한 여러 분야에서 일어난 혁신으로 더 많은 사람이 더 오랫동안 삶을 즐기게 되었다. 2030년이 되면 70대의 평균적인 삶은 지금의 50대의 평균적인 삶과 엇비슷해질 것이다.

사람들은 일반적으로 가상현실과 인공지능, 나노 기술 같은 새로운 기술이 젊은 세대의 욕구와 필요에 따라 주도되고 있다고 생각하지만 사실 지금 나타나는 놀라운 혁신과 발전의 상당 부분은 60대 이상 노년층의 필요에 따라 만들어지고 있다.

렌데버Rendever라는 신생 기업의 사례를 살펴보자. 이 회사는 가상현실 장비들을 개발해 노년층이 고립감에서 벗어날 수 있도록 돕는다. "렌데버는 가상현실을 경험할 수 있는 장비들을 개발해 이런저런 사정으로 밖으로 나가 세상을 돌아볼 수 없는 노년층에게 제공하려 한다." 렌데버의 공동 창업자이자 최고경영자인 카일 랜드Kyle Rand의 말이다. "가상현실 장비를 머리에 쓰면 전 세계 어디든 갈 수 있다. 게임도 할 수 있고 그림을 그리거나 공예 작품을 만들 수 있으며, 눈 깜빡할 사이에 파리의 에펠탑 꼭대기에 올라갈 수도 있다." 또한 랜드는 사람은 고립감을 느끼면 인지 능력이 떨어지고 혈압이 상승하는데 이 가상현실 장비를 사용해 일종의 사회적 환경을 만들어낼 수 있다고 설명한다. "요양 시설에 거주하는 노인 여섯 명이 이 장비를 착용하고 동시에 같은 일을 경험한다고 생각해보자. 이들은 무선 연결 기술을 통해 똑같은 경험을 공유하게 된다." 이 가상현실 장비는 불안감을 낮출 수 있는 이른바 '회상 치료reminiscence therapy'를 제공하기도 한다. "실제라고 착각할 정도로 정교한 방법으로 누군가를 예전에 의미 있는 경험을 했던 장소로 데려가는 방법"은 대단히 유용한 치료 방법이 될 수 있다.

노년층의 삶의 질을 끌어올릴 수 있는 또 다른 첨단 기술은 기계 외골격이다. 할리우드 영화 〈아이언 맨〉을 떠올릴 수도 있겠지만 이번에는 할아버지 아이언 맨이다. 이 외골격은 계단 오르기, 짐 들어 올리기, 집안 일하기, 혹은 재활 치료 등의 필요에 따라 맞춤형으로 만들 수 있다. 노년층이 삶의 질과 자율성, 독립성에 관심이 많다는 사실을 다시 기억하자. 일본의 신생 기업 이노피스Innophys는 자체 개발한 엑소머슬Exo-Muscle 장치를 이미 1000대가량 판매했다. 가격이 6000달러부터 시작되는 이 장치는 등에 걸치는 형태로 몸을 지탱해줘 짐 가방 같은 무거운 물건을 들어 올리는 일을 돕는다. "외골격 장치의 핵심은 제어장치에 있다. 사람의 움직임에 대한 정확한 이해와 반응이 필요하다." 이노피스의 최고경영자 후

지모토 다케시藤本隆의 말이다. 다른 기업들도 신경 계통에서 나오는 전기 신호를 감지하는 장치를 개발하고 있다. 근육의 움직임을 추적하기 위해서다.

노년층을 위한 로봇공학 분야에서 일본이 세계를 선도하는 이유는 절대적, 상대적 조건 모두에서 일본의 실버 시장이 세계에서 가장 크기 때문이다. 일본에서는 노년층을 돌봐줄 돌봄이들을 적당한 비용으로 찾기가 무척 어려운데, 이민자들을 제한하는 정책 때문에 상황이 더 어려워지고 있다. 참고로 미국을 포함한 대부분의 국가에서 가족 외에 노년층을 돌봐주는 일은 90퍼센트가 이민자들의 몫이다.

2025년이 되면 일본에서는 간호사가 100만 명가량 부족해질 것이다. 지금 일본의 상황으로는 감당하기 어려운 숫자다. 일본은 인력 부족 문제를 로봇으로 해결할 수 있을까? 토요타Toyota 같은 기업들은 이미 '인간 보조용 로봇'을 시험 개발했는데, 의료 업계에 투입하면 음성 명령만으로 물잔을 가져오거나 커튼을 치는 일이 가능하다고 한다. 파로Paro라는 물개 로봇도 있는데, 인형처럼 생긴 이 로봇은 침대에만 누워 있어야 하는 환자들을 위로하고 편안하게 만들어준다. 위로의 힘은 생각보다 엄청나서, 환자들의 불안감과 우울증이 줄었고 병증이 호전되었다. 물개 로봇 파로와 교감하는 치매 환자들은 사람들의 시야를 벗어나 이유 없이 돌아다니는 횟수가 크게 줄어들었다. 파로는 현재 전 세계 30여 나라가 사용하고 있는데, 덴마크에서는 국영 요양소의 80퍼센트가 사용하고 있다. 그런데 왜 하필 로봇의 모양이 친숙한 개나 고양이가 아니라 물개인걸까? 개발자인 시바타 다카노리柴田崇徳 박사는 환자들이 로봇을 실제 동물과 비교한다는 점을 지적했다. "환자들은 개와 고양이 로봇에 대해 기대가 대단히 높을뿐더러 개를 좋아하는 사람들은 고양이 로봇을 싫어했고, 고양이를 좋아하는 사람들은 개 로봇을 싫어했다." 그렇지만 대부분의 사람들은 물개를 자주 접하지 않았으니 비교하기 어려웠다.

미국은 실버 시장 관련 로봇 개발은 일본에 전반적으로 뒤처지지만 다른 혁신적 기술을 개발하기 위해 많은 노력을 쏟고 있다. 브룩데일 시니어 리빙Brookdale Senior Living은 미국 최대의 노년층 생활 공동체 개발 및 제공 업체로 10만 명이 넘는 회원이 가입했는데, 음성 인식이 가능한 디지털 도우미 개발에 큰 기대를 걸고 있다. 이 장치는 특히 관절이나 시력이 좋지 않은 환자들에게 유용하다. 이 회사가 개발한 로봇 엘리큐ElliQ를 이용하면 인터넷 게임이나 화상 대화, 인터넷 강연 청취, 기타 사회적 활동에 적극 참여할 수 있다. 로봇들과 교감하는 노년층은 좀 더 적극적으로 삶을 살아가며 우울증에 걸릴 확률도 적다. 브룩데일은 자신들의 목표가 앞으로 도래할 '두 팔 벌려 로봇을 환영하는 시대'를 주도하는 것이라고 말한다.

일본에서는 또한 여러 연령대의 집단을 위한 로봇 기술도 개발하고 있다. 나오 에볼루션Nao Evolution의 V형 로봇은 병원에 오래 입원한 어린이 환자들과 교감하며, 당뇨 환자가 스스로 상황을 확인하고 당 관리를 할 수 있도록 돕는다. 또한 물리치료를 가르치고 뒤떨어지는 학교 공부를 지도하기도 한다. 적어도 아이들은 인간 돌봄이보다 이런 로봇과의 만남을 훨씬 좋아하고 즐기는 듯하다.

로봇이 노년층과 아이들을 돌보는 미래가 이상하게 보일 수도 있다. 하지만 솔직히 말해, 우리에게는 선택의 여지가 없다. 그 이유는 두 가지다. 첫째는 현재 필요한 돌봄이 문제가 해결될 만큼의 충분한 인구가 확보되지 않았는데도 각국 정부가 이민자들의 유입을 막고 있다는 점이다. 지금까지 이민자들이 대부분 이런 돌봄이 역할을 해왔는데도 말이다.

둘째는 노년층이 학업과 사업에 뛰어들고 있다는 점이다. 마이클 테일러Michael Taylor는 60대가 되어 새로운 가능성을 찾기로 결심했다. 그는 "나이가 더 들었을 때 뭘 하고 싶을지 스스로에게 물어보았다." 그리고 실내디자인 분야 학사와 석사 학위를 취득했고 직접 사업체를 시작했다. "1997년에는 전체 신규 사업체에서 55~64세의 창업자가 차지하는 비율이 15퍼센트에 불과했다." 월간 잡지《안트러프러너Entrepreneur》에 실린 한 기사의 지적이다. "그런데 카우프만 기업 활동 지수Kauffman Index of Entrepreneurship에 따르면 2016년이 되자 그 비율이 24퍼센트까지 올라갔다." 노년층의 기대 수명과 숫자가 높아지는 현상을 생각해보면 2030년 무렵에는 이들이 전체 기업가의 절반 이상을 차지하게 될지도 모른다.

실버 시장의 큰손들

건강, 로봇, 그리고 생필품 시장 외에 세계 경제에서 인구 노령화와 함께 가장 빠르게 변화하는 분야는 바로 금융과 자산 관리 분야다. 간단히 생각해도 돈에 관한 사람들의 필요와 욕구, 태도는 나이가 들면서 변할 수밖에 없다. 샌프란시스코 연방준비은행 소속 경제학자 두 사람이 실시한 최근의 연구는 그런 변화를 잘 드러낸다. 두 사람은 미국 주식 시장에서 상장 기업의 주가 수익 비율과 인구 노령화 간 상관관계가 크다는 사실을 깨달았다. 주가 수익 비율은 주식의 가격을 1주당 수익으로 나눈 값이다. 이 비율이 높다는 사실은 투자자들이 상장 기업이 올린 수익의 일부를 소유하기 위해 적지 않은 돈을 기꺼이 투자하고 있다는 의미다. 다시 말해, 투자자들은 해당 기업이 장차 크게 성장할 것이라고 믿기 때문에 기업의 주식에도 긍정적으로 반응한다. 그런데 1950년대와 2010년대 초반 사이 미국의 모든 상장 기업의 평균 주가 수익 비율이 이런 양상을 보였다. 즉, 미국 인구의 평균 연령이 높아지면 떨어지고 낮아지면 다시 올라갔다.

어째서 이럴까? 연령대의 변화와 주가 사이에는 과연 어떤 관계가 있을까?

이런 장기간의 상관관계가 이어지는 이유는 두 가지다. 투자의 관점에서 보면 사람들 대부분은 나이가 들수록 위험을 피하고 싶어 한다. 젊은 사람들은 미래의 가치를 보고 돈을 투자하는 경향이 있는데, 여기에는 당연히 높은 위험이 뒤따른다. 주식은 그런 투자 대상 중 하나다. 사람들은 50대 또는 60대로 접어들면 위험이 적은 채권에 더 많이 투자함으로써 자산 구성을 재조정한다. 그러다가 은퇴 시기가 가까워지면 모든 자산을 현금화하거나 정기적으로 일정 금액을 받을 수 있는 상품으로 바꾸기 시작한다.

연령대와 소비 사이에도 상관관계가 있다. 나이가 들면 소비 행태도 변한다. 더 이상 자동차나 가전제품 등을 바꾸지 않으며, 집도 사지 않으려 한다. 가능하면 살림살이 규모를 줄이려 하는 것이다. 일생 동안 투자와 소비의 성향이 어떻게 바뀌어가는지를 생각해보면, 주식 시장의 평가가 인구통계학을 반영하는 현상은 놀라운 일이 아니다. 앞으로 다가올 2030년을 생각하면 한 가지는 분명하다. 전 세계 인구의 평균 연령이 높아지면서 기업의 순이익과 관련 있는 주식의 가격이 지금까지와는 다르게 그리 높아지지 않을 것이라는 사실이다. 그렇지만 계속해서 나이 듦에 대한 생각의 변화를 확인하고 그 안에 있는 기회를 찾아 활용하면, 주식 시장과 연령대 간 관계는 긍정적인 영향을 주고받을 수도 있다.

연령대의 변화는 금융 서비스에 큰 영향을 미칠 것이다. 무엇보다도 우선 주택 담보 대출과 소비자 신용 대출이 줄어들겠지만 그 대신 저축한 돈을 낭비하지 않도록 위험이 적은 금융 상품에 대한 수요는 훨씬 커질 것이다. 게다가 노년층에게는 집을 통해 수익을 창출할 수 있는 방법이 필요하다. 7장에서 더 살펴보겠지만 에어비앤비는 그런 방법 중 하나다. 세계 여러 나라 은행들이 '주택 담보 연금' 상품을 제공하고 있다. 주택 담보 대출의 반대 개념인 이 상품은 주택 소유자가 사망 후 주택을 은행에 넘기기로 약속하고 살아 있는 동안 연금 형식으로 금액을 돌려받는다. 주택의 소유자는 자기 집에 계속 살면서 '동시에' 주택으로 수익을 창출한다.

현재 전통적인 은행들은 대출 자산을 재구성하고 새로운 기술 발전을 적극 수용하는 동시에 혁신적인 상품을 내놓아야 한다는 전례 없는 압박을 경험하고 있다. 거기에 나이가 들고 있는 고객들은 또 다른 어려움이다. 사람들은 일정 나이를 넘어서면 저축하지 않는 순수한 소비 계층으로 바뀌기 때문에 은행으로 들어오는 저축 액수는 줄어들 수밖에 없다. 고객의 예치금은 은행들이 전통적으로 가장 저렴하게 자본을 확보하는 방법이었다. 따라서 소비자들은 앞으로 은행에서 돈을 빌릴 때 더 높은 이자를 지불해야 할지도 모른다.

물론 긍정적인 측면도 있다. 인구의 노령화는 자산 관리, 상담, 그리고 연금이나 배당금 관련 상품에 대한 수요를 촉진할 것이다. 문제는 은행들만 이런 수익률 높은 새로운 상품을 제공하지는 않는다는 사실이다. 온갖 종류의 금융기관들과 이른바 새로운 '금융 기술 융합' 업체들이 실버 시장을 놓고 경쟁하고 있다. 언컨벤셔널 벤처스Unconventional Ventures의 창립자이자 미국 은퇴자 협회에서 영업 혁신 부문 이사를 역임한 시어도라 라우Theodora Lau에 따르면, 핀테크fintech라고도 하는 금융 기술 융합 산업은 "18~35세를 위한 기술적 해결책 제공을 넘어서 모든 연령대와 세대의 필요를 채워줄 해결책에 초점을 맞춰야 한다." 핀테크는 여러 세대에 통합된 제품과 서비스를 제공할 수 있는 기회를 상징한다. 라우는 "핀테크 전략의 핵심은 나이 든 세대와 돌봄이 모두를 도울 수 있는 생태계를 지원하는 것"이라고 주장한다.

핀테크는 또한 가정의 재정을 책임지던 사람이 세상을 떠나거나 부양 능력을 잃는 등의 골치 아픈 문제에도 대처할 수 있다. 금융 전문 일간지 《아메리칸 뱅커American Banker》도 이 점을 강조한다. 그동안 가정의 재정을 맡아온 배우자가 더 이상 도움을 줄 수 없을 때 이런 문제를 잘 알지 못하는 남은 4000만 명은 어떻게 해야 할까? 브래드 코탄스키Brad Kotansky는 그의 아버지가 세상을 떠나자 이런 어려움에 부딪혔다. "상황을 모두 정리하는 데만 3년이 넘게 걸렸다……. 눈앞에는 그저 80년이 넘는 세월 동안 쌓인 잡다한 것들만 보였다……. 우선은 어머니에게 사실을 알려야 했다." 그의 어머니는 그동안 전적으로 남편에게 의지해서 살아왔다. 코탄스키는 2017년 오니스트Onist를 세우기로 결심했다. 이 회사는 가족이나 다른 이해 당사자들이 유언장과 소송 대리권, 그리고 자산 목록 등을 포함한 재무 관련 자료와 문서들을 공유하도록 도와주는 어플리케이션을 제공한다. 이용자들은 재정을 관리하던 사람이 세상을 떠난 후에도 관련 문제를 어느 정도 해결할 수 있다. 오니스트는 관련 소프트웨어를 은행과 다른 금융기관들에도 판매하고 있다.

또 다른 상황을 생각해보자. 역시 언제든 일어날 수 있는 일이다. 나이 든 사람은 언제든 직장을 잃을 수 있는데, 이른 은퇴 이후의 재정적 문제에 제대로 준비되어 있지 않을 수도 있다. 사회보장제도나 건강보험 제도를 통해 받을 수 있는 혜택을 찾거나 갑작스럽게 실현 가능한 자산 운용 계획을 세우는 일은 만만치 않을 것이다. 더군다나 실직하면 나타날 수 있는 자존감 하락 때문에 어려움은 더 커질 수 있다. 라마야 조지프Ramya Joseph는 아버지가 실직한 후 페핀Pefin을 시작했다. 이 회사는 인공지능과 빅 데이터를 활용해 맞춤형으로 자동화한 재무 관리 계획과 상담, 그리고 투자 상품을 고객 5000여 명에게 소개한다. "궁극적으로 돈은 수단에 불과하더라도 사람들은 인생에서 돈을 가장 중요시하며 정기적인 수입이 있을 때 그 수입을 그냥 저축할지, 아니면 채무를 정리해야 할지, 아니면 은퇴 자금을 마련하는 데 투자할지에 대해 지속적인 상담과 안내를 원한다." 페핀의 최고경영자 캐서린 플랙스Catherine Flax의 말이다. 페핀은 대형 연금 기금에 관련 소프트웨어도 판매하고 있다.

　미래를 생각할 때 중요한 부분 중 하나는 돈과 관련된 학대다. 특히 노년층에서 이 문제는 점점 심각해지고 있다. 놀랍게도 이런 범죄를 가장 많이 저지르는 사람들은 주로 친척이나 친구, 이웃, 돌봄이, 변호사, 은행 직원, 종교단체 지도자들이다. 약탈적 대출과 명의 도용도 만연해 있다. 미국 노년층 보호 협회National Adult Protective Services Association에 따르면, 노년층 20명 중 1명꼴로 돈 문제와 관련된 학대 범죄의 대상이 되는데, 실제로 신고되는 경우는 44건 중 1건에 불과하다. 비영리단체인 미국 노인 연합National Coalition on Aging의 추산에 따르면 이런 학대와 범죄, 사기와 연관된 피해 액수가 미국에서만 연간 최소 300억~360억 달러에 이른다. 액수 차이가 60억 달러에 이른다는 사실은 점점 늘고 있는 사례들이 제대로 알려지지 않고 있다는 반증이다. 미국 은퇴자 협회는 피해자 1인당 평균 피해 액수가 12만 달러에 달한다고 보고했다. 첨단 기술이 수입과 지출, 저축, 자산 총액 등을 확인할 수 있는 수단을 제공해 사고를 방지하게 해주지만 문제를 더 악화시킬 가능성도 있다. 금융 관련 사이버 범죄는 제대로 된 추적이나 방지가 어려운데, 이 말은 해결책을 찾으면 큰 보상을 받을 수 있다는 뜻이다. 아마도 인간을 도우면서 결코 범죄는 저지르지 않는 로봇을 만들어 제공하는 일도 가능할 것이다.

핀테크도 세상 물정에 어두운 노년층이 사기에 걸려들지 않도록 도울 수 있다. "내 어머니는 회계사 출신이지만 빈틈이 없진 않았다." 에버세이프EverSafe의 공동 창업자이자 최고경영자 하워드 티슬러Howard Tischler의 말이다. 티슬러의 어머니는 다른 법 문제는 잘 몰랐기 때문에 "매주 본인의 이름으로 발행한 수표의 결제를 다른 사람에게 시켰는데, 어느 날 그동안 저축한 돈이 모두 사라졌다는 사실을 알게 되었다. 어머니의 기억력에 문제가 있었고 결국 나중에 알츠하이머병 진단을 받았다는 사실을 내가 알게 될 때까지 나는 어머니가 사기당하고 있다는 사실을 몰랐다." 에버세이프의 공동 창업자 리즈 로위Liz Loewy는 맨해튼 지방검찰청에서 노인 학대 담당 부서를 담당했는데, 여러 유명한 사건 중에서도 앤서니 D. 마셜Anthony D. Marshall을 기소한 일화를 언급했다. 마셜은 사회사업가로 유명한 브룩 애스터Brooke Astor의 외아들인데, 어머니의 돈을 수백만 달러나 횡령한 죄로 유치장에 2개월간 수감되었다. 그가 어머니의 돈에 손댄 이유는 자신이 상속받을 유산이 어머니의 재산인 총 1억 달러 중 일부뿐이라는 사실을 알게 되었기 때문이다. 알츠하이머병을 심하게 앓고 있던 브룩 애스터는 아들이 하는 짓을 막을 수 없었다.

에버세이프는 또한 컴퓨터를 통한 기계 학습으로 재무 관리 분야에서 평소에 없던 일이 발생하면 이를 추적할 수도 있다. 이런 일들은 제삼자의 범죄로 이어지는 경우가 많다. "기본적인 개념은 해당 소비자와 그 소비자와 가까운 사람, 혹은 전문가에게 의심스러운 활동 사항을 알려 더 큰 문제가 일어나기 전에 확인하도록 해주는 것"이라고 티슬러는 설명한다. "우리는 리즈가 담당했던 노년층에 대한 금융 범죄들의 유형을 파악하고 거기에 기계 학습으로 얻은 자료들을 더한다. 그리고 연금이나 다른 저축액이 비정상적으로 줄어드는 현상을 감지하는 것은 물론 지출 형태의 변화나 의심스러운 투자, 그리고 본인 확인 없이 진행되는 계좌 개설 등도 확인한다."

실버 노동 시장

배우 로버트 드 니로와 앤 해서웨이가 주연한 영화 〈인턴〉에서 아내를 먼저 떠나보낸 벤 휘태커는 이렇게 중얼거린다. "이제 남은 날들을 뭘 하며 지내지? 운동이나 독서, 영화, 오락 같은 건 다 해봤어. 요가나 요리, 식물 가꾸기, 중국어 배우기까지 말이야. 진짜야. 해볼 수 있는 건 다 해봤다고." 벤은 결국 인터넷으로 옷을 파는 작은 회사에 다시 취업한다. 이 회사의 최고경영자 줄스 오스틴이 사회 공헌을 위해 실시하는 새로운 노년층 대상 일자리 알선 계획을 통해서다. 이런저런 소동을 거친 후 벤은 줄스의 가장 가깝고 신뢰할 수 있는 조언자가 된다.

실버 세대의 지식과 경험을 적절하게 활용하지 못해서 낭비되는 재능이 얼마나 많은지 생각해보자. 게다가 이 세대의 숫자는 점점 더 늘고 있다. 잠시 눈을 돌려 집에 있는 할아버지, 할머니가 이 사회에서 가장 활기차고 생산적인 계층이 되는 세상을 상상해보자.

독일이 최초로 통일되기 전 프로이센의 철혈재상 오토 폰 비스마르크 Otto von Bismark는 사상 최초로 국가가 주도하고 보장하는 노령 연금 제도를 실시했다. 노동자 계층의 미래를 보장해줌으로써 이들이 편안한 마음으로 일에만 '집중'하게 해주기 위한 정책이었다. 이로써 비스마르크는 전화기와 내연기관, 합성섬유 등 1800년대 후반에 나타난 여러 위대한 발명품 중 하나에 기여했다. 이 발명품들은 결국 근대화를 향한 혁명을 이끌어냈다. 또 다른 19세기의 발명품인 의무교육 확대와 함께, 은퇴자들을 위한 보장 계획은 사람들의 삶이 학업과 노동 그리고 은퇴라는 간단명료한 3단계의 진행 과정을 거치도록 만들어주었다. 여기에는 개인의 선택이 개입할 여지가 없었다. 정부는 각자의 연령대에 맞춰 무슨 일을 해야 하는지 지정해주었고, 사회적 규범은 그렇게 통제된 삶의 형태를 더욱 공고하게 만들었다.

정부와 법률, 그리고 주류 문화까지 나서서 그토록 오랫동안 사람들에게 특정 연령대가 되면 더 이상 사회와 경제에 기여할 수 없다고 말해왔다는 사실은 놀라운 일이다. 65세 이상, 혹은 정해진 나이 이상의 사람들은 사회 안에서 무언가를 주고받지 못하며 그저 '의미 없는' 구성원의 일부로 간주되었다.

하지만 이제 65세 이상은 은퇴한다는 공식을 다시 한 번 생각해봐야 한다. 사람들의 수명이 더욱 늘어나 2030년이 되면 평균 연령 65세는 앞으로도 22년을 더 살게 된다. 선진국에서는 그 햇수가 25년으로 더 길다. "다시 일하고 싶다는 생각은 부분적으로는 경제적인 고려 때문이다." 미국 은퇴자 연구소Transamerica Center for Retirement Studies 소장 캐서린 콜린슨Catherine Collinson의 말이다. "그렇지만 사회에 복귀하고 싶다는 욕구가 훨씬 강하다." 기업들도 숙련된 직원들의 은퇴가 낳는 손실을 더 민감하게 의식하고 있다. "베이비 붐 세대가 은퇴하면서 그동안 쌓아온 그들의 지식도 회사 밖으로 사라지고 있다." 미국 은퇴자 협회 부협회장 수전 웨인스톡

Susan Weinstock의 말이다. "경험 많은 직원은 고용주에게 대단히 중요한 자산이다." 보잉과 미쉐린, UPS 같은 대기업은 생산과 영업이 수요를 따라가지 못하자 은퇴한 지 얼마 안 된 직원들을 다시 불러들이기도 했다.

또 다른 잠재적 이득도 있다. 연구에 따르면 성별이나 인종이 다양한 집단은 응집력과 생산성이 낮아질 수도 있지만 대신 창의성과 기발한 문제 해결 능력이 높아진다고 한다. 연령대가 미치는 영향은 재직 기간과 숙련도에 따라 달라지지만, 연령대가 다양한 집단은 좀 더 창의적으로 변화한다는 여러 연구 결과가 있다. 예를 들어 독일의 자동차 제조 기업 BMW는 연령대가 다양한 작업조가 새로운 발상과 문제 해결 능력이라는 측면에서 더 나은 성과를 낸다는 사실을 깨달았다. "연령대가 다양한 부서는 주어진 문제를 더 다양하게 바라볼 수 있다." 이 문제의 전문가인 헬렌 데니스Helen Dennis의 주장이다. "생각이 다양한 사람들이 많이 모여 있을수록 과제를 해결하는 데 훨씬 유리하다." 영화 〈인턴〉은 회사에서 연령대가 다양한 사람들이 어울릴 때 모두에게 유익한 결과가 나온다는 사실을 영리하게 보여준다. 물론 분위기도 더 부드러워진다. 그렇지만 예상치 못한 결과가 나타나면 어떻게 될까?

은퇴 연령을 넘기고도 계속 일하는 문제에 관해 대부분 간과하는 사실이 있다. 미국과 유럽 각국 정부들은 일정 연령대를 넘어선 사람들의 복지 문제를 완벽하게 책임지기를 점점 더 주저하고 있다. 실버 시장이 호황이다, 노년층이 새로운 기회다 하는 이야기들 역시 어쩌면 노년층은 정부의 도움 없이도 알아서 잘살 수 있다는 선입관을 정치가들에게 심어주고 있는지도 모른다. 예컨대 정부의 재정 적자와 개인의 자립 정신, 그리고 노년층의 상당수가 갖춘 소비 능력 등은 국가가 지급하는 연금이 유일한 은퇴 자금이 될 수 없고 되어서도 안 된다는 관념을 점점 강화한다. 많은 정치가가 이제 노년층이 자신의 앞날을 알아서 준비해야 한다는 생각을 과거 몇십 년 전보다 훨씬 많이 하고 있다. 즉, 7장에서 살펴볼 내용들처럼, 집의 남는 공간을 빌려주거나 자가용으로 영업하며 부수입을 올리는 방식으로 말이다. 전 세계적으로 늘고 있는 60세 이상 노년층의 숫자는 머지않아 매우 중요한 주제가 될 것이다. 특히 X세대와 밀레니얼 세대 등 수가 적은 젊은 납세자들이 이 문제를 정치적으로 연관시키기 시작한다면 말이다.

누구나 늙는다

2040년이 되면 밀레니얼 세대도 은퇴 시기에 접어든다. X세대의 뒤를 이어 Y세대로도 불렸던 이들은 1980~2000년에 태어났는데, 어떤 이들은 범위를 좁혀 1980년대 초에서 1990년대 후반 사이에 태어난 사람들을 밀레니얼 세대로 규정한다. 나이로만 구분되는 세대와는 거리가 먼 이들은 정보통신 기술이 비약적으로 발전하면서 전 세계를 뒤바꾼 시대에 태어났다. 그렇다고 해서 모든 밀레니얼 세대가 '디지털 원주민'인 것은 아니다. 절반 정도만이 우리가 알고 있는 하나로 연결된 디지털 세대로 태어났다. 밀레니얼 세대는 디지털 세대로 태어난 것이 아니라 디지털 세대로 키워졌다고 말할 수도 있다.

밀레니얼 세대 중에서 카세트테이프나 CD를 구입한 적이 있거나, 필름 현상을 맡긴 적이 있거나, 아니면 타자기로 문서를 작성해봤거나, 운전할 때 길을 물어본 경험이 있는 사람이 있을까. 팩스를 보내거나 다이얼식 전화기를 사용해본 사람도 드물 것이다. 밀레니얼 세대는 디지털 이동통신 시대 이전의 삶이 어떠했는지 거의 상상할 수 없을 것이다. 밀레니얼 세대의 어린 시절 교우 관계는 거리에 구애받지 않았으며, 이들이 생각하는 친밀한 관계의 기준도 인터넷과 만남 사이트 등의 새로운 매체를 통해 많은 변화를 거쳤다. 2030년 이후의 세상은 부분적으로는 밀레니얼 세대의 태도와 행동에 따라 형성될 것이다. 그러므로 10년 후의 세상이 어떻게 변할지 이해하려면 이 세대를 이해할 필요가 있다.

밀레니얼 세대에 대한 초창기의 일부 분석들은 논란의 여지가 있을뿐더러 많은 소동을 일으켰다. 예를 들어 2006년 진 트웬지Jean Twenge는 『제너레이션 미Generation Me』에서 밀레니얼 세대는 역사상 자기애가 가장 강한 세대이며 그 이유는 그들의 부모 때문이라고 주장했다. "아이들은 부모들에게 특별하지만, 부모 외에도 세상의 모든 사람이 똑같이 대해줄 것이라고 믿도록 아이들을 내버려둔 것은 엄청난 실수였다." 책의 한 대목이다. "아이들에게 가장 필요한 건 자아도취나 자존심이 아니라 부모의 사랑과 관심, 그리고 지나친 확신보다 자기 단련과 인내심이 더 중요하다는 가르침이다." 다른 평론가나 비평가들은 밀레니얼 세대의 다른 특징들, 즉 사회에 기여하려는 욕심과 새로운 경험에 대한 추구, 혹은 돈보다는 열정을 더 추구하는 마음가짐 등에 주목했다. 2016년 실시된 한 연구에서 연구진은 밀레니얼 세대가 자기애 성격 검사에서 부모 세대보다 높은 점수를 기록했다고 결론 내렸지만, 그런 비교는 나이에 따라 삶에 대한 태도가 변한다는 걸 생각하면 그리 공정하지 않다.

인구통계학자 윌리엄 스트라우스William Strauss와 밀레니얼 세대라는 말을 처음 사용한 역사학자 닐 하우는 밀레니얼 세대는 침묵의 세대만큼이나 타인을 많이 배려한다고 주장했다. 두 사람에 따르면 미국의 밀레니얼 세대는 사회로부터 보호받고 있으며 자신감에 차 있고 집단을 중요시하며 보수적이고 많은 압박을 받아 성취를 무엇보다 중요시한다. 또한 데이비드 버스타인David Burstein 같은 사람들은 밀레니얼 세대가 '실용적 이상주의'에 빠져 있다고 생각한다. 이들에 따르면 밀레니얼 세대는 급진적이나 혁명적인 사회적 변화를 추구하지 않고 실용적인 방법으로 세상을 더 나은 곳으로 만들려고 한다. 금융 위기 시절 벌어진 '월가를 점령하라!' 같은 시위와 운동이 상대적으로 조용히, 그리고 짧게 끝난 이유도 이를 통해 설명할 수 있을 것이다.

언론인 에릭 후버Eric Hoover는 긍정적이든 부정적이든 밀레니얼 세대에 대한 이런 설명들의 문제는 주로 "여유로운 집안에서 자라며 많은 것들을 이루고 경험한 부유한 백인 10대 청소년들"을 겨냥한 점이라고 주장했다. 이 청소년들은 "일류 대학에 지원할 무렵이 되어서야 겨우 불안감을 맛보고, 늘 주변을 맴도는 극성스러운 부모들의 보살핌을 받으며 여러 일을 어렵지 않게 처리해온 세대"다. 이들보다 형편이 어려운 사회경제적 배경 속에서 자란 밀레니얼 세대는 분명 행동이나 태도가 다를 것이다. 《뉴요커》에 실린 지아 토렌티노Jia Tolentino의 주장에 따르면, 미국의 밀레니얼 세대는 "부모 세대보다 풍족하게 살 확률이 50퍼센트뿐인 최초의 세대"이며, 갈수록 경쟁이 치열해지는 경제 상황 속에서 이들의 미래를 보장해줄 수 있는 것은 어디에도 없다. 많은 기업이 이들의 자신감이나 자존심을 겨냥해 영업이나 홍보 활동을 하지만, 실제로는 그 자신감이나 자존심이 경제적 전망을 더 어둡게 만드는지도 모른다.

오바마 행정부 당시 백악관 경제 자문 위원회가 집계한 통계 자료들에 따르면, 미국의 밀레니얼 세대는 일반적으로 집이나 자동차를 소유하는 일에는 관심이 적으며, 20대는 물론 30대에도 부모와 함께 살고, 결혼을 미루거나 포기하기도 한다. 25퍼센트 정도는 운전면허를 취득할 생각조차 없다는 자료도 있다. 이런 놀라운 행동 유형은 7장에서 자세히 살펴볼 것이다.

미국 밀레니얼 세대에 관한 편견 중 하나는 그들이 지나치게 직장을 자주 옮긴다는 생각이다. 실제로는 밀레니얼 세대는 X세대보다 한 직장에 오래 다닌다. 다만 빨리 성공하고 승진할 수 있는 길보다는 자신에게 의미 있는 일을 더 중요시한다는 점이 다를 뿐이다. 어떤 연구에 따르면 이들이 하나의 집단으로 일하기를 더 좋아하는 이유는 인터넷 소셜 미디어를 많이 사용하기 때문이다. 이들은 인터넷으로 직장 사람들과 더 많은 의견을 교환하고 싶어 하며, 일과 휴식 사이의 건강한 균형을 추구한다고 한다.

직업이나 일에 관한 밀레니얼 세대의 선호 뒤에 중요하게 자리한 것은 이들이 사회생활을 막 시작했을 때 겪은 2008년의 금융 위기와 그에 따른 불황이다. 물론 당시의 영향은 국가마다 다르게 나타났고, 대부분의 신흥공업국은 이 시기에도 꾸준히 경제성장을 했다. 따라서 전 세계 밀레니얼 세대는 두 가지 상황에 따라 나눌 수 있다. 부유한 국가에서 성장한 밀레니얼 세대의 경우는 중산층의 소득 수준이 20~30년가량 정체된 반면에 개발도상국이나 신흥공업국의 밀레니얼 세대는 경제적으로 성공할 기회가 부모나 조부모 세대보다 많았다. 유럽과 미국의 밀레니얼 세대도 부유한 가정에서 자란 세대와 저소득층 가정 혹은 중산층이었지만 세계화와 기술 발전 때문에 부모가 직장을 잃은 가정에서 자란 세대로 나뉜다. 따라서 기업들은 밀레니얼 세대의 행동을 일반화해서 받아들이는 한편, 미래에 관한 이들의 영향력은 따로 생각하고 계산해야 할 것이다.

마찬가지로 눈길을 끄는 점은 개인적 의견을 조사한 결론들이다. 전 세계의 문화적 가치관과 관련하여 가장 믿을 수 있는 연구인 세계 가치관 조사World Values Survey에 따르면 밀레니얼 세대는 전체적으로 보든 각 지역으로 나눠서 보든 세계 어느 세대보다도 자기표현의 가치를 중요시한다. 이러한 차이를 만든 원인은 상대적인 물질적 풍요로움과 지적 능력, 그리고 더 넓은 사회적 연결성이다. 밀레니얼 세대는 좀 더 독립적으로 행동하고, 더 많은 선택의 여지 속에서 잠재력을 현실화할 수 있는 더 많은 기회를 얻는다. 물론 이 책에서 내가 언급하는 다른 조사들처럼 부유한 밀레니얼 세대와 소박한 가정환경에서 자란 밀레니얼 세대의 중요한 차이는 평균값을 통해 흐릿해진다.

가치관은 중요하다. 경제적 결정을 할 때는 더욱 그렇다. 경제적 측면에서 밀레니얼 세대는 더 높아지는 주택 가격과 교육비에 따라 행동을 결정하는 경우가 대부분인데, 이들의 재산과 거기에서 파생되는 수입의 대부분은 부모나 조부모들의 소유다. 사회학자 캐슬린 샤푸티스Kathleen Shaputis는 밀레니얼 세대가 결혼이나 출산 같은 통과의례를 미루는 이유를 경제 문제에서 찾는다. 그는 저서 『꽉 찬 둥지 증후군The Crowded Nest Syndrome』에서 '피터 팬'이나 '부메랑' 같은 표현으로 10대 청소년과 성인 사이에 있는 스스로를 깨닫는 사람들에 관해 설명한다. 샤티푸스는 이들을 "성인 아닌 성인"이라고 부른다.

이런 상황에서 밀레니얼 세대의 평균 저축률이 무척 낮다는 사실은 그리 놀랍지 않다. 현재 사람들이 얼마만큼 저축하고 있는지 확인하는 것보다 미래를 잘 가늠할 수 있는 방법은 없다. 세계적인 금융 정보 제공 업체 무디스 애널리틱스Moody's Analytics는 이미 2014년에 35세 미만 미국 성인들의 저축률이 -1.8퍼센트에 불과하다는 자료를 보여주었다. 다시 말해 미래를 위해 돈을 저축하는 것이 아니라 소비를 유지하기 위해 돈을 빌리고 있다는 뜻이었다. 물론 대침체기Great Recession에서 좀 더 벗어나면 상황이 호전될지도 모른다. 2018년에 뱅크 오브 아메리카Bank of America가 실시한 조사에 따르면 23~37세의 미국인 밀레니얼 세대 여섯 명 중 한 명은 10만 달러 이상을 저축하고 있다. 대단히 인상적인 수치다. 그렇지만 또 다른 조사들에 따르면 18~24세의 밀레니얼 세대 중 13퍼센트만이 1만 달러 이상을 저축하고 있으며, 연령대가 24~34세로 올라가면 20퍼센트로 비율이 약간 높아졌다. 밀레니얼 세대 중 75퍼센트는 자기 세대가 다른 세대에 비해 과소비한다고 생각하며, 20퍼센트는 집을 구입할 여유가 없다고 말한다. 신용카드 빚과 학자금 대출 규모가 역사상 최고 수준을 기록하고 있으니 젊은 밀레니얼 세대의 대부분이 저축할 돈이 쪼들리는 건 당연한 일 아닐까. 2017년 기준으로 35세 미만 미국 국민들은 2001년의 같은 연령대와 비교해 학자금 대출 부담이 약 2배나 크다. 같은 기간에 미국 젊은 세대의 순자산 중윗값은 1만 5000달러에서 1만 400달러로 곤두박질쳤다.

그렇지만 우리는 언제나 집계 통계에 유념해야 한다. 전 세계의 다른 밀레니얼 세대와 미국 같은 특정 국가의 밀레니얼 세대는 다르다는 사실을 기억하자. 밀레니얼 세대를 고객으로 끌어들이기 위해 애쓰는 기업이라면 이런 기본적인 사실을 깨달아야 하며, 모든 밀레니얼 세대를 같은 부류라고 생각할 필요가 없다. 2030년의 세계는 하나의 단일 세대가 아니라 교육과 수입, 그리고 민족에 따라 정의되는 다양한 밀레니얼 세대의 하부 집단들이 상호작용하여 만들 것이다.

다음에 올 세대는?

나는 흥미로운 통계 하나를 공유하고 싶은데, 그 내용은 일부 국가에서 15~34세 사람들의 수가 시간이 지남에 따라 줄어들 것이라는 점이다. 특히 중국과 일본, 그리고 유럽의 일부 국가들이 그렇다. 반면에 다른 국가들, 예컨대 남아시아나 중동, 아프리카 지역의 국가들에서는 최소한 앞으로 한두 세대 동안은 그 수가 늘어날 것이다. 이런 경향은 현재의 출생률에 따른 결과다. 미국은 둘 중 어느 범주에도 포함되지 않는다. 2017년에는 약 9040만 명이 이 연령대에 속했지만, 2030년에는 8950만 명이될 것으로 예상된다. 크게 달라지지 않은 듯하지만, 이들은 완전히 다른 젊은 세대의 집단이 될 것이다. 그 이유를 살펴보자.

이민이나 이주의 영향을 살펴보면 미래를 예측할 수 있다. 1980년에는 15~34세 미국인들 중 78퍼센트가 히스패닉 계통과 상관 없는 백인들이었다. 하지만 2030년이 되면 그 비율은 절반 이하가 될 것이다. 미국과 유럽의 젊은 세대들은 점점 더 인종과 언어가 다양해지고 있다. 또한 평균적으로 이민자 가정의 출생률이 더 높기 때문에 젊은 세대의 모습은 전체적으로 볼 때 인구 자체의 변화보다 훨씬 빠르게 변할 것이다. 우리가 지금 '소수민족' 혹은 '소수 인종'이라고 부르는 사람들은 10년 안에 '다수'가 될 것이다.

이러한 경향은 중요한 행동의 변화를 불러올 것이다. 이민자 가정의 아이들은 가정을 꾸리고 집과 차를 갖고 싶어 하는 욕구가 배경이 다른 또래 아이들보다 훨씬 크다. 그런 모습이야말로 이른바 아메리칸 드림의 정수이기 때문이다. 그래서 이민자 가정의 아이들은 밀레니얼 세대와 다른 세대처럼 보이기도 한다. 이민자 가정의 밀레니얼 세대가 아버지 세대보다 훨씬 빠르게 미국 주류 사회에 동화되지 않으면 2030년 미국의 젊은 세대는 오늘날의 젊은 세대와 사뭇 다르게 행동할 것이다.

전 세계적으로 주목받는 새로운 발전 개념인 공유 경제와 관련하여 민족과 언어의 구성 변화가 미치는 영향을 생각해보자. 여러 조사에 따르면 히스패닉, 아프리카계, 아시아계 미국인들은 주류층보다 스마트폰 어플리케이션으로 차량이나 숙소를 공유하는 경우가 훨씬 많다.

또 다른 중요한 변화의 흐름에는 기업가 정신도 포함된다. 히스패닉들은 직접 사업을 꾸려나가고 싶어 하는 경향이 다른 집단보다 강하다. 게다가 이 기업가들은 일반적으로 영어를 더 선호하거나 영어에 익숙하다. 최첨단 기술 분야에서 이들의 기업이 차지하는 비중은 아직 그리 높지 않지만, 더 많은 히스패닉 이민자들이 대학이나 대학원에 진학하면 상황이 바뀔 것이다.

그렇다면 밀레니얼 세대 다음인 Z세대의 정체성과 행동 양식은 어떨까? 전 세계적으로 이 문제를 집중적으로 조사하고 연구한 런던의 바키재단Varkey Foundation은 이들의 정체성은 교육의 기회와 성별·인종별 차이에서 이주와 소득 격차에 이르는 모든 측면의 불평등에 따라 정의될 것이라고 주장한다. Z세대는 또한 연금 위기를 직접 경험하는 세대가 될 것이다. 이들은 앞으로 더 많은 세금을 낼 수밖에 없는데, 그 덕분에 이들의 부모와 조부모들은 약속받았던 연금을 문제없이 받을 것이다.(이 무슨 우스꽝스러운 일인가!)

Z세대는 하나로 연결된 디지털 시대에 태어난 첫 번째 세대다. "Z세대는 컴퓨터와 인터넷이 제공하는 무한한 기회와 함께 자랐다. 이들은 훨씬 자유롭게 국경을 넘나들고, 지구 반대편에 있는 사람들과도 친구가 된다. 그리고 부모와 조부모 세대와는 전혀 다르게 다른 지역이나 다른 문

화권 사람들과도 알고 지낸다." 바키 재단 보고서의 주장이다. "이들은 살아가면서 동성 결혼에서 성전환자의 권리에 이르는 다양한 사회적 문제에 대한 태도와 법률이 그야말로 번개처럼 바뀌는 모습을 본다. 하지만 그러면서도 성별과 인종 문제만큼은 예전과 다름없이 끊임없는 논쟁과 다툼의 대상이 되는 모습을 본다."

전 세계의 모든 Z세대가 이렇게 살고 있을까? 2016년, 바키 재단은 20개국에서 15~21세의 사람들 2만 명을 대상으로 설문 조사를 했다. 설문 조사에 응한 사람들은 전 세계에서 인터넷으로 참여하는 연구 조사단 소속이었다는 사실을 유념하자. 다시 말해 상대적으로 높은 수준의 교육을 받은 도시의 젊은 세대 쪽으로 응답자들이 편중되었다는 뜻이다. 조사 결과에 따르면, 이들은 지역적 가치와는 반대로 전 지구적 가치를 중요하게 여기며, 경제 수준이 각기 다른 나라의 국민이면서도 비슷한 관점을 공유하고 있었다. 이들은 이주민과 동성 결혼 같은 민감한 주제들에 관용적이고 불평등, 기후변화, 언론의 자유에 대해서는 진보적인 견해를 나타냈다. 결론적으로, 이 세대를 움직이는 것은 현재 전 세계에 만연한 민족주의나 국수주의 등과는 다른 '세계시민' 개념이었다.

중국의 혼란

세계 어디를 둘러봐도 중국처럼 각 세대가 복잡하게 상호작용하는 곳은 없다. 이 거대하고 다양한 면면을 지닌 국가를 이토록 매력적인 사회적 실험실로 만들어준 원인은 지난 30년 동안의 발전상이다. 중국은 유럽이나 미국이 200년 혹은 300년 이상 걸려서 이룩한 발전을 불과 30년

만에 성취했다. 최초의 증기기관은 1712년 영국의 발명가 토머스 뉴커먼 Thomas Newcomen이 만들었고, 스코틀랜드의 발명가 제임스 와트James Watt가 이를 개량했다.(그는 마력馬力의 개념도 만들었다. 동력의 또 다른 단위인 와트라는 용어는 그의 이름에서 따온 것이다.) 증기기관은 산업혁명을 불러일으켰다. 영국은 이후 300년에 걸쳐 적지 않은 갈등과 시행착오를 겪은 끝에 제조업 중심에서 서비스업 중심의 산업 국가로 바뀌었다. 미국은 그 절반 정도의 시간이 걸렸다. 반면 중국은 농업국에서 지금처럼 기술과 서비스를 제공하는 국가가 되기까지 2세대도 걸리지 않았다.

중국의 경제와 인구 분포가 그처럼 빠르게 변해버린 결과, 2030년이 되면 2020년에 비해 15~35세의 인구가 6000만 명쯤 줄어들고, 60세 이상 인구는 1억 1400만 명이 늘어날 것이다. 톈진 난카이대학교의 인구통계학자 신위안Xin Yuan은 이렇게 이야기한다. "서방 선진국들이 인구 노령화 시대로 걸어 들어가고 있다면 중국은 그야말로 달려 들어가고 있다."

중국의 노년층은 미국의 노년층보다 더 어려운 상황을 맞이하고 있다. 그 수가 훨씬 빠르게 늘고 있을뿐더러 수많은 젊은 세대가 고향을 떠나고 있기 때문이다. 장푸민Zhang Fumin과 류슈잉Liu Xiuying은 70대의 노부부로 수도 베이징에서 남쪽으로 800마일(약 1300킬로미터) 떨어진 작은 마을 룽왕터우에 산다. 부부에게는 아들이 둘 있지만 대학을 졸업한 후에는 둘 다 베이징에서 돌아오지 않고 있다. 인구통계학자들은 장푸민과 류슈잉 같은 노년의 부모들을 일컬어 "남겨진 노인들"이라고 부른다. 2017년에 두 사람의 첫 번째 손자가 태어났고, 이들은 육아를 돕기 위해 잠시 아들 부부와 지내기로 했다. 다만 몇 주 후에는 집으로 돌아올 계획이다. 2015년 기준으로 60세 이상인 중국인은 2억 1500만 명에 달하며, 당국에서는 5000만 명 정도가 자녀들과 떨어져 살고 있다고 추산한다. 2030년이 되면 그 숫자는 2배로 늘어날 것이다. "중국에서 엄청나게 많은 젊은이가 일자리를 찾아 도시로 이동함에 따라 성인 자녀가 나이 든 부모와 떨어져 사는 경우가 크게 늘었다. 자식이 부모를 봉양하는 중국의 전통적인 가족 관계가 해체되고 있는 것이다." 민속학자 류제위^{Liu Jieyu}의 말이다. "이런 변화가 초래할 문제를 가중시키는 점은 도시가 아닌 지역에 사는 노년층들이 국가가 제공하는 연금이나 다른 복지 혜택에서 소외되고 있다는 사실이다."

도시로의 이주는 중국의 오지에 사는 밀레니얼 세대의 미래에도 어두운 그림자를 드리우고 있다. 미국에서는 같은 밀레니얼 세대가 사회경제적 배경에 따라 구분되는 반면, 중국에서는 도시와 비도시 지역 간 갈등 문제가 심각하다. 도시에 사는 대부분의 젊은 세대는 중산층 이상이거나 상상할 수 없을 정도의 부를 누리지만 도시를 제외한 대부분의 지역에서는 젊은이들이 곤궁한 생활을 면치 못하고 있다. 또 다른 핵심적 차이는 중국 도시의 밀레니얼 세대가 디지털 온라인 활동뿐만 아니라 구매력에서도 미국의 밀레니얼 세대를 앞질렀다는 사실이다. 중국 도시의 젊은이들은 디지털 플랫폼으로 서로 연결되어 있고 온라인 시장에서 부지런히 물건을 사며 모든 구매를 전자 결제로 해결한다. 그 과정에서 개인 정보가 어떻게 흘러가고 사용되는지는 거의 신경 쓰지 않는 듯하다. 중국 도시 지역 밀레니얼 세대의 가치관과 태도에 관해서는 체계적인 자료가 부족하지만 이들이 사회적 관용과 생활의 만족도, 언론의 자유를 포함한 자유에 대한 갈망 등 자기표현의 가치를 매우 중요시하는 것만은 분명하다. 이들은 현대화와 재산 축적, 그리고 진보를 '서방'과는 다른 시각으로 바라본다. 이들은 저축액이 미국의 밀레니얼 세대보다 3배나 많다. 2030년에 60세가 넘는 사람들이 전체 인구의 25퍼센트에 달할 것이라는 전망을 생각한다면 괜찮은 선택이다.

노년의 개념이 바뀐다

세대 간 협력을 위한 새로운 기회를 만들 만한 획기적인 방법이 하나 있다. 바로 '요양소 기숙사'라는 개념으로, 노인들이 머무는 장기 요양 시설에 대학생들을 무료로 살게 해주고 대신 매달 정해진 시간만큼 봉사하게 하는 것이다. 네덜란드에서 처음 이 방식을 실시한 배경에는 노년층을 돌봐줄 인력이 부족한 사회적 상황이 자리한다. "문득 비슷하게 형편이 넉넉하지 않은 또 다른 집단이 떠올랐다. 바로 학생들이었다." 이 획기적인 요양소 기숙사를 운영하고 있는 헤아 세이프커스Gea Sijpkes의 설명이다. 학생들은 매일 노인들을 돌봐주고 디지털 관련 지식과 기술도 가르쳐준다. 노년층이 이런 시설에 관심을 갖는 이유는 외로움을 덜 수 있기 때문일 것이다. 외로움이 심해질수록 인지력은 더 빨리 떨어지고 건강도 나빠지며 사망률도 높아진다.

세대에 대한 분석은 그 목적이 무엇이든 매우 조심스럽게 진행해야 한다. 컬럼비아대학교 교육대학 학장과 우드로 윌슨 재단Woodrow Wilson Foundation 이사장을 역임한 아서 E. 레빈Arthur E. Levine은 "우리가 생각하는 각 세대의 모습은 고정관념일 뿐"이라고 말한다. 레빈에 따르면 우리는 끊임없이 차이점만 찾으려 하기 때문에 유사점을 알아차리지 못한다. "과거 세대와 지금 세대 사이에는 물론 차이점도 있지만, 그보다 유사점이 더 많다. 그렇지만 누가 그런 내용으로 책을 쓴다면 과연 재미있을까?"

역사에 등장하는 각 세대는 다양한 개인들로 이루어진다. 각 세대와 그 안에서 다시 구분되는 여러 집단을 생각하면 분석을 엄격하게 해야겠지만, 여기서는 보편적인 요점을 이야기하려 한다. 지금 우리가 밀레니얼 세대를 이해한다고 해서 미래의 그들도 잘 이해하리라는 보장은 없다. 그들의 행동은 시간이 흐를수록 당연히 진화하기 때문이다. 각 세대의 구성원들은 인생의 여러 단계를 거치며 태도와 행동을 조금씩 바꾼다. 현재 60세 이상인 사람들과 미래의 60세 이상 사람들은 때로 판이하게 다를 것이다. 그 이유는 세대보다 노년의 진정한 의미에 대한 개념의 변화와 더 밀접하다.

기술 전문 잡지 《와이어드Wired》와 세계 최대의 제약회사 중 하나인 화이자Pfizer는 앞으로 노화가 어떤 의미를 지닐지 그려보기 위해 힘을 합했다. "우리는 여전히 노화에 관해 모르는 부분이 많다." 화이자의 의학 부문 전략을 책임지는 폴 반덴브루케Pol Vandenbroucke의 말이다. "이제 많은 사람이 그저 오래 사는 것이 아니라 잘사는 것에 초점을 두고 생각하기 시작했다." 우리는 의학과 기술의 힘을 빌려 나이 들어도 건강을 유지할 것이다. 그렇지만 우리 자신의 행동 역시 육체와 정신의 건강을 유지하는 또 다른 비결이 될 것이다. 여기 재미있는 예상이 하나 있다. "밀레니얼 세대는 위 세대인 베이비 붐 세대나 X세대와 확연히 다르다. 각 세대에 따른 고정관념은 차치하더라도, 밀레니얼 세대 자체가 중요한 문화적 변곡점을 나타낸다. 어린 시절부터 인터넷에 노출된 세대로서 지속적인 연결과 정보에 대한 즉각적인 접근을 원하는 이들의 성향은 평안한 노년기를 위해 필요한 특성들이기도 하다." 밀레니얼 세대는 제대로 오래 살려면 평생 건강하고 활동적인 모습을 유지하는 일에 신경 써야 하며, 또 연결성에 대한 자신들의 강한 선호도가 나이를 먹으며 생기는 고립감을 극복하도록 돕는다는 사실을 일찌감치 깨달은 세대이기도 하다. 소비자 기술 협회 재단Consumer Technology Association Foundation의 전무이사 스티븐 이웰 Stephen Ewell은 이렇게 주장한다. "밀레니얼 세대는 건강하게 장수하는 삶 을 준비하는 데 관심이 많다. 우리는 그저 이들의 아이디어를 가져와 구 현할 뿐이다. 그렇게 이들은 우리가 만들어가는 더 강한 공동체의 일원이 된다."

이전 세대보다 오래 살 것으로 예상되는 밀레니얼 세대는 노년의 삶에 대해 점점 더 많은 관심을 기울이고 있다. 스탠퍼드대학교 노화 연구소 Center on Longevity의 사이트라인스 프로젝트Sightlines Project에 따르면 좋은 소 식이 있다. "흡연율이 현저하게 떨어지고 있으며 대신 운동량은 늘어났 다. 과거의 젊은 세대보다 지금의 밀레니얼 세대가 어려울 때 의지할 수 있는 친구가 더 많다. 밀레니얼 세대는 이전 세대들보다 대학에 더 많이 진학했는데, 미래를 준비하고 예측하는 데 교육만큼 좋은 것은 없다." 그 렇지만 나쁜 소식도 있는데, 많은 밀레니얼 세대가 은퇴할 무렵이 되었을 때 안정적 삶을 누리겠지만 적어도 그만큼의 숫자가 일생 동안 궁핍한 상 황에 처할 가능성이 있다. 3장에서 알 수 있듯이 전 세계적으로 여러 사회 집단의 재정 상태에서도 비슷한 구분이 나타난다.

03
....
새로운 중산층의 탄생

중산층에 중요한 것은 소득수준뿐 아니라 느낌이다.

— 마거릿 할시Margaret Halsey, 미국 작가

2009년에 인도 경제는 큰 호황을 누렸다. 그해에만 1000만 명이 넘는 사람이 빈곤에서 탈출했다. 인도에서 중산층이 최초로 출현하는 모습을 모두가 확인할 수 있었다. 1945년에 처음 사업을 시작한 타타 모터스Tata Motors는 인도 최대의 자동차 회사가 되었다. 그 자리를 계속 지키기 위해 타타 그룹 창업자의 증손자 라탄 타타Ratan Tata는 최신형 자동차 타타 나노Tata Nano를 선보였다. 타타 나노의 가격은 2000달러부터 시작했다. 불필요한 장치는 물론 냉난방 장치도 없었고 엔진의 배기량은 634시시에 불과했다. "타타 나노는 몇 년 전 내가 스쿠터를 타고 가던 어느 가족을 본 순간 시작되었다. 스쿠터를 모는 아버지 앞에 아이가 앉았으며, 어머니는 등에 아기를 업고 남편 뒤에 붙어 앉아 있었다." 라탄 타타는 기자에게 이렇게 말했다. "나는 저런 가족이 장만할 수 있는 안전하고 날씨에 상관없는 교통수단을 만들고 싶었다. 그때만 해도 나 혼자만의 꿈이었고 실제로도 그랬다." 최고경영자의 희망에 따라 타타 모터스는 막대한 금액을 투

자해 연간 25만 대를 생산할 수 있는 설비를 갖추었다. 라탄 타타는 처음 생산된 타타 나노 3대를 직접 구입했다. 《이코노믹 타임스Economic Times》에 따르면 뭄바이의 공무원인 59세의 아쇼크 라구나스 비차르Ashok Raghu-nath Vichare가 공식적인 첫 고객이었다. 그는 "축복을 받기 위해 근처에 있는 힌두교 사원으로 차를 몰고 가며 대단히 기뻐했다." 두 번째 구매자는 아시스 발라크리슈난Ashish Balakrishnan이라는 29세의 은행 직원이었는데, 그는 뭄바이에 새로 건설된 3.5마일(약 5.6킬로미터) 길이의 반드라월리 대교Bandra-Worli Sea-Link를 제일 먼저 가보고 싶다고 말했다. "내가 처음 사는 차다. 당연히 가격을 제일 먼저 고려했다." 타타 모터스 측은 이런 모습이 자전거나 오토바이를 자동차로 바꾸고 싶어 하는 인도 신흥 중산층의 욕망을 대변한다고 생각했다. 실제로 뭄바이 경찰 부국장 출신의 82세 노인도 그동안 타고 다니던 스쿠터를 버리고 타타 나노를 샀다.

하지만 타타 모터스의 희망은 실현되지 않았다. 소비자들은 스즈키, 현대, 토요타 등의 수입차들로 눈을 돌렸다. "세계에서 가장 저렴한 자동차"라는 타타 나노 광고판을 볼 때마다 사람들은 중산층이 아니라 더 가난한 계층을 떠올렸다. 타타 나노의 판매량은 단 한 번도 기대에 미치지 못했다. "타타 나노는 사람들에게 그저 제일 싼 차로 인식되고 말았다. 내 의도와는 전혀 다르게 회사 입장에서 그렇게 홍보되었다." 라탄 타타의 말이다. "매우 유감스러운 일이다."

타타 나노는 타타 모터스가 저지른 가장 큰 실패작으로 기업 역사에 기록될 것이다. "사람들의 시선이 그런 걸 어떻게 바꾸겠나." 22세의 전산직원 슈생크 샤르마Shushank Sharma의 말이다. "출퇴근은 오토바이로 한다. 하지만 친구들과 놀러 가거나 점잖은 자리에 갈 때는 물론 차가 더 좋다. 그렇더라도 그 차가 타타 나노라면 차라리 그냥 집에 있겠다." 인도 같은 신흥공업국 시장의 새로운 중산층은 꿈이 크다. 타타 모터스는 그런 미래를 내다보지 못하고 과거의 모습에만 집착함으로써 인구통계학적 관점에서 새로운 계층을 만족시켜주지 못했고, 새로운 시장의 기회도 놓치고 말았다. 타타 모터스는 서양의 중산층이 되고 싶었던 인도 중산층의 진심을 제대로 따라잡지 못했다.

미국의 야외용 조리 기구 제조업체 웨버-스티븐 프로덕츠 LLCWeber-Stephen Products LLC가 인도에 진출한 사례를 보자. 처음 이 회사가 직면한 문제는 전통적으로 남성은 음식을 만들지 않으며, 종교에 따라 소고기나 돼지고기를 먹지 않는 나라에 어떻게 고기 굽는 조리 기구를 판매하느냐였다.

웨버-스티븐은 금속 제품 제조업체로 1893년에 문을 열었는데 원래 회사 이름은 웨버 브라더스Weber Bros였다. 1950년대 초반 시카고에서 판금 사업을 하던 조지 스티븐 시니어George Stephen Sr.는 자신이 야외 활동을 할 때 종종 사용하던 조리용 화로를 개선하고 싶었다. 조지 스티븐은 금속으로 된 반원형의 뚜껑과 아랫부분이 하나로 합쳐지는 좀 더 실용적인 조리용 화로를 구상했다. 아랫부분에 석탄이나 숯을 넣어 불을 지피고 그 위에 석쇠를 얹은 후 뚜껑을 닫는 방식의 이 화로는 큰 성공을 거두었다. 조지 스티븐은 발명품을 좀 더 다듬기 위해 웨버 브라더스와 힘을 합치기로 결심했고 이제 이 조리 도구는 수많은 미국 가정의 앞마당이나 뒤뜰에서 찾아볼 수 있다. 웨버-스티븐은 야외 바비큐를 대중화하는 데 일등 공신이 되었고, 바비큐는 미국 문화의 중요한 일부로 자리 잡았다. "천천히 시간을 들여 집 밖에서 고기 굽는 모습을 이제 어디서나 볼 수 있다." 스미소니언닷컴Smithsonian.com에 너태샤 게일링Natasha Geiling이 기고한 글 일부다. "그렇게 바비큐는 대중문화의 일부가 되어 텔레비전 드라마며 여러 관련 방송에 모습을 비추었고, 바비큐 타코 같은 새로운 요리들을 만들어 냈다."

지난 2010년, 타타 나노가 운명과도 같은 실패를 맞이한 지 몇 년이 지나 이번에는 웨버-스티븐이 인도 중산층 시장을 공략하기로 결정했다. 웨버-스티븐은 제품 출시를 위해 시바쿠마 '시바' 칸다스와미Sivakumar "Siva" Kandaswamy를 고용했다. 이 일의 어려움을 잘 이해했던 칸다스와미는 우선 인도와 미국의 문화적 차이를 좁혀보려고 했다. 그가 이끈 부서는 먹을거리와 조리에 관한 인도 중산층 소비자들의 관점을 철저히 파악했다. 이 부서는 더 많은 사람이 사회경제적 사다리를 올라가 외국의 영화나 텔레비전 드라마 등을 보기 시작하면 전통적 태도와 관습도 바뀔 거라고 예상했다. 미국 애틀랜타에 있는 홍보 및 영업 전문 업체 톱 라이트 파트너스Top Right Partners의 데이브 서튼Dave Sutton의 설명에 따르면 몇 년이 지나지 않아 "뒤뜰에서 음식을 만드는 문화가 인도에 완전히 자리 잡았다." 2011년《타임스 오브 인디아Times of India》에 실린 기사의 제목은 "인도, 이제 바비큐의 시대로 접어들다"였다. 그 내용을 살펴보자. "뒤뜰에서 불을 지피고 고기를 굽는 바비큐 문화는 너무 미국적이어서 인도와 맞지 않는다고 생각할지도 모르겠다. 무엇보다 인도에는 탄두르tandoor라는 흙으로 구운 전통 화덕이 있지 않는가. 그렇지만 이제 도시에 사는 인도인들은 이 미국식 석쇠와 화로를 사용한다. 특히 방갈로르와 푸네, 구르가온, 뭄바이 일부 지역 등에 거주하며 해외에서 살다가 돌아온 사람들 사이에서 더욱 인기를 얻고 있다."

웨버-스티븐은 인도 소비자들이 바비큐의 재미를 알아가도록 이끌어야 한다는 사실을 잘 알았다. 이 회사의 내부 보고서에도 "인도 소비자들에게 현지화한 조리 방법과 다양한 도구 등을 제공하여 바비큐의 편리함과 감성을 함께 전달하도록 노력해야 한다"는 식의 내용들이 적혀 있다. 얼마 지나지 않아 인도 중산층 가족이 웨버-스티븐의 바비큐 화로 주변에 모여 닭고기에서 바나나에 이르는 온갖 재료를 굽는 모습은 흔한 광경이 되었다. 웨버-스티븐은 인도라는 시장의 복잡한 사정을 외면하지 않았다. 이들은 오히려 그 기회를 놓치지 않았다.

*　　　*　　　*

고대 그리스의 철학자 아리스토텔레스는 이런 말을 했다. "가장 완벽한 정치적 공동체는 중산층이 지배하고, 수적으로도 상류층과 하류층을 압도하는 공동체다." 실제로 중산층은 현대사회와 경제의 중추 세력이다. 20세기 초에 미국의 진보주의 개혁가로 활동한 루이스 D. 브랜다이스 Louis D. Brandeis 는 이런 예측을 내놓았다. "우리는 이 땅에 민주주의를 실현할 수 있다. 아니면 소수가 이 땅의 부 대부분을 차지하는 사회에 이를 수도 있다. 그렇지만 둘은 결코 양립할 수 없다." 역사상 가장 오랫동안 미국과 서유럽은 전 세계의 경제활동이 창출한 부로 미국과 유럽의 중산층을 살찌우면서 균형을 유지해왔다.

하지만 더 이상은 아니다.

미국과 유럽의 중산층은 여전히 세계에서 가장 부유하지만 더이상 성장하지 못하고 있으며 그 위상도 점점 흔들리고 있다. 반면에 신흥공업국 시장에서는 매년 1억 명 이상이 새롭게 중산층으로 진입하고 있고, 이미 중산층에 진입한 사람들의 수입도 가파르게 늘고 있다. 이 새로운 중산층들의 기세가 올라가고, 옛날 중산층들은 반대로 수그러들고 있다.

그림 5를 보면 세계 각국 중산층의 구매력 차이를 확인할 수 있다. 전

세계적으로 중산층에는 하루 수입이 10~100달러인 개인이 포함된다. 4인 가족이라면 대략 1년에 1만 5000달러에서 15만 달러를 벌어들일 때 중산층이라고 할 수 있다.

지금은 전 세계 중산층이 주로 미국과 유럽에 몰려 있지만 2030년이 되면 중국과 인도, 그리고 일본을 제외한 아시아 지역이 물가상승률을 감안해도 전 세계 소비 구매력의 절반 이상을 차지할 것이다. 1920년대에 제너럴 모터스General Motors, GM나 시어스Sears 같은 기업들이 폭발적으로 증가하는 중산층의 욕구를 채워주면서 세계적 기업으로 성장하던 때부터 알파벳Alphabet이나 아마존Amazon 같은 인터넷 기반 기업들이 정상을 차지한 2020년까지만 살펴봐도 그야말로 상전벽해가 일어난 것 같지 않은가.

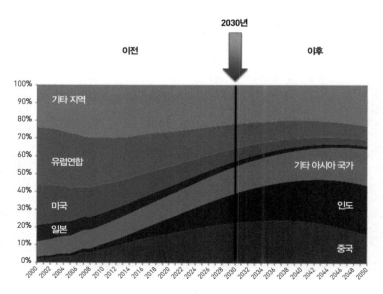

전 세계 중산층의 구매력 비율(%)

그림 5

소비의 주체가 아시아로 넘어가는 변화의 흐름은 2030년이 아니라 지금도 확인할 수도 있다. 인터넷 온라인 장보기에서 중국이 차지하고 있는 위상을 생각해보자. 중국의 11월 11일 광군제光棍節는 주로 인터넷에서만 기념하는 날인데, 2017년에는 이날 하루에만 250억 달러어치가 넘는 상품이 거래되었다. 미국에서 인터넷 상품 거래를 활성화하기 위해 만든 날인 사이버 먼데이Cyber Monday의 거래량 70억 달러를 초라하게 만드는 규모다. 도박 사업은 또 어떤가. 중국 남부의 마카오가 연간 도박 관련 사업으로 올리는 수익은 330억 달러로 저 유명한 미국 라스베이거스의 70억 달러를 훨씬 웃돈다.

그러나 중국 중산층 시장은 기껏해야 향후 10~20년 동안만 구매력 측면에서 세계 최대 규모를 유지할 것이다. 인도에서 젊고 교육 수준이 높은 인구가 증가함에 따라 경제가 성장하여 2030년에는 인도가 가장 매력적인 신흥공업국 시장이 될 것이다.

보바리 부인에서 심슨 가족까지

유럽과 미국의 기업가와 정치가들은 중산층이 사회에 얼마나 중요한지를 잘 알았다. 이들은 지나치게 부유하지는 않고 지나치게 궁핍하지도 않은 사람들이 사회의 다수를 차지할 수 있도록 애썼다. 저렴한 상품과 물가 안정, 그리고 정치적 안정을 이룩하면서 중산층의 욕구를 채워준 것이다. 중산층은 시장경제를 이끄는 동력이나 마찬가지이며, 대부분의 경제활동이 소비재와 용역의 유통과 판매에 따라 이루어지기 때문에 어떤 선진국도 중산층이 소비하지 않으면 경제를 유지할 수 없다. 그래서 '소비자 신뢰'나 '소비자 물가지수', '소비자 신용' 같은 용어들이 널리 사용된다. 소비자들이 소비를 중단하면 경제도 정치도 끝장이다.

근대적 개념의 중산층에 대한 정의는 1913년에 영국 정부가 작성한 보고서에 처음 나타난다. 그 보고서는 상류층도 아니고 전통적인 노동자 계층도 아닌 사람들을 중산층으로 정의했다. 최근까지 서구에서는 중산층의 규모가 늘어났지만, 대서양을 사이에 둔 북미 대륙과 유럽 대륙 모두에서 불평등이 점점 심화되면서 가장 규모가 컸던 이 계층이 줄고 있다.

예전의 다른 관점에 따르면 중산층은 일종의 과도기적 상태였다. 당대의 누구보다도 19세기 영국인들의 삶을 잘 알았던 작가 찰스 디킨스Charles Dickens는 이렇게 주장했다. "우리는 중산층이야말로 영국의 안전을 지켜준다고 끊임없이 내세우고 있지만 중산층이란 그저 상류층 끄트머리에 붙어 있는 가난한 계층에 불과하다." 1937년에는 영국식 삶에 대한 또 다른 신랄한 비평가였던 조지 오웰George Orwell이 『위건 부두로 가는 길Road to Wigan Pier』에서 이렇게 썼다. "사립학교 교사, 반쯤 굶고 있는 비정규직 언론인, 사무원, 공무원, 영업 사원, 그리고 몇 번이고 장사가 망한 장사꾼 같은 이 나라의 침몰하는 우리 중산층은 이제 별 수 없이 노동자 계층으로 주저앉게 될지도 모른다. 그렇지만 그렇게 된다고 해도 생각했던 것만큼 크게 두렵거나 무섭지 않을 것이다. 우리에게는 더 이상 잃을 게 없으니까."

경제적 관점에서 보면 중산층은 편안하고 아늑한 생활을 할 여유가 있는 사람들이다. 영국의 미술 평론가 클라이브 벨Clive Bell은 "중산층에게 편안함이 찾아왔다"라고 썼다. 경제학자들은 중산층을 생활에 꼭 필요한 먹을거리와 주택, 그리고 교육비 이외의 지출을 즐길 수 있는 계층으로 정의했다. 중산층 소비자들은 집을 사기 위해 주택 담보 대출을 받고, 가사를 편하게 해줄 수 있는 여러 기구를 사들이며, 휴가를 즐기고, 아이들을 좋은 학교에 보낸다. 그리고 은퇴 계획도 세운다. 다시 말해 중산층이 된다는 건 경제적으로 안정적인 위치를 확보한다는 뜻이며, 하루 벌어 하루를 사는 생활을 벗어난 상황을 말한다. 적어도 한때는 그랬다.

중산층을 소득으로만 구분하면 편리하지만 간호사와 배관공, 혹은 소규모 사업체의 경영자와 회계사 사이의 차이가 모호해질 수도 있다. 이들은 모두 중산층에 속하지만 교육 수준과 경력은 크게 다를 수도 있다. 대부분의 사람들은 대학 교육이 중산층으로 가는 첫걸음이라고 생각한다. 그렇지만 대학 교육을 받지 않은 사람들도 중산층인 경우는 얼마든지 있다.

실제로 중산층은 경제적 혹은 교육적으로 정의되는 것 이상의 의미를 지닌다. "중산층에 중요한 것은 소득수준뿐 아니라 느낌이다." 재치 있는 입담으로 유명한 미국 작가 마거릿 할시Margaret Halsey는 이렇게 말했다. 중산층이라는 지위는 이렇게 소득만큼이나 사회심리적인 마음의 상태를 반영한다. 프랑스 소설가 귀스타브 플로베르Gustave Flaubert는 1856년 발표한 소설 『보바리 부인Madame Bovary』에서 중산층의 심리 상태를 꿰뚫어 보았다. 이 소설에서 주인공은 자신이 중산층이라는 굴레에 갇혀 있다고 느낀다. "중산층이란 참 재미있다." 영국 작가 J. K. 롤링J. K. Rowling의 말이다. "중산층에 관해서라면 나도 잘 안다. 사실 중산층처럼 스스로를 중산층이라고 내세우기 좋아하는 사람들도 없다. 그래서 중산층은 참 재미있는 것이다." 중산층은 야망도 크지만 그만큼 허세도 강하다. 만화가 아서 R. '팝' 모먼드Arthur R. "Pop" Momand가 1913년부터 1938년까지 매일 연재한 유명 만화 〈존스 가족 따라잡기Keeping Up with the Joneses〉는 중산층이 처음 나타난 때부터 대공황 시기에 붕괴할 때까지의 사정을 정확히 그려냈다. 계층 상승을 향한 경쟁은 사회 자체만큼이나 오래되었지만 20세기가 진행되는 동안 중산층이 성장하면서 이 경쟁은 새로운 양상으로 흘러가기 시작했다. "아무개 씨가 새로 나온 연극이 좋았다고 하니 또 다른 아무개 씨가 그 연극을 보러 갔다. 그러더니 그 아무개 씨의 연극 평까지 그대로 따라 하는 것이 아닌가." 마크 트웨인Mark Twain이 1901년에 발표한 에세이 「줏대 없는 사람들Corn-Pone Opinions」의 일부다.

세월이 흘러 이번에는 〈심슨 가족〉이 등장했다. 텔레비전으로 방영된 이 애니메이션을 보면 심슨 가족은 자기 집이 있으며 이웃들은 전문직 종사자나 사업체 경영자들뿐이다. 아버지 호머 심슨도 계속 사무직에 지원하며, 엄마 마지 심슨은 전업 주부다. 가족은 휴가도 즐기고 아이들의 대학 진학을 위한 저축도 하고 있다. 반려동물도 기른다. 호머 심슨이 중산층 가정임을 인정하는 대목은 6시즌 23화에 등장하는데, 그는 아예 월급 명세서를 보여주며 2016년 기준으로 연수입 3만 7000달러를 올렸다는 사실을 밝힌다. 심슨 가족은 정확하게 중위소득층에 속한다.

중산층의 규모가 그토록 크다는 사실을 감안하면, 이들 사이에서 가치에 관한 의견이 일치하지 않는 것은 당연한 일이다. 역사적으로 예의나 균형, 체면, 그리고 관습 같은 몇 가지 개념들에 대해서도 각자의 의견이 다르다. 미국 소설가이자 극작가인 거트루드 스타인Gertrude Stein은 중산층을 이렇게 명쾌하게 정의했다. "나는 그저 이상적인 중산층이란 친절하고 점잖으며 정직하고 작은 일에 만족하는 사람들이 모여 지나친 흥분을 피하고 평정을 유지하는 것이라고 생각할 뿐이다. 요컨대 사랑이 넘치는 가정생활과 누구나 존경할 수 있는 경영 방식이라는 이상과 비슷하다."

또한 중산층을 순응성과 동일시하려는 경향도 있다. 여러 연구에 따르면 중산층은 상류층이나 하류층에 비해 자신의 위치를 훨씬 불안해한다고 한다. 컬럼비아대학교의 데이먼 J. 필립스Damon J. Phillips와 MIT의 에즈라 W. 주커먼Ezra W. Zuckerman은 이렇게 설명한다. "개인이 집단에 대한 소속감을 중시하면서도 제대로 소속되어 있는지 불안감을 느낄 때 더 강하게 체제에 순응하는 경향이 있다." 상류층에 속한 개인은 사회적 지위에 확신이 있으므로 굳이 먼저 나서서 순응할 이유가 없다. 하류층에 속한 사람들도 "자신의 의지와는 상관없이 이미 배척받고 있기 때문에 오히려 기존의 관습에 더 자유롭게 저항한다." 순응에 대한 압박을 느끼는 쪽은 중산층이다. 그들은 순응해서 어떻게든 더 위로 올라가고 싶은 욕망과 순응하지 않으면 밑으로 떨어질 수 있다는 두려움을 동시에 느낀다.

중산층이 언제나 선량한 것은 아니라는 지적은 귀담아둘 만하다. 중산층과 노동자 계층이 중시하는 가치를 한마디로 정리하면 전자는 개인주의고 후자는 일종의 공동체주의다. 중산층 가정의 교육은 개인의 선택과 독립을 강조하며, 노동자 계층의 전통적인 관습은 결속과 상호 의존성에 집중한다. 널리 알려진 것처럼 비윤리적인 행동은 중산층이 더 많이 하고, 친사회적이고 이타주의적인 행동은 노동자 계층이 더 많이 한다. 《미국 국립 과학원 회보》에 발표된 연구에 따르면 "상류층은 하류층에 비해 운전 중에 교통법규를 위반하는 경우가 더 많다. 또한 비윤리적인 결정을 할 때가 많으며 다른 사람들의 소중한 물건을 탐내기도 하고 협상 중에 거짓말을 하며 성공 확률을 높이기 위해 속임수도 마다하지 않는다. 그리고 직장에서조차 비윤리적인 행동에 찬성하는 경향이 있다."

미국과 유럽의 중산층은 매우 이해하기 어려운 존재다. 예의와 정직, 그리고 책임감이 특징이지만 동시에 개인주의와 허세, 그리고 순응에 대한 압박으로 언제든 비윤리적인 행동을 할 수도 있다. 또한 최근 국내외로 불어닥친 불경기는 중산층 지위를 잃을지도 모른다는 좌절감과 분노를 그들에게 추가했다.

새로운 돈, 새로운 중산층

저우위안옌Zhou Yuanyan은 중국 네이멍구 자치구에서 태어났다. 그녀는 베이징 6번 순환도로 근처 마을로 이주해 한 시간 반가량 출퇴근하며 베이징 시내에 있는 직장에 다닌다. 처음에는 식당 종업원을 하다가 그다음에는 부동산 중개인이 되었다. 형편이 나아지자 고향에서 어머니가 올라왔고, 모녀는 새로운 직장과 생활, 지위가 가져다주는 편안함을 누리고 있다. "중개 수수료로 버는 돈이 점점 늘면서 새 집으로 이사했다."《파이낸셜 타임스Financial Times》와의 대담 내용이다. 중국은 2030년이 되면 이렇게 중산층으로 올라서는 사람이 4억 명쯤 될 것으로 예상한다.

중국에서 수천 마일 떨어진 아프리카의 일부 국가와 도시에서도 느리게나마 중산층이 형성되고 있다. "정말로, 정말로, 정말로 흥분된다." 직장에서 터빈 엔진 다루는 일을 하는 존 먼데이John Monday는 와리에 있는 어느 번화가 슈퍼마켓 앞에서 친구와 사진을 찍으며 이렇게 큰소리로 말했다. 와리는 나이지리아 유전 지역의 신흥 도시다.《뉴욕 타임스》에 따르면 먼데이는 약 200마일(약 320킬로미터)을 여행하여 와리의 이 새로운 번화가를 찾아왔다고 한다. "중산층에 속한 사람들은 이곳에 와서 중산층이 된 기분을 만끽할 수 있다." 나이지리아에서 다섯 번째로 큰 금융 기업인 액세스 뱅크Access Bank의 지점장들은 2030년의 전망에 대한 나의 강연을 듣고 현재 2억 명이 넘는 나이지리아 인구 중 20퍼센트가 중산층에 속한다고 추산했다. 그 수는 매년 150만 명씩 늘고 있다.

중국이나 인도와 비교하면 얼마 되지 않지만, 아프리카의 중산층 소비 시장도 계속 성장하고 있다. 경영 상담을 주로 하는 다국적기업 딜로이트 Deloitte에 따르면, 시장이 성장하는 요인은 인구 증가, 구매력, 도시, 기술 사용과 밀접하다. 여러 설문 조사에 따르면 아프리카 최대 강국이라 할 수 있는 나이지리아, 남아프리카공화국, 이집트, 케냐에 사는 소비자들의 4분의 1에서 2분의 1 정도는 지난 5년 동안 생활수준이 크게 향상되었다고 느낀다. 기본 생활비 외에도 가외로 쓸 수 있는 소득이 늘면서 유명 상표의 제품들을 사고 싶은 욕구가 생겼고, 최신 유행이나 흐름을 따라갈 여유도 생겼다. 이제 이들은 가격보다 품질을 중요하게 여기며, 세계적으로 유명한 상표들을 선호한다. 지금은 시장이 온통 미국이나 유럽산 제품들뿐이지만 머지않아 국내 기업들도 그 자리를 차지할 것이다.

실제로 국제적으로 통일된 아프리카의 모습을 전 세계에 알리는 데 주력하는 비영리 기관인 브랜드 아프리카Brand Africa에 따르면 현재 아프리카에서 인기 높은 상위 100개 상표는 국적이 28개국에 달하는데, 그중에서 아프리카는 8개국에 불과하다. 미국은 상위 100개 중 24개를 차지하며, 아프리카는 모두 합해 17개다. 그렇지만 소비자 시장이 진화하면 점점 더 많은 아프리카 토종 상표들이 성공을 거둘 것이다.

중국이나 나이지리아 같은 신흥공업국 시장의 새로운 중산층의 본질을 알려면 먼저 그들이 미국이나 유럽, 일본의 구세대 중산층들과 어떻게 다른지 이해해야 한다. '구세대' 중산층들은 세대를 이어 오랫동안 그 모습을 유지하고 있지만 새로운 중산층들은 전적으로 '새로운 돈'으로 만들어졌다. 미국과 유럽, 일본 중산층의 1인당 평균 소득은 중국과 인도, 그리고 다른 신흥공업국 시장 국가들 중산층의 3배가 넘지만 더 이상 늘지 않고 있다. 구세대와 신세대 중산층 사이의 세대차이나 소득 차이는 신흥공업국 시장의 중산층 소비자들이 훨씬 강한 야망에 불타오르도록 만든다.

아이폰만의 가치

아이폰은 21세기 초에 등장한 중산층 소비자들을 가장 잘 상징하는 제품이다. 아이폰은 그저 휴대전화가 아니다. 인터넷 검색이 가능하며 사진기나 수첩, 계산기, 손전등, 그리고 음악이나 동영상 재생기, 전자책 등의 역할을 모두 할 수 있다. 그 밖에도 수많은 일을 이 작고 사용하기 편한 기계장치 하나로 할 수 있다. 그 능력이나 성능은 아폴로 우주 계획을 담당했던 컴퓨터 장치 전체나 영화 〈2001 : 스페이스 오디세이〉에 등장한 가상의 인공지능 컴퓨터 할HAL에 비견할 만하다.

아이폰의 터치스크린의 성능은 놀라운 수준이다. 이제 눈을 돌려 아이폰의 포장 상자에 적힌 내용들을 살펴보자(그림 6 참조).

'FCC'란 미국 행정부 산하 기관인 미국연방통신위원회Federal Communications Commission의 기술 및 안전 승인 기준을 통과한 제품이라는 뜻이다. 'CE'는 EU 안에서 판매되는 제품에 대한 승인 표시다. 그런데 왜 미국과 유럽의 승인만 표시되어 있을까? 다른 국가나 경제 동맹들의 승인은 필요가 없는 걸까?

그 이유는 현재 미국과 유럽이 가장 큰 시장이기 때문이다. 1980년대만 해도 유럽이 지금처럼 세계에서 두 번째로 규모가 큰 단일 시장이 되기 전에는 전자제품에서 FCC 표시만 볼 수 있었다. 다시 말해, 가장 큰 시장이 가장 큰 영향력을 발휘할 수 있기 때문에 모든 규칙을 정할 수 있다는 뜻이다. 시장에 진출한 기업들로서는 해당 국가나 연합이 정하는 규칙

MQAM2LL/A iPhone X, Space Gray, 256GB
Designed by Apple in California Assembled in China
Other items as marked thereon Model A1901

(1P) Part No. MQAM2LL/A

(S) Serial No. F17WN7XLJCL8

() ICCID 89014104270884584789

1 90198 45912 1   UPC
IMEI/MEID 354876090941985

FCC ID: BCG-E3175A
IC: 579C-E3175A

Apple
Apple Inc., 1 Infinite Loop, Cupertino, CA 95014 USA
TM and © 2017 Apple Inc. All rights reserved. 602-01589-A

그림 6

이나 규정을 따를 뿐 선택의 여지가 없다.

그렇지만 2030년이 되면 중국과 인도가 세계에서 가장 큰 소비자 시장이 된다. 나는 내 모든 재산을 여기에 걸 수 있다. 그때 우리가 사용하는 스마트폰 포장에는 FCC와 CE 표시 외에 중국, 그리고 아마도 인도의 승인 표시도 함께 찍힐 것이다.

세계적으로 성장하고 있는 새로운 중산층 시장은 기술 경쟁 부문에도 영향을 미친다. 특허 출원에 관해 생각해보자.

미국 헌법 제1조를 보면 미국 하원은 "원작자와 발명가들에게 정해진 기간 동안 자신들의 작품과 발명, 발견에 대해 독점적인 권리를 보장함으로써 과학과 유용한 기술의 발전을 도울" 권한이 있다. 여기서 말하는 독점적인 권리란 특허 출원을 통한 보호를 뜻하며, 새로운 의약품이나 기계 장치, 혹은 합성 재료 개발 등에도 적용될 수 있다. 미국은 특허권을 20년 동안 독점적으로 보장한다. 지난 수십 년 동안 미국 특허 및 상표국U.S. Patent and Trademark Office은 발명품의 보호와 관련해 세계에서 가장 중요한 기관 역할을 해왔고, 앞으로도 영향력을 발휘할 것이다. 그렇지만 2016년 미국에서 신청된 특허 출원이 1995년의 3배 정도였던 것에 반해 인도는 7배, 그리고 중국은 무려 72배나 많았다. 중국과 인도가 크게 발전하고 성장함에 따라 새로운 제품과 발명품의 특허 문화도 함께 성장하고 있다.

구세대와 신세대의 충돌

후커 가구 회사Hooker Furniture Corporation는 침대에서 옷장, 소파, 안락의자에 이르는 모든 가구를 판매한다. 1925년 당시 네 살이던 클라이드 후커 주니어Clyde Hooker Jr.는 이 회사의 첫 작업 시작을 알리는 신호용 종을 울림으로써 회사와 처음 인연을 맺었다. 회사는 그로부터 1년 전 노스캐롤라이나에서 10마일(약 16킬로미터)도 떨어지지 않은 버지니아 마틴스빌에서 설립되었고, 이후 노스캐롤라이나는 미국 가구 산업의 중심지로 성장했다. 1990년대가 되자 멕시코를 비롯한 세계 각지에서 저렴한 수입 가구들이 들어오기 시작했고, 수십 년 동안 성장을 거듭한 미국 가구 회사들의 입지도 흔들리기 시작했다. "미국 고객들이 이제는 미국에서 만든 가구들을 구매하지 않는다." 후커의 회장이자 최고경영자 폴 톰스Paul Toms의 말이다. 후커도 공장 다섯 곳의 문을 닫을 수밖에 없었고, 직원들은 200명으로 줄어들었다. 전체 직원의 10퍼센트 정도만 남은 것이다. 노스캐롤라이나의 가구 산업 전체로 보면 관련 노동자 60퍼센트가 일자리를 잃었다. "주문하면 뭐든지 만들어내던 성실하고 솜씨 좋은 직원들이 자신들과는 무관한 이유로 어려움을 겪게 되었다. 선택의 여지가 없었다. 우리는 제조 원가보다도 싼 가격으로 가구를 팔 수밖에 없었다." 반면에 중국의 가구 산업은 크게 성장했다. 수출의 덕이라기보다는 자국의 중산층이 빠르게 늘면서 덩달아 가구 수요도 폭증했기 때문이다.

선진국 시장과 신흥공업국 시장 중산층들의 엇갈린 운명은 2030년 이후의 경제적, 정치적 현실을 결정지을 것이다. 여러 면에서 서구 사회의 중산층들이 인도와 중국의 중산층들보다 뒤처질 듯하다. "각 지역과 해당 당사자에 따라 중산층은 이제 흥할 수도 망할 수도, 희망적이거나 절망적일 수도, 더 부자가 되거나 더 가난해질 수도 있다. 물론 정치적으로도 주목받거나 아니면 관심에서 멀어지는 대상이 될 수도 있다." 언론인 클라이브 크룩Clive Crook의 주장이다. 전 세계의 중산층은 일자리와 성공을 두고 경쟁하는 사이가 되었을까? 만일 그렇다면, 그리고 경쟁이 불공정하다면 보호무역주의 같은 이례적인 수단이 선거 유권자들의 관심을 끌 수도 있다.

미국의 퓨 리서치 센터Pew Research Center는 지난 2015년에 미국의 상류층과 빈곤층 가정을 합한 가구 수가 두 세대 만에 처음으로 중산층 가정의 수를 넘어섰다고 발표했다. 1971년 미국의 중산층 가정은 8000만 가구였고, 상류층과 빈곤층은 각각 5200만 가구 정도였다. 2015년이 되자 중산층이 1억 2080만 가구가 된 반면 상류층과 빈곤층은 1억 2130만 가구가 되었다. 중산층의 중요성을 역설한 아리스토텔레스가 무덤에서 벌떡 일어날 만한 일이었다. 미국 중산층의 몰락을 반영이라도 하듯 〈심슨 가족〉의 호머 심슨은 방영 기간인 30여 년 동안 200개 가까운 직업을 전전했고, 그 와중에도 제대로 경력을 쌓거나 발전하는 모습을 보여주지 못했다. 600회가 넘도록 방영되는 동안 심슨 가족의 경제 상태는 전혀 나아지지 않았다.

몰락까지는 아니더라도 점점 뒤처지는 미국과 유럽 중산층의 생활수준과 관련해 정치가와 자칭 전문가들은 이민자와 신흥공업국 시장과의 불평등한 경쟁, 그리고 세계화의 어두운 면을 모른 척하는 상류 지도층을 무분별하게 비난해왔다. 그 결과가 바로 영국의 EU 탈퇴와 도널드 트럼프의 미국 대통령 당선이다. 이제 좌파와 우파, 진보와 보수 양 진영이 제2차 세계대전 이후 만들어진 전 세계의 경제와 지정학적 질서에 십자포화를 퍼붓고 있다.

기업들 사이에서도 갈등이 고조되고 있다. 신흥공업국 시장의 기업들은 하루하루 규모가 커지고 있으며, 유럽과 미국 기업들의 사정은 기술 분야 같은 몇몇 특별한 사례를 제외하고는 그 반대다. 심지어 기술 분야에서조차 중국과 인도의 기업들이 꾸준히 성장하고 있다. 그 이유는 단지 인구 규모 때문만은 아니며, 더 많은 사람이 인터넷과 디지털 기술을 사용하고 있기 때문이다. 실제로 중국과 인도에서는 미국보다 인터넷과 소셜 미디어, 그리고 휴대전화를 이용한 결제 방식을 더 많이 이용한다. 그 차이는 앞으로 계속 벌어질 것이다.

전 세계 중산층의 소비에 대한 무게중심이 아시아로 옮겨가면 유럽과 미국의 기업들은 어떻게 대응해야 할까? 해외의 경쟁자들과 함께 시장 점유율을 두고 경쟁할 수 있을까? 중국의 알리바바Alibaba는 미국의 아마존보다 기업 규모가 더 크고, 디디추싱滴滴出行은 우버 차이나Uber China를 인수해버렸다. 인도는 정보통신 분야에서 미국보다 더 많은 기술자와 전문 인력들을 고용하고 있다고 자랑한다. 이런 튼튼한 기업들은 중산층에 중요한 의미가 있다. 이런 기업들이 조건 좋은 일자리를 창출하고 전문 인력으로 성장할 기회를 제공하기 때문이다. 급변하는 경제 상황은 모든 사람에게 힘겨운 경쟁의 장이 되겠지만 특히 구세대 중산층이 더 큰 어려움을 겪을 것이다. 왜냐하면 구세대인 제너럴 모터스나 시어스 같은 기업들이 무너지고 있기 때문이다.

이제 스포티파이Spotify나 에어비앤비 같은 새로운 유형의 기업들을 생각해보자. 기술 경제 분야의 이 두 거물은 앞서 언급했듯이 가치가 10억 달러 이상인 비상장 기업인 '유니콘 기업'이다. 수년 동안 이 회사들은 관련 분야 투자자들의 큰 관심을 끌었지만 대부분의 고객과 수익이 유럽과 미국에서 나오고 있다. 에어비앤비는 규모 확장에 어려움을 겪고 있으며, 스포티파이는 중국이나 인도에서 어느 정도 고객을 확보했는지 정확하게 밝히지 않고 있다. 의외로 스포티파이는 중국과 인도를 미국과 유럽을 제외한 '나머지 국가들' 범주에 뭉뚱그려 포함시키고 있다. 스포티파이 같은 회사가 곧 세계 최대의 시장이 될 국가들을 알아보지 못한다면 큰 실수다.

미국 기업으로 190개국 이상에서 영업하며 미국보다 해외에서 더 많은 회원을 거느리고 전 세계 인터넷 통신 소통량의 20퍼센트를 차지하며 수익을 올리는 넷플릭스Netflix도 지금까지 중국 시장 진출을 미뤄왔다. 중국어로 된 영화나 드라마를 제작하고는 있지만 이건 중국 본토가 아닌 다른 국가에 사는 중국인들을 위한 것이다. 또한 넷플릭스는 별다른 어려움 없이 인도 시장에 진출했지만 부진한 성장세를 반전시키기 위해 결국 회원 가입 가격을 낮춰야 했다. 인도의 《이코노믹 타임스》는 2019년에 이렇게 보도했다. "이미 비슷한 방식으로 영업하고 있는 월트 디즈니나 아마존과의 경쟁도 어려운 일인데 인도의 대기업들이 후원하는 방송국이나 영화 제작사들까지 끼어들어 한 달에 회비를 40센트만 받거나 아예 무료로 회원 가입을 받기도 한다. 이런 무한 경쟁 때문에 인도 고객 1억 명을 유치하겠다는 넷플릭스 최고경영자 리드 헤이스팅스Reed Hastings의 목표가 무산될지도 모른다." 이 기사가 실렸을 때 미국보다 관련 시장이 2배나 큰 인도에서는 넷플릭스 가입자가 400만 명에 불과했다. 미국 기업들은 어쩌면 큰 기회를 놓치고 있는 것 아닐까?

폭넓게 생각하면, 구세대 중산층과 함께 성장한 회사가 다시 신세대 중산층과 비슷하게 성장하고 성공하리라는 보장은 없다. 미국 기업들이 신흥공업국 시장 소비자들의 선호와 관습을 잘못 이해한 탓에 벌어진 끔찍한 결과들은 얼마든지 있다. 당연한 이야기지만, 새로운 중산층들이 미국 사람들이 좋아하는 것을 따라서 같이 좋아해야 할 이유는 없다. 예를 들어 이베이는 중국에서 타오바오TaoBao의 실적을 넘어선 적이 한 번도 없다. 중국 소비자들이 공급자와 직접 소통하는 쪽을 선호하고 이베이가 내세우는 등급 제도에 신경 쓰지 않는다는 사실을 알아차리지 못한 결과다. 월마트는 스키장은 고사하고 눈 덮인 산조차 찾아볼 수 없는 브라질에 스키를 가져다 팔려고 했고, 물건을 소량으로 구입하기를 선호하는 한국 소비자들을 상대로 대용량 포장 상품만 계속 내놓다가 결국 매장을 철수하는 굴욕을 겪었다. 소비자들의 성향 차이를 무시한 사례는 또 있다. 인도와 중국의 소비자들은 매장이 크면 당연히 물건 값도 비싸다고 생각한다. 반면에 미국 소비자들은 대형 매장에 가장 저렴한 물건들이 모여 있다고 생각한다.

중국 같은 신흥공업국 시장의 중산층이 성장하고 소비가 많아짐에 따라 예상치 못한 결과가 나타나기도 한다. 젊은 소비자들은 부모나 조부모 세대만큼 저축을 많이 하지 않는다. "부모님 세대에는 그저 남에게 부끄럽지 않을 정도의 안정적인 직장이면 충분했다. 그다음 할 일은 돈을 저축하고 집을 사고 자녀를 키우는 것뿐이었다." 상하이의 홍보 업체에서 일하는 밀레니얼 세대 류비팅Liu Biting의 말이다. "우리는 돈은 써야 한다고 생각한다." 점점 더 많은 중국의 밀레니얼 세대가 다양한 인터넷 대부 업체에서 단기로 돈을 빌린다. 소비를 지탱하기 위해 이전에 빌린 돈을 돌려 막기 위해서다. 위룬팅Yu Runting 역시 상하이의 홍보 업체에서 일하지만 매달 받는 1300달러의 월급으로는 집세를 포함해 기본적인 생활을 하기에도 빠듯하다. 젊은 층의 최신 유행을 소개하는 잡지 《징르찬메이精日傳媒》의 보도에 따르면 위룬팅은 4400달러짜리 프랑스제 셀린 손가방, 4500달러짜리 샤넬 가방, 2100달러짜리 불가리 가방, 그리고 1800달러짜리 타사키 귀걸이 등을 4장의 신용카드와 알리페이Alipay의 인터넷 대출 제도인 화베이華北를 이용해 사들였다. 위룬팅은 이렇게 주장했다. "같은 직장에 근무하는 사람들, 그러니까 말단 사무직에서 관리직까지 모두 명품 가방 한두 개는 갖고 있다. 나와 비슷한 처지의 동료들 대부분이 대출에 의존한다." J. 월터 톰슨 인텔리전스J. Walter Thompson Intelligence의 아시아태평양 지역 자회사 이노베이션 그룹Innovation Group의 책임자 메이이첸May Yee Chen은 이렇게 이야기한다. "밀레니얼과 Z세대에 속한 소비자 대부분은 형제나 자매가 없다. 그리고 무조건 아끼고 저축하라는 말만 듣고 자란 부모 세대의 검박하고 실용적인 문화로부터 자유롭다."

중국의 젊은 소비자들은 미국 사람이라도 된 것처럼 행동하기 시작했다. 이런 행동은 미국이 소비하는 동안 중국이 저축한다는 상호 합의를 무너뜨리는 발전상이다. 2020년 중국의 가계 부채는 국내총생산 대비 50퍼센트까지 올라갔다. 미국은 76퍼센트다. 2030년이 되면 중국의 가계 부채 비율은 미국과 비슷해진다. 중국의 젊은 세대가 더 이상 자신들을 위해 저축하지 않으면 이제는 미국이 나서서 허리띠를 졸라매야 할 것이다.

지구는 더 많은 중산층을 감당할 수 있을까?

미국 오리건 포틀랜드에 사는 사티시 팔시카Satish Palshikar와 알린 팔시카Arlene Palshikar는 재활용을 적극 실천한다. 2017년 두 사람은 하이브리드 자동차인 토요타 프리우스에 재활용이 가능한 폐기물들을 싣고 처리장으로 갔다. 그런데 그곳 직원이 중국이 더 이상 미국의 플라스틱 폐기물을 가져다 재활용하지 않는다고 이야기했다. 중국 정부는 최근 세계무역기구WTO에 특정한 유형의 고형 폐기물은 받지 않겠다고 통보했다. "중국의 자연 환경과 인민들의 건강"을 위해서였다. 트럼프 행정부와 중국 사이에 고조되고 있는 무역 전쟁의 핵심 전투는 바로 재활용 폐기물 처리 문제다. 지금까지 중국은 미국에 공산품을 실어 날랐고, 미국은 거기서 나온 쓰레기와 재활용이 가능한 폐기물들을 다시 중국으로 실어 날랐다. 서로에게 이익이 되는 거래였다. 미국의 중산층 소비자는 세계에서 가장 많은 쓰레기를 배출하며, 미국에서 재사용이 가능한 폐기물의 3분의 1은 해외로 수출된다. 중국이 절반 정도를 가져갔다. 매년 중국은 플라스틱 폐기물만 4700만 톤 정도를 가져가 재활용했다.

그렇지만 이제 중국과 인도, 다른 주요 신흥 국가들에도 중산층이 생겼다. 우선은 그 중산층들이 배출하는 쓰레기며 폐기물들부터 처리해야 하는 상황이다. 그동안 전 세계의 폐기물들을 받아주던 중국 없이 이 문제를 어떻게 처리해야 하는지 아무도 해답을 내놓지 못하고 있다. 조지아대학교의 연구 결과에 따르면 "플라스틱 생산과 사용은 계속 증가하고 있고, 기업과 국가 모두가 순환 경제에 중점을 두고 플라스틱 재활용 비율을 높이고 있기 때문에 자국에서 배출하는 플라스틱 폐기물과 관련해 각자 '알아서' 처리해야 하는 양이 가까운 장래에 계속 늘어날 것으로 예측

된다. 그렇다면 지금 당장 나오고 있는 플라스틱 폐기물들은 어떻게 할 것인가? 혁신적인 발상의 전환이나 새로운 관리 전략이 없으면 지금의 재활용 비율이 늘어날 것 같지 않다. 지금 당장은 재활용에 관한 목표나 일정이 뜻대로 이루어지지 않을 것이다." 유럽과 미국에서 플라스틱 폐기물과의 전쟁이 다시 불붙은 이유는 환경에 대한 인식이 더 성숙했기 때문보다는 결국 중국이 외국의 폐기물들을 더 이상 받아들이기를 거부했기 때문이다.

전 세계적으로 중산층이 성장하고 있다는 사실은 다시 말해 빈곤층이 꾸준히 줄고 있다는 뜻이다. 분명 환영할 만한 발전의 결과지만 동시에 미래에 관한 또 다른 문제를 제기하지 않을 수 없다. 《뉴욕 타임스》는 지난 2001년에 이런 제목의 기사를 실었다. "지구가 또 다른 미국을 감당할 수 있을까?" 신흥공업국 시장의 20억 인구가 평균적인 미국 사람들처럼 소비하는 세상을 상상해보자. 전 세계 중산층의 소비 규모는 2020~2030년에 55퍼센트쯤 커질 예정이다. 예컨대 사람들은 수입이 많아지면 더 많은 단백질을 원하고 얼마 지나지 않아 돼지고기나 닭고기보다 소고기를 더 많이 소비한다. 소고기 1파운드(약 453그램)를 만들어내는 데 평균 1800갤런(약 6813리터)의 물이 필요하다면, 자동차 한 대나 세탁기를 만드는 데 얼마나 많은 원자재가 필요한지 생각해보자. 또한 이런 기계를 작동하기 위해 기름이나 전기는 또 얼마나 필요하겠는가. 물과 광물, 연료를 포함한 한정된 천연자원을 둘러싼 갈등을 피하려면 창의적인 방법을 떠올릴 필요가 있다. 우리에게는 한정된 자원을 관리하는 더 나은 방법을 개발하고 실용화할 전문가와 기업인과 일꾼들이 필요하다. 그리고 지금처럼 낭비가 심한 생활 습관부터 바꿔가야 할 것이다. 이 문제는 7장에서 자세히 살펴보겠다.

무너진 사다리

"나는 보험회사에서 임시직으로 보험 산정 업무를 담당하고 있다." 회원들이 자유롭게 글을 올릴 수 있는 인터넷 사이트 레딧 Reddit에 올라온 글이다. "이번 임시직은 6개월이면 끝난다. 위에서는 나를 정규직으로 채용할 수 있을지 검토해보겠다고 했는데 그게 벌써 10개월 전의 일이고, 나는 지금껏 아무 연락도 받지 못했다. 나는 그저 지금처럼 일당이 아니라 매월 안정적으로 월급을 받고 싶을 뿐이다. 대학에서 마케팅을 공부했고 재무 위험 관리 분야에서도 일했다. 도대체 어디서 잘못되었는지 모르겠다." 다음은 대학에서 무역학을 공부한 한 사람의 하소연이다. "그냥 고등학교를 졸업하고 바로 사회에 뛰어들었어도 4년 세월을 생각하면 지금 버는 것만큼 벌었을 것 같다. 뭐 하러 대학에 가서 4만 달러가 넘는 돈을 낭비했는지 모르겠다." 또 다른 게시물을 살펴보자. "그쪽 부모님이 뭐라고 그랬는지는 모르겠지만 대학을 졸업한다고 달라지는 건 하나도 없다. 관련 경험이 없는데도 회사가 당신을 채용했다면, 연봉이 깎일 준비를 해라. 사실 그것도 회사가 당신을 뽑을 만큼 당신이 충분히 매력적일 때만 일어날 일이긴 하다."

이런 이야기들에는 일정한 흐름이 있다. 유럽과 미국에서 중산층이 붕괴하는 원인은 단지 사람들이 세계화나 자동화 때문에 좋은 직장을 잃고 있어서뿐만 아니라 젊은 세대가 안정적인 직장에 취업할 수가 없기 때문이다. 그런 직장에 들어갈 수 있는 사람은 극소수다. "젊은 세대가 중산층으로 들어가는 길이 점점 더 어려워지고 있다." OECD가 멕시코와 미국, 그리고 몇몇 유럽 국가들의 자료를 바탕으로 2018년에 진행한 한 연구의 결론이다. "이전 세대들이 새로운 세대들에 비해 노동 시장의 변화나 저소득의 위험으로부터 보호받고 있기 때문이다. 베이비 붐 세대 이후 중간 정도 수입이 있는 계층은 세대를 거치면서 계속 줄고 있다." 예를 들어 현재 30세 전후의 밀레니얼 세대 중 60퍼센트가 중산층인 반면, 베이비 붐 세대의 70퍼센트 가까이는 30세 초반부터 지금까지 중산층 생활을 유지하고 있다.

정말 우려되는 점은 자녀가 생기는 순간 그 가정은 중산층에 진입하기가 더욱 어려워진다는 사실이다. 이런 현상이 계속 유지되면 출생률은 더욱 떨어질 수 있다. "기업이나 정부의 도움을 적게 받는 상황에서도 중산층 부모들은 자녀들에게 더 많이 투자할 수밖에 없다." 인터넷 사이트 파덜리Fatherly에 패트릭 A. 콜먼Patrick A. Coleman이 기고한 글의 일부다. 이 이야기들은 미래에 중요한 영향을 미치는 흐름을 드러낸다. "유럽과 미국은 자녀가 있는 중산층 가정의 비율이 점점 낮아지고 있다. 양兩부모 가정은 72퍼센트에서 68퍼센트로, 한부모 가정은 55퍼센트에서 44퍼센트로 떨어졌다." 2030년이 되면 유럽과 미국에서는 중산층이 현저하게 줄어들고 양극화가 더 심해질 것이다. 아이들은 주로 가난한 가정 아니면 부자 가정에서만 태어나며, 우리가 알고 있는 전통적인 중산층의 편안함을 누릴 수 있는 아이들은 얼마 되지 않을 것이다.

또 하나의 중요한 흐름은 미국과 유럽에서 60세 이상이 현재 중산층에서 차지하는 비중이 역사상 어느 때보다 크다는 것이다. 왜냐하면 그들은 대부분 좋은 직장에 다녔고 자녀들은 모두 독립했으며 돈도 저축할 여유가 있기 때문이다. "중산층의 구성과 특성에서 근본적인 변화들이 감지되고 있다." OECD 연구의 결론이다. "중산층은 다른 계층에 비해 지난 30년 동안 평균 연령이 가장 빠르게 높아지고 있고, 베이비 붐 세대 이후 등장한 세대들이 중산층으로 진입할 수 있는 기회는 점점 더 줄고 있다."

반등이나 역전은 가능한가?

　뉴욕주 버펄로는 한때 미국에서 가장 잘 나갔고, 수많은 크고 작은 기업들과 활기찬 중산층으로 가득했다. 이 항구 도시에는 루이스 설리번Louis Sullivan이나 프랭크 로이드 라이트Frank Lloyd Wright 같은 천재들이 설계한 환상적인 건축물들이 가득하다. 뉴욕시 센트럴 파크를 설계한 프레더릭 로 옴스테드Frederick Law Olmsted에 따르면, 버펄로는 "세계 최고는 아니더라도 미국 최고의 계획도시인 것은 분명했다." 옴스테드는 버펄로를 "민주적이면서 인류 평등주의적 도시"라고 묘사했다. 1804년의 혁신적인 도시 설계도를 보면 버펄로는 워싱턴 D.C.처럼 장기판 같은 거리가 질서정연하게 이어진다. 특히 호수와 가깝기 때문에 건축 비평가 에이다 루이스 헉스터블Ada Louise Huxtable은 버펄로를 일컬어 "미국에서 가장 풍경이 장엄한 도시"라고 했다. 버펄로의 또 다른 자랑은 1862년 세워진 미국 최초의 현대미술관 올브라이트-녹스 미술관Albright-Knox Art Gallery이다. 버펄로는 또한 미국 최초로 전기로 점등하는 가로등을 설치한 도시다. 그렇지만 1950년대 이후 제조업이 쇠퇴하고 도시 중산층 거주자들이 몰락함에 따라 찬란한 역사는 많이 퇴색했다. 곡물 저장 창고와 공장, 각종 운송 시설 및 방치된 사무용 건물들이 수십 년째 방치되어 있다.

　나는 1장에서 이민자들이 사회에 여러모로 유익하다고 주장했는데, 그밖에도 이민자들은 이처럼 쇠퇴한 도시를 되살리는 활력소가 될 수 있다. 원래 유럽계 이민자들이 세운 버펄로의 일부 지역이 벌써 새로운 이민자들의 물결로 되살아나고 있다. 이번에는 에티오피아, 소말리아, 라오스, 미얀마, 세르비아처럼 세계 각지에서 온 이민자들이다. 미국과 캐나다 국경의 5대호 인근 도시들의 부활을 집중적으로 조사해온 데이비드 스테빈스David Stebbins에 따르면 "이 새로운 거주자들은 새로운 직업윤리와 기업가 정신을 함께 몰고 왔고, 그 덕분에 텅 비어 있던 거리와 상점들이 사람들과 사업체로 다시 채워지는 데 도움이 되었다." 이러한 흐름은 좀 더 일반적인 경향의 일부분이다. "다양한 이민자가 몰려들면서 미국은 노동력 문제 전반에 많은 혜택을 얻었다." 미국 정책 연구소인 뉴 아메리칸 이코노미가 지난 2017년 3350만 명에 달하는 전국 노동자들을 대상으로 실시한 표본 조사를 분석하고 내린 결론이다. "생각이 다양하고 새로운 기술을 가진 이민자들이 들어오면 기업들은 비어 있던 자리들을 채울 수 있고, 더 나은 문제 해결책들을 찾을 수 있으며, 새로운 영역으로 사업을 확장할 수도 있다." 그 결과, 이처럼 대도시에 이민자들이 들어온 후에는 고소득층과 저소득층 모두 수입이 평균 6퍼센트가량 늘어났다.

버펄로는 로체스터나 시러큐스 같은 인근의 도시들을 압도하고 있다. 비판 세력들은 이 정도 규모의 도시에 국가 보조금 및 관련 혜택이 10억 달러 정도 투입되면 어디에서라도 이런 반등이 가능하다고 주장한다. 《뉴욕 타임스》에 실린 "쿠오모와 10억 달러 버펄로 계획: 뉴욕은 과연 성과를 거둘 수 있을까?"라는 제목의 기사를 살펴보자. 2012년 당시 뉴욕 주지사 앤드루 쿠오모Andrew Cuomo는 이렇게 선언했다. "우리는 버펄로를 믿기에 필요한 곳에 자금을 투입할 것이다. 이것이 '10억 달러 버펄로 계획'이다." 이후 2018년까지 15억 달러에 달하는 자금이 투입되었는데, 이 자금의 상당 부분이 테슬라의 태양광 발전 사업처럼 제대로 된 정규직을 많이 만들지 못하는 사업에 투입되었다는 비판이 끊이지 않고 있다. 예컨대 테슬라의 태양광 발전 사업에는 무려 7억 5000만 달러가 투자되었지만 대부분의 설비가 자동화되어 많은 인력이 필요 없다. 쇠락하는 도시에 무작정 자금을 투입한다고 해서 항상 좋은 결과가 나오는 것은 아니다. 하지만 장기적인 관점에서 근면하고 재능 있는 사람들을 끌어들여 도시를 재건하는 쪽으로 투자하면 성공 확률은 더 높아진다.

2030년의 경제 상황이 모든 사람에게, 특히 버펄로 같은 지역 사람들에게 힘든 경쟁의 장이 될 것이라는 사실은 부인할 수 없다. 그렇지만 희망의 빛은 있다. 브루킹스 연구소Brookings Institution의 앨런 베루베Alan Berube와 세실 머리Cecile Murry는 제조업에 관한 역사가 깊은 185개 도시 지역의 발달 과정을 조사했다. 대부분 중서부와 북동부에 있는 이 지역 인구는 미국 전체 인구의 12퍼센트에 달한다. 두 사람은 1970년부터 2016년까지 절반 이상의 지역이 위기를 가까스로 극복했으나 70퍼센트 정도는 결국 새로운 기술과 서비스 영역의 기회를 활용하지 못했다는 사실을 밝혀냈다. 가장 큰 성과를 내며 위기를 극복한 지역은 뉴욕주의 경우 브루클린, 퀸스, 버펄로였다. 필라델피아, 세인트루이스, 그 밖에도 보스턴을 중심으로 한 몇몇 지역도 선전하고 있었다. 하지만 올버니, 뉴욕, 데이튼, 오하이오, 그리고 미시간주의 디트로이트와 플린트 등은 기대에 미치지 못했다. 그리고 놀랍게도 성공과 실패를 가른 것은 주요 연구 중심 대학이 존재하는지, 다양한 인재들을 끌어모을 수 있도록 삶의 질을 제고하는 정책적 지원이 이뤄지고 있는지, 이민자들에게 얼마나 개방적인지 같은 요소들이었다.

결론적으로 말해, 일부 대도시 지역은 성장세를 경험하고 있지만 다른 지역은 답보 상태에 머물러 있는 상황에서 미국 중산층의 운명은 살고 있는 지역과 도시가 어디냐에 달려 있다. 그렇다면 중산층을 부흥시켜 다시 사회의 주류 집단으로 만들 다른 방법은 없을까?

포드, 아마존, 그리고 기본 소득제

"1914년 1월 4일의 일이다. 급성장하던 디트로이트 자동차 업계에서 기계공 출신으로서 기업가로 변신한 입지전적 인물인 헨리 포드Henry Ford 가 뭔가를 고민하고 있었다." 와튼스쿨의 동료 교수 대니얼 라프Daniel Raff 의 설명이다. "포드의 자동차는 대단히 인기가 높았지만 헨리 포드라는 이름은 모델 T 자동차가 많이 팔린 사실을 감안하면 세상에 그리 널리 알려지지 않았다." 디트로이트에 기록적인 추위가 찾아왔던 다음 날인 1월 5일, 헨리 포드와 부사장 제임스 쿠젠스James Couzens는 역사적인 발표를 했다. 포드 자동차 회사가 앞으로 모든 직원의 일급을 2배로 올려 하루에 5달러를 지급하겠다는 내용이었다. 지금으로 치면 일급 126달러, 혹은 하루 9시간 노동으로 계산했을 때 시간당 14달러에 달하는 거액이었다. 2019년 미국 연방정부가 정한 최저 시급 7.25달러의 2배에 달하는 액수였다. 디트로이트에서 발행되는 《타임스-스타Times-Star》에는 "포드의 일급 5달러로 새로운 시대가 열렸다"라는 제목의 기사가 실렸다. "수많은 사람이 일자리를 찾아 디트로이트 공장으로 몰려들었다. 이제 포드가 반 개월치 수당으로 지급하는 돈만 1000만 달러에 달했고, 모두가 하루에 5달러 이상을 벌었다."

라프의 설명은 계속된다. "이 소식에 대한 대중의 반응은 《뉴욕 글로브 앤드 커머셜 애드버타이저New York Globe and Commercial Advertiser》에 연재되던 만화에 잘 나타나 있다. 고급 정장과 외투를 차려입은 풍채 좋은 남자들이 고급 담배를 피우며 경리부서 앞에서 월급을 타기 위해 기다리고 있다. 한 남자가 차 뒷좌석에 앉아서 운전기사에게 이렇게 이야기한다. '저기 가서 이번 달 내 월급 좀 타 오게. 지난 번처럼 깜빡하면 곤란하니 말이

새로운 중산층의 탄생

야.'" 일당 5달러는 헨리 포드를 일약 전 세계적인 유명 인사로 만들었다. "미국의 위대함은 자동차 산업의 번영으로부터 시작된다." 소설가 존 더스 패서스가 1933년 발표한 소설 『거금The Big Money』에 나오는 구절이다. "그렇지만 그 일급 5달러는 술, 담배를 하지 않고 책을 읽거나 복잡한 생각을 하지 않는 그야말로 일만 아는 선량한 미국 일꾼에게만 지급되었다. 에디슨을 숭배하고 새를 사랑했던 자동차 기업가 헨리 포드는 당대의 가장 위대한 미국인의 반열에 올랐다."

포드의 기술자들은 이른바 일관 작업 방식으로 자동차 생산 방식을 능률적으로 표준화했다. 그리고 작업 시간을 줄이고 줄여 모델 T 1대를 만드는 데 들어가는 시간은 12시간에서 고작 93분이 되었다. 이런 효율성 때문에 실제로 일하는 시간이 크게 줄어들었고, 노동자들은 오히려 지루함을 느끼게 되었다. 그 결과 노동자들의 이직률이 370퍼센트까지 치솟았다. 다시 말해 회사 입장에서는 같은 업무에 1년에 4명에 가까운 직원을 계속 고용해야 했다는 뜻이다. "포드는 임금을 올리면 노동자들이 지루함을 견뎌낼 거라고 생각했다." 헨리 포드가 미국식 혁신에 기여한 내용을 홍보하는 책인 『헨리 포드The Henry Ford』에 나오는 구절이다. 대니얼 라프는 "회사의 빈자리를 채우는 데는 문제가 없었다"라고 밝혔다. 포드가 내놓은 제안은 단순하게 갑자기 임금을 인상하는 것이 아니라 특별한 요건과 성과 기준이 충족되면 회사가 거둔 수익을 특별 수당으로 나누어 주는 방식이었다. 『헨리 포드』에 따르면 당시 회사에는 악명 높은 '사회 문제 담당 부서'가 있어서 "직장 밖에서 노동자들의 행동을 감시"했다고 한다. 일급 5달러를 받기 위해서는 "금주해야 했고 가족들을 육체적으로 학대하면 안 되었으며 하숙인을 두지 않고 집을 항상 깨끗하게 정리해야 하며 정기적으로 저축해야 했다." 당시에는 노동자들을 가족주의적 접근 방식으로 관리하는 경향이 흔했다. "포드 자동차 회사의 감독관들은 노동자의 가정을 방문해 어려움이 있는지 물어보고 일반적인 생활환경을 살펴보았다." 미국 중산층의 초창기 문화와 경제적 발전은 부분적으로는 헨리 포드의 꿈에 크게 빚지고 있다고 해도 과언이 아니다. 포드는 포드 자동차처럼 대량 생산되는 제품을 열심히 구매하는 소비자 집단이 대량으로 형성되는 데 크게 기여했다.

이제 2018년 10월 2일로 가보자. 이날 아마존은 정규직과 임시직, 그밖의 모든 미국 직원들에게 시간당 최소 15달러 이상을 지급하겠다고 발표했다. 연방정부가 정한 최소 임금의 2배가 넘는 금액이었다. 1년 내내 25만 명 이상을 고용하며 연휴 기간에는 10만 명 정도를 추가로 고용하는 아마존은 그동안 열악한 근로 환경 때문에 공개적으로 비판을 받았다. 아마존 최고경영자 제프 베조스Jeff Bezos에 따르면 임금 인상을 통해 "비판의 목소리에 귀를 기울이겠으며, 변화를 직접 주도하기로 결정했다." 과거의 헨리 포드처럼 최고 갑부 자리에 올라선 기업가가 자신의 상징적 권력이 어느 정도인지 확인이라도 하듯 승부수를 던진 것이다. 심지어 의회에 '아마존 금지법Stop Bezos Act'을 상정하기도 했던 버니 샌더스Bernie Sanders 상원의원조차 이 결정을 찬양하고 나섰다. "오늘만큼은 잘한 일은 잘한 일이라고 칭찬하고 싶다. 그리고 베조스 회장이 정말 옳은 일을 하고 있다고 축하하고 싶다."

포드와 베조스가 내린 결단의 시대적 배경의 차이점과 유사점을 생각해보자. 1914년의 실업률은 14퍼센트였고, 2018년은 4퍼센트에 불과하지만 기업과 노동자 모두가 극적인 기술적 변화를 겪고 있다는 점은 비슷하다. 포드도 베조스도 결코 기업의 성장을 포기하려 하지 않았지만 조직화된 노동력의 위협을 피하기 위해 기꺼이 양보하는 쪽을 택했다. 그리고 둘 다 이직률을 줄이고 싶어 했다. 포드의 결단은 미국 자동차 산업 전반에 큰 파문을 남겼다. 미국 중산층은 노동자들을 통해 소비자 규모를 2배로 늘릴 수 있다는 발상 덕분에 증가했다. 조금 실망스러운 일이지만, 1914년 발표된 포드의 일급 5달러 정책은 물가상승률을 감안하면 2018년에는 시간당 15달러 69센트로, 아마존의 시간당 임금과 69센트 정도만 차이가 난다. 그렇지만 기업이 먼저 나서서 임금을 올리겠다고 하는 경우는 극히 드물다.

구세대 중산층들의 일부가 빈곤에 허덕이기 시작하면서 북미와 유럽 대륙은 정부가 제공하는 기본 소득제를 더 활발하게 논의하고 있다. 기본 소득제는 유럽과 캐나다에서 많은 공감을 얻고 있지만 미국인들은 이단적이면서 사회주의에 가까운 정책으로 여긴다. 《뉴요커》에 실린 네이선 헬러Nathan Heller의 기고문에 따르면, 모든 가정에 기본 소득을 제공하겠다는 정부의 계획은 "최소한 미국 '어딘가'에서는 생활이 가능하다고 해도 안정적으로 살 수 있는 수준이 아니지만" 학계뿐만 아니라 노동계 지도자들의 관심을 끌고 있다. 심지어 자유주의자들도 지지하고 나섰는데, 이들은 기본 소득제가 정부의 관료주의를 타파하고 사회복지 제도의 규모를 줄일 수 있다고 생각한다. 이들에 따르면 현재 정부에서 실시하는 다양한 복지 정책들은 공무원들이 누구에게 어떤 형태로 지원해줄지를 결정하고 그 지원 결과를 확인 및 감시해야 하지만, 기본 소득제는 그런 비용과 관료주의의 개입을 막을 수 있다. 또한 1인당 혹은 1가구당 지급되는 소득을 한번 정하면 전체 관련 비용이 얼마나 드는지 정확히 알 수 있다는 점에서 이른바 '엄격한 지출 관리hard budget line'가 가능하다. 사실 자유주의 경제학자 밀턴 프리드먼Milton Friedman도 1962년에 발표한『자본주의와 자유Capitalism and Freedom』에서 이른바 '부負의 소득세negative income tax'를 제안했다. 소득이 일정한 수준에 미치지 못하는 사람들에게 정부가 보조금을 지급하자는 제안이었다. 당시 린든 존슨Lyndon Johnson 행정부는 이 제안을 대단히 매력적이라고 생각하여 뉴저지 지역에 시범적으로 적용하기로 결정했는데, 그 결과는 많은 의문을 남겼다. 다른 전문가들은 정부가 보장하는 최저임금 정책을 더 선호하는 편이다. 왜냐하면 기술 발전이 초래하는 실업 사태의 영향으로부터 소비자 중심의 경제를 어느 정도 지킬 수 있기 때문이다. 이런 실업 사태는 현재부터 2030년 사이에 더욱 악화될 전망이다. 2016년 일론 머스크Elon Musk는 이렇게 말했다. "자동화 때문에 기본 소득제나 그와 비슷한 정책을 실행할 가능성이 대단히 크다. 그렇지만 개인적으로는 다른 사람들이 어떻게 생각할지 잘 모르겠다."

2018년 2월 실시된 여론 조사 결과를 보면 기본 소득제에 대한 미국인들의 찬반 비율은 엇비슷하다. 비판하는 쪽에서는 기본 소득제가 생산적이 되고 싶은 열의를 떨어뜨리고, 일하면서 느낄 수 있는 자존감과 만족감을 낮출 거라고 염려한다. "나는 일함으로써 느끼는 존엄성 같은 것이 있다고 생각한다." 노벨경제학상을 받았으며 종종 진보적인 정책을 지지하는 조지프 스티글리츠Joseph Stiglitz의 주장이다. 또한 정말 경제에 도움이 될 수 있느냐는 의구심도 제기되고 있다. 좌파 성향의 정책 연구소인 루스벨트 연구소Roosevelt Institute는 세금으로 지원하는 기본 소득제로는 경제성장을 기대할 수 없다고 지적했다. 그렇지만 다른 잠재적인 이점도 있다. 캐나다 온타리오주는 1인 수입 2만 6000달러, 부부 합산 3만 6500달러 미만인 사람들에게 기본 소득제를 시범적으로 시행했는데, 혜택을 받은 사람들은 이전보다 불안감을 덜 느끼고 좀 더 사회적으로 연결되어 있다고 생각하며 의욕도 되찾았다. 또한 학업이나 재취업에 투자할 여유도 생겼다.

알래스카의 사례에서 기본 소득제에 따른 이득과 비용의 최종적 결과를 확인할 수 있을 것이다. 1982년부터 알래스카 주민들은 원유 사업 수익으로 조성된 알래스카 영구 기금Alaska Permanent Fund을 통해 매년 배당금을 받는다. 2018년의 배당금 규모는 1600달러 정도였다. 미국 경제 연구소National Bureau for Economic Research에서 연구 조사한 바에 따르면 배당금 때문에 노동 의욕이 꺾이는 일은 전혀 없었다고 한다. "모든 사람에게 일괄적으로 현금 배당금을 지급해도 취업률 총계에는 거의 영향이 없었다." 앵커리지에 있는 알래스카대학교의 경제학자 마우신 게타비Mouhcine Guetta-bi도 이 조사 결과를 지지하고 나섰다. 또한 그는 알래스카 사람들이 배당금을 받자마자 소비해버린다는 다른 연구 결과들도 검토했다. 배당금을 받은 후 4주 동안 약물 남용으로 인한 사고는 10퍼센트가량 늘었지만 금전 관련 범죄는 8퍼센트 줄었다. 또한 저소득층 산모의 경우 신생아 출생 시 평균 체중이 증가했고, 3세 전후 아이들의 비만도가 줄어들었다. 흥미로운 사실은 배당금으로 빈곤율은 줄었는데 불평등은 커졌다는 점이다. 평소 여유 있던 가정은 배당금을 재투자하지만, 그렇지 못한 가정은 그냥 써버리기 때문이었다. 비용과 유익 사이의 관계를 떠나, 이 정책의 향방은 원유 사업 수익이 안정적으로 유지되느냐에 달려 있다. 알래스카 원유 사업은 현재 가격 변동과 유정이 고갈될 가능성 때문에 위협받고 있다. 이러한 불확실성 때문에 정부 정책과 세금 수입에 대한 배분을 두고 치열한 정치적 공방이 벌어지고 있다.

캘리포니아대학교 버클리 캠퍼스의 경제학자 힐러리 호인스Hilary Hoynes와 제시 로트스틴Jesse Rothstein은 기본 소득제 정책의 미래를 암울하게 전망한다. 캐나다와 핀란드, 스위스, 미국 등지에서 실시한 시범 정책과 관련 제안서 등을 검토한 두 사람은 이렇게 결론 내렸다. "실질적인 추가 자

금이 투입되지 않는 이상 기존의 빈곤 퇴치 정책을 기본 소득제로 대체하
자는 주장은 매우 퇴행적이다."

중산층의 불안

2030년이 되면 신흥공업국 시장의 중산층 소비자 규모는 미국과 유럽,
일본의 5배 이상이 되고, 2020년부터 계산하면 2배 이상 많아질 것이다.
이제는 심슨 가족이 아니라 중국의 왕씨 가족, 인도의 싱씨 가족, 혹은 아
프리카의 므왕기 가족의 활약상을 보게 될 날도 머지않았다. 그 배경도
미국 오리건주 스프링필드의 한적한 주택가가 아니라 뭄바이나 상하이
혹은 나이로비 등이 될 것이다. 전 세계의 주요 상품들은 미국 소비자들
의 기호가 아니라 개발도상국 중산층의 열망을 반영해 만들어질 것이다.
　하지만 중산층만이 유일한 변화의 원동력은 아니다. 다음 장에서 살펴
보겠지만 새롭게 부와 명예를 거머쥔 여성들이 또 다른 거대한 변화의 원
동력이 되고 있다.

04

더 강하고
부유한 여성들

우리 사회가 불편해하는 것은 바로 돈 많은 여성, 그리고 권력을 쥔 여성이다.

— 캔디스 부슈널Candace Bushnell, 드라마 〈섹스 앤 더 시티〉의 원작자

환경오염과 출생률 하락 때문에 정부가 흔들리자 어느 신정神政 정권이 출현해 미국의 지역 대부분을 지배한다. 이들은 위기를 극복하고 정권에 대항하는 자들과 싸우기 위해 무자비하게 권력을 휘두른다. 아이들이 없어 학교는 텅 비었고, 비생산적인 여흥이나 오락은 일체 금지되었다. 시중에 유통되는 돈은 모두 사라지고 일종의 '온라인' 결제만 가능하다. 여성들은 직업이나 재산을 가질 수 없다. 화장품이나 보석, 잡지 같은 사치품들은 모두 가치가 없다고 여겨져 폐기되었다. 여성들은 나이가 들면 소리 소문 없이 사라진다. 정권을 쥔 남성들과 불임의 아내들은 하류층 여성들을 지배한다. 여성들은 운이 좋으면 이 땅을 다시 인간들로 채운다는 원대한 계획의 일부로 걸어 다니는 자궁이 되어 남성들에게 봉사하며 살아갈 수 있었다. 더 이상 아이를 낳을 수 없는 운 나쁜 여성들은 화학 및 방사능 폐기물을 치우는 일을 하며 살아간다. 남성이든 여성이든 사소한 성적 접촉만 해도 엄중한 처벌을 받는다.

더 강하고 부유한 여성들

이상은 마거릿 애트우드Margaret Atwood가 암울한 미래를 그린 1985년 소설 『시녀 이야기The Handmaid's Tale』의 줄거리다. 영화나 텔레비전 드라마로도 제작된 이 이야기는 이상하게 낯설지 않다. "바야흐로 여성들에게 최고의, 그러면서도 최악의 시절이 시작되었다." 지난 2018년 애트우드가 한 말이다. "어떤 여성들은 지금까지 한 번도 가져본 적 없는 권리를 위해 싸우고 있지만 또 다른 여성들은 그나마 있는 권리라도 빼앗기지 않기 위해 싸우고 있다."

최고의 시절에 관한 증거들은 어디서든 볼 수 있다. 미국에서는 대부분의 학부와 대학원 학위를 여성들이 받고 있으며, 결혼한 여성의 40퍼센트 이상이 남편보다 많은 소득을 올리고 있다. 여성들은 남성들보다 빠르게 부를 축적하고 있으며, 2030년이 되면 전 세계 부의 절반 이상을 소유할 것이다.

그렇지만 최악의 시절에 관한 증거들도 쉽게 확인할 수 있다. 빌 앤드 멀린다 게이츠 재단Bill & Melinda Gates Foundation의 지원을 받은 어느 양성 평등 관련 연구는 이렇게 결론 내렸다. "2030년까지 불과 11년을 남겨둔 상황에서 나이에 상관없이 전 세계 여성의 거의 40퍼센트, 즉 15억 명이 양성 평등이 제대로 지켜지지 않는 나라에 살고 있다." 미국과 다른 선진국에서는 남성보다 높았던 여성의 평균 기대 수명이 점점 낮아지고 있다. 게다가 여성의 경험이나 경력은 아이가 있는지, 아직 혼자인지, 아니면 안정적인 남녀 관계가 있는지, 혹은 결혼했는지 아니면 이혼했는지 같은 몇 가지 요소에 따라 크게 영향을 받는다. 이 요소들은 여성들 사이에서도 대단히 불공평한 차이들을 만들어낸다.

이런 중요한 흐름들은 사회뿐 아니라 자본 시장에도 큰 변화를 가져온다. 여성들은 남성들과 투자 성향이 다르고, 기업에서는 여성들이 직장에 대한 새로운 관점을 불러일으키며, 혁신 분야에서는 점점 더 많은 여성이 기업가로 성장하고 있기 때문이다. 여성들은 아직까지 남성들과 평등하지 않지만, 경제와 사회에서 새로운 역할들을 맡으면서 커다란 변화를 이끌고 있다.

미국의 영화 제작자들은 이런 변화를 일찌감치 알아차렸다. 1993년 개봉한 영화 〈시애틀의 잠 못 이루는 밤〉을 보면 맥 라이언이 분한 주인공 애니에게 직장 동료가 이렇게 말한다. "여자 나이 마흔이 되면 남편감을 찾기가 테러당해 죽는 것보다 힘들대." 깜짝 놀란 애니가 이렇게 소리 지른다. "그런 통계는 다 거짓말이야!" 그러자 로지 오도넬이 분한 베키가 애니를 달랜다. "그래, 맞아. 그런 말이 사실일 리 없지." 베키의 말이 이어진다. "왠지 사실처럼 '생각'되긴 하지만 말이야." 영화 속 이 장면은 세계 최고의 인구통계학자 세 사람이 진행한 연구로 드러난 실제 사례를 반영한 것이다. 1980년대 중반, 닐 베넷Neil Bennett, 데이비드 블룸David Bloom, 그리고 퍼트리샤 크레이그Patricia Craig는 미국의 백인과 아프리카계 사이의 결혼율 차이를 조사하기 시작했다. 블룸은 하버드대학교의 경제학자로 지금도 교수로 일하고 있고, 베넷은 예일대학교의 사회학자였으며, 크레이그는 대학원생이었다. 나는 1989년 닐 베넷의 연구 조수로 이 작업에 참여했다.

1986년 미국 코네티컷 스탬퍼드에서 발행되는 지역 신문 《애드버킷Advocate》의 한 기자가 밸런타인데이에 실을 기삿거리를 찾고 있었다. 기자는 당시 미혼의 대졸 여성이 나이 서른이 넘어 결혼할 확률은 20퍼센트이며, 마흔이 되면 10퍼센트 이하로 떨어진다고 언급했던 베넷에게 연락했다. 그렇게 작성된 기사는 《애드버킷》 1면을 장식했고, 미국 연합 통신사 APAssociated Press가 이 기사를 발췌해 "나이 든 여성일수록 결혼하기 어려워"라는 제목으로 미국 전역에 보도했다. 그해 6월이 되자 이번에는 《뉴스위크Newsweek》가 "내게는 너무나 어려운 결혼: 미혼 여성이 실제로 결혼할 수 있는 확률"이라는 제목의 특집 기사를 실었다. 이 기사에 나오는 표를 보면 여성은 나이가 들수록 결혼할 수 있는 확률이 급격하게 떨어진다. 그리고 "백마 탄 왕자님을 찾기엔 너무 늦었을까?"라는 제목의 관련 기사에는 앞서 영화에 등장해 맥 라이언을 화나게 만든 문제의 내용이 나온다. "여성의 나이가 마흔을 넘기면 결혼보다 테러리스트에게 희생당할 확률이 더 높지 않을까. 이 연령대의 여성이 남성과 맺어질 확률은 2.6퍼센트에 불과하다." 훗날 〈섹스 앤 더 시티〉의 각본을 쓰며 유명해진 캔디스 부슈널은 《뉴욕 옵저버New York Observer》에 이런 내용의 글을 기고했다. "《뉴스위크》의 특집 기사야말로 전국 미혼 여성의 마음에 테러를 가한 것이나 마찬가지다."

훗날 전 세계에 '하버드-예일 연구'로 알려진 블룸과 베넷의 연구 조사는 당시 가장 민감했던 주제들 중 하나를 상기시켰고, 특히 언론 보도로 이 연구의 결론이 잘못 전달되면서 사회생활의 목표와 사생활 사이에서 균형을 잡으려고 애쓰던 고학력 여성들 사이에 논쟁거리가 되었다. 사실 50~60대의 미국 여성들 중 한 번도 결혼하지 않은 여성의 비율은 10퍼센트에도 미치지 못한다. 또한 현재 미국에서는 정식으로 결혼한 남녀보다 결혼하지 않은 남녀들이 더 많이 가정을 이루고 살며 자녀들을 양육한다. 동성 부부도 점점 늘고 있다.

여성의 새로운 사회경제적 지위는 포괄적인 영향을 미친다. 1장에서 살펴봤듯이 인구 문제와 관련해서 이 변화들은 주로 몇 가지 요소들이 겹치면서 만들어진다. 여성들은 점점 더 수준 높은 교육과 사회생활 참여, 그리고 적은 출산을 바라고 있다.

2030 축의 전환

또한 여성이 남성보다 오래 사는 경향도 중요한 영향을 미친다. 지금 이 글을 읽고 있는 여성의 수명을 장담할 수는 없지만, 평균적으로 여성 은 사는 곳에 따라 남성보다 4~7년쯤 더 살 수 있다. 수명이 중요한 이유 는 그 기간 동안 일을 더 할 수 있고 저축도 더 많이 해 결국 더 많은 재산 을 모을 가능성이 높기 때문이다. 또한 수명의 차이 때문에 여성이 남성 동거인이나 남편이 사망한 후 유산을 상속받을 확률도 더 높다.

세상의 모든 여성에게 아주 좋은 소식이 있을 때 나는 이렇게 에둘러 말하곤 한다. 간단하게 말해 2030년에는 여성들이 현재보다 더 부유해 질 것이다. 좀 더 정확히 말하면 지금의 여성들이 편안한 생활을 즐길 수 있을 정도의 재산을 축적할 확률이 어머니나 할머니 세대보다 높다는 뜻 이다.

물론 나 자신을 포함한 남성들에게는 나쁜 소식이 될 수도 있다. 남성 들이 장차 더 가난해지거나 재산이 거의 늘지 않게 된다는 정도가 아니 다. 늘 그렇지만, 평균적으로 많은 남성들이 같은 나이의 여성들보다 빨 리 생을 마감할 것이다. 그렇게 세상을 떠난다면 남은 재산을 누가 차지 할지 생각해보라.

여성은 다시 한 번 운을 시험하고
남성은 다시 한 번 위험을 무릅쓴다

여성의 강화된 경제적 지위가 실제로 2030년의 시장에 영향을 미칠 수 있을까? 여성은 금성에서 왔고 남성은 화성에서 왔다고 믿는다면, 그러 니까 여성과 남성은 돈을 사용하는 방법이 다르다고 생각한다면 그럴 것이다. 소비와 저축, 투자의 측면에서 여성이 남성과 얼마나 다른지 살펴보자.

남성과 여성 중 어느 쪽이 사치품에 더 많은 돈을 쓸까? 수업 시간에 이 질문을 던지면 대부분 의견이 반반으로 갈린다. 학생들 절반 정도는 남성이라고, 그리고 다른 절반은 여성이라고 대답한다. 나는 여성과 남성의 행동에 관한 질문에 대한 올바른 대답은 대부분 '상황'에 따라 달라진다고 말한다. 사실 그것이 대부분의 질문에 대한 최선의 대답이다.

예를 들어 통계 결과에 따르면 대부분의 국가에서 여성은 옷이나 장신구, 보석 등에 돈을 더 많이 쓰고 남성은 자동차 같은 좀 더 큰 '장난감'에 돈을 더 많이 쓰는 경향이 있다. 그런데 자동차를 사치품에 포함시키면 남성은 사치품에 돈을 더 많이 쓰는 셈이며, 그렇지 않다면 여성이 옷이나 보석 등과 같은 사치품에 남성보다 돈을 더 많이 쓰는 셈이다. 따라서 남성과 여성의 가장 큰 차이점은 여성은 사치품을 더 다양하고 많은 품목으로 나누어 생각한다는 점일 것이다.

여성은 또한 교육, 건강, 보험 등 비용이 많이 들지만 중요한 일들에서도 다른 방식으로 돈을 쓴다. 자신만의 유익이 아니라 아이들과 그다음 세대의 유익을 위해 교육 같은 분야에 남성보다 과감하게 지출한다. 또한 자신의 건강에도 많이 투자하며, 부모와 자녀, 손주들의 건강관리에도 많이 신경 쓴다. 여성은 또한 재산상 피해나 상해 보상보다는 장애나 사망을 더 포괄적으로 보장해주는, 그래서 결국 보험료가 더 높은 보험을 선호한다. 전체적으로 여성은 안전이나 안정을 뚜렷하게 선호한다.

그렇다면 이렇게 여성의 재산 축적이 빠르게 증가하면 경제에 커다란 변화가 일어날까? 당연한 일이다. 교육과 건강, 보험 관련 지출이 미국 경제의 30퍼센트를 차지한다는 사실을 기억하자. 향후 10년간 여성이 더 많은 재산을 축적하면 이 분야들은 여성의 늘어나는 지출을 통해 이익을 얻을 것이다.

여성과 남성 중 어느 쪽이 저축을 더 많이 하는지도 일반화하기 어렵다. 결혼할 계획이 없는 미혼 남녀 중 여성은 남성보다 저축을 더 많이 하는 경향이 있다. 여러 연구에 따르면 그 이유는 역시 여성이 독립과 안정을 최우선으로 생각하기 때문이다. 여성은 또한 자신들이 남성보다 '평균적으로' 더 오래 산다는 사실을 알기 때문에 미래를 위해 더 많은 돈을 준비할 필요가 있다는 사실을 절감한다. 그렇지만 일단 결혼하기로 결심하면 그때부터는 남성의 저축 액수가 올라간다. 그 이유는 대부분 문화와 관련된 기대감과 두려움 때문이다. 남성은 충분한 돈을 마련하지 못하면 가족을 책임질 수 없다고 생각한다. 결혼하고 나서 아직 자녀가 없을 때 기혼 여성은 조건이 비슷한 기혼 남성보다 더 많이 저축하는 경향이 있다. 그렇지만 첫 아이가 태어나면 상황은 또다시 역전된다. 평균적으로 엄마들의 저축액이 줄어드는 이유는 아이들과 더 많은 시간을 보내면서 간식거리나 교육 때문에 예상치 못한 지출들이 발생하기 때문이다. 이러한 사례들을 보면 저축에 관한 행동은 결국 삶의 여러 단계와 주변 환경에 따라 달라짐을 알 수 있다.

늘어나는 여성의 재산 축적은 소비와 저축에 어느 정도 영향을 미칠까? 그에 대한 해답은 미래를 가늠하는 중요한 수평적 효과가 될 것이다. 페미니스트 저술가 글로리아 스타이넘Gloria Steinem은 이런 말을 했다. "수표책을 보면 우리의 가치가 어느 정도인지 판단할 수 있다." 요즘 세대 말로 하면 모바일 송금 거래 내역이 곧 우리의 가치를 말해준다는 뜻이다.

이제 투자 문제를 살펴보자. 여성과 남성은 투자관이 다르다. 사람들 대부분은 여성이 투자에 좀 더 보수적이고 위험을 피하려 한다고 생각한다. 실제 조사 결과들도 이런 믿음을 뒷받침한다. 오스카 와일드Oscar Wilde 의 소설 『도리언 그레이의 초상The Picture of Dorian Gray』을 보면 헨리 경이 이렇게 말한다. "여성은 다시 한 번 운을 시험하고 남성은 다시 한 번 위험을 무릅쓴다." 위험을 대하는 태도는 소비와 저축을 포함한 대부분의 선택들에 영향을 미친다. 또한 경제적 목표를 달성하는 데 도움이 된다고 생각하는 투자 유형에도 영향을 미친다. 리먼 '브라더스'가 아니라 리먼 '시스터즈'가 있었다면 2008년의 금융 위기는 없었을 거라는 주장은 결코 허황된 이야기가 아니다.

실제로 증거도 있다. 공개적으로 발표되지는 않았지만 어느 연구에서 뉴욕 투자은행을 통해 거래하는 여성과 남성들을 비교한 적이 있다. 이들은 교육이나 투자 경험 수준이 비슷했다. 연구 결과, 남성들은 여성들보다 자주 위험을 무릅쓰는 투자를 강행했고, 여성들은 더 장기적으로 괜찮은 수익을 올리는 데 만족했다.

대부분의 재산을 남성들이 만들어내고 소유하며 관리하던 시대는 이제 거의 막을 내렸다. 그리고 금융시장은 거대한 변화를 맞이하고 있다. 요즘은 어째서 더 많은 사람이 수익률 변동이 큰 관리형 펀드가 아니라 주가 시장 지수와 연동되는 주식 펀드를 선호하는지 궁금한가? 이제는 어느 정도 짐작될 것이다. 투자하는 사람들 중 여성의 비율이 늘고 있기 때문이다. 다시 말해 소비자, 저축 고객, 투자자로서의 여성을 잘 이해하면 기업들은 완전히 새로운 기회의 시장을 찾을 수 있다. 실제로 여성들의 입지가 올라가고 전 세계 부의 가장 많은 부분을 좌우할 때 여성들의 기호와 선택을 제대로 이해하지 못하면 어느 기업도 성공할 수 없을 것이다.

남성이든 여성이든 사람은 모두 다르다

미국 몬태나주 미줄라에 사는 사디 마리 그로프Sadie Marie Groff는 세 아이 중 맏이를 스무 살 때 낳았다. 사디는 대학에 다니지 못했고 미국 밖으로 나가본 적도 없다. 그녀는 낮에는 아이들을 돌보고 밤에는 집으로 찾아가는 건강 보조 돌봄이 일을 한다. 그녀의 꿈은 대학에 가서 방사선과 관련 학위를 받는 것이다. 반면 샌프란시스코에 사는 엘런 스캔런Ellen Scanlon은 마흔이 다 되어서 첫 아이를 낳았다. 시험관 수정 덕분에 아이를 가질 수 있었다. 엘런은 대학을 졸업한 후 경영대학원에서 공부했고 졸업 후에는 금융 업계에서 일하다 재무 및 투자 상담을 해주는 회사를 차렸다. 거기서 남편을 만났고, 아이를 갖기까지 10년을 둘이서만 시간을 보냈다. "우리는 정말로 좋은 시간을 누렸다." 임신을 미룬 선택에 대해 그녀는 이렇게 설명했다.

사디와 엘런은 둘 다 21세기를 사는 미국 여성이지만 거주지와 교육 수준을 기준으로 하면 완전히 다른 세상에 사는 셈이다. 획기적인 변화로 이어지는 사회적 흐름을 추적할 때 공통적으로 저지르는 한 가지 실수는, 한 사회 집단의 모든 사람이 비슷하게 영향 받는다고 생각하는 것이다. 여성들이 경험하는 세상이 변하고 있는 것은 분명하다. 하지만 거대한 양극화 현상이 일어나고 있는 것도 사실이다. 어떤 사람들은 부모 세대와는 완전히 다른 인생을 경험하는 반면 또 다른 사람들은 지금까지 이어져 내려온 삶을 그대로 살아간다. 이러한 차이는 특히 유럽과 미국을 포함한 세계 각지 여성과 남성들의 경제적 운명과 정치적 행동 등이 극단적으로 갈라지는 이유를 설명하는 데 도움이 된다. 간단히 말하면 각기 다른 집단에 속한 사람들이 활용할 수 있는 기회가 시간이 지나면서 다양하게 달라지고 그들의 정치적 관점도 달라진다.

　여성들은 재산을 늘려가며 2030년에는 평균적으로 남성들보다 더 부유해지겠지만 여기에는 특별히 취약한 두 부류가 있다. 바로 혼자서 아이를 키우는 여성과 이혼 여성이다. 이 두 부류는 하나로 겹칠 때가 많다. "결혼생활을 할 때는 확실히 상황이 좋았다." 42세의 이혼녀로 초등학교 다니는 세 아이가 있는 한 여성이 인터넷 개인 재무 상담 사이트에 털어놓은 내용이다. "우리 집은 꽤 안정적인 중산층 가정이었다. 물론 이런저런 문제들이 있었지만 대부분 잘 해결해나갔다. 그때만 해도 저축도 하고 은퇴를 대비한 자금도 모았는데 이혼하는 과정에서 모두 써버릴 수밖에 없었다." 이 여성은 워싱턴 D.C. 외곽에 있는 작은 비영리 재단에서 사무를 보며 연봉 4만 달러를 받는다. 이혼한 남편도 양육권이 있지만 매달 1500달러라는 상대적으로 적은 액수를 보탤 뿐이다. 설상가상으로 대학 시절 학자금 대출 상환 조건이 그녀에게 더 유리했기 때문에 두 사람의 학자금 대출은 그녀 앞으로 되어 있다. 지금 그녀는 매월 월세 1480달러, 일하는 동안 아이들을 맡기는 데 1386달러, 그리고 장을 보는 데 400달러 정도를 지출하고 있다. 학자금 대출을 갚을 여유 같은 건 없다. "우선 집의 전기가 끊기지 않게 하려면 '최소한' 얼마를 납부해야 하는지부터 계산해야 한다."

　언론 기사들을 보면 제프 베조스와 매킨지 베조스, 알렉 와일든스타인과 조슬린 와일든스타인, 루퍼트 머독과 애나 토브, 버니 에클레스톤과 슬라비카 라딕, 그리고 스티브 윈과 일레인 윈 같은 유명 인사들의 이혼 소식, 그 때문에 여성 배우자들이 받는 천문학적인 위자료 소식이 끊이지 않는다. 이런 사례들과 달리 대부분의 여성들은 이혼하면 금전적으로 궁지에 몰린다. 믿을 만한 연구에 따르면 여성은 이혼보다 결혼 상태를 유지하는 쪽이 대부분 재정적인 면에서 유리하다. 심지어 재취업하거나 재혼해도 처음 결혼했을 때 누린 안정적인 상태로 돌아가기가 어렵다. 그렇지만 남성들은 이혼하고 나서도 여성들이 겪는 비슷한 어려움을 겪지 않는다. 자녀가 있는 가정의 높은 이혼율은 앞서 소개했던 세 아이를 거느린 42세 이혼녀의 사례처럼 유럽과 미국의 중산층이 붕괴하는 주요 원인이다.

아이를 홀로 키우는 10대 여성들 역시 다른 기회를 찾기 어렵다. 미국에서는 매년 15~19세 여성들이 25만 명 가까운 아이를 낳는다. 이 여성들이 아이 아버지와 헤어지는 비율을 보면 아프리카계, 히스패닉, 아메리카 원주민 등이 백인보다 2배 정도 높고, 아시아계 미국인들에 비해서는 4배나 높다. 10대의 임신율이 매년 6~7퍼센트 정도 낮아지고 있지만 그 와중에 아이를 갖는 쪽은 대부분 저소득층에 교육을 많이 받지 못한 여성들이다. 이 10대 '엄마'들은 부모에게도 큰 부담이 되며, 다니던 학교를 그만두고 빈곤에 빠지는 경우도 많다.

2030년을 내다봤을 때 특히 임신이 학업 중단의 주요 원인이라면 여성들이 고등학교 학업을 계속하는 일은 경제적 안정을 이루는 데 가장 중요한 요소다. "고등학생이 되었을 때 나를 둘러싼 모든 것이 변했다." 15세에 임신한 제이미 러시Jamie Rush의 말이다. "아이를 가진 것 같다고 말하는 순간 아버지와의 관계도 거의 끝장났다." 제이미의 부모는 그래도 딸과 손주를 돕고 있지만 불행히도 이런 경우가 흔하지는 않다. 정식으로 결혼하지 못한 미국 미혼모의 60퍼센트 이상이 빈곤에 허덕이고 있으며, 반대로 생각하면 빈곤은 임신한 10대들을 위협하는 요소다.

로런Lauren의 어머니는 그녀가 열두 살 때 세상을 떠났고 아버지는 거의 집에 붙어 있지 않았다. 로런은 매사추세츠 남동부에 있는 고등학교를 졸업하기 얼마 전에 임신했고 지금은 노숙자로 살고 있다.

크레이오나Creionna의 어머니는 그녀가 두 살 때 세상을 떠났다. 아버지는 딸을 일곱 살 때까지 돌봐주었지만 마약을 복용하다 체포되었다. 이후 크레이오나는 일상적으로 마약을 거래하는 여러 친척의 집을 전전하며 살다가 열여섯 살에 임신했다. 남자친구도 아버지도 낙태를 바랐지만 그녀는 그렇게 하지 않았다. 아이가 태어난 후 둘은 보호소로 들어갔다. "이런 상황에도 불구하고 크레이오나는 그래도 다른 많은 또래보다는 처지가 조금 낫다."《애틀랜틱Atlantic》의 보도 내용이다. "그녀는 그래도 고등학교를 다녔고 매춘에 빠지지도 않았으며 전과 기록도 없다. 정신적으로 문제가 있는 것도 아니며 약물에 손을 대지도 않았다." 크레이오나는 어려운 시절을 견뎌내고 결국 고등학교를 졸업했으며, 대학에 입학한 뒤 개인 병원에서 일하고 있다. 지금은 적당한 셋집을 구해 아이와 함께 살고 있다.

점점 더 많은 기회가 여성들 앞에 펼쳐지고 있지만 직장에서의 차별, 이혼, 그리고 10대 임신 등은 선진국의 수많은 여성에게 계속 영향을 미친다. 크레이오나처럼 어려움을 극복하는 경우는 매우 드물고, 대부분은 빈곤과 노숙 생활에서 좀처럼 빠져나오지 못한다. 정부 통계에 따르면 미국 국민 중 대략 4500만 명이 빈곤선 아래의 소득으로 산다. 여성 인구의 16퍼센트가 가난한 생활을 벗어나지 못하고 있으며, 남성의 경우는 14퍼센트다. 만약 아이까지 있다면 여성의 빈곤율은 27퍼센트까지 치솟는다.

그다음 문제는 여성이든 남성이든 아이 없이 사는 현상이 크게 두드러진다는 것이다. 1970년대 중반에는 35~39세의 미국 여성 중 10퍼센트에게 아이가 없었다. 2016년이 되자 그 비율은 2배 이상 뛰어올랐다. 40대에 접어든 미국 국민 중 여성은 16퍼센트, 그리고 남성은 24퍼센트

2030 축의 전환

가 아이가 없다. 이 정도 차이가 나는 이유는 남편 없이 혼자서 아이를 키우는 엄마들이 많기 때문이다. 출생률이 계속 떨어지면서 이제 세계 어디를 가든 아이 없는 사람이 흔해질 것이다. 2030년이 되면 미국 남녀의 약 3분의 1 이상이 아이 없이 은퇴한다.

아이를 갖지 않기로 결심한 대부분의 미국 여성들은 오히려 더 평온하게 산다고 한다. "나는 아이가 없는 66세 여성으로 직장에서 은퇴했다. 군복무의 혜택으로 대학을 졸업할 수 있었고, 이후 사무직 일을 했다. 내가 20~40대였을 때만 해도 여자가 나처럼 살면 다들 이상하게 생각했다." 이렇게 비교적 부침 없이 지내는 여성들이 있는가 하면 어떤 여성들은 우여곡절을 겪는다. "62년을 살아오면서 처음에는 아이를 갖지 않은 게 슬펐다. 그러다가 어느 순간 그 사실에 안도하기 시작했다. 지금은 그걸 대단히 자랑스럽게 생각한다!" 또는 "아이가 없는 여성은 무척 외로울 거라는 생각은 매우 잘못되었다. 성인이 된 자식들이 있어도 부모에게 아무런 도움을 주지 않고 도움이 필요할 때만 연락하는 경우가 얼마나 많은가." 라고 말하는 이도 있다. 또 다른 사람은 다음과 같이 지적한다. "아이가 없어도 충분히 행복하고 풍요로운 생활을 누릴 수 있다. 남편도 마찬가지다."

런던 정경대학교 교수 폴 돌란 Paul Dolan은 미국인들의 행복에 관한 자료를 바탕으로 이렇게 설명했다. "우리는 사람들의 인생을 시간에 따라 추적하면서 좋은 자료들을 얻곤 한다. 이제는 뭔가 다른 말을 해야 할 것 같다. 당신이 남성이라면 결혼하는 게 좋을 것이다. 여성이라면 결혼에 신경 쓰지 마라." 차이점은 결혼과 자녀가 여성과 남성의 인생 경험을 얼마나 바꾸느냐와 관련 있다. "남성은 결혼해도 어려움 없이 직장 생활을 계속하며 수명도 조금 늘어난다. 반면에 여성은 달라진 인생을 참고 견뎌야 하며 한 번도 결혼한 적이 없는 여성에 비해 수명도 줄어든다." 자신이 추적한 자료들을 근거로 돌란 교수는 이렇게 결론 내렸다. "가장 행복하고 건강한 집단은 한 번도 결혼하지 않고 자녀도 없는 여성들이다."

흥미로운 일이지만 미국은 아이가 없는 성인과 있는 성인 사이의 '행복의 격차'가 선진국들 중에서도 무척 크다. 사회학자 제니퍼 글래스Jennifer Glass의 연구 결과는 이 부분을 강조한다. 즉, "부모는 아이 때문에 다양한 스트레스에 점점 더 많이 노출된다." 하지만 "유급 휴가와 육아 보조금 같은 복지 정책이 많을수록 부모와 부모가 아닌 성인들 사이의 행복의 격차는 줄어든다." 어떤 국가에서는 실제로 아이가 있는 부부가 아기가 없는 성인들보다 더 큰 행복을 느끼는 경우도 있다. 더 많은 혜택과 복지 정책 때문일 것이다. 프랑스와 핀란드, 스웨덴, 노르웨이, 스페인, 포르투갈이나 헝가리, 러시아 같은 국가들의 정부는 아이가 있는 가정을 더 많이 지원하는데, 그것만으로도 세상은 크게 달라진다. 또한 이런 복지 혜택을 받으면 아이가 있는 아버지들은 다른 남성들보다 더 큰 행복을 느끼지만 여성들은 아이의 유무에 상관없이 모두 행복 지수가 올라간다. 따라서 새로운 관련 정책을 제시하는 정치가들은 남성들보다는 여성들의 더 많은 지지를 기대할 수 있다.

2030년까지 낮은 출생률과 더 높은 교육 수준이라는 추세가 계속 이어진다면 아이 없는 여성, 홀몸으로 아이를 키우는 여성, 기혼 여성, 이혼 여성이라는 네 부류의 여성들 간 차이점들은 더욱 공고해질 것이다. 또한 각각의 집단 안에서도 재정적 안정을 누리는 사람이 있는 반면 어려움을 겪는 사람도 나타날 것이다.

차별에 맞서 기회를 붙잡는 여성들

중산층이 성장한 덕분에 시간이 갈수록 더 많은 여성이 더 나은 환경에서 살게 되었지만, 여러 개발도상국에서는 여전히 여성들이 비슷한 고통을 겪고 있다. 사하라사막 이남 지역과 라틴아메리카, 남아시아, 동남아시아, 중동 전역에 걸쳐 도시와 외곽을 가리지 않고 여성들의 절반 정도는 계속 빈곤에 신음하고 있다. 최소한 2억 명이 넘는 여성들이 좋지 않은 경제 상황에 더해 여성 할례 같은 인권 유린에 시달린다. 여성의 의사를 무시한 중매결혼 역시 중요한 문제다. 여성 인권 보호 단체인 걸스 낫 브라이즈Girls Not Brides는 특히 아프리카와 남아시아, 라틴아메리카 등지에서 관습에 따라 여자아이 다섯 명 중 한 명이 18세가 되기 전에 결혼하며, 약 6500만 명의 여성이 미성년자일 때 결혼한다고 추산한다. 헬렌Helen이라는 어느 남수단 여성은 15세에 50세 남성과 강제로 결혼했는데, 이 때문에 자신의 의사와 상관없이 다니던 학교를 그만둬야 했다. 15세는 20세 여성에 비해 출산 중 사망할 확률이 5배나 높다. "어렸을 때 지금의 남편에게 떠넘겨졌고, 너무 어릴 때라 심지어 그때가 언제였는지도 기억나지 않는다." 에티오피아의 카나스Kanas라는 여성의 말이다. "남편이 나를 데려다 키운 거나 마찬가지다." 심지어 스위스 같은 곳에서도 매년 1400명가량의 미성년자가 강제로 결혼한다고 정부가 추산하고 있다.

이런 문제들에도 불구하고 개발도상국의 많은 여성이 한 세대 전만 해도 상상할 수도 없었던 기회들을 누리고 있다. 탄자니아의 여성들에 관해 생각해보자. 이들이 사업체를 여는 꿈을 이루려면 냉장고와 냉동고, 재봉틀, 전기 화덕, 트랙터, 트럭 등의 여러 장비가 필요하다. 과거에는 자금이 없으면 꿈을 접어야 했지만 지금은 빅토리아 키솜베Victoria Kisyombe라는 여성이 세운 회사를 통해 장비를 임대할 수 있다. 영국에서 공부하고 수의사가 된 키숌베는 남편이 세상을 떠난 후 사업을 하기로 결심하고 결국 SELFINA를 세웠다. SELFINA는 2만 2000건 이상의 임대 계약을 맺고 있는 탄자니아 최대의 장비 임대 업체다.

　키숌베 같은 고학력 여성들조차도 여러 어려움과 차별에 직면한다. 세계은행이 작성한 한 보고서에 따르면 전 세계 128개국에 달하는 선진국 및 개발도상국에서 여성의 기업 활동을 방해할 수 있는 합법적 차별이 심각한 수준이다. 예컨대 지난 2009년의 경우 45개국 여성들은 법적으로 경제 분야에서 남성과 같은 활동을 할 수 없었고, 49개국에서는 여성이 특정 산업 분야에서 일할 수 없었다. 그리고 32개국에서는 남성과 같은 상속권이 여성에게 주어지지 않았다. 법적으로 평등한 권리만 주어지면 여성들이 직접 사업체를 운영하거나 경영에 참여하는 비중이 크게 올라간다. 폭넓게 보면 애초에 정치가들부터 여성 기업가들을 오랫동안 무시해온 것이 사실이다. 1970년 덴마크의 경제학자로 유엔에서 일하던 에스테르 보세룹Ester Boserup은 『경제 발전에서 여성의 역할Woman's Role in Economic Development』이라는 중요한 책을 발표했다. 이 책은 여성이 경제 발전에 어떻게 기여하며, 반대로 여성은 경제 발전에 따라 어떤 영향을 받는지를 자세히 분석했다. 보세룹은 여성들이 가정 안팎에서 하는 활동들이 경제 발전에 핵심적인 역할을 한다고 강력하게 주장했다. 그녀의 주장은 1975~1985년의 여성들을 위한 유엔 10개년 계획United Nations Decade for Women을 이끌어냈고, 경제 발전을 가속화하는 방법 중 하나로 경제 분야에서 여성의 역할을 격려하는 계획들의 밑바탕이 되었다. 이 새로운 접근의 목표는 여성의 권리를 높여 양성평등을 이루는 것뿐 아니라 여성의 경제활동이 경제성장과 경제 발전 모두에 기여하도록 만드는 새로운 방법들을 찾는 데 있었다.

그리하여 마침내 정치가들도 여성 기업가들이 없으면 국가의 재능 있는 인재 절반을 활용하지 못하고 버리는 것과 마찬가지라는 사실을 깨달았다. 2009년 헬렌 클라크Helen Clark 유엔 개발 계획 책임자는 이렇게 밝혔다. "여성 기업가들의 엄청난 잠재력을 끌어내고 자금 조달 문제 등을 해결해주며, 토지 명의 이전이나 정부의 예산 혜택 등과 관련해 그들의 권리를 인정해준다면 남녀 사이의 불평등을 해소하고 경제성장을 촉진할 수 있다." 이러한 제안을 실천에 옮긴 인물 중 하나는 SRS 항공을 세운 남아프리카공화국의 시봉길리 삼보Sibongile Sambo다. "역사적으로 남아프리카공화국의 여성들, 특히 원주민 여성들은 자신만의 사업을 시작하고 운영하며 국가 경제를 위해 폭넓게 기여할 기회 자체가 없었다. 그렇지만 SRS 항공에서 우리는 새롭게 얻은 정치적 자유를 이용해 경제적 자유를 만들어내고 있다. 어머니나 이모 세대가 맛보지 못했던 기회를 만났으니 놓치지 않고 붙잡을 생각이다."

여성들은 기업가 정신을 통해 해방감과 경제적 안녕을 맛볼 수 있지만 그 과정에서 많은 어려움을 겪으며 좌절감을 경험하기도 한다. 현재 165명의 임직원이 있는 이집트의 유명 장신구 회사의 창업자 아자 파미Azza Fahmy는 이렇게 이야기한다. "나의 새로운 경험은 전통적 환경 안에서 사는 평범한 이집트 여성에게는 아주 특별한 일이겠지만 나는 여기서 멈추지 않을 것이다." 우환수Wu Huanshu의 사례도 생각해보자. 옷에 다는 장신구를 생산하는 기업을 운영하는 그녀는 직접 사업을 시작한 최초의 중국 여성 기업인으로 널리 알려져 있다. "나는 베이징 둥청구 공무원을 만나 겪은 일을 지금도 기억한다. 당시 그 공무원은 합법적으로 사업하려면 특별한 허가를 받아야 한다고 말했다." 파미와 우환수는 꿈을 실현하기까지 셀 수 없이 많은 어려움과 맞서 싸워야 했다.

남성과 여성은 기업 활동의 양상이 상당히 다르다. 여성은 용역 제공, 소매, 장신구나 전통 산업 등 자신이 잘 알고 익숙한 분야에 진출하려고 한다. 또한 여성들이 소유하거나 경영하는 신생 기업들은 다양한 구조적 제약 때문에 시간이 지나도 성장세가 더딘 경우가 많다. 그 제약 중 하나는 관련 사업에 대한 지식이나 경험의 부족이다. 세네갈에서 건물 실내장식 사업을 하는 아이사 디오네Aissa Dionne는 이렇게 지적했다. "처음에 나는 계약서나 주문서를 어떻게 작성하는지조차 몰랐다. 그래서 여러 친구에게 물어가며 사업을 진행했다."

연구자들은 기업가가 되려는 동기, 기업가 정신에 대한 태도, 기업가의 사회적·심리적 특성, 새로운 사업을 시작하는 과정, 관리나 경영 방식 혹은 심지어 자금 조달 과정에서도 남성과 여성 간 뚜렷한 차이가 있다는 증거를 발견하지 못했다. 비록 여성들이 창업 자금을 조달하는 과정에서 차별을 경험하는 경우가 많긴 하지만 말이다. 칠레의 기업가 이사벨 로아Isabel Roa는 이렇게 이야기했다. "나는 산티아고에 있는 섬유 회사에서 처음 사회생활을 시작했다. 그다음 직접 옷을 만들어 집집마다 찾아다니며 팔기 시작했다. 당시 가장 어려웠던 건 일을 시작할 때 충분한 자본이 없었다는 점인데, 그 문제는 저축과 대출로 해결해야 했다."

여성들이 사업을 시작하고 키우는 과정에서 이러한 어려움들을 경험하는 중요한 이유 중 하나는 이들이 어쩔 수 없이 자기 사업을 시작하게 되는 경우가 더 많아서가 아닐까. 파키스탄에 학교를 세운 나스린 카수리Nasreen Kasuri의 말을 들어보자. "애초에 선택할 수 있는 학교의 수도 제한되어 있었고, 내가 학교를 다닐 때나 지금이나 학교의 수나 정원이 제자리걸음이었다." 그녀는 또 이렇게 덧붙였다. "나는 또한 내 아이들이 내가 받은 수준만큼의 교육을 받지 못할 수도 있다는 사실을 깨달았다. 그 문제를 해결하는 방법은 내 아이들을 포함해 다른 아이들까지 교육의 혜택을 누릴 수 있도록 학교를 직접 세우는 것뿐이었다." 실제로 매년 전 세계 기업가들의 활동을 조사하는 국제 기업가 정신 조사 기관Global Entrepreneurship Monitor은 여성들이 자기 사업을 시작하는 주된 이유가 다른 방법으로 생계를 꾸리기 어려웠기 때문이라고 분석했다.

2030년에 가까워지면서 여성 기업가들이 상상력과 조직화 능력, 기업 운영 능력에 뚜렷한 장점이 있는지, 그리고 그들의 성공을 그저 성장이나 이익, 명성이 아닌 목표의 달성, 일과 가정 사이의 균형, 공동체의 이익이라는 관점으로 정의할 수 있는지가 중요한 논제로 떠올랐다. 이러한 맥락에서 르완다에서 수공예품 전문 사업체를 운영하는 재닛 쿠바나Janet Kkubana는 어려운 환경 속에서 힘들어하는 여성들을 도울 수 있다는 사실에 큰 자부심을 느낀다. "우리 직원들 중에는 난민과 과부, 그리고 남편이 감옥에 있는 사람들이 있다. 나는 이들이 한 지붕 아래 모여 앉아 함께 일하고 사업을 궁리하는 것 자체가 커다란 성취라고 생각한다. 이 여성들은 이제 하나가 되어 다 같이 돈을 벌고 있다. 정말 대단한 일이다." 이스터 섬에서 사회적 기업을 운영하는 아네트 자모라Annette Zamora는 이 외딴 화산섬의 고대 문화를 보존하고 널리 알리는 일에 주력한다. "내가 과연 성공했는지는 잘 모르겠다. 많은 주목을 받기는 했지만 사실 세간에서 말하는 '성공'이 어떤 의미인지 아직도 정확히 모르겠다."

가사와 일 모두를 해낼 수 있을까?

2030년이 되면 전 세계 모든 신생 기업의 절반 이상을 여성들이 꾸려 가고 있을 것이다. 아누 안차리아Anu Ancharya의 경우를 보자. 안차리아는 미국에서 대학원을 졸업한 후 인도로 돌아오기로 결정했다. 1장에서 살펴본 것과 같은 두뇌의 선순환 과정을 따른 것이다. 고향으로 돌아온 그녀는 유전체 관련 위탁 회사인 오시멈 바이오솔루션스Ocimum Biosolutions를 세웠다. 15년 동안 유럽과 미국에서 세 차례의 합병을 거친 끝에 이 회사는 세계적인 생물 의학 관련 용역 업체 중 한 곳으로 성장했다. 10대 초반의 두 딸을 둔 안차리아는 일과 가정 모두를 지키기 위해 대단히 어려운 결정들을 해야 했다. "아이들은 이제 내가 가정에 모든 시간을 쏟을 수 없다는 사실에 익숙해졌다." 아이들은 함께 살고 있는 그녀의 시댁 식구들이 돌봐준다. 그녀의 회사는 직원들에게 3개월의 유급 출산휴가를 제공한다. "우리 회사는 특히 여성들이 일하기 좋은 곳이다. 근무 시간도 유연하게 조정할 수 있다." 회사 창업 때부터 함께했고 지금은 품질 관리 부문 부사장을 맡고 있는 자이스리 라비Jaishree Ravi의 말이다. "학교에서 학부모 회의가 있으면 잠시 참석했다가 와도 된다. 어쨌든 하루 아홉 시간인 근무 시간만 채우면 문제가 없다."

아누 안차리아나 자이스리 라비만 가정과 일 양쪽을 잘해내야 한다는 압박감을 느끼는 것은 아니다. "2007년에 나는 예상치 못하게 이혼의 아픔을 겪어야 했다." 50대에 접어드는 멜리사Melissa의 말이다. 대학생 아들과 10대 쌍둥이 딸이 있는 그녀는 학교 교사인데, 아이들이 학교에 들어가기 전까지는 육아를 위해 일을 쉬었다. 그 후에도 가능한 한 아이들과 많은 시간을 보내기 위해 시간제로 일했다. "다시 일하고 가정생활과의 균형을 이뤄나가는 과정에서 내가 배운 것 중 하나는 아침에 아이들이 학교에 갈 때까지 함께 있는 시간을 포기하지 않는 것"이었다고 그녀는 말한다. 같은 세대의 고학력 여성들처럼 멜리사도 무엇을 포기하고 무엇을 포기하지 말아야 할지에 관해 어려운 결정을 내려야 했는데, 남성들 대부분은 이런 문제를 고민할 필요조차 없다.

미국 엄마들의 약 70퍼센트가 정규직으로 일하고 있는데, 그중 절반 이상은 전업주부나 시간제 일만으로는 생활할 수 없어서 선택의 여지가 없다. 23세의 헬렌 벡톨Helen Bechtol은 네 살과 다섯 살인 아이가 있다. 그녀는 노스캐롤라이나 지역 전문대에 들어가고 싶어 한다. "지금은 월요일에서 금요일까지 동네 작은 술집에서 정오에서 오후 6시까지 종업원으로 일한다. 주말에는 시간제로 사진관에서 사진 찍는 일을 한다." 헬렌은 부모님과 함께 사는데, 두 분은 할 수 있는 한 딸을 도와주려 애쓴다. "아이들을 맡기는 데 한 달에 650~700달러쯤 든다. 식료품은 정부 보조를 받고 있고…… 아이들 아빠로부터 양육비로 한 달에 300달러를 받는다."

"내 아들은 점원으로 일하며 시급 8달러 50센트에 만족하는 사람이 되기를 바라지 않는다." 고등학교를 중퇴하고 보스턴에 있는 푸르덴셜 센터 상가의 작은 가게에서 점원으로 일하는 윌레이디 오티즈Wileidy Ortiz의 말이다. 그녀는 열아홉 살 때 임신했다. 세 살 때 아버지는 고향인 푸에르토리코에서 총에 맞아 죽었고 어머니는 친척들이 사는 보스턴으로 옮겨온 후 암으로 사망했다. 아이 아버지는 아무런 도움도 주지 않았다. 오티즈는 정부로부터 식료품과 난방비를 지원받는다. 앞서 언급한 헬렌 벡톨처럼 그녀도 아들과 집에서 전업주부로만 지내기가 불가능하다.

전업주부로 지낼 수 있는 여성들에게도 이런 결정이 쉽지 않기는 마찬가지다. 집에만 있는 것에 대한 사회적 시선이 곱지 않을뿐더러 다시 사회생활을 하기가 어렵거나 불가능할지 모른다는 두려움이 있기 때문이다. "아이를 다른 사람에게 맡겨야 하는 감정적 고통을 감당할 수 없을 것 같았다." 간호사였던 테리 스프라이츠 치젝Terry Spraitz Ciszek의 설명이다. 그녀의 자녀들은 이제 30대에 접어들었다. "집에만 있으면 자존감이나 자신감에 문제가 생길 수 있다. 다른 사람들이 나보다 앞서가면서 부러운 경력을 쌓아가는 걸 바라봐야 하기 때문이다. 자존심에 상처가 되는 이야기들이 사방에서 들려왔다. 1970년대에는 다 그랬다. '여성은 무엇이든지 할 수 있다'고 외치던 시절이었다. 여성들을 겨냥한 담배 회사 광고도 비슷한 어조였다." 테리의 남편은 내과 의사여서 남편의 수입만으로도 가족은 중상류층 이상의 생활을 할 수 있다.

여성들의 경우 일단 경력이 단절되면 수입에 문제가 생긴다. 시카고대학교 경영대학원에 따르면 3년 이상 직장을 떠난 여성들은 직업이 비슷한 남성들에 비해 수입의 40퍼센트 이상의 불이익을 받는다. 경력이나 진로 관련 전문가들, 그러니까 조앤 클리버Joanne Cleaver 같은 사람은 이렇게 주장한다. "하던 일을 잠시 쉰다는 건 경력 면에서 보면 자살 행위다. 절대 그래서는 안 된다."

출생률 감소는 다시 사회생활을 하고 싶은 엄마들, 주부들에게 특별한 기회가 될 수 있다. 인구 노령화 때문에 노동력이 계속 줄어들기 때문이다. 지난 수십 년 동안 고등교육을 받았으면서도 결혼과 동시에 직장을 떠난 일본 여성들의 숫자는 수백만 명에 달한다. 이제 그 여성들이 빈자리를 채우려고 필사적으로 애쓰는 기업들의 요청에 따라 속속 사회로 복귀하고 있다. 2018년의 경우 24세 미만 여성들을 제외한 각 연령대에서 일본 여성들이 사회로 복귀한 비율은 미국보다 훨씬 높다. 경제활동이 가능한 연령대의 일본 여성들 중 대략 71퍼센트가 현재 정식으로 임금을 받는 일에 종사하는데, 이는 지난 수십 년 동안 가장 높은 수치이면서 세계 최고 수준이다. 현재 일본 여성들의 노동 참여율은 남성의 86퍼센트 정도 인데, 지난 10년 동안의 흐름을 감안하면 2030년에는 남성과 비슷해지리 라고 예상된다. 그렇지만 임금 차별은 여전히 만연해 있고, 대부분의 여 성들은 주부이자 엄마로서 가사와 육아를 병행해야 한다. "남성들의 의식 이 여전히 뒤떨어진다." 두 아이를 키우는 어느 그래픽 디자이너의 한탄 이다. "일본 남편에게는 양성평등이라는 개념이 아직 없다."

가정과 일 사이의 균형 문제는 전 세계 여러 국가, 특히 인구 노령화 와 복지국가 건설을 고민하는 국가들 사이에서 주요 의제로 떠올랐다. 1996년 유엔은 출생률이 낮은 국가들 중 35퍼센트, 모두 합해 70개국 정 도의 정부들만이 이 문제들에 관한 정책을 내놓았다고 보고했다. 2015년 에는 그 비율이 59퍼센트까지 올라갔다. 가장 일반적인 정책은 유급 출산 휴가로 한 나라만 제외하고 모두 실시하고 있으며, 88퍼센트가 국공립 보 육 시설을 제공했고 85퍼센트는 특별 아동 수당 혹은 가족 수당을 지급했 으며, 64퍼센트는 남편들에게 유급 출산휴가를 허가했다. 유엔은 여성들 이 하루 평균 4시간 이상을 육아를 포함한 가사에 쓰고 있다고 추정했다. 남성의 경우는 1.7시간뿐이다.

가정과 일 사이의 균형은 개념이자 정책으로서 많은 논란의 대상이다. 가장 중요한 점은 사람들이 가정생활과 직장 생활을 통합하여 문제를 해 결하려 하는지 아니면 둘을 분리해 유지하려 하는지에 관한 문제가 아 닐까. 와튼스쿨의 동료 교수 낸시 로스바드 Nancy Rothbard 는 캐서린 필립스 Katherine Phillips, 트레이시 듀마스 Tracy Dumas 와 함께 500명에 가까운 미국 직 장인들이 어느 쪽을 더 선호하는지를 조사했다. 가정과 일 문제를 분리해 서 생각하는 사람들은 직장 탁아 시설 같은 통합된 정책을 제의받았을 때

만족감이 덜하고 직장에 대한 헌신도도 떨어졌다. 하지만 근무 시간을 유동적으로 조정해 자신에게 맞출 수 있는 종류의 제안에는 더 만족했고 직장에 대한 헌신도도 올라갔다.

이 문제에 대한 또 다른 접근 방식은 여성의 노동 참여가 늘어날 때 경제적으로 발생하는 유익에 주목하는 것이다. 덴마크의 사회학자 요스타 에스핑안데르센Gøsta Esping-Andersen에 따르면 여성들이 노동에 참여하면 여성들이 무보수로 해오던 가사가 시장의 용역 활동으로 바뀌며 경제 성장을 촉발한다. 2030년이 되어 개발도상국의 더 많은 여성들이 취업하면 아프리카와 중동, 남아시아의 경제는 더 빠른 성장세를 경험하고, 3장에서 살펴본 중산층도 더욱 빠르게 많아질 것이다.

여성의 기대 수명이 줄어드는 까닭

점점 더 많은 여성이 노동 시장의 기회를 이용하고 가정과 일 사이의 균형을 유지하려 애쓰면서 여성과 남성의 기대 수명의 차이가 줄어들고 있다. 1995년의 조사에 따르면 여성들은 남성에 비해 기대 수명이 7.8년 정도 길었다. 2018년에는 그 차이가 6.8년으로 줄었다. 유엔은 2030년에는 6.3년이 될 것으로 추정한다. 그림 7에서 볼 수 있듯이, 이 현상은 1990년대 후반 이후 더 많은 여성이 자신만의 일을 찾기 시작한 대부분 선진국들에서만 찾아볼 수 있었다.

특히 많은 여성이 노동 시장에 진출한 미국에서 기대 수명의 차이가 크게 줄고 있다. 1970년대 초반 여성과 남성의 기대 수명 차이는 7.7년이었지만 2019년에는 5년 내외가 되었고 2030년에는 4.3년이 될 것으로 예상된다.

어째서 이런 현상이 나타날까? 이 질문에 대답하려면 애초에 왜 여성의 수명이 남성보다 길었는지 이해하고 넘어갈 필요가 있다. 남성들은 연령대와 상관없이 여성들보다 사망률이 높다. "여성호르몬과 번식에서 차지하는 여성의 역할이 긴 수명과 관련 있다."《사이언티픽 아메리칸Scientific American》의 주장이다. "에스트로겐은 나쁜 콜레스테롤을 제거하며, 심장병 예방에 도움이 될 수 있다. 반면 테스토스테론은 폭력성이나 위험을 마다않는 성격 등과 관련 있다." 거기에 더해 "여성의 몸은 임신과 모유수유를 대비해 영양분을 비축해야 하는데, 이런 능력은 결국 과식이 몸에 피해를 주지 않도록 하는 능력과 관련 있다."

역사적으로 여성이 남성보다 오래 살 수 있었던 또 다른 이유는 이른바 '인간이 인위적으로 만들어낸 위험들'에 적게 노출되었기 때문이다. "산업화 시대 직장의 위험한 환경, 알코올의존증, 흡연, 교통사고 등 20세기 들어 크게 증가한 위험들에 여성이 적게 노출되었다"는 것이다. 그렇지만

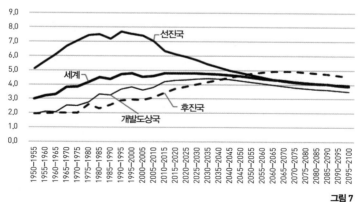

남성 대비 여성의 기대 수명 차이(년)

그림 7

이제 여성들도 남성들과 같은 환경에 많이 노출되고 있으며, 이런 현상은 특히 선진국에서 많이 나타난다.

하버드대학교의 인구 및 개발 연구소Center for Population and Development Studies 소장 리사 버크먼Lisa Berkman은 미국 경제에서 여성들의 새로운 역할이 '엄청난 위험'을 만들고 있다고 지적한다. 여성들은 직장이나 결혼생활의 스트레스에 더 많이 노출되며, 혼자서 아이를 키우는 어려움이 더해지기도 한다. "지속적인 스트레스나 긴장감은 일찍 만성질환을 불러올 수 있다." 캘리포니아대학교 샌프란시스코 캠퍼스의 신경과 교수 엘리사 에펠Elissa Epel은 염색체의 말단 보호 조직인 텔로미어telomere가 스트레스나 긴장감 때문에 닳아 없어질 수도 있음을 발견한 업적으로 유명하다.(텔로미어는 인간의 수명과 관련 있다고 한다.) 설상가상으로 여성들은 남성들에 비해 먹는 걸로 스트레스를 풀고, 가정과 일의 균형을 맞추기 위해 운동 시간을 줄이는 경향이 있다.

어떤 여성들에게는 상황이 더 좋지 않게 흐른다. 여성의 기대 수명 변화는 교육과 주거지에 따라 미국이 계속 양극화되고 있다는 의미다. 교육과 주거 환경은 대도시가 다른 지역보다 훨씬 좋다. 2009~2016년에 펜실베이니아주립대학교의 이르마 엘로Irma Elo를 중심으로 한 인구통계학자들이 미국 40개 지역을 분석한 결과에 따르면 "백인 남성의 기대 수명이 백인 여성의 기대 수명을 앞질렀다." 히스패닉 여성은 관련 자료에 포함되지 않았다. 이 40개 지역 중 여덟 곳에서는 평균치를 훌쩍 넘어설 정도로 여성들의 기대 수명이 줄어들었는데, 앨라배마와 아칸소, 켄터키, 루이지애나, 미주리, 오클라호마, 테네시, 텍사스의 대도시를 제외한 지역 여성들의 기대 수명이 크게 줄어들었다. 1990년과 2016년 사이에 "기대 수명이 거의 1년 가까이 사라진 것"이다. 직접적인 원인은 무엇일까?

바로 흡연과 정신 및 신경계 질환, 약물 남용이었다.

여성들의 역할 변화는 고등학교 중퇴자들에게도 영향을 미친다. 듀크 대학교의 애런 헨디Arun Hendi는 "1990년 이후 학력이 고등학교 중퇴 이하인 백인 여성을 제외하고 교육과 인종, 성별에 상관없이 모든 사람들 사이에서 기대 수명이 늘거나 유지되었다." 고등학교를 마치지 못한 백인 여성들의 수명은 지난 20년 동안 2.5년이나 줄어들었다. 아칸소 케이브 시티의 크리스털 윌슨Crystal Wilson은 38세의 나이로 세상을 떠났다. 대부분의 주민이 백인인 곳에서 전업주부로 살았던 그녀는 비만과 당뇨에 시달렸다. 《아메리칸 프로스펙트American Prospect》의 모니카 포츠Monica Potts에 따르면 그녀는 "결혼 때문에 고등학교를 중퇴했으며 거기서부터 모든 일이 시작되었다." 지역 학군의 기술 지원 담당관인 줄리 존슨Julie Johnson은 이렇게 설명한다. "당신이 여성이고 교육을 많이 받지 못했다면 당신에게 주어지는 기회는 거의 없을 것이다. 결혼하고 아이를 낳고…… 차라리 일을 안 하는 게 낫고…… 모든 것이 끔찍한 악순환이다." 그렇다면 백인이면서 고등학교를 중퇴한 여성들의 사망 원인은 무엇일까? 줄리 존슨의 대답은 이렇다. "그들이 살고 있는 시대의 절망이 아닐까. 나로서는 아무것도 확실하게 짐작할 수 없지만 절망이야말로 사망의 직접적인 원인이라고 생각한다."

전체적으로 25~44세 미국 국민들의 사망률이 가파르게 증가하고 있다. "지금 성인들은 대침체기 동안 청소년 시절을 보내며 많은 어려움을 겪었다. 제대로 사회로 나아가는 시기가 지연되었고 그 때문에 부모와 함께 사는 경우가 많아지면서 결혼도 많이 줄어들었다." 이르마 엘로의 지적이다. "이제 성인이 된 이들의 약물과 알코올 남용 수준이 심각하다. 결국 향후 몇십 년 안에 이런 행동 때문에 질병 발생률이나 사망률이 크게 높아질 것이다." 우리가 앞서 살펴본 변화의 순풍 덕을 보지 못한 수많은 밀레니얼 세대를 기다리는 것은 바로 이런 미래다.

유리 천장인가, 남성들의 장벽인가

"여성에게 유리 천장 같은 건 존재하지 않는다. 그저 남성들이 만든 두 터운 장벽만 있을 뿐이다." 세계 여성 지도자 평의회Council of Women World Leaders의 공동 설립자이자 작가인 로라 리스우드Laura Liswood의 주장이다. 여성은 일에 전심전력을 다해도 헤아릴 수 없는 장애물들이 자신의 발전을 가로막고 있다는 사실을 깨닫게 된다. 지난 2015년 《뉴욕 타임스》는 "대기업 경영자, 남성에 비해 여성이 압도적으로 적어"라는 제목의 기사를 실었다. 스탠더드 앤드 푸어스Standard & Poor's 기준 1500대 기업 중에서 "여성 한 명당 존, 로버트, 윌리엄, 제임스라는 이름의 남성이 네 명쯤 있다"는 것이었다. 여성들은 교육과 취업의 기회를 통해 많은 경험을 얻었지만 전 세계적으로 거대 기업을 이끌고 있는 여성은 무척 적다.《포천》이 수익을 기준으로 선정한 미국 500대 기업 중 최고경영자가 여성인 경우는 5퍼센트가 되지 않는다.

다른 나라도 상황이 비슷하다. OECD 회원국인 선진국들의 대형 상장 기업들 중에도 여성이 최고경영자인 경우는 극히 드물다. 영국과 인도, 남아프리카공화국은 4퍼센트, 오스트레일리아와 멕시코는 3퍼센트, EU는 평균 3퍼센트 미만, 라틴아메리카 대륙 평균은 2퍼센트 미만, 그리고 EU에서 최대 경제 규모를 자랑하는 프랑스와 독일은 정확히 '0퍼센트'다. 유일하게 중국만 5퍼센트가 넘는 5.6퍼센트를 기록했다. 경영 이사진의 남녀 성비를 살펴보면 유일하게 노르웨이 한 곳만 여성 비율이 42퍼센트로 절반인 50퍼센트에 근접하며, 10퍼센트가 넘는 곳은 15개국뿐이다. 미국은 17퍼센트 정도다. 몇몇 아시아 국가는 상장 기업의 절반 이상이 이사진을 남성으로만 채워 넣었다.

국제 노동 사무국International Labour Office은 여성이 중간급 이상 경영진의 과반수 이상을 차지한 국가는 자메이카, 콜롬비아, 세인트루시아 세 곳뿐이라고 밝혔다. 모두 카리브해 연안 국가다. 미국은 2010년 후반에 들어서야 43퍼센트가 되었으며, 조사 대상이었던 국가의 20퍼센트는 상장 기업의 중간급 이상 경영진의 여성 비율이 20퍼센트에도 못 미쳤다. 대부분의 이슬람 국가들은 10퍼센트를 밑돈다. 일하는 여성들이 많아지고 남성보다 빠르게 부를 축적하더라도 기업이라는 사다리 꼭대기에는 여전히 남성들이 군림하고 있다.

정치 분야도 비슷하다. 2017년 말을 기준으로, 입법 분야에서 여성이 남성보다 많이 참여하고 있는 국가는 64퍼센트의 르완다와 53퍼센트의 볼리비아 두 곳뿐이다. 남태평양의 통가, 미크로네시아, 바누투, 중동의 카타르와 예멘처럼 아예 의회에 여성이 한 사람도 없는 국가들도 있다. 26개국에서 여성 의원의 비율이 10퍼센트 미만이고, 24개국에서는 20퍼센트 미만이다. 전 세계 평균을 보면 1990년의 10퍼센트에서 2017년에는 21퍼센트로 늘어났는데, 미국은 19퍼센트로 세계 평균에 약간 못 미치며, 놀랍게도 사우디아라비아가 여성 의원 비율 20퍼센트를 기록하고 있다. 행정 분야의 경우 보건, 문화, 고용, 무역, 교육, 여성 관련 부서에서만 여성 장관의 비율이 50퍼센트를 넘는데, 대부분 경제와 사회 전반에 걸쳐 여성들이 큰 존재감을 보여온 분야들이다.

그래도 여성들의 활약이 두드러지는 분야가 있다면 국가 관료 제도 내에서도 공무원 조직일 것이다. 헝가리와 러시아, 리투아니아, 에스토니아에서는 여성 공무원 비율이 50퍼센트가 넘고, 캐나다와 스웨덴, 슬로베니아, 카자흐스탄은 40퍼센트 이상이다. 모두 사회주의의 유산이 있거나 복지 정책이 튼튼한 국가들이다. 분명한 사실은 인재를 경쟁 시험 제도를 바탕으로 채용하면 여성이 강세를 보인다는 점이다. 2030년이 되면 정부 관료 제도의 고위직 대부분이 대학 학위를 가진 여성들의 차지가 될 수도 있다.

일단 사회생활을 시작한 여성들은 이번에는 임금 격차를 경험하게 된다. 차별금지법을 시행한 지 오래된 오스트리아나 영국, 한국, 뉴질랜드 같은 선진국에서조차 여성들이 받는 임금은 남성들보다 30퍼센트가량 적다고 추정된다. 일본이나 다른 유럽 국가들도 최소한 20퍼센트가량 적다. 미국의 성별 임금 격차는 전 직종에 걸쳐서 평균 22퍼센트 정도인데, 관리자급은 19퍼센트고, 최고경영진은 33퍼센트까지 차이가 벌어진다.

아직은 소수지만 2030년이 가까워질수록 더 많은 여성이 관리직에 오를 것이다. 민간 부문에서는 큰 변화를 기대하기 어렵지만 공공 분야에서는 여성들의 참여가 남성들과 비슷한 수준이 될 것이다. 그렇지만 지난 20~30년 동안 끈질기게 지속된 임금 격차는 쉽게 줄어들지 않을 듯하다. 더 많은 여성들이 관리직과 경영진 자리에 오르면 변화가 일어날 수 있을까?

여성 지도자에 대한 편견

지금은 고인이 된 마거릿 대처Margaret Thatcher 전 영국 수상과 현재 독일을 이끄는 앙겔라 메르켈Angela Merkel 총리는 몇 가지 공통점이 있다. 두 사람 모두 보수 정당의 대표로 선거에서 승리했고 권력의 정점에 올랐다. 두 사람 모두 화학을 전공했다. 대처는 옥스퍼드대학교를 졸업한 후 잠시 식품 재벌 J. 라이언스 앤드 컴퍼니J. Lyons & Company에서 일하며 지금은 모두가 흔하게 즐기는 부드러운 아이스크림 개발에 참여했다고 한다. 이 일화 때문에 《애틀랜틱》은 유명한 대처의 별명 '철의 여인'에 빗대어 "알고 보면 부드러운 철의 여인"이라고 표현하기도 했다. 대처는 그 밖에도 정치에 몸을 담은 이후 '그래봐야 식료품 집 딸', '애들 급식비까지 빼앗는 수상', '집안 망하게 하는 암탉' 같은 여러 별명으로 불렸다. 역시 지금은 고인이 된 전 프랑스 대통령 프랑수아 미테랑François Mitterrand은 여성 혐오의 감정을 적나라하게 드러내며 대처를 "폭군의 눈과 요부의 입술을 가진 여자"라고 부르기까지 했다.

앙겔라 메르켈의 이력은 대처와는 사뭇 다르지만 역시 성차별적 논쟁에 시달리기는 마찬가지였다. 메르켈은 양자화학을 전공하여 박사 학위를 받고 몇 년 동안 연구소에서 일했다. 그러다가 베를린 장벽이 무너진 후 정치인이 되기로 결심했고, 몇 년이 지나지 않아 독일 연방의회 의원으로 당선되었다. 메르켈 역시 거침없고 직설적인 태도로 '세계에서 가장 큰 권력을 쥔 여자', '큰 엄마' 등으로 불렸고, 유로존 금융 위기 때 양적 완화 정책에 끈질기게 반대하여 '노No라고만 말하는 여자' 같은 별명과 평가들을 얻었다.

대처와 메르켈의 중요한 공통점은 둘 다 권력의 정점에 선 여성이라는 사실이다. 권력을 쥔 여성은 원래 성향이나 성격에 상관없이 '독단적'이라는 편견에 부딪힌다. 인터넷 사이트 밴 보시Ban Bossy는 이렇게 주장한다. "어린 남자아이가 자신을 내세우면 '지도잣감'이라는 소리를 듣는다.

그렇지만 여자아이가 똑같이 행동하면 '독단적'이다 혹은 '기가 세다'는 낙인이 찍힐 뿐이다." 이런 차별적 시선의 문제는 무엇일까. "독단적이다 혹은 기가 세다는 말은 결국 여자아이들은 지나치게 나서거나 목소리를 높이지 말라는 뜻이다. 중학생이 되면 여자아이들은 직접 나서서 반을 이끄는 일에 대한 관심이 남자아이들보다 적어지며, 이런 경향은 성인까지 이어진다." 페이스북의 운영 담당 최고책임자이자 유명 저술가인 셰릴 샌드버그Cheryl Sandberg는 이렇게 이야기한다. "어린 여자아이가 정말 기가 세거나 독단적이겠는가. 그 아이는 그저 일찌감치 지도자가 될 자질을 내보인 것뿐이다."

그렇지만 권력의 정점에 도달한 대처나 메르켈 같은 극소수 여성들의 이력을 살펴보면 좀 더 중요한 측면을 발견할 수 있다. 1970년대에 예일대학교에서 사회학을 가르쳤던 하버드 경영대학원 교수 로자베스 모스 캔터Rosabeth Moss Kanter는 여성들의 수가 적거나 형식적으로 여성을 우대한다는 표시로 채용되는 환경에서 일하는 여성들은 뭔가 다르게 행동하고 또 다르게 인식된다는 사실을 깨달았다. 수치로만 보이는 왜곡된 상황에서 그저 내세워지기 위해 채용된 여성들은 좀 더 사람들 눈에 잘 뜨이며, 남성들은 이들을 과장되게 받아들이는 경향이 있다. 또한 이 여성들은 일하는 과정에서 더 많은 압박을 견뎌내야 하며, 더 엄격하고 사전에 정의된 성별 역할 안에서만 행동하라고 은연중에 강요받는다. 형식적 상황 속에서 작동하는 구조적 역학 관계를 생각하면 많은 여성이 최고의 자리에 오르기 전에 포기하는 것은 어쩌면 당연한 일이다. 그러다 드디어 수상이나 최고경영자 자리에 오르기라도 하면 그 여성들의 행동이나 업무 처리 방식은 언제나 남성의 경우와는 다른 방향으로만 비춰진다.

캔터 교수는 대처나 메르켈이 등장하기 전에 조직 안에서 여성이 빠질 수 있는 네 가지 "역할의 함정"을 이야기했다. 바로 애완동물, 유혹하는 여성, 드센 여성, 엄마다. 애완동물은 여성이 조직 안에서 진지한 상대로 받아들여지는 일이 거의 없이 그저 '귀엽고 다정하거나 여성스러운' 모습만 보여주는 것을 의미한다. 유혹하는 여성은 '못된 마녀처럼 남자를 유혹'하며 조직 안에서 남성과 여성 모두의 경계 대상이 된다. 가장 곤란한 일은 자신도 모르게 '드센 여성'으로만 낙인 찍히는 것이다. 영국 애스턴 대학교 교수 주디스 백스터Judith Baxter의 설명이다. "역사나 문학작품에서 찾아보면 맥베스 부인이나 마거릿 대처쯤 되지 않을까. 그런 여성들은 그저 거칠고 무조건 밀어붙이기만 하는 모습으로 그려지며, 아예 남자 취급을 받기도 한다." 앙겔라 메르켈은 마지막 네 번째 모습, 그러니까 엄마나 여자 교장 선생님 같은 모습으로만 받아들여진다. 촌스러운 모습에 언제나 잔소리만 해대는 꽉 막힌 원칙주의자다.

하지만 2030년이 가까워지면서 여성 지도자를 대하는 태도가 빠르게 변하고 있다. 여론 조사 기관으로 유명한 갤럽Gallup의 2017년 발표에 따르면 "상사의 성별에 대한 미국 국민들의 선호도를 조사하기 시작한 이래 처음으로 응답자의 55퍼센트가 상사의 성별이 무엇이든 상관없다고 대답했다." 응답자의 23퍼센트는 선택이 가능하다면 남성 상사가 더 좋다고 대답했고 21퍼센트는 여성이 더 좋다고 대답했는데, 오차 범위인 4퍼센트보다 차이가 적었다. 갤럽은 1953년부터 이 설문 조사를 했는데, 당시에는 66퍼센트가 남성을 택했고 5퍼센트만이 여성을 택했으며, 25퍼센트는 어느 쪽이든 상관없다고 대답했다. 흥미롭게도 2017년에 남성은 68퍼센트가 어느 쪽이든 상관없다고 대답한 반면 여성은 44퍼센트만이 그와 같이 대답했는데, 앞에서 언급했듯이 여성은 연령과 교육 수준, 거주 지역에 따라 행동과 태도가 크게 다르다.

이 조사는 하비 와인스타인Harvey Weinstein 추문이 불거진 후 한 달 뒤, 즉 '미투Me too 운동'이라는 강력한 문화적 충격이 퍼지던 시기에 실시되었다는 한계가 있다. 하지만 그 밖에도 여성들이 '직장의 꽃' 같은 저주를 극복하기 시작했다고 생각할 만한 여러 요소가 나타났다. 여성들이 다양한 직종에 더 많이 몸담고 계속 최고의 자리를 향해 나아갈수록 역할과 지위도 빠르게 변화할 것이다. 또한 2030년이 되면 정치와 사회 혹은 기업의 지도자 위치에 지금보다 훨씬 많은 여성이 포진할 것이다. 따라서 가장 노골적인 차별 중 하나를 근본부터 무너뜨릴 가능성이 크다.

캔터의 이론은 결혼 시장의 역학 관계를 설명하는 데도 도움이 된다. 1940년대로 돌아가보면 당시 미국 여성들은 직업이나 이력과 관련해 지나치게 야심을 갖지 말라는 말을 들었다. "경고하건대 당신이 사랑하는 남자보다 더 똑똑해 보이지 않도록 주의하라." 당시 유행하던 자기계발서의 한 구절이다. "그냥 똑 부러진다는 느낌을 주는 것까지는 상관없다. 그렇지만 정말로 똑똑해지거나 남자보다 더 똑똑해 보이는 건 절대 안 된다." 하지만 곧 전쟁이 일어나 남성들의 숫자가 크게 줄어들자 이런 조언은 잠시 효력을 잃었다. 어쨌든 그 바탕에는 영민함을 내세우는 여성들은 당시의 관습에 따라 '여성스러운' 여성들보다 선호 대상에서 밀려날 것이라는 생각이 깔려 있었다.

이제 남성이 부족한 현상이 중국처럼 실제로는 다른 방향으로 이어진다고 생각해보자. 중국에서는 박사 학위가 있는 여성을 '제3의 성'이라고 부르기도 한다. 다시 말해 남자들이 결혼하기 꺼리는 사람이라는 뜻이다. 중국 잡지들은 잊을 만하면 이런 기사들을 싣는다. "능력 있는 직장 여성이 남자 친구에게 너무 독립적이지도, 또 너무 자신감 있게도 보이지 않는 데 꼭 필요한 도구가 바로 '사지아오撒嬌'다. 부끄러운 듯 귀엽게 아양을 떠는 기술 말이다." 잡지의 충고는 거기서 한 걸음 더 나아간다. "샤지아 오를 통해 딱딱하고 거친 모습이 아니라 부드럽고 여성스러운 모습을 보일 수 있다. 사실 딱딱하고 거친 모습은 전통적인 여성성의 관념을 거스르는 특성이다." 그것만으로도 성에 차지 않는지 또 다른 양념을 더하라고 권한다. "남성의 자아를 인정해줌으로써 여성은 불가능에 가까운 일을 해낼 수 있다. 자신의 남자가 남자다운 자신감을 되찾도록 만들어주는 것이다."

여성의 기회와 자유가 갑자기 변화했을 때 성별에 따른 고정관념이 어떻게 변하는지를 살펴보자. 사우디아라비아의 여성들은 2018년이 되어서야 처음으로 운전을 허가받았는데, 이들의 자동차 구매 성향은 모두를 놀라게 했다. 《월스트리트 저널Wall Street Journal》의 보도다. "사우디아라비아의 자동차 판매점들은 여성들이 밝은 색깔의 소형 SUV 차량들에 관심 있을 거라고 예상했다. 그런데 여성들은 더 크고 빠른 속도를 낼 수 있는 차량을 원했다." 보통은 차를 고를 때 남성들이 속도와 마력에 관심을 두고, 여성은 편안함과 안전에 관심을 둔다고 생각한다. "모두가 사우디아라비아의 여성들이 엔진과 차체가 작은 차를 택할 거라고 예상했다." 독일 아우디Audi 판매 담당 직원의 말이다. 그렇지만 나이 64세에 손자와 손녀만 16명을 두었으며 여성이 운전할 수 있는 권리를 주장해온 활동가였던 사라 나시에프Sahar Nasief는 머스탱 컨버터블 스포츠카를 골랐다. "이 차가 내 꿈의 차였다." 머스탱을 생산하는 포드 자동차는 이 이야기를 듣자마자 차를 무료로 제공하겠다고 연락했고, 나시에프는 노란색과 검은색이 섞인 머스탱을 골랐다. 좋아하는 축구단의 색깔이었다. "소리가 우렁차서 좋다." 나시에프의 설명이다.

이런 행동을 분석할 때도 캔터의 이론이 도움이 된다. 하지만 사우디아라비아의 도로에서는 여전히 여성 운전자를 찾아보기 힘들다. 사우디아라비아의 여성들 중 앞선 신기술 수용자들은 고정관념을 무너뜨리고 남성과 동등하게 보일 수 있는 방향으로 행동하고 있다.

2030년에는 여성이 세계를 지배할까?

여성들이 힘겹게 얻은 새로운 사회적 지위는 권력 구조의 변화로 이어질 가능성이 있다. 그렇다면 많은 연구가 증명하는 것처럼 추문과 부패가 없고 폭력도 사라진 사회를 만들 수 있을지도 모른다. 또는 일부 여성들만이 혜택을 누리고 나머지는 더 외곽으로 떠밀려 가 사회적 갈등이 전보다 심한 양극화 사회가 형성될지도 모를 일이다. 그렇지만 정치와 산업에 미치는 영향에 관계없이 여성들은 더 많은 재산을 거머쥘 것이고, 낮은 출생률과 노령화가 문제가 되는 미래 사회에서 교육과 보건 문제 등을 포함한 여러 분야에서 여성들을 더 배려하는 쪽으로 관심을 기울일 것이다.

영향력을 지닌 여성들이 많아지면 모두가 이들을 새로운 지도자로 쉽게 받아들일까? 여성의 지위 향상이 얼마나 느리게 진행되고 있는지, 또한 얼마나 많은 여성들이 여전히 제대로 된 기회를 얻지 못하고 차별받고 있는지를 생각하면, 2030년에 완벽한 양성평등이 이루어진 사회가 건설되리라는 견해는 다소 섣부르게 느껴진다.

그런데 남녀 간 권력과 지위가 앞으로 어떻게 변할지는 가장 예측하기 힘든 문제 축에도 끼지 못한다. 도시가 확대되고 여성들이 새로운 기회를 얻는 건 분명한 사실이기 때문이다. 오히려 더 어려운 문제는 도시의 무질서한 팽창과 함께 지구온난화가 가속하고 있다는 것이다. 이와 관련해서는 다음 5장에서 자세히 살펴보겠다. 그리고 기후변화로 가장 큰 피해를 입는 쪽은 결국 여성과 아이들이다.

05
....

변화의 최전선에
도시가 있다

도시는 크기에 상관없이 언제나 둘로 나뉜다.
바로 가난한 자들의 도시와 부유한 자들의 도시다.

— 플라톤Platon, 그리스 철학자

2030년이 가까워질수록 도시는 다가올 미래의 축소판이 될 것이다. 지금까지 살펴본 유행이나 흐름들이 도시에서는 더욱 빠르게 진행된다. 출생률은 더 일찌감치, 더 빠르게 떨어진다. 밀레니얼 세대의 행동 유형은 애초에 본질적으로 도시 지향적이다. 새로운 중산층은 대규모 복합 단지에 산다. 여성은 도시 지역에서 더 많은 기회를 얻으며 성 관념은 빠르게 진화한다. 도시는 변화를 이끄는 거대한 구심점이자 우리가 아는 기존의 세상을 무너뜨리는 촉매제다.

도시 지역은 전 세계 토지의 1퍼센트를 점유하지만 전체 인구의 55퍼센트가 산다. 더 구체적인 숫자로 말해보자. 지구의 육지 면적은 1억 9690만 제곱마일(약 5억 997만 제곱킬로미터)이다. 그중 도시 지역은 200만 제곱마일(약 518만 제곱킬로미터) 정도에 불과한 반면, 거주 인구는 40억 명이 넘는다. 1제곱마일(약 2.59제곱킬로미터)당 약 2000명이 산다는 이야기인데, 이 정도 인구밀도는 매우 높은 수치다. 도시는 전 세계 에너지 생산량의 75퍼센트를 소비하며, 탄소 가스 배출량은 전체의 80퍼센트를 차지한다. 그 결과 지구온난화를 크게 부추기며, 빽빽하게 모여 있는 건물들과 아스팔트나 콘크리트로 포장된 땅이 열기를 더 많이 품어 이른바 '열섬 효과'를 유발한다.

하지만 이 엄청난 숫자들도 오직 현재 상황만 말해줄 뿐이다. 그렇다면 미래에는 어떻게 될까?

앞으로도 도시화의 흐름이 이어질 것이다. 전 세계 도시 지역의 인구가 매주 150만 명씩 늘어남에 따라 새로운 건물들이 지어지고 더 많은 오염물질과 온실가스가 배출될 것이다. 2017년에는 인구 1000만 명이 넘는 도시가 29곳이었다. 2030년이 되면 그 수는 43곳으로 늘고, 그중 14개 도시는 인구가 2000만 명이 넘을 것이다. 도시는 불평등을 심화시킨다. 따라서 도시가 전 세계적인 삶의 기준으로 자리 잡으면 엄청난 사회적 위기와 더불어 기후 위기가 올 수 있다. 우리는 도시 지역의 빈곤과 지구온난화 문제를 어떻게 해결할 수 있을까? 대규모의 변화와 각자의 적응 중 어느 쪽을 택해야 할까? 도시는 먹을거리를 자급자족하는 방법을 고민해야 하는가? 유럽이나 미국에서 불황으로 무너져가는 도시들은 예전의 영화를 회복할 수 있을까?

여러모로 도시는 뜨겁다

2018년 10월, 유엔이 소집한 기후변화에 관한 정부 간 협의체Inter-Governmental Panel on Climate Change는 새로운 보고서에서 이렇게 경고했다. 기후변화라는 재앙을 피하려면 "전 세계적으로 인간이 배출하고 있는 이산화탄소의 양을 2030년까지 2010년보다 45퍼센트 이상 줄여야 하고, 2050년까지는 '완전한 0퍼센트' 수준으로 만들어야 한다." 다시 말해, 2030년까지 해안 지역의 침수를 막고 극단적인 기상이변을 줄이고 전 세계적인 농업의 피해를 방지하기 위해 특단의 조치를 시행해야 한다. 그렇게 하지 않으면 어떻게 될까?

"향후 몇 년은 인류 역사에서 가장 중요한 기간이 될 것이다." 해당 보고서의 공동 책임을 맡은 데브라 로버츠Debra Roberts의 말이다. 2019년 5월 유엔은 또 다른 우울한 보고서 한 편을 공개했다. 기후변화가 멈추지 않으면 지구상에 존재하는 800만 가지 동물과 식물의 종들 중 100만 가지 이상의 종이 향후 몇십 년 안에 멸종할 것이라는 예측이었다. 전 세계적으로 기온이 오르고 있으므로, 도시 거주자들은 지옥을 경험하게 될지도 모른다. "도시에 사는 사람들 대부분이 무척 위험하다." 벨기에 과학자 헨드릭 바우터스Hendrik Wouters의 지적이다. "기온 상승은 높은 사망률과 입원, 에너지 사용 및 경제적 손실로 이어지며, 도시 지역의 열섬 효과가 이를 더욱 악화시킬 것이다."

이대로라면 우리는 미래를 위태롭게 만들 뿐만 아니라 과거까지 지워버릴지도 모른다. 이집트 고고학 연구자인 새라 파객Sarah Parcak에 따르면 전 세계에는 지도에 나오지 않는 고고학 유적지가 5000만 곳이 넘는다. 도시가 확장되면 최소한 그중 절반 이상은 약탈이나 기후변화, 무분별한 개발 등으로 사라질지도 모른다. 이 모든 일이 2030년이 되기도 전에 일어날 것이다. 이 때문에 파객은 일반인들이 참여할 수 있는 글로벌익스플로러GlobalXplorer 운동을 시작했다. 닉 파움가르텐Nick Paumgarten이 《뉴요커》에 기고한 글에 따르면 이 운동에는 민주적 정신이 담겨 있으며 "일반인 고고학자들에게 위성 지도를 제공해 새로운 유적지를 확인하도록 해준다." 운동의 목적은 "탄소 가스와 탐욕에 대항하는 더 많은 감시자들, 궁극적으로는 진정한 의미의 고고학자들을 더 많이 세상에 배출하는 것이다."

도시는 외곽 지역이나 사람이 거주하지 않는 지역에 비해 해수면 상승과 기후변화의 영향을 더 크게 받는다. 전 세계 도시 지역의 90퍼센트 이상이 해안선을 따라 형성되어 있는데, 2025년이 되면 전 세계 인구의 75퍼센트 이상이 도시나 바닷가에 살 것이다. 전 세계에서 중산층이 가장 빠르게 성장하는 아시아 지역에는 세계 인구의 60퍼센트 이상이 사는데, 자카르타, 마닐라, 호치민, 방콕, 오사카나 다카, 상하이 같은 대도시들은 특히 해수면 변화에 취약하다. 아시아 이외 지역으로는 뉴올리언스, 마이애미, 베네치아, 그리고 이집트의 알렉산드리아 같은 도시들이 바다에 접해 있다.

도시의 성장은 2030년 세계의 또 다른 특징인 불평등을 악화시킨다. 불평등은 오래전부터 심각한 문제였다. 그리스의 철학자 플라톤은 2500년 전에 이런 말을 남겼다. "도시는 크기에 상관없이 언제나 둘로 나뉜다. 가난한 자들의 도시와 부유한 자들의 도시다." 독일 영화의 거장 프리츠 랑Fritz Lang이 미래 세계를 그린 1927년의 무성 영화 〈메트로폴리스〉는 플라톤의 생각을 은막 위로 옮긴 것이다. 〈메트로폴리스〉에 등장하는 세상은 지하에서 일하는 노동자들의 세상과 지상에서 편안하게 사는 부유한 사람들의 세상으로 나뉘어 있다. 지상의 화려한 도시에는 온갖 신기한 자동차와 기차, 비행기, 고층 건물, 고가도로, 철도 등이 가득하다. 등장인물 프레더는 도시를 지배하는 인물의 아들이며, 마리아는 노동자들의 추앙을 받으며 가진 자와 못 가진 자 사이를 이어주는 다리가 되고자 한다. 영화의 전체적인 분위기와 주제, 배경 등은 지금의 현대적인 도시들이 그렇듯 입체파, 표현주의, 장식 미술 등 당시의 여러 예술 양식으로부터 영감을 얻었다. 영화는 다음과 같은 흥미로운 자막으로 끝난다. "머리와 손의 중개자는 심장이어야 한다." 개봉 당시만 해도 〈메트로폴리스〉는 여러 평가가 엇갈렸지만 지금은 새로운 세계를 개척한 고전 작품으로 인정받는다. 이 작품은 거대 도시가 결국 계층의 양극화를 초래한다는 사실을 예견했다.

도시의 엄청난 성장세는 현대로 접어들면서 일어난 현상이다. 1920년대만 해도 인구가 1000만 명이 넘는 도시는 세계 어느 곳에도 없었고, 100만 명쯤 되는 도시만 몇 곳 있었다. 아폴로 11호가 달 착륙에 성공한 1969년에도 인구 1000만 명이 넘는 도시는 뉴욕과 도쿄, 오사카 세 곳뿐이었다. 도시화는 21세기에 접어들면서 급속히 빨라졌고, 이제는 도시 생활이 새로운 기준이 되었다. 이런 변화들은 모두 긍정적일까? 플라톤의 가장 유명한 제자인 철학자 아리스토텔레스는 이렇게 지적했다. "인구가 많다고 해서 위대한 도시가 되는 것은 아니다."

전 세계의 많은 거대 도시가 비인간적이고 영혼이 없으며 소외된 곳으로 바뀌고 있다. 20세기 이탈리아의 형이상학파 화가 조르지오 데 키리코 Giorgio De Chirico는 황량한 도시의 풍경을 통해 그런 미래의 모습을 가장 잘 담아냈다. 현대 건축가들과 도시 설계자들은 20세기를 대표하는 독일 건축가 미스 반 데어 로에 Mies van der Rohe의 말을 인용하여 "단순한 것이 더 아름답다"라고 선언했다. 이후 도시는 상자 같은 건물들을 비롯해 간결하게 다듬은 끝없는 거리와 도로, 기둥과 창문들로 가득 차 기하학적인 반복이 계속되는 공간이 되었다. 그리고 어느 순간 현대식 건축물의 단순함은 감당할 수 없을 만큼 거대한 콘크리트와 유리 덩어리로 빠르게 퇴보했다. 스페인의 시인 페데리코 가르시아 로르카 Federico García Lorca는 1929년에 뉴욕에서 잠시 지낸 후 이렇게 말했다. "드높은 마천루와 그 위를 덮고 있는 하늘 사이에서 벌어지는 전투보다 더 시적이고 끔찍한 건 없다." 그 후 몇십 년이 지나서야 비로소 건축가 로버트 벤투리_{Robert Charles Venturi}가 현대 건축에 반기를 들고 "단순한 것은 지루하다!"라고 일갈했다.

대도시들이 몸집을 불리는 동안 문제들도 계속 늘어난다. 교통 혼잡에서 대기 오염, 쓰레기 문제, 빈곤과 불평등에 이르는 모든 것 말이다. 도시는 지구온난화와 커져만 가는 빈부격차와의 전쟁의 최전선에 있다. 그렇지만 이 문제들 앞에서 그저 입만 벌리고 있을 형편이 아니다. 찰스 디킨스는 이런 말을 했다. "성공의 가장 중요한 비결? '그렇게 하고 싶다'라고만 말하지 말고 '그렇게 할 것이다'라고 말하는 것이다." 불가능하다고만 생각하지 말고 수평적 사고방식으로 도시가 직면한 문제들에 맞서자. 그리고 가능성의 확률을 높이자.

도시의 빛과 그림자

도시가 불을 밝히면 '빛의 지도'가 만들어진다. NASA가 제공하는 위성 사진으로 그 모습을 확인할 수 있다(그림 8 참조).

하늘에서 보이는 밝기의 강도는 생활수준과 관련이 크다. 연구자들은 이 방법과 기존의 방법으로 수집한 공식 통계 자료를 교차검증하고 확인한다. 그렇지만 위성 사진은 화려한 도시의 불빛 아래 감춰진 엄청난 빈곤의 규모까지 말해주지는 못한다. 바로 커지는 빈부격차가 낳은 빈곤의 그림자다. 영국 하원 도서관은 2030년이 되면 대부분 도시에 사는 전 세계 1퍼센트의 부유층이 모든 부의 3분의 2 이상을 차지할 것이라는 우

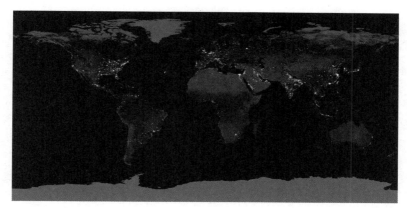

그림 8

울한 전망을 내놓았다. 2018년 홍콩에는 순자산이 최소한 3000만 달러가 넘는 초특급 부자들이 1만 명 이상 살고 있다고 보도되었다. 뉴욕의 9000명을 처음으로 넘어서는 기록이었다. 도쿄와 로스앤젤레스, 파리, 런던, 시카고, 샌프란시스코, 워싱턴 D.C.와 오사카 등도 초특급 부유층이 많이 사는 10대 대도시에 포함된다. 반면 홍콩에서는 전체 인구의 20퍼센트가 빈곤에 허덕이고 있다. 행정부 자료에 따르면 뉴욕도 빈곤층 비율이 19퍼센트에 달한다.

2019년 미국 연방정부가 정한 빈곤선은 4인 가족 기준으로 연 수입 2만 8100달러다. 이 기준으로 보면 텍사스주의 경우 매캘런과 에딘버그, 미션을 잇는 대도시 지역 인구의 30퍼센트가 빈곤층이며, 조지아주의 발도스타는 26퍼센트, 캘리포니아주의 비살리아-포터빌은 25퍼센트, 그리고 인디애나주의 블루밍턴은 23퍼센트가 빈곤층이다. 2017년에는 미국 인구의 12.3퍼센트가 빈곤층으로 분류되었다. 60년 전 린든 존슨 대통령이 빈곤과의 전쟁을 선포했을 때 미국의 빈곤율은 19퍼센트였다. 빈곤도 부도 도시 지역에 편중된다. 문제는 도시가 인생의 좋은 일과 나쁜 일을 크게 부풀리는 경향이 있으며, 우리를 기회를 얻은 자와 그렇지 못한 자의 양 극단으로 몰고 간다는 점이다.

*　　　*　　　*

　미국 국회의사당 건물에서 멀지 않은 곳에 미국에서 가장 가난한 도시 주거지 중 한 곳이 있다. 1932년, 소작농이었던 로사 리 커닝햄Rosa Lee Cunningham의 조부모는 노스캐롤라이나의 리치 스퀘어에서 워싱턴 D.C.의 그 구역으로 이주했다. "로사의 인생 역정은 이 황량하고 궁핍한 거리에서 시작해 50년 이상 이어졌다."《워싱턴 포스트》의 탐사 전문 기자 레온 대시Leon Dash의 기사 내용이다. "정치가들이 빈곤의 악순환을 끊어내는 데 번번이 실패하는 화려한 정부 청사로부터 멀리 떨어지지 않은 곳에서" 로사는 13세부터 임신을 시작해 여덟 아이를 낳았고 결혼은 16세에 했다. 남편이 구타하기 시작하자 몇 개월 후 부모님 집으로 들어갔다. 그리고 몇 년이 흐른 뒤 다시 독립했다. "로사는 빈곤과 무지, 범죄로 대표되는 세상 안에서 살게 되었다." 자녀 둘은 결국 어떻게 해서 안정적인 직업을 얻기는 했다. 가족은 좁은 셋집에 모여 살았고, 큰아들은 거실을 썼다. 다른 아들은 식당에서 주방 청소 일을 했는데 일이 끝나면 마약을 복용하곤 했다. 로사는 침실 하나를 딸과 같이 썼다. 딸의 10대 아들은 청소년 범죄자 수용 시설에 가 있었다. 남은 침실 하나를 차지하고 있는 건 아이 셋을 거느린 또 다른 딸이었다. 그녀는 마약 소지 혐의로 11개월간 복역한 전과가 있었다. 말하자면 3대 아홉 식구가 한 집에 모여 사는 셈이었다.

　"로사는 자녀들 대부분에게 일종의 안전망이다. 그녀의 자녀들은 친구 집에서 감옥으로, 또 거리에서 그녀의 집으로 이리저리 옮겨 다니며 유목민처럼 산다." 로사는 미국의 수도에서 45년간 사는 동안 열여덟 차례 옮겨 다녔다. "로사의 수입이 이 집안의 유일한 고정 수입이기는 했지만 모두 합법적으로 벌고 있는 건 아니었다. 장애 빈곤층을 위한 복지 정책을 통해 매달 437달러를 받았고, 모자라는 돈은 훔친 물건들을 팔아서 채웠다." 로사는 1988년에 에이즈 진단을 받았고 1995년에 사망했다. "빈곤은 인종과 지역에 상관없이 모든 미국 국민의 삶을 황폐하게 만드는 현상이지만 특히 도심의 아프리카계 미국 국민들에게 가장 큰 영향을 미친다."

에릭은 중산층으로 사는 로사의 두 아들 중 하나다. 그는 지프를 끌고 다니며 워싱턴 D.C. 외곽에 살고 있다. 그는 동생 앨빈처럼 한 번도 마약을 하지 않았고 감옥에 간 적도 없다. 두 사람 모두 군 복무를 했다. 어머니 로사가 세상을 떠났을 때 앨빈은 버스 기사였고 에릭은 중장비 운전을 하며 이런저런 임시직을 전전하고 있었다. "로사의 자녀들에게 마약 복용은 누구도 어쩔 수 없는 분열의 벽이 되었다. 에릭과 앨빈은 다른 형제나 자매들과 연락을 잘 하지 않는다. 다른 형제나 자매들이 두 사람 집을 언제 마지막으로 찾았는지 기억하지 못할 정도다. 로사의 집에 관한 문제를 해결하기 위해 에릭이나 앨빈이 찾아올 때 만날 뿐이다."

도시의 빈곤층과 생활이 어려워진 중산층이 힘겹게 살고 있을 때 부자들은 호사스러운 생활을 누린다. "나는 토요일 밤마다 뉴욕으로 가서 지냈다. 개츠비의 집에서 열렸던 연회가 얼마나 화려하고 요란했는지 지금도 생생하게 기억날뿐더러, 아직도 귓가에 집으로 들고나는 차 소리며 정원에서 들리는 음악과 웃음소리가 어디선가 희미하지만 쉴 새 없이 들려오는 것 같았기 때문이다." F. 스콧 피츠제럴드F. Scott Fitzgerald의 소설 『위대한 개츠비The Great Gatsby』의 한 대목이다. "그러던 어느 토요일 밤 나는 개츠비의 저택 쪽에서 진짜 자동차가 움직이는 소리를 들었다. 차는 집 현관 계단 앞에 멈춰 서서 전조등을 비추고 있었다. 하지만 차 주인이 누구인지 더 살펴보지 않았다. 아마 그동안 어디 지구 반대쪽 편에 가 있는 바람에 개츠비가 여는 연회가 영원히 끝을 맺게 되었다는 사실을 미처 알지 못했던 마지막 손님이리라." 그들만의 이질적인 세상에서 부자들은 사회적 평판을 두고 또 다른 부자들과 경쟁한다. 미국의 사회학자 소스타인 번드 베블런Thorstein Bunde Veblen은 1899년에 이렇게 썼다. "재산이 쌓일수록 부자들은 기능과 구조를 더욱 발전시키고 그 부자들 사이에서도 다시 차별이 만들어진다. 태어나면서부터 그렇게 부자나 최고 부자들 주변에서만 자라고 머무는 사람들은 태어나면서부터 가난한 사회적 약자들과는 완전히 동떨어진 삶을 산다."

집 안에만 있는 사람들과 소셜 미디어

도시의 미래는 대부분 중산층이 만들어간다. 팽창하는 도시의 중산층은 3장에서 살펴본 것처럼 현대 소비자 경제의 중심을 이루며, 도시 바깥의 사람들과는 다르게 산다. 이들은 휴양이나 오락거리에 돈을 쓰는 데 관심을 기울이며 훨씬 많은 탄소와 디지털 발자국을 남긴다. 도시 거주자들과 그들의 생활 방식은 분명 기술과 소비의 향방을 결정지을 것이다. 이들이 인구의 대다수를 차지하고 있으며, 기업들은 이들의 행동을 기반으로 새로운 상품과 영업 전략을 개발하기 때문이다. 더 많은 도시 소비자들은 끝없이 이어지는 자기 강화 과정을 통해 도시적 방식으로 더 많이 소비한다.

도시가 커지면 '집에만 틀어박혀 있는' 현상이 급증한다. 2017년에 전 세계적으로 비만으로 고생하는 사람은 6억 5000만 명이었는데, 기아로 신음하는 사람은 그보다 많은 8억 2100만 명이었다. 2030년이 되면 비만 인구는 11억 명으로 굶주리는 사람들의 숫자를 훨씬 넘어설 것이다. 아시아와 아프리카 지역에서는 앞으로 적게 잡아도 2억 명 정도가 중산층으로 올라설 것이다. 비만이 확산하는 주요 원인 중 하나는 도시의 인구 폭발이며, 여기에 움직임이 적은 도시 생활 방식도 영향을 미친다. 식생활 변화와 가공식품 소비 역시 무시할 수 없다. 비만 인구가 늘면 다른 많은 건강 문제 중에서도 심장병과 당뇨병, 관절염 등을 앓는 사람들이 많아진다. 또한 운동 시설과 식생활 개선용 상품이며 더 큰 옷과 추가 공간에 대한 수요가 커진다.

세계보건기구who는 신체 질량 지수가 25∼30인 사람들을 과체중으로 본다. 신체 질량 지수가 30을 넘으면 비만이다. 세계 비만 인구는 1980년 이후 2배 이상 많아졌다. 2016년에는 19억 명 이상의 성인이 과체중이었고, 그중 6억 5000만 명이 비만이었다. 다 합하면 전 세계 인구의 4분의 1 이상이다. 설상가상으로 미취학 아동 4100만 명이 과체중이거나 비만이다. 2016년에는 모든 연령대를 합쳐 최소 280만 명이 과체중과 관련된 건강 문제로 사망했다. 그리고 훨씬 더 많은 사람이 정상적이고 생산적으로 살지 못했다. 그들은 직업을 잃었고 사회적으로 배척당하거나 다른 질병으로 고통받았다. OECD는 "성인 비만율은 미국과 멕시코, 뉴질랜드, 헝가리가 가장 높고 일본과 한국이 가장 낮으며, 2030년까지 계속 높아질 것"으로 예상했다. 비만은 남성보다는 여성에게, 중산층보다는 빈곤층에 더 많은 영향을 미친다.

비만은 특히 미국에서 두드러진다. 미국 인구는 세계 인구의 4퍼센트에 불과하지만 체질량은 거의 18퍼센트를 차지한다. 미국 보건 통계청National Center for Health Statistics에 따르면 미국 국민 중 70퍼센트가 과체중(32퍼센트)이거나 비만(38퍼센트)이다. 전 세계 평균은 과체중과 비만이 각각 39퍼센트와 13퍼센트다. 미국 국민들의 초과 중량을 합하면 10억 명의 평균 체중을 합한 것과 비슷하다. 2030년이 되면 미국 인구의 절반 가까이가 비만 판정을 받을 것으로 예상된다. 게다가 미국 남성의 5.5퍼센트, 여성의 9.9퍼센트가 체질량 지수 40 이상을 기준으로 하는 초비만 인구에 해당할 것이다. 아이들과 청소년의 경우 17퍼센트가 비만이며 6퍼센트가 초비만이다. 미국 10대 청소년 다섯 명 중 한 명이 비만이며, 약 열 명 중 한 명이 초비만이라는 뜻이다. 이러한 현상은 시간이 지날수록 더 심해질 것이다.

역사적으로 영양 부족이 비만보다 훨씬 큰 위협이었던 중국과 인도, 그리고 다른 아시아와 아프리카 개발도상국들의 경제성장은 더 많은 단백질과 가공식품의 소비, 앉아 있는 시간의 증가, 그 밖에 건강하지 않은 도시의 생활 습관들이 더 늘어난다는 것을 의미한다. 현재 전체 인구의 80퍼센트까지 육박하는 최고의 비만율을 기록하는 곳은 미국령 사모아, 나우루, 쿡 제도, 토켈라우, 통가 등을 포함한 남태평양의 여러 섬이다. "처음에는 태평양 섬들의 주민들이 유전적으로 취약하다고 생각했다." 헬스케어 글로벌Healthcare Global 인터넷 홈페이지의 설명이다. 그렇지만 최근 연구에 따르면 서구식 식생활이 가장 큰 원인이었다. "섬의 전통적인 먹을거리는 신선한 생선과 육류, 과일이나 푸성귀였는데 점차 쌀, 설탕, 밀가루, 통조림 고기와 과일, 푸성귀로 바뀌었고 음료수는 맥주나 탄산음료로 대체되었다."

도시의 생활 방식은 정신없이 몰아치는 도시의 특성에 따라 만들어지

2030 축의 전환

기도 한다. 특히 교통 문제가 그렇다. 미국의 주요 도시에서 중심부를 자가용으로 오가는 사람들은 운행 시간의 3분의 1 정도를 주차 공간을 찾는데 낭비한다고 한다. 한 연구에 따르면 중산층이 크게 성장한 도심 지역에서 사람들이 깨서 활동하는 시간의 20~30퍼센트를 차로 이동하느라 허비한다고 하니 '도시' 하면 매연이나 심각한 대기오염이 떠오르는 것은 당연한 일인지도 모른다.

또한 도시적 생활 방식은 스마트폰 어플리케이션 사용과 동의어가 되었다. 스마트폰 사용은 앞으로도 도시 거주민과 도시 외 거주민의 행동을 구분하는 기준이 될 것이다. 가장 많이 사용되는 것은 소셜 미디어 관련 어플리케이션들이다. 2019년 1월 현재 미국과 라틴아메리카, 동아시아의 13세 이상 인구의 80퍼센트 이상이 페이스북이나 트위터Twitter, 인스타그램Instagram 혹은 위챗WeChat 같은 소셜 미디어에 정기적으로 접속한다 유럽과 중동은 약 70퍼센트 이상이다. 반면에 사하라사막 이남 지역은 20퍼센트를 밑돌고, 인도는 30퍼센트 정도다. 스마트폰 사용자가 모두 소셜 미디어를 이용하는 것은 아니라는 사실은 사하라사막 이남과 인도를 보면 알 수 있다. 이 지역에는 도시 이외 지역 주민들의 인구가 많다. 작은 마을에 모여 사는 사람들은 디지털 기술로 어플리케이션에 접속할 수 있더라도 얼굴을 맞대고 접촉하는 쪽을 선호한다. 도시 이외 지역에 거주하는 주민의 비율은 사하라사막 이남 지역이 59퍼센트고, 인도는 65퍼센트다. 이 비율은 사람들이 도시로 이주하면서 빠르게 줄고 있지만 미국의 17퍼센트에 비하면 여전히 높다.

넛지가 도시와 지구를 구할 수 있을까?

사람들은 경제활동 전체에서 배출되는 엄청난 규모의 탄소 가스를 줄여야 지구온난화를 막을 수 있다고 생각한다. 일상생활에서 작고 평범한 행동을 바꾸면 우리도 거대한 재앙을 막는 데 동참할 수 있다. 많은 도시 인구가 친환경적으로 편안하게 생활하려면 두 가지 기본 원칙을 유지해야 한다. 이 원칙을 지키지 않으면 오염과 환경 붕괴, 기후변화를 이겨내기가 어려울 것이다. 두 기본 원칙은 수평적 사고와 관련 있다.

첫 번째 원칙은 '평범함의 위력'으로, 탁월한 성과는 엄청난 도약이나 타고난 재능이 아니라 대개 작은 개선들이 연이어져 나타난다는 개념이다. 사회학자 대니얼 챔블리스Daniel Chambliss는 수영 선수들을 대상으로 대규모의 민족지학적, 정량적 분석을 하여 "최고의 성과는 배우거나 우연히 알게 된 수십여 개의 작은 기술이나 활동이 합쳐진 결과"라고 결론 내리고 '평범함의 위력'이라는 용어를 만들었다. 1984년 올림픽 수영 3관왕인 매리 마허Mary Meagher는 "사람들은 성공이 사실은 얼마나 평범한지 잘 모른다"라는 말을 남겼다. 수많은 작은 일이 동시에 자기 역할을 할 때 놀라운 결과를 만들어낸다는 뜻이다. "그 작은 일들이 특별하거나 초인적인 경지에 이를 필요는 없다. 다만 꾸준히 올바른 방향으로 진행하면 된다." 챔블리스의 설명이다. 다시 말해 탁월함의 본질은 평범함이다. 예를 들어보자.

수영 선수들은 무엇을 배워 실력을 향상시키는가. '적절하게 반환점을 돌기' 위해 '두 팔을 머리 위로 동시에 뻗어 더 효과적으로 벽을 미는 법'을 배운다. 그리고 '물속에서 손을 적당한 위치에 두어 공기가 들어가지 않도록 하는 법'을 배우며 '체력을 기르기 위해 체육관에서 따로 운동하는 법'을 배우고 또 '올바른 식이요법', '몸에 꼭 맞는 수영복을 찾아 입는 법' 등을 계속 배운다. 가장 영향력 있는 경영 평론가이자 현대 경영학의 창시자로 일컬어지는 피터 드러커Peter Drucker는 성공적인 경영자가 되는 법에 관해 이렇게 말했다. "특별한 재능, 특별한 적성, 특별한 훈련은 필요하지 않다. 능력 있는 경영자에게 필요한 것은 단순한 몇 가지 일을 꾸준히 하는 능력이다." 우리 모두가 할 수 있는 작은 행동의 변화가 모이면 기후변화를 늦추고 다음 세대를 위해 환경을 보존하는 등의 큰일을 이룰 수 있다.

두 번째 원칙은 행동과학자들이 '부드러운 개입'이라고 부르는 것으로, 긍정적 강화 혹은 직접적인 제안으로 행동을 변화시켜 집단이나 개인의 동기와 열의, 그리고 결정에 영향을 미치는 방법이다. '부드러운 개입의 기술' 개념은 영국 과학자 D. J. 스튜어트D. J. Stewart가 1999년 발표한 「아인슈타인, 마그리트를 만나다Einstein meets Magritte」라는 논문에 처음 등장했다. 2008년에는 리처드 탈러Richard Thaler와 캐스 선스타인Cass Sunstein이 『넛지Nudge』라는 책으로 '부드러운 개입의 과학'을 세계에 알렸다. 이들이 생각한 기본적인 문제는 사람들이 공동의 이익은 물론 자신의 이익에도 반하게 행동하는 경향이 있다는 사실이다. 노벨경제학상을 받은 탈러와 선스타인은 부드러운 개입의 진정한 위력은 공동의 이익과 개인의 이익 모두를 이끌어내는 행동의 변화를 만드는 잠재력이라고 주장했다. 부드러운 개입은 규제나 강요 혹은 강압이 아니다. 탈러와 선스타인은 이를 '자유주의적 개입주의libertarian paternalism'라고 부른다. "부드러운 개입을 하려면 상대가 부담을 느끼지 않아야 한다. 이런 개입은 지시가 아니다. 신선한 과일을 사람의 시선이 닿는 곳에 슬쩍 놓아두는 것이 바로 부드러운 개입이다. 강제로 인스턴트식품 같은 것을 못 먹게 하는 것은 부드러운 개입이 아니다."

부드러운 개입은 작고 미묘하며 수고를 들이지 않는 변화로도 효과를 발휘한다. 예를 들어보자. 네덜란드 암스테르담 스키폴 국제공항의 남자 화장실 소변기에는 파리 그림이 붙어 있다. 남자들의 '정확도'를 높여 청소 비용을 절감하려는 의도 때문이다. 부드러운 개입은 영업, 인재 관리, 건강관리, 그 밖의 모든 종류의 치료, 정치 등 광범위한 분야에 적용할 수 있다. 정치 분야에서는 기부금 모금액, 유권자 참여율, 투표율 등을 높이는 데 도움이 된다.

좀 더 많은 사람이 공감할 수 있는 사례를 들어보자. 나는 필라델피아에 사는데, 매일 신호등의 빨간불을 몇 번 마주치는가에 따라 출퇴근 시간이 2배 혹은 3배까지도 늘어난다. 그만큼 탄소 발자국도 많이 남기게 된다. 따라서 신호등 불빛이 막 빨간색으로 바뀌려고 할 때 교차로에 서면 속도를 내 그 자리를 통과하고 싶은 유혹을 느낀다. 언제든 사고를 유발할 수 있는 위험한 행동이다. 그렇다면 도시 측에서는 신호등 위에 신호용 패널을 설치해 운전자들에게 저 너머에 있는 또 다른 신호등 상황을 알려줄 수 있다. 앞에 있는 신호등이 노란색에서 빨간색으로 바뀌려고 할 때 그 자리를 빨리 통과해도 다음에 있는 신호등이 바로 빨간색으로 바뀌면 큰 도움이 되지 않으므로, 그 사실을 미리 알면 무리하게 가속하는 운전자가 줄어들 것이다. 또 다른 예를 들면, 도로 위에 선과 화살표를 그려놓으면 사람들이 회전할 때 더 여유 있게 사방을 둘러보며 운전하도록 만드는 효과가 있다. 그 밖에 상점 안에서 박자가 빠른 음악을 틀면 고객들의 이동 속도가 빨라지고 매출도 늘어난다는 사실은 오래전부터 잘 알려져 있다.

연구에 따르면 자유주의적 개입주의와 일상의 사소한 변화는 도시가 오염, 혼잡, 기후변화에 대해 징수하는 벌금이나 탄소 세금, 혹은 금전적 보상보다 효과적일 수 있다. 사람들이 기후변화를 막기 위해 뭔가를 해야 한다는 도덕적 의무감을 느끼면 오염 물질을 덜 배출하도록 운전하거나 재활용에 참여하고 친환경 세제를 사용하는 등의 친환경적 행동을 많이 한다. 사람들이 문제와 그에 따른 결과를 인식하고 개인적 책임감을 느끼며 행동을 취하도록 동기를 부여하는 일은 분명히 필요하다. 그렇지만 친환경적 행동들은 대부분 평소의 생활 습관에 달려 있다. 부드러운 개입은 생각과 행동 사이의 간극을 좁혀주며, 이를 통해 사람들은 긍정적인 습관을 개발할 수 있다. 예를 들어 난방기의 온도조절 장치에 집을 따뜻하게 만드는 데 드는 비용이 표시된다면 어떨까. 실제로 난방비 청구서에 이웃들의 평균 난방비가 함께 쓰여 있으면 에너지 낭비를 줄이는 데 도움이 된다고 알려져 있는데, 이러한 개입은 주위 사람들을 따라가도록 자극하여 소비가 아니라 의로운 일로 이끈다. 또한 신용카드나 모바일 결제로 대중교통을 쉽게 이용하도록 하면 사람들의 대중교통 이용을 늘릴 수도 있다.

물의 소중함

"우물이 마르면 비로소 물의 가치를 알게 된다"라고 벤저민 프랭클린 Benjamin Franklin은 말했다. 프랭클린은 모든 일을 당연하게 여기지 말라는 의도로 그 말을 했겠지만, 오늘날의 관점에서 보면 이 경구는 문자 그대로 적절하다. 물은 대부분 다시 채워 쓸 수 있는 자원이지만 전 세계적으로 그 질과 분배량이 심각한 갈등과 마찰의 원인이 되고 있다. 현대 도시는 자주 물 부족 현상에 직면한다. 게다가 도시 거주자들 네 명 중 한 명, 즉 10억 명이 집 안에 상수도 시설이 없다. 인구 증가의 지리적 분포 변화, 도시화, 그리고 중산층의 성장과 기후변화는 물의 경제학과 정치학을 근본적으로 뒤바꾸고 있다. 해양학자로 기후변화를 연구하는 펜실베이니아주립대학교의 동료 교수 이리나 마리노프Irina Marinov는 이렇게 지적했다. "우리는 자연이 10만 년 주기로 해온 것보다 더 많은 변화를 지난 200년 동안 일으켰다."

2030년이 되면 물 문제는 더 심각해질 전망이다. "미국 서부의 오래된 속담에 따르면 위스키는 마시라고 있고 물은 싸우라고 있다." 미국 물자원 협회National Water Resources Association에서 대정부 업무를 담당하는 이언 라일리Ian Lyle의 말이다. 매킨지 앤드 코McKinsey & Co.에 따르면 물은 미래의 사회기반시설 개발에서 교통과 에너지 다음으로 중요하고 비용이 많이 드는 분야다. 물은 수원지에서 멀어질수록 저장과 운송이 어려워지고 비용도 많이 든다. 도시의 미래는 새로운 수원지와 공급 시설을 건설하고 일반 소비자와 농부, 기업가, 그리고 에너지 생산 업체 관계자 등 모든 사람이 좀 더 주의하며 물을 사용하도록 일깨우는 데 달려 있다.

대규모의 인간 사회를 유지하기 위해서는 수자원 확보와 관리가 필수적이다. 이집트와 메소포타미아, 인더스, 중국, 그리고 로마 등 모든 주요 고대 문명들은 대도시에 모여든 수많은 인구를 먹여 살리기 위해 물을 관리하는 기술과 사회기반시설을 함께 발전시켰다. 역사적으로 큰 재난들은 대부분 물 부족 현상과 함께 일어났다. 유엔에 따르면 자연재해 중 90퍼센트 이상이 물과 관련이 있다. 2011년 소말리아나 2012년 수단, 그리고 말리의 사례에서 보듯이 가뭄이나 물을 둘러싼 갈등으로 수많은 난민이 신음하기도 했다. OECD는 2030년이 되면 전 세계 인구의 절반가량인 40억 명이 심각한 물 부족 현상에 시달릴 것으로 예상하는데, 특히 도시들이 대단히 빠르게 성장하는 동아시아, 남아시아, 중동 지방이 가장 큰 타격을 받을 것이라고 한다.

물은 지표면의 3분의 2 이상을 덮고 있지만 그중 97.5퍼센트는 마실 수 없다. 인간에게 남은 물은 2.5퍼센트뿐인데 그중에서도 70퍼센트 이상은 빙하, 만년설, 영구 동토층 등이어서 사용할 수 없다. 남은 30퍼센트 정도가 지하수고, 1퍼센트 미만이 강과 호수, 습지, 그리고 저수지 등에 있다. 현재 약 12억 명이 깨끗한 식수를 공급받지 못하고 있으며, 28억 명은 1년에 적어도 1개월 이상은 물이 부족한 상황을 겪는다. 물 부족 문제는 경제적, 자연적인 이유로 일어날 수도 있다. 세계 일부 지역은 현재와 미래의 인구를 지탱할 수 있는 물이 처음부터 부족한 반면 다른 지역들, 특히 사하라사막 이남과 남아시아의 물 부족 현상은 열악한 사회기반시설과 관리 능력 부족, 혹은 다른 경제적 요소가 원인이다. 이 지역에 가뭄이 들면 여성들과 아이들이 가족을 위해 하루 다섯 시간 이상을 들여 물을 확보하러 나서야 한다.

남아시아 지역은 상황이 더 심각하다. "첸나이, 방갈로르, 심라, 델리에서는 물을 배급하고 있으며, 인도의 식량 안보도 위협하는 상황이다. 수백만 명의 생명과 생활이 위험에 처해 있고, 인도의 도시 지역은 물 부족 현상 때문에 비명을 지르고 있다." 인도의 국가 여성 위원회 National Commission for Women의 지적이다. "예를 들어 방갈로르는 일주일에 두 차례 물을 배급하고 있으며 보팔은 하루에 30분만 물을 공급하고 있다. 뭄바이에서는 1~6월까지 물이 부족한 현상이 반복되며, 하이데라바드 일부 지역은 사흘에 한 번 물을 공급한다." 이 도시들은 세계에서 성장 속도가 가장 빠르다.

바퀴의 재창조

세계에서 가장 가난한 지역에서는 여성과 여자아이들이 매일 먼 거리를 걸어서 물을 길어 온다. 물은 많을수록 나르기가 더 어려워진다. WHO에 따르면 마시고 요리하고 씻기 위해 하루에 사람에게 필요한 물은 5.3갤런(약 20리터)에서 13.2갤런(약 50리터) 정도다. 아시아와 아프리카 일부 지역에서는 여성들이 한 번에 3갤런(약 11리터) 정도의 물을 가져오기 위해 평균 3.7마일(약 6킬로미터)을 걸어갔다 와야 한다.

신시아 쾨닉Cynthia Koenig은 이 문제를 해결하기로 결심했다. 미시간대학교를 졸업하고 대학원에서 경영학과 국제적 지속가능성 분야를 공부한 그녀는 웰로 워터휠Wello WaterWheel이라는 사회적 기업을 세우고 지형에 상관없이 쉽게 굴리거나 밀고 다닐 수 있는 바퀴 모양의 플라스틱 물통을 만들어 보급했다. 인도 여성들이 전통적으로 머리 위에 짊어지고 다니는 2.2갤런(약 8리터) 정도의 물 단지를 대신해줄 이 24갤런(약 91리터)짜리 바퀴 형태의 물통은 U자 모양의 긴 손잡이가 달려 있어 손수레처럼 쉽게 밀거나 끌고 다닐 수 있다. 이 물통은 평소보다 10배가 넘는 물을 훨씬 적은 힘으로 운반할 수 있다.

이런 형태의 물통이 처음은 아니었지만, 쾨닉은 가격을 낮춰 차별화에 나섰다. "물이 부족한 환경 속에서 몇 년 동안 살고 일한 개인적인 경험을 바탕으로 웰로 워터휠을 세웠다." 그녀는 회고했다. "멕시코의 어느 외진 마을에서 지내며 하루에 쓸 물을 길어 오느라 매일 고생했다." 그녀는 인도 라자스탄 지역을 답사차 돌아보는 동안 다른 사람들과 지혜를 모으기 시작했다. "기구로 물을 나르는 방법부터 당나귀 등에 꼭 맞게 공학적으로 만든 짐바구니 등 다양한 제안이 쏟아졌다." 2016년 말이 되자 1만 개

가 넘는 워터휠이 방글라데시, 인도, 케냐, 말라위, 파키스탄, 그리고 잠비
아의 도시와 외곽 지역에서 매일 사용되었다.

훨씬 큰 차원에서 보면, 잘못된 농업 방식 때문에 가장 심각한 물 문제
가 나타날 가능성이 있다. 전 세계에서 인간이 사용하는 물의 70퍼센트가
농업용수이며 산업 용수가 20퍼센트, 그리고 가정용 용수가 약 10퍼센트
를 차지한다. 우리는 1장에서 아프리카에서 일어날 농업과 산업의 이중
혁명을 살펴보았다. 그런 변화는 수자원을 적절하게 관리해야만 일어날
수 있다.

물과 에너지의 연계

에너지를 생산하는 데 필요한 물의 역할에 유념하면 도시에 필요한 물
을 쉽고 적절하게 얻을 수 있다. 원자재와 화석연료를 추출하고 가공하는
데, 발전기를 냉각하는 데, 유기체를 이용해 연료를 뽑아내는 데, 그리고
수력발전소를 가동하는 데 물이 필요하다. 유엔에 따르면 전기를 만드는
발전 장치의 90퍼센트가 물을 엄청나게 많이 사용한다.

그렇지만 에너지에 대한 필요와 물에 대한 필요가 충돌하면 어떻게 될
까? 광산 개발과 수압 파쇄 공법 때문에 지하수층이 날로 오염되고 있다.
기후변화 역시 좋지 않은 영향을 미칠 것이다. 관련 정책을 입안하고 계
획을 세울 때는 도시 인구의 증가에 맞춰 필요한 물과 에너지가 많아지는
데 따르는 위험과 제약을 염두에 두어야 한다. 따라서 제너럴 일렉트릭
General Electric, GE의 발전 및 수자원 개발 부문 최고마케팅책임자CMO 랠프
엑스턴Ralph Exton의 말처럼 "물과 에너지의 연계 관리" 혹은 "물과 에너지,

그리고 식량의 연계 관리"라는 개념이 필요하다. "물은 세계에서 가장 저렴하게 남용되고 있는 자원이며, 대부분 재사용이나 재음용이 불가능하게 처리된다." 동료 교수 놈 라이어Noam Lior의 지적이다. "각국 정부는 이 문제에 대한 개입을 꺼린다. 어느 누구도 철저하게 원가를 분석하고 이를 바탕으로 정책을 세우려 하지 않는다."

기후변화는 우리가 예측할 수 없는 방향으로 대규모 가뭄과 홍수를 일으키며 물의 순환에도 영향을 미칠 것이다. 여기에 지구온난화가 새로운 위협으로 등장해 몇 가지 즉각적인 영향을 미칠 것이다. 기온 상승은 수증기가 증발한다는 의미인데, 강이나 호수를 채워 도시를 포함한 모든 지역 거주민들을 유익하게 하는 물들의 순환 방향을 바꾼다. 초목들의 변화도 빗물의 흐름을 바꾼다. 온난화는 빙하를 녹여 결국 사라지게 만들고, 강이나 하천으로 끊임없이 흘러들던 물줄기를 빼앗아 갈 것이다. 농업용수로 사용할 수 있는 물의 양은 더욱 줄어들 것이다. 기온이 오른 지역에 산발적으로 쏟아지는 폭우는 일시적으로나마 물이 한곳에 고이게 만들겠지만 그 웅덩이 때문에 모기들이 창궐하게 되면 심각한 보건 문제가 발생할 것이다.

화물용 컨테이너 안에서 농사짓기

도시는 탄소 가스 배출의 주요 원인이고 기후변화와 물 부족 현상에 가장 크게 영향을 받는다. 우리는 수평적 사고를 통해 교외 지역을 더 친환경적으로 만드는 요소들을 도시로 가져올 방법을 궁리해야 한다. 2030년과 이후에 관해 가능할 듯 말 듯한 전망이 하나 있다면 도시가 늘어나는 거주민들의 필요를 채울 먹을거리들을 스스로 생산할 수 있는가, 다시 말해 도시가 열섬이 아닌 '녹색의 섬'이 될 수 있는가 하는 점이다. 친환경 발전은 식량 수입을 줄임으로써 탄소 가스 배출도 함께 줄여준다. 도시 지역에 초목이 많아지면 자동차와 발전 시설이 배출하는 탄소 가스를 어느 정도 흡수하는 데도 도움이 된다.

선진국들은 '수직 농법vertical farming'을 점점 더 주목하고 있다. 컬럼비아 대학교의 딕슨 데스포미어Dickson Despommier 교수가 처음 제안한 수직 농법은 2층 이상의 건축물 안에서 식물을 재배하는 방식이다. "낡은 공장 터나 버려진 창고, 산업용 건물 같은 어울리지 않는 장소에서도 채소를 재배하고 있다." 관련 전문가인 라빈드라 크리슈나무르티Ravindra Krishnamurthy의 지적이다. 잭 응Jack Ng은 세계 최초의 대규모 상업 수직 농업 시설인 스카이 그린스Sky Greens를 싱가포르에 세웠다. 그는 상추와 시금치 같은 푸성귀들을 30피트(약 9.1미터) 높이의 A자 형태의 탑 안에서 재배한다. 그 안에서는 38층으로 이루어진 재배용 틀이 1초에 1밀리미터의 속도로 회전하며 "햇빛과 공기, 그리고 수분을 모든 푸성귀에 균일하게 공급한다." 가장 큰 특징은 효율적인 자원 사용이다. 탑 한 동을 1개월 유지하는 데드는 비용은 3달러에 불과하며 탄소 발자국은 아주 적다. "들어가는 전력은 40와트짜리 전구 하나를 밝히는 수준"이다. 물은 재활용하며 "모든 유기 폐기물 역시 퇴비로 재활용한다."

수직 농업은 쇠퇴하는 도시들의 부활을 도울 수도 있다. "디트로이트에서는 여러 기업이 창고나 공장 부지를 활용해 농작물을 재배하고 지역이 필요로 하는 먹을거리들을 생산한다."《디트로이트 뉴스Detroit News》의 보도다. 예를 들어 "그린 칼라 푸즈Green Collar Foods는 400제곱피트(약 37제곱미터) 넓이의 플라스틱 온실 안에 형광등을 켜고 수경 재배 장치로 물을 주며 케일, 고수, 고추 등을 재배하고 있다. 수직으로 세워진 이 재배 장치의 수많은 선반 위에서 푸성귀들이 자란다." 제프 애덤스Jeff Adams는 지난 2015년 7500제곱피트(약 697제곱미터)의 빈 창고를 빌려 아테시언 팜스Artesian Farms라는 회사를 시작했다. 그는 캘리포니아의 농부들보다 20배나 물을 적게 사용하면서 상추를 키운다. 가장 중요한 건 수직 농업을 도시에서 시행하면 운송과 배달에 드는 시간이 줄면서 탄소 가스 배출도 줄일 수 있다는 점이다. "우리가 소비하는 먹을거리들이 이곳에 도착하기까지는 7일에서 10일 정도가 걸린다." 애덤스의 지적이다. 그렇지만 이렇게 직접 재배하면 "시장까지 하루면 도착할 수 있고 최대한 많이 걸려도 48시간 정도다. 게다가 맛도 훨씬 좋고 영양가도 거의 손상되지 않는다."

도시 농업은 급격하게 성장하는 아프리카 도시들의 수요를 충족시켜 주는 데도 중요한 역할을 할 것이다. 아프리카에서는 운송 절차가 대단히 복잡하고 정체 현상이 심각하다. 이에 따라 케냐와 우간다의 수도인 나이로비와 캄팔라의 도시 관료들은 수년에 걸쳐 농업 활동을 장려하고 있으며 많은 성공을 거두었다. 일부 연구에 따르면 이미 "전 세계적으로 도시 농업에 종사하는 사람이 8억 명이 넘으며, 전 세계 농산물의 15~20퍼센트를 생산하고 있다." 도시 농업은 대부분 개발도상국에서 시행되고 있다. 아프리카에서는 3500만~4000만 명이 대부분의 먹을거리를 도시 농장을 통해 공급받고 있다고 한다.

아프리카 농부들은 식량 수요를 충족시키기 위해 기발한 제안들을 내놓고 있다. "우리는 화물용 컨테이너 안에서 농작물을 재배한다." 프레시 다이렉트 프로듀스Fresh Direct Produce를 세운 나이지리아의 기업가 올루웨이미카 엔젤 아델라자Oluwayimika Angel Adelaja의 설명이다. 그녀는 농장을 나이지리아의 수도 아부자로 옮겨 운송비를 절감하고 대부분의 상품을 거의 완벽한 상태로 시장에 내놓는다. 컨테이너 농작물 재배는 물을 훨씬 효율적으로 사용하며, 필요한 전력은 태양광으로 해결한다. 이렇게 아프리카는 도시 농업 기술을 개발함으로써 2030년을 기점으로 예상되는 인구 증가로 인한 식량 문제를 해결하는 데 한 걸음씩 다가서고 있다.

다시 살아나는 도시들

수평적 사고는 선진국의 주요 도시 문제들 중 하나를 해결하는 데도 필요하다. 현재 선진국의 여러 도시가 제조업 쇠퇴로 무너지고 있다. 그 때문에 빈곤이 증가하고 중산층이 붕괴하고 있다.

1997년 구겐하임 빌바오 미술관Guggenheim Bilbao Museum이 스페인 북부 바스크 지역의 무너져가는 도시에 세워져 일반인들에게 공개되었다. 19세기 후반까지만 해도 빌바오는 제철업과 조선업이 융성한 곳이었지만 유럽과 미국의 공업 도시 수백여 곳이 겪은 흥망성쇠 중 하나의 사례일 뿐이었다. 미술관 건물은 당대 최고의 건축가로 일컬어지는 프랭크 게리Frank Gehry의 작품이다. 은색으로 번쩍이며 굴곡이 풍만한 건물은 즉시 전 세계의 시선을 끌어모았다. "이제 빌바오는 누구나 한 번쯤 가봐야 할 도시가 되었다." 저명한 건축비평가 허버트 무샴프Herbert Muschamp가 《뉴욕 타임스 매거진New York Times Magazine》에 기고한 글의 일부다. "기적은 여전히 일어나고 있으며 그중에서도 가장 큰 기적 중 하나가 여기서 일어났다는 말이 나온다. 지난 2년 동안 아직 완성되지도 않은 건물의 뼈대를 보기 위해 수많은 사람이 빌바오로 몰려들었다. '빌바오에 가봤어?' 이 말은 건축업계에 있는 사람이라면 한번쯤 입에 담는 말이 되었다. 그 빛을 보았어? 정말 미래를 본 것 같아? 제대로 진행되고는 있어?" 건물의 외관은 대단히 불규칙하고 복잡하게 보인다. 내 친구이자 이 미술관을 세운 스페인의 건설사 페로비알Ferrovial의 중역인 라파엘 델 피노Rafael del Pino는 게리의 동료 중 한 사람에게 이런 농담을 했다. "우리가 설계도랑 조금 다르게 건물을 세웠다 한들, 제대로 알아볼 사람이나 있을까?"

구겐하임 빌바오 미술관은 되살아나는 도시의 상징 같은 존재가 되었다. "산업 체제의 붕괴와 높은 실업률, 그리고 기본적인 환경과 도시 구조의 퇴보, 이민자와 인구 정체 문제, 사회적 배척 문제 등 여러 가지 문제가 생겨났다. 실업률은 보통 25~30퍼센트였으며, 도시 인근의 일부 지역은 35퍼센트까지도 치솟았다." 건축학을 전공한 이본 아레소Ibon Areso의 회상이다. 그는 빌바오의 부시장으로 잠시 시장 대리를 역임하며 도시 계획을 책임지고 빌바오의 변신을 주도했다. "현대사회에서는 문화 활동과 예술, 운동경기, 여가 활동 등이 하나로 합쳐져 도시의 생명력을 나타내는 기준이 되며 도시의 매력을 결정한다." 아레소의 지적이다. "미래에는 경제적으로 중요한 동시에 문화적으로도 매력 있는 도시를 찾아보기가 힘들 것이다. 그런 대도시는 런던이나 파리, 뉴욕 정도다."

구겐하임 빌바오 미술관 건립에는 약 1억 5000만 달러가 들었는데, 다른 시급한 문제들이 산적한 상황에서 왜 막대한 예산을 지출하는지 이해하기 어려웠던 지역 주민들은 이 계획에 강하게 반발했다. "타당성을 조사했는데 적자가 나지 않으려면 1년에 적어도 40만 명 이상의 관람객이 찾아와야 했다." 아레소의 회상이다. "그런데 개관 후 첫 1년 동안 관람객이 136만여 명에 달했다." 현재 구겐하임 빌바오 미술관을 찾는 관람객은 연평균 100만 명이 넘는다. 미술관은 직접적, 간접적 경제활동으로 4000여 개의 일자리를 창출했는데, 빌바오의 가장 중요한 산업이었던 조

2030 축의 전환

선소 경기가 호황이었을 때의 규모와 맞먹는다. 유엔과 스페인, 그리고 바스크주 정부가 도시를 재건하기 위해 자금을 지원하여 건설한 이 사회 기반시설은 주변에 새롭고 매력 넘치는 번화가를 만들어냈다. 그렇지만 "이런 수치상의 기록들은 빌바오에 관한 긍정적 홍보 효과나 투자 효과 같은 요소들은 포함하지 않았다." 미술관의 성공은 또한 "빌바오의 자긍심"을 다시 일으켜 세우는 데 도움이 되었다.

이런 재생 혹은 부활 계획은 미국에서도 많은 화제와 논란을 불러일으키고 있다. "산업화 시대 이후 '과거의 영화를 간직하고 있는' 미국의 도시들은 새로운 전성기를 경험하고 있다." 기업가들을 위한 전문 잡지《패스트 컴퍼니》의 2018년 사설 내용이다. "그렇지만 주로 아프리카계의 소수 민족 저소득층은 어느 때보다 힘든 시절을 보내고 있다."

펜실베이니아 피츠버그의 사례를 보자. 피츠버그는 강철왕 앤드루 카네기Andrew Carnegie와 산업화 시대의 악덕 자본가로 이름 높았던 앤드루 멜론Andrew Mellon의 고향이다. 약 5세대에 걸쳐 피츠버그는 미국 전역의 초고층 건물과 고속도로, 대형 선박을 위한 철강 자재들을 공급해왔다. 제1차 산업혁명 기간 동안 이룩한 피츠버그의 발전은 빌바오와는 비교도 할 수 없을 정도였음에도 산업화 시대가 저물면서 피츠버그 또한 큰 타격을 받았다. 하지만 지금은 머난거힐라강 강변의 텅 빈 부지 안에서 우버Uber가 자율 주행 자동차를 시험하고 있다. 한때 제철소의 일부였던 근처의 낡은 건물은 로봇공학을 주로 연구하는 ARM 연구소Advanced Robotics for Manufacturing Institute가 차지했다. 광산용 장비를 개발하는 업체 캐터필러Caterpillar는 자동으로 움직이는 중장비를 개발하는 시설을 설치했다. 전망 있는 신생 기업을 위한 수십억 달러의 투자금이 피츠버그로 쏟아져 들어오고 있다. 한편 이곳의 기존 거주자들은 수십 년 동안 폭락을 거듭한 부동산 가격이 서서히 상승하고 있다고 지적한다. "인공지능과 로봇공학 분야에서 일하는 젊은 세대들이 피츠버그의 변신을 이끄는 장관을 연출하고 있지만, 공동체 전체가 발전하지 못하고 기존의 가난한 거주자들이 외곽으로 밀려나는 젠트리피케이션gentrification이 발생하고 있다." 카네기멜론 대학교의 앤드루 무어Andrew Moore의 설명이다.

수십 년 동안 침체되어 있던 도시를 되살리기란 쉬운 일이 아니다. 이 때문에 수많은 도시가 2030년 이후 나아갈 방향을 찾기 어려워한다. 2018년 《패스트 컴퍼니》는 "피츠버그가 새롭게 흥하고 있다"라고 했지만 반면에 이런 평가도 내렸다. "좀 더 가까이서 들여다보면 일부 지역만 그렇다는 사실을 알 수 있다." 『분열된 도시The Divided City』의 저자 앨런 말라크Alan Mallach는 볼티모어, 클리블랜드, 디트로이트, 피츠버그 같은 도시에서 "가난한 사람들을 무시하는 재생이 진행되고 있다"라고 지적한다. 그에 따르면 "이 도시들이 새롭게 앞으로 나아갈 때는 일부 지역만 혜택을 볼 뿐이다. 비교적 최근까지 노동자 계층이나 중산층으로 그럭저럭 안정된 생활을 누려오던 수많은 사람이 사회적, 경제적 절벽으로 밀려 떨어지고 있다." 리처드 플로리다Richard Florida는 자신의 책 『도시는 왜 불평등한가The New Urban Crisis』에서 도시의 이중적 본질을 이렇게 지적했다. "도시는 낙관론자들의 찬양처럼 혁신을 이끄는 가장 중요한 동력원이며 경제적, 사회적 발전을 제시하는 모형인가? 아니면 비관론자들의 토로처럼 불평등과 사회적 분열을 더 키우는 곳에 불과한가? 도시는 이 두 가지 모습을 모두 갖고 있다." 2030년이 가까워질수록 점점 더 많은 도시가 이런 분열을 경험할 것이다. 고학력 전문직 주민들이 신분 상승을 꾀하는 지역과 성인 인구의 15퍼센트를 차지하는 기능적 문맹들의 원래 거주지가 도시 안에서 혼재돼 나타날 것이다. 도시는 이처럼 점점 벌어지는 격차를 어떻게 해결해야 할까?

＊　　　　＊　　　　＊

"실례합니다. 여기가 채터누가 추추역인가요?"라는 가사로 시작되는 미국에서 가장 유명한 노래 중 하나인 〈채터누가 추추〉는 1941년 글렌 밀러Glenn Miller와 그의 악단이 처음 녹음했고 영화 〈선 밸리 세레나데〉의 삽입곡으로도 쓰였다. 이 곡은 발매 후 9주 동안 120만 장이 팔려나가 미국 대중음악 역사상 최초로 100만 장을 돌파한 음반으로 기록되었다. 테네시주의 채터누가는 섬유와 가구, 금속 가공업 등으로 전성기를 구가했다. 조지아주와 경계를 이루는 테네시강 강변에 위치한 채터누가는 '남부의 동력원'을 뜻했으며 남부 지방으로 향하는 모든 열차가 이곳에서 정차했다.

1950년대 후반의 전성기에는 인구가 13만 명에 달했지만 당시에도 백인 중산층들이 도시 외곽으로 이동하고 있었고, 이후 제조업 관련 일자리가 크게 줄어들기 시작했다. 1969년 연방정부는 채터누가의 대기가 "미국의 어느 도시보다도 오염이 심하다"고 평가했다. 산으로 둘러싸인 지형 때문에 공장에서 나오는 오염 물질들이 빠져나가지 못하고 갇히기 때문이다. 1971년에는 채터누가를 지나가는 여객열차 운행까지 중단되었다.

1990년대에 채터누가가 부활한 과정은 아주 극적이었다. 지역의 자선기금 덕분에 복잡한 테네시강 유역 재정비 사업이 탄력을 받았다. 1992년에는 세계 최대 규모의 담수 수족관이 개관했고, 이어서 공원과 학교, 주택단지가 차례로 건설되었다. 1990년대에 인구 증가를 기록한 미국의 도시는 18곳뿐이었는데, 채터누가도 그중 한 곳이었다. 관광과 금융, 그리고 보험 관련 일자리가 두 자리 수 비율로 뛰어올랐다. 채터누가는 독일의 자동차 제조업체 폭스바겐Volkswagen이 2008년에 10억 달러 이상을 투자해 대규모 생산 시설을 건설하겠다고 발표할 때도 이미 상승세를 타고 있었다.

채터누가 공무원과 민간인 후원자들은 시의 모든 지역을 연결하는 초고속 광섬유 인터넷 연결망에 투자하는 선견지명을 발휘했다. 이와 비슷한 시설을 갖춘 도시는 미국에서 200여 곳이 되지 않는다. 흔히 '기그The Gig'로 불리는 초당 1기가바이트의 속도를 자랑하는 채터누가의 인터넷 연결망은 미국에서 최고 속도를 자랑한다. "채터누가는 몰락한 중소 도시에서 맨해튼과 샌프란시스코, 그리고 오스틴 등지에서 밀려온 사람들로 가득 찬 신생 기업들의 중심지로 탈바꿈했다." 디지털 미디어 기업 바이스Vice의 제이슨 쾨블러Jason Koebler의 말이다. "2011~2015년에 광섬유 기반 시설을 통해 8억 6530만 달러에서 13억 달러에 이르는 경제적, 사회적 이익이 창출되었다. 또한 2800~5200개에 달하는 일자리도 만들어졌다." 채터누가 테네시대학교의 경제학자 벤토 로보Bento Lobo가 진행한 연구의 결론이다. 녹스빌에 본사가 있는 클라리스 네트웍스Claris Networks는 채터누가에 매장을 세우기로 결정했다. "녹스빌에서는 AT&T에서 제공하는 100메가비피에스Mbps 인터넷을 한 달에 1400달러씩 내고 사용해야 하는데, 채터누가에서는 같은 속도의 인터넷 이용료가 300달러여서 1100달러나 절약할 수 있다"는 것이 이유였다. 초고속 인터넷을 사용하면 회사가 절약할 수 있는 비용은 더 많아진다. "AT&T를 통해 초고속 인터넷을 이용하려면 비용이 한 달에 5000~7000달러는 되는데 채터누가는 1400달러에 불과해 한 달에 3600~5600달러를 절약할 수 있다." 6장에서 살펴보겠지만 이 광섬유 초고속 인터넷 시설 덕분에 채터누가는 인터넷을 주로 이용하는 수많은 신생 기업을 끌어모을 수 있었다.

성 소수자와 방랑자

사람들은 창의성의 거점인 도시를 생각할 때 대부분 실리콘밸리나 맨해튼의 실리콘앨리Silicon Alley를 떠올린다. 그런데 채터누가는 이곳들과 여러 측면에서 다르다. "신생 기업들이 많이 몰린 곳들은 보통 민주당을 지지하며 대단히 자유분방하고 진보적이다. 그게 일반적이다." 채터누가의 신생 기업 지원 책임자 잭 스투더Jack Studer의 지적이다. "이곳은 남부 도시다. 채터누가에 본사가 있는 이삿짐 업체 벨호프Bellhops의 직원들은 모두 사냥이나 낚시를 하고 미식축구 경기를 본다. 다만 그런 모습을 페이스북으로 확인할 수 없을 뿐이다. 그게 차이라면 차이일 것이다."

샌프란시스코나 뉴욕 같은 세계적 도시들은 경제 분야에서 또 다른 역할을 한다. 사회학자 사스키아 사센Saskia Sassen의 선구적인 연구 결과를 인용하면 "세계화 작업을 수행한다." 이 도시들은 이른바 "창조적 변화를 주도하는 사람들"을 끌어모은다. 토론토대학교 교수이자 유명 저술가인 리처드 플로리다는 과학자에서 공학 기술자와 건축가, 예술가, 디자이너에 이르는 전문 지식인들을 대상으로 이런 현상이 나타난다고 말한다. 각 도시들은 경쟁이라도 하듯 이 전문가들을 불러 모은다. 그러면 이 창조적 변화를 주도하는 전문가들이 온갖 종류의 사업체들을 불러들여 일종의 선순환이 이루어진다. 무엇보다 중요한 건, 많은 도시가 이 과정에서 혁신의 중심지가 된다는 사실이다.

창조적 변화를 주도하는 이 전문가 계층은 미국 노동력의 3분의 1 이상을 차지하고 있으며, 2030년이 되면 절반 가까이 이를 것으로 예상된다. 전문가 계층은 "특별한 문제들을 해결하기 위해 복잡한 지식 체계를 이용한다." 플로리다 교수는 도시가 역동적인 전문가 계층을 한자리에 모으거나 길러내는 데 필요한 것들을 '3T' 개념으로 요약했다. 바로 인재talent, 관용tolerance, 기술technology이다.

그중에서도 관용이란 개념은 많은 관심을 끌었다. 플로리다 교수는 자신이 제시한 성 소수자 지수Gay Index와 방랑자 지수Bohemian Index가 높은 도시가 경제적으로 크게 성장한다고 주장했다. 그는 관용을 특히 남녀 성 소수자들, 그리고 화가나 음악가처럼 자유분방한 방랑자 기질이 있는 다양한 사람들을 한곳에 모을 수 있는 개념으로 정의했다. 폭넓게 보면 모든 전문가 계층은 편견 없는 열린 마음을 키울 수 있는 특별한 생활 방식과 밀접하다. "다양성에 대한 관용과 열린 마음은 물질만능주의적 가치 이후의 시대로 향하는 광범위한 문화적 변동의 일부다." 플로리다 교수의 지적이다. "관용과 열린 마음은 기술, 그리고 인재와 함께 경제 발전을 돕는 또 다른 요소다." 인재와 관용, 그리고 기술은 힘을 합해 지식 경제를 주도하는 사람들을 한곳으로 이끈다. 플로리다 교수의 주장은 특히 도시의 부활과 밀접하다. 그가 말하는 "거리의 문화"는 "찻집과 길거리 음악가, 그리고 작은 음식점이나 전시관들이 뒤섞여 있어서 참여자와 관찰자, 혹은 창의성과 그 창조자 사이의 경계가 흐릿한 환경"을 의미한다.

창의성은 수많은 직종에 무척 중요하다. 하버드교육대학원의 경제학자 데이비드 J. 데밍David J. Deming에 따르면 새롭게 만들어지는 많은 일자리에는 틀에 박히지 않은 분석 기술이 필요하다. 또한 더 중요한 건 조정, 협상, 설득, 사회적 지각력 같은 사회적 기술들도 무척 필요하다는 사실이다. 데밍은 2030년에는 대부분의 직종에 이러한 사회적 기술과 창의성이 필요할 것이라고 주장한다.

플로리다 교수와 그의 동료들은 미국에서 가장 창의적인 도시 30곳의 명단을 발표했다. 2015년에는 캘리포니아주의 팰로앨토와 쿠퍼티노, 버지니아주의 매클레인, 그리고 메릴랜드주의 베데스다가 상위권에 들어갔다.(당시 채터누가는 명단에 없었다.) 창의성이 낮은 도시가 가장 많은 주에 캘리포니아가 포함된다는 사실은 주목할 가치가 있다.(다른 한 주는 뉴저지였다.) 플로리다 교수가 이끄는 시티랩CityLab 연구소는 보고서에서 이렇게 결론 내렸다. "도시에서는 창의성이 가장 높은 집단과 가장 낮은 집단이 공존할 수 있다. 또한 지역들 사이에서 커지는 경제적 격차보다 미국에서 가장 활발하게 되살아나고 있는 경제 중심지 내부의 빈부격차가 더 심각하다."

시티랩 연구소는 전 세계의 도시와 대도시들을 세 가지 범주로 구분했다. 뉴욕과 로스앤젤레스, 런던, 파리, 그리고 일본의 도쿄와 이른바 게이한신(교토·오사카·고베) 지역이 "국제적 대도시global giants"라면 새너제이, 보스턴, 시애틀, 샌디에이고, 워싱턴 D.C., 시카고, 오스틴, 댈러스, 애틀랜타, 포틀랜드, 덴버, 네덜란드의 암스테르담, 스웨덴의 스톡홀름, 그리고 스위스의 취리히는 "지식의 중심지knowledge capitals"이며 홍콩과 싱가포르, 서울 수도권, 중국의 상하이와 베이징, 러시아의 모스크바 등은 "아시아의 중심지Asian anchors"이다. 브루킹스 연구소에서 대도시 정책 계획을 이끄는 에이미 류Amy Liu는 지속적으로 성장하는 국제적 대도시들의 핵심적 측면 한 가지를 확인했다. "얄궂은 현상 중 하나는 이 모든 역동적인 발전이 세계 무역에 대한 회의주의, 이민자와 난민 문제, 그리고 정체기에 접어든 세계 경제에 대한 비관론 같은 급변하는 환경 속에서 나타난다는 사실이다." 그녀의 지적이다. "그렇다면 많은 도시들은 더 밀접한 국제적 교류의 결과로 빚어지는 불균형과 부정적 결과들을 어떻게 헤쳐나갈 것이며, 그 와중에 또 어떻게 교류를 이어가고 경쟁력 확보를 위해 노력할 수 있을까?" 로사 리 커닝햄의 자녀들과 손자, 손녀들 중 대부분의 마약 중독자들이 워싱턴 D.C.에 산다는 사실을 상기해보자. 워싱턴 D.C.는 세계적인 지식의 중심지로 분류되는 대도시 지역이며 노동 인구의 45퍼센트가 창의력 있는 전문가 계층에 속한다.

창조적 변화를 주도하는 사람들에 대한 플로리다 교수의 이론은 전통적 가치에서 세속적 가치로, 그리고 생존의 가치에서 자기표현의 가치로 변하는 사회의 진화 과정과 들어맞는다. 이런 진화 과정을 제시한 인물은 미시간대학교의 정치학자이며 세계 가치관 조사를 지휘하고 있는 로널드 잉글하트Ronald Inglehart다. 사회가 문화적 가치와 규범에만 치중하지는 않지만, 사람들은 시간이 지날수록 세속화, 합리성, 자기표현, 그리고 탈물질만능주의에 관한 가치를 점점 더 따르며 이혼과 낙태, 안락사, 자살, 그리고 여러 성정체성과 양성평등의 가치를 폭넓게 받아들인다. 그렇지만 전 세계에서 최소한 절반 이상의 사람들이 여전히 전통과 생존 중심의 가치를 중시하며 따른다는 점은 주의해야 한다. 특히 남아시아와 중동, 그리고 북아프리카의 주요 소수 민족들이 전통과 생존의 가치를 중요시한다.

2030년의 도시는 어떤 모습일까?

영화 〈메트로폴리스〉와 부활한 빌바오, 그리고 피츠버그의 새로운 분열상과 수많은 미국 도시의 사례들은 우리에게 도시 생활의 빛과 그림자를 다시 한 번 상기해준다. 도시 빈민인 로사 리 커닝햄의 이야기가 그러하고, 국제적 대도시에 사는 예술가나 의사, 그리고 금융가 같은 고학력 전문직들의 사례들도 그러하다. 2030년이 되면 인구 100만 명이 넘는 도시가 400개는 될 것이다. 본질적으로 이중적인 이 도시 집합체들은 집에 틀어박혀 텔레비전이나 스마트폰만 바라보는 과체중 인구들로 가득 찰 것이다. 이런 현상은 사회적 참여가 아닌, 사회적 고립으로 이어질 것이다. 많은 도시가 전문 지식을 갖춘 창의력 넘치는 사람들의 집합소가 될 것이며, 또한 오염과 혼잡, 그리고 안전에 관한 어려움에 직면할 것이다. 기후변화에 가장 많이 노출된 도시들은 깨끗한 물이 부족한 현상과 해수면이 점점 높아지며 밀려오는 바닷물 때문에 고통을 겪을 것이다. 우리의 어떤 행동이 이런 변화를 완화할 수 있을까? 수직 농업은 우리가 원하는 만큼 빠르게 발전할 수 있을까? 과학기술로 문제 해결의 돌파구를 만들 수 있을까? 이제 6장과 7장, 그리고 8장에서는 발명과 혁신으로 이룩할 수 있는 혁명, 그리고 삶의 질을 끌어올릴 수 있는 가능성을 탐구하려 한다.

06
....

과학기술이 바꾸는
현재와 미래

창조적 파괴란 '내부로부터' 끊임없이 경제 구조를 혁신하고
낡은 것들을 파괴하며 새로운 것들을 창조하는 산업적 돌연변이의 과정이다.

— 조지프 슘페터Joseph Schumpeter, 경제학자

발명가와 기업가는 새로운 발상과 제품, 기술을 쉬지 않고 쏟아내지만 그중 일부만 성공하며, 극소수만이 진정한 변혁을 가져온다. 화장실에 관해 생각해보자.

스탠퍼드대학교에서 비교문학을 전공한 버지니아 가디너Virginia Gardiner 는 디자인 관련 잡지사에서 처음 사회생활을 시작했다. 그녀가 맡은 일은 주방과 화장실 산업에 관한 기사를 쓰는 것이었다. "내 첫 기사는 화장실에 관한 내용이었다. 화장실은 왜 달라지지 않는가?"

영국 비뇨기과 전문의 협회British Association of Urological Surgeons에 따르면 스코틀랜드에 있는 기원전 3000년경의 신석기 시대 유적지에서 최초의 화장실 흔적을 발견했다고 한다. 사용한 후 물로 씻어낼 수 있도록 흙으로 구워 만든 최초의 변기는 기원전 1700년경 크레타섬 크노소스 궁전에서 사용한 듯하다. 가디너는 자신의 기사에서 지금과 비슷하게 물통을 연결한 수세식 화장실은 엘리자베스 1세 여왕의 대자代子이자 측근이었

던 존 해링턴Sir John Harington이 1596년을 전후해 발명했다고 지적했다. 당시 영국은 유럽 대륙의 강대국들과 동등한 세력을 구축하고 세계적인 제국의 발판을 마련하고 있었다. S자 형태의 관으로 냄새를 가두는 방식은 1775년 시계 제작자였던 알렉산더 커밍스Alexander Cummings가 고안했다. 변기의 모습은 이후 지금까지 거의 변하지 않았고 사람들도 불만을 토로하지 않았다. 그 아래의 하수도 설비가 진정으로 혁신되었기 때문이다.

마다가스카르의 수도 안타나나리보에서 작은 가게를 운영하는 47세의 엘레오노르 라트자라소아니오니Eleonore Rartjarasoaniony는 고민이 많았다. 집에 하수도가 연결되어 있지 않아 수세식 화장실을 설치해도 소용이 없기 때문이다. 몇 개월 전 엘레오노르는 집에 있는 재래식 변소를 최신 건식 화장실로 교체했다. 이 화장실은 흰색의 자연 분해식 포장막으로 변을 감싸 화장실 아래에 저장한다. 물론 냄새가 나지 않는다. 그리고 화장실 설치 업체가 일주일에 한 번씩 폐기물을 수거한다. "우리 4인 가족과 세입자 세 명이 함께 사용한다. 화장실 사용료는 집세에 포함되어 있다." 엘레오노르의 설명이다. "아이들도 안전하게 사용할 수 있다." 아프리카와 여러 개발도상국의 어머니들처럼 그녀도 아이가 재래식 변소의 구덩이에 빠지는 사고를 당할까 봐 노심초사해왔다.

엘레오노르의 화장실을 만든 곳은 런던에 본사가 있는 루왓Loowatt이라는 회사다. 회사 창립자는? 바로 버지니아 가디너다. 잡지사에서 잠시 일한 그녀는 런던 예술대학원에서 석사 과정을 공부했고, 건식 화장실에 관한 졸업 논문을 썼다. 그리고 2010년에 루왓을 설립했다. 1년이 지난 후 가디너는 빌 앤드 멀린다 게이츠 재단이 주최한 화장실 재발명 경진 대회에 입상해 지원금을 받았다. 화장실이 위생적인 상태를 유지하도록 해주는 혁신적 제안을 찾는 대회였다. 마다가스카르에 사는 한 캐나다인이 이야기를 전해 듣고 최초의 투자자가 되어주었고, 1년이 지난 후 루왓은 시험용 화장실을 만들어 선보였다. 폐기물에서 발생하는 메탄 가스로 전기를 만들어 휴대전화를 충전하는 설비다. 글로리아 라자핀데아미자Gloria Razafindeamiza 같은 마다가스카르 여성들은 물을 사용하지 않는 건식 화장실 설비로 또 다른 유익을 얻었다. 전에는 집 밖에 있는 변소를 이웃들과 함께 사용해야 했지만 지금은 집 안에 있는 화장실에서 "편안하고 안전하게 볼일을 볼 수 있다."

"아프리카 전역의 수많은 마을에서 휴대전화를 사용할 수 있다. 그렇지만 전등이나 상수도 시설은 사용하지 못한다. 수세식 화장실은 당연히 꿈도 꿀 수 없다. 게다가 식량 사정도 시원치 않다." 나이로비대학교의 개발학 연구소Institute for Development Studies 소장 위니 V. 미툴라Winnie V. Mitullah의 말이다. "사람들 대부분이 상수도와 하수도 시설, 전기, 포장도로 등을 가장 기본적인 생활 조건으로 생각하고 있겠지만, 깜짝 놀랄 정도로 많은 사람이 지금도 19세기 생활을 못 벗어나고 있다." 미툴라 소장은 전기와 깨끗한 물을 제대로 사용하지 못하는 상황은 단지 불편함 이상으로 중요한 문제라고 주장한다. "씻을 수 있는 깨끗한 물이 부족하고 위생적인 하수도 시설이 없으면 아이들이 병에 걸려 죽을 수 있다. 그리고 전기가 제대로 안 들어오면 밤에 공부할 수도 없고 휴대전화 말고는 외부 세계와 이어질 방법이 없다. 교육과 성공의 기회가 제한되는 것이다."

국제연합대학교의 물, 환경 그리고 보건 연구소Institute for Water, Environment and Health 소장 자파르 아딜Zafar Adeel은 이렇게 경고한다. "위생 문제에 관심 없거나 그리 중요하지 않은 문제로 축소하고 도움이 필요한 사람들을 무시하는 사람이 책임 있는 자리에 있다면 당장 내려와야 한다. 매년 더러운 물과 비위생적 환경 속에서 죽어가는 150만 명의 아이들과 수많은 사람을 위해서라도." 휴대전화를 가지고 있거나 공유하는 사람들 중 15억 명 정도는 집 안에 제대로 된 화장실이 없다. 이런 격차는 점점 커지고 있다. 사하라사막 이남 지역과 남아시아 전역에서 기본적인 위생 시설에 대한 투자가 점점 줄어드는데, 이동통신 시설에 대한 투자는 크게 증가했다. 예를 들어 인도의 하위 20퍼센트에 속하는 가정에는 화장실보다 휴대전화가 3배나 더 많다.

선진국에서는 휴대전화든 위생 시설이든 당연하게 여긴다. 이동통신 기술은 투입되는 비용이 상대적으로 적기 때문에 사하라사막 이남 지역에서도 빠르게 확산되었다. 인구의 60퍼센트 이상이 도시가 아닌 외곽과 변두리 지역에 산다는 점을 감안하면, 유선통신 시설보다 통신 중계기를 세우는 편이 훨씬 저렴하고 설치 속도도 더 빠르다. 하수도나 수세식 화장실 설치 비용과의 비교는 말할 것도 없다. 또한 사하라사막 이남의 여러 국가에서는 은행 계좌나 신용카드가 있는 인구가 10퍼센트 미만이기 때문에 휴대전화는 결제와 지불에 꼭 필요한 수단이 되었다. 동아시아와 남아시아, 유럽, 미국 등 어느 나라와 비교해도 휴대전화 결제 방식을 사용하는 사람들이 이 지역에 더 많다. 이곳 사람들 중 상당수는 물리적인 개념의 돈 자체를 아예 사용하지 않는다.

기술적 변화는 세계의 경제와 문화 곳곳에 스며들어 기준이나 규범을 바꾸곤 한다. 휴대전화와 건식 화장실 사례가 보여주듯 기술은 특히 도시 주민 수십억 명의 삶의 질을 개선할 가능성을 품고 있다. 그렇지만 새로운 기술의 사용과 관련해 중요하게 살펴봐야 할 점은 그것이 어떤 일을 해냈는지가 아니라 인구통계학적, 사회적 흐름과 어떻게 상호작용하여 어떤 예상치 못한 결과들을 만들어내는지다.

이 주제에 대해 논의하기 전에 먼저 시계에 관해 이야기해보려 한다.

2030 축의 전환

손목시계의 흥망성쇠

요즘은 어디서든 휴대전화를 볼 수 있지만 시계는 그보다 더 흔하다. 전 세계 어디를 가든 휴대전화보다는 시계를 가진 사람들이 더 많을 것이다. 롤렉스Rolex에서 애플 워치Apple Watch에 이르는 현대 손목시계의 역사는 기술 발전이 제품을 만드는 방식에서 판매하는 방식에 이르는 모든 것을 바꾸었다는 사실을 보여준다. 1970년대에 모토롤라Motorola에서 휴대용 무선통신의 개념을 확립하고 최초의 휴대전화를 개발한 마틴 쿠퍼Martin Cooper는 만화책을 보며 영감을 얻었다. 1946년 발간된 만화〈딕 트레이시Dick Tracy〉에서 주인공이자 탐정인 딕 트레이시는 양방향 통신이 가능한 무전기 겸용 손목시계를 차고 등장한다. 우연이겠지만, 같은 해에 방송된 라디오 드라마〈슈퍼맨Superman〉의 '말하는 고양이'라는 에피소드에도 비슷한 장치가 등장했다.

'스위스제'라는 말이 시계의 대명사가 되기 전에는 영국이 시계 산업에서 가장 앞서갔다. 1400년대에 최초로 등장한 휴대용 시계는 1600년대부터 일반화하기 시작했다. 1657년에 로버트 훅Robert Hooke이나 크리스티안 하위헌스Christiaan Huygens가 평형 톱니바퀴에 평형 스프링을 더하여 시계의 정확도를 크게 높이며 기술적 돌파구를 마련한 일이 계기가 된 듯하다. 시계의 정확도를 당연시하는 지금의 우리가 모르는 이 대단한 혁신을 누가 주도했는지는 지금도 풀리지 않는 뜨거운 주제다. 로버트 훅은 영국의 자연철학자이자 건축가, 천문학자로 당대의 지식인이었고, 크리스티안 하위헌스는 네덜란드의 물리학자이자 수학자, 천문학자로 토성의 가장 큰 위성인 타이탄을 발견한 인물이다. 하위헌스는 17세기 유럽의 과학혁명을 이끈 거인들 중 한 사람으로 진자시계를 발명했으며 수리물리학의 창시자로도 널리 알려져 있다. 여담이지만, 1984년 설립된 인도의 시계 회사 타이탄 시계Titan Watches Limited는 하위헌스의 업적을 기려 회사 이름을 지었는데, 지금은 세계 최대의 시계 회사 중 한 곳이 되었다.

시계의 혁신에 관한 논쟁을 더 복잡하게 만드는 건 브라질의 주장이다. 브라질에서는 항공 기술의 선구자였던 아우베르투 산투스두몽Alberto Santos-Dumont이 손목에 차는 휴대용 시계의 개념을 처음 생각해냈다고 주장한다. 그렇지만 대부분의 역사학자들은 이 천재적인 발명품의 고향이 스위스라고 인정하고 있다. 알프스산맥 같은 험준한 지형 속에서 제대로 된 전략과 전술을 구사하기 위해 군대가 휴대용 시계를 간절히 원했다는 것이다.

시계의 기원을 둘러싼 논쟁과는 상관없이 시계 산업을 주도하게 된 쪽은 영국도 네덜란드도 브라질도 아닌 바로 스위스다. 스위스인들은 프랑스에서 박해를 피해 탈출한 신교도들 덕분에 뛰어난 귀금속 기술자와 장인들을 보유하게 되었다. 기술자들 대부분은 정교한 기계장치를 만드는 데 적당한 솜씨를 갖추고 있었다. 스위스인들은 고급 손목시계를 소량으로 생산해 유럽 전역에 판매했다. 1905년에 런던에서 처음 사업을 시작한 롤렉스조차 스위스의 성공에 자극을 받고는 뛰어난 기술자들의 힘을 빌리기 위해 아름다운 골짜기가 있는 제네바 북쪽의 유라로 1919년에 본사를 옮겼다.

이후 혁명이 일어났다. 미국 기업들은 제2차 세계대전 동안 발전한 기술을 바탕으로 시계를 대량생산해야겠다고 생각했다. 그저 비싼 금속 대신 합금을, 그리고 태엽 대신 배터리를 사용하면 되었다. 이 기술로 엄청난 돈을 번 회사는 다름 아닌 타이멕스Timex다. 시대를 읽는 시계 기업이라니! 그 시대를 규정한 것은 다름 아닌 미국의 대량 소비 문화였다. 사람들은 냉장고와 세탁기부터 자동차와 시계에 이르는 모든 것을 대량으로 소비했다. 품질과 내구성보다 가격 경쟁력이 더 중요해졌고, 타이멕스가 기세를 높여가는 동안 롤렉스는 뒤처질 수밖에 없었다.

1960년대가 되자 두 번째 기술적 변화가 시계 업계를 강타했다. 한 스위스 기술자가 설계를 단순화해 생산 단가를 더 낮출 수 있는 기발한 구조를 고안해냈다. U자 형태의 금속 부분이 부딪힐 때 진동하는 소리굽쇠 원리를 바탕으로 한 이 구조를 이용하면 진동의 주파수가 기존의 복잡한 탈진기와 톱니바퀴 구조보다 훨씬 정확하게 시간을 측정할 수 있다. 이 혁신을 통해 이익을 얻은 회사는 불로바Bulova라는 미국 회사였다. 반면에 스위스는 수작업으로 부품을 하나씩 만들어 시계를 제작하는 데 큰 자긍심이 있었기 때문에 이 기술을 사용하지 않았다. 스위스 사람들에게 시계는 여전히 하나의 예술작품이었다.

이후 일본이 시계 산업에 참여하면서 세 번째 혁신의 폭풍이 휘몰아쳤다. 일본은 수정 진동자를 바탕으로 한 새로운 기술로 시계 구조를 더욱 단순하게 만들었다. 이번에도 한 스위스 기술자가 전류를 수정 조각에 흐르게 하면 진동이 일어난다는 사실을 발견했다. 이 진동을 이용하면 놀라울 정도로 정확하게 시간을 측정할 수 있었다. 1970년대가 되자 세이코, 시티즌Citizen, 카시오Casio가 타이멕스와 불로바를 앞섰는데, 1970년대부터 1980년대 후반까지 수정 진동자 시계는 대부분 스위스나 미국이 아닌 일본이 생산했다.

1980년대 후반이 되어서야 스위스는 연이어 닥쳐온 기술혁명들에 대응해 스와치Swatch를 선보였고, 스와치 시계들은 정확한 시간을 알려주는 시계에 장신구의 개념을 덧붙여 수집가들 사이에서 큰 인기를 끌었다. 수많은 유명 인사가 스와치 광고에 등장했고, 스위스 시계 산업은 소멸 직전에서 극적으로 명성을 되찾았다. 일본의 시계들은 어느새 지루하고 재미없는 시계가 되어버렸다.

그리고 이번에는 휴대전화의 시대가 시작되었다. 손에 들고 다닐 수 있으며 시간을 확인하고 전화통화도 할 수 있는 휴대전화는 기존의 시계를 무용지물로 만들었다. 그리고 모르는 사이에 시계는 장난감처럼 사용하거나 사회적 지위를 나타내기 좋은 사치품 역할을 하게 되었다. 이제 우리는 원점으로 되돌아왔다. 애플이나 삼성 혹은 샤오미처럼 스마트폰을 생산하는 첨단 기술 기업들이 이제 이른바 스마트 워치를 우리에게 팔기 위해 애쓰고 있다.

지금까지 살펴본 역사의 교훈은 새로운 기술이 오래된 기술을 대체하며, 그에 따라 일자리가 만들어졌다가 사라지고 각기 다른 국가에서 시계 산업이 부흥했다가 스러지며, 새로운 소비 성향이 연이어 나타난다는 것이다. 시계는 그런 수많은 사례 중 하나일 뿐이다. 냉장고가 발명되면서 굳이 얼음을 냉각제로 사용할 필요가 없어졌고, 전화기는 전신기보다 더 편리하다는 사실이 입증되었다. 백열전구는 기존의 가스등을 대체했고, 트랜지스터가 등장하면서 진공관이 사라졌다. 제트 엔진이 프로펠러 엔진을 앞섰고, CD 덕분에 레코드판은 수집가들이나 찾는 물건이 되어버렸다. 워드 프로세서와 개인용 컴퓨터가 등장하자 타자기는 구시대의 유물이 되어버렸고, 디지털 사진기 때문에 필름 사진기의 역사는 종말을 고했다. 컴퓨터 게임은 전통적인 장난감보다 훨씬 높은 인기를 끌고 있다. 우리는 이런 극적인 변화들을 표현할 때 '대혼란'이나 '파괴' 같은 표현을 사용한다. 손목시계의 발전은 이렇게 어디서나 찾아볼 수 있는 극적인 변화의 한 가지 사례에 불과하다.

캄브리아기 대폭발

　기술은 제품의 개념, 제작 방식, 판매 방식, 사용자, 그리고 사용 방식 중 한 가지 이상을 바꿈으로써 현재의 상황을 무너트린다. 스탠더드 앤드 푸어스 기준 500대 기업의 평균 수명은 지난 반세기 동안 60년에서 10년 가까이로 줄어들었다. 2030년이 되면 기술 변화를 통해 공장과 사무실, 병원, 학교, 가정, 그리고 모든 사회기반시설에 수십억 개에 달하는 컴퓨터와 감지 장치, 로봇 기술이 투입되는 세상이 열릴 것이다. 제조업에는 사상 최초로 인간의 두뇌보다 많은 컴퓨터가, 인간의 눈보다 많은 감지 장치가, 그리고 인간의 노동력보다 많은 로봇이 투입될 것이다. 우리는 캄브리아기 대폭발에 가까운 기술적 변화의 시대를 통과하고 있다. 캄브리아기 대폭발은 5억 4100만 년 전에 일어났으며 1300만~2500만 년 정도 지속되었다. 이 시기에 육지와 해양 생태계가 자리를 잡으며 수많은 새로운 생물 종이 출현했다. 이전까지는 대부분의 유기체가 단세포 생물이었는데, 이때부터 오늘날 볼 수 있는 동물들처럼 형태가 복잡한 작은 유기체들이 나타나기 시작했다. 그중에는 눈이 다섯 개 달린 육식동물이나 머리와 척추, 가슴, 다리, 그리고 한 쌍의 더듬이가 달린 절지동물 등이 있었다.

　가상현실에서 3D 인쇄술, 그리고 인공지능에서 나노 기술에 이르는 오늘날의 변화를 캄브리아기 대폭발과 비교하면 과장 같을 것이다. 그러나 이 새로운 기술들은 빈곤과 질병, 환경 파괴, 기후변화, 사회적 고립에 이르는 감당하기 어려운 문제들을 해결할 수 있다는 희망을 안겨준다. 또한 선견지명을 갖춘 젊은 기업가들이 대부분인 새로운 계층을 만들고 있다. 톰 울프의 표현을 빌리면 대부분 20대인 이 기업가들은 스스로를 "세상의 주인"으로 자처한다.

각각의 기술적 혁신과 혼란에는 크든 작든 기술이 모든 문제로부터 우리를 해방시켜줄 거라는 환상이 함께 자리하고 있다. 사실 기술은 문제를 일으키는 동시에 해결책도 제시할 수 있다. 예를 들어 자동화는 지루한 노동으로부터 인간을 해방시켜줄 뿐 아니라 찰리 채플린이 영화 〈모던 타임스〉에서 묘사한 육체적, 정신적 피폐함을 가져다 주는 끔찍한 반복 작업을 피하게 해준다. 그렇지만 동시에 자동화는 수십 년 동안 사람들을 중산층으로 이끌어준 안정적인 일자리를 빼앗기도 했다. 다른 직업으로 옮겨갈 수 있는 능력이나 유연성이 없는 사람은 아무 대책 없이 세상에 내동댕이쳐질 수도 있다. 물론 그 대책이라는 것도 당사자의 나이 혹은 새로운 기회를 찾는 역량에 따라 더 복잡해질 수 있다. 사실 모든 직업이나 공동체는 전통적으로 인간의 노동력과 전문 지식, 관리 능력에 의지하는 공간 안에서 누군가 혁신이나 새로운 발명을 이끌어낼 때 쉽게 무너지거나 사라질 수 있다.

오스트리아 출신의 경제학자이자 정치학자 조지프 슘페터Joseph Schum-peter는 지금까지 살펴본 내용들의 본질을 설명하기 위해 역사상 가장 절묘한 비유를 제시했다. 바로 "창조적 파괴"라는 개념이다. 슘페터는 새로운 기술을 바로 받아들이는 시장경제의 특성과 그로 인하여 발생하는 낡고 비효율적인 것들을 몰아내는 지속적인 영향력 모두 시장경제의 빛인 동시에 그늘이라고 주장했다. 그는 1942년에 이렇게 말했다. "자본주의를 움직이는 엔진을 설치하고 계속 움직이도록 만드는 근본적인 동력원은 새로운 소비재와 새로운 생산 혹은 운송 방법, 새로운 시장, 그리고 자본주의 기업들이 만들어낸 새로운 형태의 산업 조직들로부터 나온다." 또한 슘페터는 이러한 동력원을 "내부로부터 끊임없이 경제 구조를 혁신하고 낡은 것들을 파괴하며 새로운 것들을 창조하는 산업적 돌연변이의 과정"이라고 설명했다. 그리고 "이러한 창조적 파괴 과정이야말로 자본주의의 근본적인 사실"이라고 결론지었다.

슘페터는 우리에게 파괴나 혼란이 어디서나 볼 수 있는 평범한 일이라는 사실을 상기시켜준다. 약 1만 2000년 전에 농업혁명이 시작된 이후 새로운 파괴와 혼란은 인간의 삶을 계속 바꿔왔다. 이런 모습은 새로운 현상은 아니지만 시간이 흐를수록 더 자주, 그리고 더 빠르게 일어나는 것 같다. 또한 이 힘은 경제뿐만 아니라 정치에서 인간관계에 이르는 삶의 모든 측면을 바꾼다.

인간과 로봇은 친해질 수 있을까?

시계의 역사에서 확인한 것처럼, 기술이 일으키는 혁신과 혼란이 반복되면 창조적 파괴 때문에 엄청난 폭풍이 휘몰아친다. 삶은 제자리를 벗어나고 경력은 단절되며 공동체는 분열되고 흩어진다.

그 잠재적 결과들을 생각해보면 인공지능은 수많은 분석과 예측의 여지가 있다. 우리가 지금 어디쯤 와 있으며 어디로 향하고 있는지에 관해서는 여러 관심사와 신념이 충돌하고 있다. 1992년 《이코노미스트》는 인공지능의 반대 개념이라고 할 수 있는 "인공 바보Artificial Stupidity"라는 제목의 사설을 통해 이렇게 주장했다. "인간의 수가 충분하기 때문에 구태여 인간과 구분되지 않는 지능이 있는 기계장치를 만들어낼 실질적인 이유가 없다." 또한 "인간이 부족해져도 다시 그 수를 늘릴 수 있는 적당한 방법이 얼마든지 있다"라고도 했다. 그때만 해도 사람들은 결혼을 하면 다

아이를 원할 거라고 생각했지만 지금 돌이켜보면 그야말로 1990년대의 희망 사항에 불과했다는 사실을 알 수 있다. 이와 비슷하게 일론 머스크 역시 최근에 SNS에서 이런 말을 했다. "테슬라의 생산 공정을 과도하게 자동화한 일이 실수였는지도 모르겠다. 인간은 과소평가된 것 아닐까." 피카소도 이런 말을 한 적이 있다. "컴퓨터는 무용지물이다. 그저 우리에게 해답만 줄 수 있을 뿐이니까."

인공지능은 새로운 기회로 향하는 문을 열어젖혔고, 우리가 아는 기존의 세상이 종말을 고하는 가장 큰 원인이 되었다. 인공지능에는 전통적으로 인간의 두뇌가 하는 일이었던 음성 인식, 시각 인식, 그리고 의사 결정 등을 수행하기 위한 다양한 장치들이 포함되어 있다. 자율 주행 승용차와 트럭, 더 효율적이고 반응이 빠른 사회기반시설, 그리고 알아서 스스로 문제를 해결하는 의료 장비나 가전제품 등이 속속 등장하고 있다. 그동안 인공지능은 놀라울 정도로 성능이 발전했다. 1997년 IBM의 딥 블루Deep Blue 컴퓨터는 체스 대회 우승자인 가리 카스파로프Gary Kasparov를 물리쳤고, 1년이 지난 후에는 타이거 일렉트로닉스Tiger Electronics가 인간의 음성을 알아듣고 움직이는 로봇 장난감을 시장에 내놨다. 2000년에는 자동차 기업 혼다Honda에서 아시모ASIMO를 개발했는데, 이 인간형 로봇은 다양한 기능으로 인간을 도울 수 있다. 2011년이 되자 이번에는 애플이 인공지능 비서 시리Siri를 만들어 자사의 스마트폰인 아이폰에 탑재했다. 특정 대상이 목표인 소셜 미디어 광고에서 사진 검색에 이르기까지, 인공지능은 이미 우리 주변에서 얼마든지 찾아볼 수 있다. 중국에서는 국가 안보 기관이 인공지능을 기반으로 한 얼굴 인식 기술로 작은 마을에 사는 사람들까지 일상적으로 감시하고 있다. 이른바 날카로운 눈의 감시를 뜻하는 쉐량공청雪亮工程, Sharp Eyes의 목적은 사람의 행동을 바탕으로 사상을 점수 매기고 감시하는 데 있다. 조지 오웰의 소설 『1984』의 빅 브라더Big Brother가 연상되는 섬뜩한 일이 아닐 수 없다.

일부 미래학자들은 '특이점', 즉 인공지능이 더 복잡하고 정교하게 진화해 말 그대로 인간을 무용지물로 만드는 순간이 곧 우리가 아는 세상의 종말이 될 것이라고 예측한다. 그때가 되면 기계장치가 다른 기계장치를 만들고 통제할 것이다. 1965년 컴퓨터 과학자 어빙 굿Irving Good은 이렇게 주장했다. "그런 장치야말로 인간에게 필요한 '마지막' 발명품이다." 그의 동료 앨런 튜링Alan Turing은 제2차 세계대전 당시 나치 독일의 암호 생성 장치 이니그마Enigma를 해독하고 오늘날 사용하는 컴퓨터 장치의 기틀을 닦은 천재 과학자인데, 1951년에 인공지능이 "인간의 나약한 힘을 능가해 결국 인간을 지배할 것"이라고 단언했다. 이론물리학자 스티븐 호킹Stephen Hawking은 "인공지능이 인류의 종말을 앞당길 수도 있다"는 의견을 피력했다.

인간과 세상의 종말은 차치하더라도 인공지능이 획기적 변화를 가져올 거라는 데는 의심의 여지가 없다. 지금 이 순간에도 수많은 인간 과학자가 스스로 배우고 응용하는 인공지능을 갖춘 기계장치를 끊임없이 개선하고 발전시키고 있다.

*　　　*　　　*

미국 중심부의 한 화물차 휴게소에서 대형 화물 트럭을 모는 운전기사들이 짧은 휴식을 취하고 있다. 이 운전기사들은 경제활동에 가장 중요한 운송과 유통을 맡아서 한다. 운전기사 본인이 개별 사업자인 경우는 많이 일해도 그리 큰돈을 벌지 못한다. 또한 장거리를 이동하다 보니 특정한 공동체에 속하기도 쉽지 않다. 트럭 운전기사 노조는 미국 50개 주 중 29개 주에서 가장 규모가 큰 직군에 속해 있다. 뉴잉글랜드 지역, 동부 연안 지역, 캘리포니아, 그리고 텍사스 정도에서만 소프트웨어 개발자, 초등학교 교사, 농부, 사무직 직원, 간호조무사, 일반 상점 직원, 고객 응대 담당자, 변호사 등의 수가 많다. 오바마 행정부 당시 실시된 한 연구에 따르면 150만~220만 명에 이르는 중대형 트럭 운전기사들이 자율 주행 기술의 발전으로 일자리를 잃을 처지라고 한다. 2015년 기준으로 회사에 고용되어 일하는 전체 트럭 운전기사의 60~90퍼센트에 이르는 수치다. 여기에 버스와 택시 기사, 그리고 개인 기사와 자영업 운전기사 등을 포함하면 관련 기술로 일자리를 잃을지도 모를 사람들은 300만 명에 육박한다.

자율 주행 자동차의 미래는 아주 밝은 듯하다. 인간은 원래 어딘지 엉성하고 믿을 수가 없기 때문이다. 인간은 곧잘 산만해지거나 지루해하고 혹은 피곤해한다. 컴퓨터는 최적화된 경로를 찾아내고 교통신호와 도로 상황도 감안해 움직일 수 있다. 그것도 연료 효율까지 높이면서 말이다. 가장 중요한 점은 컴퓨터가 다른 컴퓨터와 소통할 수 있다는 것이다. 우리 인간은 도로 위에서 경적, 손짓 등으로 의사소통을 한다. 반면에 자율 주행 자동차는 근처에 있는 다른 자동차들과 소통하며 다 함께 교통 흐름을 통제할 수 있고 의도치 않은 사고도 줄일 수 있다.

인공지능의 영향력은 여기서 끝나지 않는다. 제조업 분야에서는 로봇한 대가 평균 다섯 명에서 여섯 명의 인간 노동자를 대신할 수 있다. 미국에서 단순 육체노동에 종사하는 사람들의 숫자는 1983년에 약 2800만 명이었고 2015년에는 3000만 명으로 고작 200만 명 남짓 늘었다. 이 기간 동안 30만 대가 넘는 로봇이 설치되어 약 200만 명 몫의 일을 감당하고 있다. 기술 발전은 3장에서 살펴본 육체노동이나 사무직 노동을 하는 미국 중산층이 붕괴하는 데 어느 정도 책임이 있다. 이제는 매년 3만 5000대 이상의 로봇들이 설치되고 있으므로 향후 10년 동안 더 큰 영향력을 미칠 것이다. 2030년이 되면 제조업 분야에서는 현장에서 일하는 노동자가 아니라 컴퓨터 전문가와 관리자를 더 많이 채용할 것이다.

사무직이지만 단순한 작업을 반복하는 일자리는 2800만 개에서 3300만 개로 늘어났는데, 여기에는 주로 사무원이나 계산원 등이 포함된다. 반면에 전문 기술을 갖춘 기능공처럼 육체노동이지만 반복적인 작업을 하지 않는 일자리는 1400만 개에서 2700만 개로 늘어났으며, 교사와 컴퓨터 전문가, 기획자, 건강관리 종사자 같은 전문직도 2800만 개에서 5700만 개로 크게 늘었다. 적어도 현재 상황만 보면 창조적 파괴를 불러오는 기술의 위력을 뛰어넘는 일자리들이 존재하는 듯하다.

사무직이나 행정직처럼 사무실에서 반복적인 일을 하는 일자리는 머지않아 인공지능의 영향을 받을 것이다. 또한 늘 같은 업무를 하는 의사나 기존의 사건 자료들을 모으는 일만 하는 신참 변호사, 그리고 매학기 입문 과정만 가르치는 교수들도 인공지능을 갖춘 기계장치 때문에 직장을 빼앗길 위험에 처해 있다. 아마도 마지막 단계에는 반복적이지 않고 창의적인 일부 직업도 소멸할 것이다. 정말로 특이점이 온다면 말이다.

외과 의사의 경우를 생각해보자. 외과 의사는 세상에서 가장 복잡하고 정교한 일 중 하나를 한다. 이들이 제 몫을 하기까지는 적어도 10년 이상의 교육과 현장에서의 훈련 과정이 필요하다. 2016년 국제전기전자공학회Institute of Electrical and Electronics Engineers, IEEE가 내놓은 보고서에 따르면 "로봇을 이용한 수술이 가능해졌다. 로봇이 자체적인 시각과 도구, 지능을 이용해 돼지 작은창자의 상처를 꿰매는 수술 과정을 진행했다." 더 중요한 건 "이 자율형 수술 로봇Smart Tissue Autonomous Robot, STAR이 똑같은 수술을 집도한 인간 의사보다 뛰어난 솜씨를 발휘했다는 사실이다." 외과 의사의 봉합 솜씨는 로봇에 비해 일정하거나 꼼꼼하지 못했고 상처가 다시 터질 위험도 더 컸다. 이 연구를 진행한 소아외과 전문의 피터 김Peter Kim은 이렇게 이야기했다. "우리 외과 의사들은 물론 수술 기술에 자부심이 있지만 더 안전하고 나은 결과를 위해 기계장치와 함께 일하면 환자와 의사 모두에게 엄청난 유익이 될 것이다." 그는 로봇이 자율 주행 자동차처럼 우선은 인간 의사를 돕는 역할부터 할 것이라고 생각한다. "자율 주행도 처음에는 주차부터 시작했고 이후 주행 중 차선 이탈 방지 같은 기술로 발전했다." 같은 맥락에서 로봇 기술도 반드시 인간을 대체하는 것이 아니라 인간을 도와 더 나은 성과를 내도록 만드는 방향으로 나아갈 수 있다.

로봇 기술의 또 다른 장점은 개인적 의견을 바탕으로 판단을 내리지 않는다는 점이다. "우리는 인공지능형 비서 알렉사Alexa나 시리와 이야기를 나누는 경우가 많다." 언론인 로라 시델Laura Sydell의 설명이다. "그런데 이런 인공지능이 작고 귀여운 로봇 안에 들어간다고 상상해보자." MIT 연구원인 알렉산더 레벤Alexander Reben은 마분지 상자로 박시Boxie라는 이름의 로봇을 만들었다. 어느 날 레벤은 한 남자가 박시에게 고민을 토로하는 광경을 봤다. "그 남자는 박시가 진짜 사람이라도 되는 것처럼 이야기하기 시작했다." 레벤은 화가이자 영화 제작자인 브렌트 호프Brent Hoff와 함께 사람들의 마음을 움직일 수 있을 정도로 귀여운 로봇을 만들기로 결심했다. "완벽한 미소를 머금은 로봇을 만들었다." 호프의 설명이다. "모든 것을 주고받을 수 있고 전혀 위협이 되지 않으리라는 확신을 주는 모습이었다." 지금까지의 결과를 보면 레벤과 호프의 작업은 성과를 거두

2030 축의 전환

고 있다. 인간과 기계의 상호작용을 연구하는 MIT의 셰리 터클^{Sherry Turkle}

은 사람들이 로봇에게 마음을 여는 것은 그리 어렵지 않다고 이야기한다.

"인간과 로봇은 쉽게 친해질 수 있다."

인공지능의 윤리학

기술은 우리에게 이득을 주지만 동시에 윤리적 갈등도 제기한다. 무인
자동차가 교차로를 향해 달려가고 있다고 상상해보자. 이 차는 원래 오른
쪽으로 돌아가도록 설정되어 있으며, 차의 감지 장치는 오른쪽에서 다가
오는 자전거 탄 사람을 주의 깊게 살펴보고 있었다. 그때 갑자기 한 어린
아이가 엄마 손을 벗어나 차가 오는 방향으로 뛰어들었다. 이 경우 차의
통제 컴퓨터는 자전거 탄 사람과 어린아이 어느 쪽을 희생시켜야 할지 바
로 결정해야 한다. 어떻게 최소한의 피해만 일으킬지 정확하게 계산하거
나 더 많은 자료를 수집할 시간은 전혀 없으며, 또 어느 쪽 생명을 더 귀중
하게 여겨야 할지 생각할 겨를도 없다. 자, 자전거 탄 사람인가 아니면 어
린아이인가? 통제 컴퓨터는 과연 어떤 결정을 해야 하는가?

이 이야기는 이른바 '궤도차량 문제'로 잘 알려진 심리 시험 문제를 변
형한 것이다. 사람이 외부에서 조종하는 궤도차량이 달려가는데 양 갈래
길에서 이쪽 길로 가면 한 사람이 죽고 다른 쪽 길로 가면 다섯 사람이 죽
는다. 내가 만일 이 궤도차량을 조종한다면 어느 쪽 길을 선택할까? 궤도
차량 문제는 단순한 도덕적, 윤리적 판단으로는 해결할 수 없는 복잡하고
어려운 상황을 제시한다. 영화 〈소피의 선택〉에서 배우 메릴 스트립은 제
2차 세계대전 당시 나치 독일 치하의 폴란드에서 저항군에 협력하는 여

성 소피를 연기했다. 소피는 결국 두 아이와 함께 체포되어 수용소로 보내졌고, 그곳에서 만난 한 독일군 장교는 소피의 선택에 따라 한 아이는 죽이고 한 아이는 살려서 다른 수용소로 보내겠다고 말한다. 둘 중 어느쪽도 선택하기 불가능한 상황에서 어쨌든 소피는 순간적으로 끔찍한 선택을 해야 한다. 궤도차량이 갈 길을 선택해야 하는 것처럼 말이다. 이런 유형의 도덕적, 윤리적 선택의 갈등은 전투기에 탑승하는 조종사보다 먼 곳에서 원격으로 무인 전투기를 조종하는 조종사가 작전 수행 후 더 큰 외상 후 스트레스 장애를 경험하는 원인을 설명해줄 수 있다. 전투기 조종사는 자신의 목숨도 위험한 상황에서 작전에 임하지만 무인 전투기 조종사는 멀리 떨어진 안전한 기지에서 삶과 죽음을 결정해야 한다. 《뉴욕타임스》에 이얼 프레스Eyal Press가 기고한 기사에 애런Aaron이라는 무인 전투기 조종사에 관한 이야기가 나온다. "애런의 눈앞에 끔찍할 정도로 익숙한 장면이 펼쳐졌다. 무인 전투기의 공격 이후 발생한 희생자들의 운구 행렬이었다." 애런은 산전수전을 겪은 군인이었지만 심한 정신적 충격과 고통을 느끼기 시작했다. 그는 욕지기와 피부병, 만성 소화불량 등으로 점점 심신이 쇠약해졌다. "정말로 상태가 좋지 않았다." 애런이 프레스에게 한 고백이다. 그는 누구를 죽이고 누구를 살릴 것인가를 매일 결정해야 했고 그 때문에 심각한 갈등을 겪었다.

2016년과 2017년, MIT가 주도한 다국적 연구진이 이른바 '도덕 기계 실험'을 했다. 문화권이 각기 다른 사람들이 앞서 언급한 곤란한 상황들에 어떻게 대처하는지 확인하기 위해서였다. 연구진은 인터넷으로 200곳이 넘는 국가와 지역에 걸쳐 200만 명이 넘는 사람들로부터 자동차 운전에 관한 4000만 건에 가까운 결정을 수집했다. 연구진은 응답자들에게 다른 사람의 죽음을 피할 수 없는 13가지 경우를 제시했다. 일부 문제들은 상대적으로 결정하기가 쉬웠다. 예를 들어 반려동물과 사람 중 어느 쪽을 희생시켜야 할까? 더 많은 수와 더 적은 수, 어느 쪽 생명을 우선순위로 정해야 하는가? 어떤 결정들은 도덕적, 윤리적으로 훨씬 판단하기 어려웠다. 정상인 사람과 장애인 중 어느 쪽을 먼저 보호해야 하는가? 범죄자와 법을 잘 준수하는 시민이 눈앞에 있을 때는? 이 실험에서 사람들은 동물보다는 사람을, 소수보다는 다수를, 그리고 나이 든 사람보다는 젊은 사람을 더 중요시했다. 연구자들은 다음과 같은 결론을 내렸다. "이 세 가지 선호도를 기계의 윤리학을 구성하는 가장 중요한 세 가지 요소로 사용할 수 있을 것이다."

물론 예상한 대로 약간의 차이점들도 발견되었다. 남성과 여성 모두는 여성을 좀 더 중시했고, 여성들이 특히 같은 여성을 좀 더 중요하게 여겼다. 종교를 믿는 사람들은 동물보다 사람을 더 중요하게 생각하는 경향이 있었다. 또한 지역에 따라서도 큰 차이가 나타났다. "나이 든 사람보다 젊은 사람을 중시하는 경우는 유교를 믿는 아시아 국가들과 일부 이슬람 국가들에서는 거의 찾아볼 수 없었고, 라틴아메리카와 프랑스어권 아프리카 같은 남부 지역에서 뚜렷하게 나타났다." 지위가 높은 사람과 낮은 사람에 관한 결정에서도 비슷한 결과가 나타나, 아시아 국가와 일부 이슬람 국가에서는 지위가 높은 사람을 좀 더 중시했다. 그런데 남부 지역 사람들은 "사람보다는 동물을 훨씬 선호했다." 또한 "지역을 막론하고 비슷한 수준으로 차에 탄 사람보다는 보행자를 약간 더 중요하게 여겼고, 범죄자보다는 일반 시민을 적당한 선에서 더 보호해야 한다고 생각했다." 개인적인 성향의 문화가 강한 지역 사람들은 젊은 사람들의 생명을 좀 더 중요하게 여겼고, 가난한 나라 사람들은 교통신호를 지키는 사람이 아니라 지키지 않는 사람에게 좀 더 너그러웠다. 조금 당혹스러운 일이지만 경제적 불평등이 심한 지역 사람들은 지위가 높은 사람을 더 중요하게 여기는 경향이 있었다.

이 연구 결과와 관련해 골치 아픈 점은 "기계의 윤리학을 이용하면 로봇에게 완벽한 규칙을 적용할 수 있다고 생각하는 사람들이 있다는 사실"이라고 연구에 참여한 이야드 라완Iyad Rahwan은 말했다. "자료에 근거해 우리가 보여주려 하는 건 보편타당한 규칙이나 진리가 아니다." 이 연구에 참여한 에드먼드 아와드Edmond Awad도 이렇게 지적했다. "인공지능이 각기 다른 집단의 사람들에 대해 각기 다른 윤리적 결과를 적용할 수 있다는 사실을 깨달은 사람들이 점점 늘고 있다. 사람들이 그렇게 생각한다면 고무적인 일이다." 아우디에서 자율 주행 부서를 담당하는 바르바라 베게Barbara Wege는 이렇게 덧붙였다. "우리가 감당해야 하는 위험에 관해 사회적으로 합의할 때가 온 것 같다."

인공지능 출현으로 불거진 문제는 궤도차량 문제에 관한 도덕적 갈등뿐이 아니다. 소나타 소프트웨어Sonata Software의 최고경영자 스리카 레디Srikar Reddy와 나는 최근에 세계 경제 포럼World Economic Forum의 인터넷 지면을 빌려 이렇게 주장했다. 우리는 의무에 따른 윤리적 기준과 목적에 따른 윤리적 기준을 구분해야 하며, 전자는 의도와 수단에, 그리고 후자는 목적과 결과에 초점을 맞춰야 한다. 어떤 기준이 가장 좋느냐는 기술과 상황에 따라 달라진다. "자율 주행 자동차의 경우, 목적이 오류가 없는 교통 체계와 효율적이고 친환경적인 운송 수단을 만드는 것이라면 각기 다른 상황에서의 방대한 운전 관련 자료를 수집하고 인공지능을 기반으로 실험을 실시하는 행위는 정당화할 수 있다." 반면에 수집된 대량의 자료들, 즉 빅 데이터에 기반한 의학적 실험이나 처치는 목적에 따른 윤리적 기준과 부합하기 힘들다. 이미 의사를 신뢰하는 사람들에게 행해졌던 의학적 실험에 관한 끔찍한 역사가 있기 때문이다. 따라서 의도와 수단에 초점을 맞춘 의무론적 기준을 적용하는 쪽이 더 합리적이다.

자동화와 인공지능, 그리고 빅 데이터와 관련된 윤리적, 도덕적 갈등 등을 무시하고 넘어가기는 어렵다. "인류 역사에서 기계장치로 하여금 인간의 생명을 순식간에, 그것도 인간이 실시간으로 통제하지 않고 자동으로 결정하게 한 적은 지금까지 없었다." 도덕 기계 실험에 참여한 연구진의 결론이다. "우리는 언제든 그 길을 갈 것이다." 그 시기는 바로 2030년이 되지 않을까. "우리는 자동차가 윤리적 결단을 하도록 만들기 전에 그 자동차를 컴퓨터로 통제하는 작업을 하는 자동차 회사에, 그리고 관련 법규를 만드는 정치가들에게 우리의 선택과 선호를 알리기 위해 전 세계적인 합의를 도출할 필요가 있다." 문제는 자동화와 관련된 윤리와 도덕이 컴퓨터 제어장치 안에서 자동적으로 작동하도록 만들 수는 없다는 점이다.

모두가 3D 프린터를 갖고 있는 세상에는 파리기후협약이 필요없다

다트머스대학교 경영대학원의 리처드 다베니Richard A. D'Aveni 교수는 이런 도발적인 질문을 했다. "이제 우리에겐 3D 인쇄 기술이 있는데, 굳이 파리기후협약이 필요할까?" 3D 인쇄 장치는 무척 얇은 막을 인쇄되는 순서대로 쌓아 올려 3차원 물체를 만든다. '적층 가공additive manufacturing'이라고도 하는 이 기술로 플라스틱 부품에서 의치, 또는 다른 대체 가능한 인간의 생체 조직에 이르는 모든 것을 꼭 필요한 만큼의 재료만 사용해 만들 수 있다. 물론 전통적인 제조 기법처럼 에너지가 들지만 매연이나 유독 가스를 적게 배출한다. 가장 큰 장점은 "고객과 가까운 곳에 인쇄 장치를 설치한 소형 공장을 지음으로써 기업들이 운송비와 물류 비용을 크게 절감할 수 있다는 점"이다. 사람들은 제조업 분야에서 저가 제품을 판매하려면 규모의 경제가 필수라고 생각해왔다. 그러나 일부 진취적인 사람들은 소형 공장과 상황에 따른 유연한 생산 방식을 1980년대부터 고려해왔다. 3D 인쇄 기술은 이런 경향을 더욱 가속화하고 환경에도 큰 도움이 될 것이다. "우리는 20세기의 낡은 윤리로부터 벗어날 것이다." 다베니 교수의 예측이다. "환경보호론자들이 주장해왔듯이 사람들은 앞으로 물건을 적게 사고, 있는 것만으로도 행복해할 것이다. 우리가 더 적은 재료로 물건을 더 적게 만들면 그만큼 탄소 가스도 적게 배출된다."

경영자와 고객들이 오래된 고정관념을 버리고 습관을 바꾼다면, 새로운 가능성을 상상하기 위해 익숙한 환경을 벗어나려 한다면, 그리고 다른 방식으로 생각하려 한다면 3D 인쇄 기술은 대중화될 수 있을 것이다. 필요할 때 반출할 수 있도록 제품을 미리 생산해 창고에 쌓아두는 대신, 기업들은 실시간 주문에 응해 생산하는 방식을 배워야 한다. 또한 고객도 실제로 무언가가 필요해질 때까지 기다리는 법을 배워야 할 것이다. "선진국들에서 화물 운송 분야가 모든 탄소 가스 배출의 4분의 1 정도를 차지한다." 다베니의 지적에 따르면 거대 운송 회사인 UPS는 특히 기업 고객들의 수요를 충족시키기 위해 광범위한 창고들의 연결망에 의존한다. "UPS는 최근 화물 운송 중심 기지인 루이스빌에 100여 대의 대형 3D 인쇄기를 설치해 창고 숫자와 운송 거리를 줄이려 하고 있다. 이제는 기업들이 필요한 부품들을 필요할 때만 만드는 경우가 더 많아질 것이다." 2017년 UPS는 독일의 기술 자문 전문 기업 SAP와 협약을 맺어 주문받는

2030 축의 전환

즉시 필요한 부품을 생산, 즉 인쇄할 수 있는 설비를 갖추기 시작했다. 이제 UPS는 명실공히 "단순한 운송 회사가 아니라 제대로 된 물류 기업"으로 거듭나고 있다.

3D 인쇄 기술은 맞춤형 혹은 주문형 부품 등에 이상적이지만 의치 같은 것에만 생각을 한정할 필요는 없다. 5장에서 살펴본 것처럼 해수면 상승으로 위협받는 도시들이라면 3D 기술로 일종의 방파제를 만들어 세울 수 있다. 이 방파제는 "시멘트로 만든 복잡한 곡선 표면을 통해 닥쳐오는 파도의 힘을 여러 방향으로 분산시킨다." 스웨덴의 자동차 회사 볼보Volvo는 오스트레일리아 시드니에 있는 현지 기관들과 협업하여 맹그로브 나무를 닮은 인공 암초를 만들어 해양 생물들을 위한 서식지를 제공하고 있다. 그러면 다양한 해양 생물들이 모여들어 바닷속에서 중금속이며 미세 플라스틱 입자 같은 오염 물질들을 제거하는 데 도움이 된다. 콘크리트로 만드는 인공 암초의 틀은 3D 인쇄기가 만든다.

3D 인쇄 기술은 또한 미래에 닥쳐올지 모를 최악의 기후 위기를 피하는 데 도움이 된다. 건축가 플랫 보이드Platt Boyd는 전통적인 건축 자재들의 한계와 건축 업계의 심한 낭비 문제로 고민하고 있었다. 그는 결국 3D 인쇄 기술이라는 새로운 분야에 진출하기로 결심했다. 2015년 보이드는 자신이 설립한 브랜치 테크놀로지스Branch Technologies를 앞서 소개한 떠오르는 친기업 도시 채터누가로 옮겼다. 도시 전체가 초고속 인터넷으로 연결된 곳은 채터누가뿐이었다. 보이드의 설명에 따르면 브랜치 테크놀로지스는 "산업용 로봇과 정교한 제어장치, 그리고 새로운 '자유형' 압출 기술을 결합한 혁명적인 기술로 재료를 이른바 자유 공간 안에서 자유자재로 응고시킬 수 있다. '세포형 구성 방식Cellular Fabrication, C-Fab™'이라는 이 기술은 자연이 형태와 구조를 만들어내는 방식에서 영감을 얻었으며, 전

례 없이 자유로운 설계와 자원 보호를 통해 건축 업계에 혁명을 일으킬 잠재력을 갖추었다." 3D 인쇄 기술의 장점은 무궁무진하다. "브랜치 테크놀로지스는 설계의 한계를 극복하고 있을뿐더러, 더 가볍고 튼튼하며 빠르게 만들 수 있는 새로운 건축용 구조물들을 개발하고 있다. 처음부터 낭비가 없는 과정을 통해 설계가 이전보다 적어도 10배 더 자유로워졌는데, 이것이 바로 적층 가공 기술과 지금까지 거의 모든 건축 현장에서 사용된 절삭 가공 기술의 차이다." 본사에 세계에서 가장 규모가 큰 자유형 3D 인쇄기를 설치한 이 회사는 세계 최대 규모의 3D 인쇄 기술로 만든 구조물에 관한 기록을 보유하고 있다. 바로 유엔이 정한 지속가능한 개발 목표를 기념하기 위해 만들어 세운 내슈빌 공원의 작은 공연장이다.

애니 왕Annie Wang과 잭 심킨Zach Simkin 역시 3D 인쇄 분야에서 새로운 기회를 찾기로 결심했다. 와튼스쿨에서 학생으로 처음 만난 두 사람은 대부분의 학생처럼 별 특별한 생각 없이 착실하게 공부해 졸업하고 대기업이나 금융기관에서 일하게 될 날을 기다리고 있었다. 3D 인쇄 기술에 관해 아는 바가 거의 없었던 두 사람은 2013년 학교를 졸업하기 직전에 혁신 관련 수업을 듣다가 처음 3D 인쇄 기술을 알게 되었다. 두 사람은 인공지능과 기계 학습을 결합하여 3D 인쇄기로 필요한 부품을 설계하고 만들려고 하는 기업 고객들을 도울 수 있는 가능성을 확인했다. 애니는 이 위험하지만 전망 있는 사업에 뛰어들기 위해 유명 화장품 회사 에스티 로더Estée Lauder라는 안정된 직장을 그만두었다. 5년 후, 두 사람이 세운 회사인 센볼Senvol은 미국 국방성과 해군, 그리고 여러 업체를 고객으로 확보했다. 센볼은 현재 미국의 제조업을 되살리는 데 공헌하는 수백여 개의 신생 기업 중 하나다.

의료 분야에도 혁명적인 3D 인쇄 기술을 적용할 수 있다. 여기에는 치의학이나 이식을 위해 '인쇄한 생체 조직' 등이 포함된다. 또한 중국의 기업들은 태풍 같은 천재지변이 일어난 후 이재민들을 빠르게 도울 수 있도록 집 전체를 3D 인쇄 기술로 만들고 있다. 이런 천재지변들은 기후변화 때문에 점점 더 자주 일어날뿐더러 강도도 더욱 강해지고 있다. 그렇지만 가장 흥미로운 분야는 우주 탐사와 우주 식민지 건설이다. 화성에 식민지를 건설할 때 필요한 장비와 자재 모두를 지구에서 실어오는 것이 아니라 현지에서 3D 인쇄 기술로 만들 수 있다고 상상해보자. 지구에서 화성까지 가는 데 7개월이 걸린다는 사실을 감안하면 비용뿐만 아니라 시간도 절약된다는 사실을 알 수 있다.

3D 인쇄 기술은 무척 유용하지만, 생산 및 공급 과정에 종사하는 가장 숙련되고 수입도 많은 현장 노동자들의 일자리를 위협할 수 있다. 또한 정치적 의미도 커질 수 있다. 3D 인쇄 기술로 구조가 단순한 총기 정도는 쉽게 만들 수 있는 현재의 상황을 생각해보자. 자동화와 인공지능, 3D 인쇄 기술의 본질을 깨달으려면 이 기술들이 모든 상황을 뒤바꿀 수도 있다는 사실부터 알아야 한다. 자동화는 인간과 노동의 관계를 새롭게 정의하며, 인공지능은 기계 학습을 통해 인간의 정신 활동을 대체하고 있다. 또한 3D 인쇄 기술은 구매자와 공급자가 경제적으로 상호작용하는 방식 자체는 물론 기존의 운송 생태계까지 바꾸고 있다.

더 공정해지는 보험

보험사들은 늘 지나치게 꼼꼼하다. 위험을 신중하게 계산하며 고객을 살핀 후 선택한다. 일어날 수 있는 모든 손실로부터 사람들과 재화를 보호해야 하는 보험사 업무는 경제계에서 가장 지루할 것이다. 제조업과 달리 보험의 역사에서 진정한 의미의 혁명은 한 번도 일어난 적이 없다. 지난 수 세기 동안 보험사들은 이른바 '고위험군'에 속하는 사람들, 즉 흡연자나 30세 이하의 남성 운전자, 혹은 위험한 야외 활동 등에 빠져 있는 사람들에게 높은 보험료를 책정했다. 이러한 구분은 종종 입장이 불리한 사람들에 대한 편견과 노골적인 차별 등을 불러일으키곤 했다. 그렇지만 미래에는 보험사들이 실시간으로 자료를 수집해 '위험군' 같은 일반화한 기준이 아니라 도로 위에서의 실제 행동에 따라 그때그때 보험료를 부과할지도 모른다. 운전자의 성별이나 나이에 상관없이 평소 운전 습관이 위험하거나 나쁘면 결국 더 많은 보험료를 납부하게 되는 것이다. 빅 브라더의 감시를 연상시키는 이런 상황은 물론 불안한 감이 있지만, 많은 사람이 보험료만 공정하게 책정된다면 도로 위에서의 행동을 실시간으로 확인하는 데 동의할지도 모른다.

이런 잠재적인 발전 가능성 뒤에 있는 중요한 기술을 '사물 인터넷Internet of Things, IoT'이라고 부른다. 사물 인터넷이란 모든 사물에 감지 장치와 제어장치를 설치하고 연결하여 공장이나 광산, 에너지 설비, 수송 체계, 소규모 상업 시설, 차량과 가정, 사무실, 심지어 사람들까지도 운영하고 관리할 수 있는 기술이다. 이 기술은 보험 업계뿐만 아니라 경제계와 사회 전체를 혁명적으로 뒤바꿀 잠재력을 지니고 있다. 2030년이 되면 약 2000억 개에 달하는 감지 장치와 제어장치들이 사물 인터넷 기술로 연결될 것이다. 사물 인터넷 기술이 가장 빠르게 적용될 만한 곳은 공장과 도시, 병원, 소매상, 그리고 운송 업계 등이다. 전면적인 사물 인터넷의 적용이 필요한 생태계는 대단히 방대한데, 거기에는 앞서 언급한 물리적 장치들뿐만 아니라 자료 전송이나 자료 저장을 위한 설비, 분석, 그리고 정보

처리를 위한 순환 회로 등도 포함된다. 이 거대한 사회기반시설을 유지하기 위해 당연히 새로운 일자리가 많이 만들어질 것이다. 이런 창조적인 파괴의 흐름을 통해 결국 일자리는 사라지는 동시에 새롭게 만들어진다.

건강하고 행복한 뇌 만들기

몇 년 전까지만 해도 나는 가상현실virtual reality, VR 기술은 그저 컴퓨터 게임 이용자들의 전유물이라고 생각했다. 사실 가상현실은 훨씬 쓰임새가 많을뿐더러 대단히 혁명적인 기술이다. 외과 의사와 간호사들은 이제 복잡한 수술을 성공적으로 진행할 최적의 방법을 미리 확인하기 위해 VR 장치를 착용한다. 심리학자들은 고소공포증이나 현기증, 불안 장애, 외상 후 스트레스 장애를 겪는 사람들을 치료하기 위해 VR 장치와 기술을 사용한다. 옥스퍼드대학교에서는 두 연구자가 편집증의 일종인 피해망상을 앓는 환자들을 VR 기술로 치료하고 있다. 이들에 따르면 "가장 효과적인 치료 방법은 사람들이 두려워하는 상황이 실제로는 안전하다는 사실을 경험을 통해 알도록 돕는 것이다. 자신이 안전하다고 느끼면 망상은 저절로 줄어든다." 환자들은 한 차례의 치료만으로도 빠르게 회복된다고 한다. 두 연구자는 이렇게 지적한다. "가상현실은 오락거리에만 적용되는 것이 아니다. 미래에는 정신 보건 분야에서 가상현실이 진단과 치료에 핵심적인 역할을 할 가능성이 크다." 이 기술은 또한 치과 치료를 받거나 MRI 촬영을 할 때 환자들이 느끼는 두려움을 줄여줄 수도 있다.

VR 기술은 뇌의 특정 부위에 이상이 발생한 환자들의 운동 기능을 자극하는 데도 효과적이다. "VR 장비는 환자의 신경 계통을 적절히 자극할 수 있으며, 따라서 신경가소성을 통해 운동 체계와 인지 체계 모두를 자극할 수 있다"는 사실을 한국 연구진들이 찾아냈다. 이와 유사하게 VR 기술은 자폐증을 앓는 아이들을 도울 수도 있다. "우리는 스마트폰과 컴퓨터, 스마트 워치, 텔레비전, 그리고 컴퓨터 게임 등을 매일 접하면서도 그 잠재력을 잘 모른다." 웰빙과 VR 기술의 결합을 돕는 인터넷 사이트 VR 피트니스 인사이더VR Fitness Insider의 지적이다. "예컨대 자폐가 있는 아이나 어른들이 말하는 데 어려움이 있다면 아이패드와 음성인식 어플리케이션 등으로 대화를 나누고 교육도 할 수 있다." 또한 VR 기술을 사용하는 두뇌의 활동을 관찰하면 자폐증이 있는 아이와 없는 아이가 보이는 행동들의 인지적, 사회적 측면을 연구할 수도 있다. 그러면 의사들은 환자들이 사회적 상호작용의 장벽을 극복하기 위해 얼굴 표정이나 몸으로 신호를 보내고 상대방의 신호를 알아차리는 연습을 하도록 도울 수도 있다. VR 기술은 자폐아들이 학교에서 사회성을 습득하도록 도울 수 있으며, 그러면 아이들은 학교 수업을 좀 더 쉽고 효과적으로 따라갈 수 있다. 2030년이 되면 이 기술들이 의료 전문가들이 수십 년간 쌓은 경험과 결합하여 심리적 장애나 불안 증상들을 크게 줄여줄 것이다.

나노 기술, 기후변화의 해결사

기후변화의 주요 원인 중 하나는 바로 의류 산업이다. 추정에 따르면 의류 산업은 전체 탄소 가스의 8퍼센트가량은 배출한다. 국제 항공과 해상 운송 분야가 배출하는 것과 맞먹는 규모다. 나노 기술이라는 새로운 분야는 화석연료로 만들어내는 합성섬유에 대한 의존도를 크게 낮추어준다. 폴리에스터 섬유로 티셔츠 한 장을 만드는 과정에서 배출되는 탄소 가스는 면으로 만들 때보다 2배쯤 많다. 특히 몇 주에 한 번씩 형태와 기능이 새로운 옷들이 쏟아지는 '패스트 패션'이 유행하여 상황이 더욱 심각해지고 있다. "매년 한 사람당 스무 벌이 넘는 새 옷이 쏟아져 나오고 있으며, 우리는 2000년에 비해 60퍼센트나 많이 옷을 구입하고 있다." 2018년 《네이처 Nature》에 실린 사설의 내용이다. "소비자들은 그런 옷들을 몇 번 입지도 않고 버리는데, 옷의 수명이 이렇게 짧아진다는 건 제조 과정에서 많은 폐기물과 탄소 가스가 배출된다는 뜻이다. 중산층 확대와 인구통계학적 변화에 맞춰 구매 규모가 늘면서 당분간 탄소 가스나 폐기물도 계속 많아질 것이다." 하지만 사람들은 중고 옷 구매를 꺼리는 경우가 많다. 반면에 자동차의 경우 요령 있는 구매자들은 새것보다는 중고차를 선호하는 경향이 있다.

나노 기술은 기후변화와 의류 산업에 새로운 해법을 제공할 수도 있다. 나노 기술에는 원자 단위, 분자 단위, 혹은 초분자 단위로 물질을 제어하는 기술이 포함되는데, 의류 산업에서는 예컨대 10억 분의 1센티미터 정도의 작은 입자들로 더 튼튼하고 저렴하거나 환경 친화적인 소재를 만드는 것을 목표로 할 수 있다. 가장 광범위하게 적용할 수 있는 나노 기술은 외부의 신호나 감지 장치에 반응해 모양과 밀도, 전도성 같은 물리적 특성이나 광학적 특성을 바꿀 수 있어서 변형이나 개조가 가능한 소재를 개발하는 기술일 것이다. 2030년이 되면 우리는 계절에 따라 옷을 갈아입을 필요가 없을지도 모른다. 똑같은 옷 한 벌로 추울 때는 따뜻하게, 더울 때는 시원하게 보낼 수 있는 것이다. 외부의 온도에 반응해 옷 색깔까지 바꿀 수 있을지도 모른다. MIT의 자체 조립 연구소 Self-Assembly Lab에서는 "날씨에 상관없이 옷 한 벌로 충분한 상황은 더이상 꿈이 아니다"라고 주장한다. 연구자들은 이미 "주변 온도에 따라 확장되거나 줄어드는 등 인간 피부의 땀구멍처럼 움직이는 지능형 소재를 개발했다." 이 소재는 날씨가 추워지면 단열을 위해 수축하고, 날씨가 따뜻해지면 열을 방출하기 위해 확장된다.

또한 나노 기술은 에너지 효율을 개선해 2030년 무렵이면 한계에 도달할 기후변화 문제를 해결하는 데 도움이 될 수 있다. 고강도 합성 소재는 이미 항공기와 자동차, 스키 용품과 테니스 라켓에 이르는 여러 제품에 사용되고 있으며, 사용 과정에서 에너지가 적게 들도록 해준다. 건축업계는 내구성이 더 강하고 에너지도 절약되는 소재들을 사용함으로써 많은 변화를 겪을 것이다. "나노 기술은 친환경 건축으로 가는 중요한 전략이다. 재생 불가능한 자원에 대한 의존도를 낮추고 더 효율적인 단열을 가능하게 해줄 것이다." 최근에 나온 연구 보고서의 예상이다. "나노 기술 단열 소재를 적용하여 벽의 두께를 줄이면 건축의 역사에서 가장 획기적인 에너지 절약 방법 중 하나가 될 것이다."

스스로 변형되거나 개조할 수 있는 물질은 또한 일종의 '범용 예비 부품'으로 사용할 수 있다. 미국 국방부 고등 연구 계획국_{Defense Advanced Research Projects Agency, DARPA}에서는 이런 물질을 군사적 목적으로 사용하려 한다. 관련 사업 담당자인 미첼 자킨_{Mitchell Zakin}은 이렇게 설명한다. "미래에는 병사들이 이동수단 뒤에 작은 용기를 가지고 다닐 것이다. 그 안에는 크기와 형태가 다양하고 소형 컴퓨터나 특수 전도체, 살아 움직이는 생물과 유사한 기능을 갖춘 입자들이 들어 있다. 사용자가 원하는 건 뭐든지 즉석에서 만들 수 있는 입자들이다." 예컨대 전투가 한창일 때 갑자기 특별한 크기의 공구가 필요해졌다고 상상해보자. "병사가 휴대한 용기에 신호를 보내면 그 안에서 자동으로 입자들이 합쳐져 필요한 공구를 만들어

2030 축의 전환

낸다. 공구를 사용하고 보니 또 다른 공구가 필요해진 병사는 먼저 사용한 공구를 용기 안에 넣어 분해하고 다시 필요한 공구를 만든다." 이와 비슷하게 스스로 변형되거나 개조할 수 있는 물질을 비행기 날개에 적용하면 비행 조건이 변할 때 날개의 형태와 강도 혹은 유연성을 변화시켜 연료를 절약할 수 있다. 이런 기술을 사용하면 기후변화의 진행 속도를 늦추는 데 도움이 될 것이다.

의료 분야에서는 '나노 약물'이 다양한 질병을 진단하고 치료하는 데 이용될 것이다. 2018년 국립 암 연구 재단National Foundation for Cancer Research 은 극도로 정밀하게 암세포에 직접 치료제를 투입할 수 있는 새로운 방법의 가능성에 관해 발표했다. "분자 단위의 약물을 실어 나르고 종양에 대한 혈액 공급을 차단하도록 설계한 나노 로봇을 투입해 암세포를 죽여 종양의 크기를 줄인다는 개념이다." 중국과 미국 협력 연구진 중 한 사람의 설명이다. 난소암에 나노 기술을 적용하면 암세포가 100개 남짓만 되어도 조기에 암을 발견할 수 있다. 또한 나노 기술도 기존의 플라스틱 대신 저렴한 자연 분해성 플라스틱 소재를 만들 수 있으므로 작고 위험한 플라스틱 입자 때문에 어장에서 생선들이 오염되는 일을 막을 수 있다. 바다를 떠도는 이 플라스틱 입자들은 해양 생물들은 물론 먹이사슬 전체를 위험에 빠뜨린다.

전자책, 포도주 그리고 혁신의 조건

최근의 기술 진화는 끊이지 않고 이어지는 진보의 승리처럼 보인다. 디지털 대체물들은 신문이며 음반, 비디오 등의 자리를 대신하고 있다. 영국 밴드 버글스the Buggles는 1979년에 〈비디오가 라디오 스타를 죽였어〉라는 노래를 발표해 기술적 진보를 예견했다. 반면에 전자책은 미국을 비롯한 다른 선진국에서조차 종이책을 넘어서지 못했다. 요하네스 구텐베르크Johannes Gutenberg가 500년 전에 일으킨 혁신에는 과연 어떤 놀라운 저력이 숨어 있을까?

어떤 사람은 전자책이 종이책을 대체하지 못하는 이유가 밀레니얼 세대가 더 이상 책 자체를 읽지 않기 때문이라고 생각한다. 그렇지만 퓨 리서치 센터에 따르면 밀레니얼 세대는 다른 연령대의 집단보다 전자책이나 종이책을 가리지 않고 많이 읽는다. 출판사들이 이른바 '구조적 관성'의 포로가 된 것도 여러 원인 중 하나인 듯하다. 구조적 관성의 포로가 되면 개인이나 조직 혹은 지역사회는 기존의 방식보다 나은 성과를 약속하는 또 다른 방식으로 자연스럽게 옮겨가지 못한다. 관성이란 결국 기존의 관습과 방식, 절차를 버리지 못하고 새로운 모형에 대한 추구를 심리적, 인지적, 조직적으로 주저하는 현상이다. 스위스의 시계 제조업체들도 관성 때문에 수정 진동자 기술이 상업적으로 성공할 가능성을 인정하지 못했다. 심지어 자신들이 발명한 기술이었는데도 말이다. 전자책이 부진한 또 다른 원인은 종이책만이 독특한 형태를 띠기 때문일 것이다. 종이책은 선물로도 완벽하고, 진정한 애서가나 독서가라면 비통해마지 않을 일이겠지만 가정용 장식품으로도 최고다.

그렇다면 우리는 디지털 파일로 변신한 음악과 영화가 큰 인기를 끄는 반면 디지털 파일로 만든 책은 그렇지 못한 이유를 찾을 수 있을까? 첨단 기술 관련 평론가이자 저명한 저술가 에드워드 테너Edward Tenner는 사람들이 새로운 기술을 접하고도 이전의 기술을 포기하지 못하는 이유들을 언급했다. 우선은 새로운 기술에 있을지도 모를 취약성이다. 예를 들어 이

2030 축의 전환

제는 팩시밀리가 많이 사용되지 않지만 한때는 보안 때문에 중요한 문서를 이메일이 아니라 팩시밀리로 보내는 사람들이 많았다. 테너가 주장하는 또 다른 이유는 아름다움과 추억이다. 기존의 플라스틱 레코드판은 CD가 등장하고 이후 디지털 음원이 등장하면서 세상에서 사라지는가 싶었지만 이내 음악 애호가들을 위한 틈새시장이 되어 다시 판매량이 늘고 있다. 자동차를 보면 자동변속기가 크게 발전했는데도 불구하고 일부 애호가들은 수동변속기를 고집한다.

이처럼 예전 기술이 완전히 사라지지 않는 이유를 이해하려면 기술이란 생태계의 일부로 나타났다 사라지는 존재라는 사실을 먼저 이해해야 한다. 기술 생태계들은 새로운 사용자들에게 다가가기 위해 개방적 혁신을 통해 빠르게 진화해야 하며, 그 과정에서 환경을 바꾼다. 전자책 기술은 근본적으로 외부의 혁신자들이 소프트웨어에 관여할 여지가 적다. 그 결과 전자책의 기능은 상당히 제한적이다. 또한 연구자들은 독자들이 전자책 전용 기기나 태블릿보다 종이책을 읽을 때 더 효율적으로 정보를 얻을 수 있다고 지적한다. "종이책을 보며 지금 어느 부분을 읽는지 가늠할 수 있는 느낌은 생각 이상으로 중요하다." 영국 케임브리지 마이크로소프트 연구소Microsoft Research의 애비게일 셸런Abigail Sellen의 주장이다. "전자책을 사용하면 그러한 측면들이 비로소 보이기 시작한다. 전자책 개발자들은 독자 입장에서 책을 어느 정도 읽었는지를 확인할 수 있는 방법에 신경 쓰지 않는 것 같다."

《사이언티픽 아메리칸》에 실린 한 기사를 살펴보자. "전자책 전용 기기와 화면은 책을 읽어나갈 때의 두 가지 측면을 무시하고 있다. 바로 우연히 발견하는 기쁨과 책 자체에 대한 통제력이다. 사람들은 책을 읽어나가다가 문득 앞에서 읽었던 부분이 떠오르면 다시 앞쪽을 넘겨보는데, 거기에서 큰 즐거움을 느낀다고 한다." 전자책은 인터넷으로 읽을 수 있는 디지털화한 잡지만큼의 상호작용을 이끌어내지 못한다. 지난 2011년에 "책으로 읽는 잡지와 아이패드로 보는 잡지"라는 제목의 유튜브 영상이 큰 인기를 끌었다. 여기서 한 살배기 여자아이가 아이패드의 터치스크린에 떠오르는 여러 내용을 손가락으로 만지작거린다. 아이는 이후 종이 잡지를 가져와 손가락으로 종이 위를 두드리고 움켜쥐거나 찔러보기도 한다. 결국 아무 일도 일어나지 않자 크게 실망한다. 여자아이의 아빠는 디지털 세대로 태어난 아이에 관해 이렇게 이야기한다. "한 살배기 내 딸아이에게는 종이 잡지가 그저 망가진 아이패드에 불과하다. 아마도 평생 그렇게 생각할 것이다." 우리가 2장에서 만나본 '태어나면서부터' 디지털 세대가 된 아이들은 전자책에 별다른 흥미를 느끼지 못하는 것 같다. 기존의 종이책을 그대로 화면에 옮긴 것과 비슷하기 때문이다. 화면에 문장이 펼쳐지는 방식 자체가 새롭게 진화하면 전자책도 좀 더 인기를 끌 수 있을 것이다. 《사이언티픽 아메리칸》의 기사는 이렇게 이어진다. "일부 작가들은 컴퓨터 전문가들과 협력해 좀 더 정교하게 독자와 상호작용할 수 있는 책을 만들고 있다. 독자가 선택하여 읽고, 듣고, 보는 것을 결정할 수 있는 전자책이다."

미국을 비롯한 여러 선진국에서 전자책은 아직 큰 빛을 보지 못하고 있지만 발상을 전환하면 개발도상국에 큰 기회가 될 수도 있다. 아프리카가 발전하기 위해 해결해야 하는 과제들 중 하나는 빠르게 늘어나는 인구를 제대로 교육하는 일이다. 1장에서 살펴봤듯이 2020~2030년에 아프리카 인구는 4억 5000만 명쯤 늘어날 것으로 예상되며 전 세계 인구 증가율의 3분의 1 이상을 차지하게 될 것이다. 남아프리카공화국의 신생 기업으로 아프리카 최대 규모의 디지털 교육 지원 업체인 스내플리파이Snapplify

는 도서관이나 서점이 없는 지역에 책을 제공하는 일을 한다. 현재 스내플리파이는 수백여 개 학교와 17만 명의 학생들을 지원하고 있으며, 성장 가능성도 충분하다. 샌프란시스코에 본사가 있는 비영리 조직 월드리더 Worldreader는 이 문제에 다른 방식으로 접근하고 있다. 월드리더는 전자책으로 채운 가상의 도서관을 만들었고, 개발도상국 학생들은 전자책 전용 기기와 스마트폰으로 무료로 접속해 이용할 수 있다. 전기마저 들어오지 않는 외진 지역에는 태양광 발전기, USB 허브, LED 조명, 전자책 기기, 그리고 디지털 도서관에 접속할 수 있는 인터넷 등이 포함된 종합적 해결책까지 제공한다.

휴대전화 결제 분야에서 선두를 달리고 있는 아프리카라면 전자책 사용도 크게 앞서갈 수 있을 것이다. 이처럼 급변하는 세상에서 가장 놀랍고도 상식을 거스르는 특징 중 하나가 바로 '후진국'과 낙후한 지역들이 종종 미래를 향한 최고의 전망을 제공하는 반면, 우리가 '선진국' 혹은 발전했다고 생각하는 지역들은 기존 사고방식이나 행동에 사로잡혀 과거와 결별하지 못한다는 사실이다. '순간적인 도약'을 하면 낙후한 지역도 오랫동안 진행된 혁신들을 단번에 뛰어넘어 앞서가는 지역들을 따라잡을 수 있다.

책 외에 과거의 기술이나 방식이 여전히 남아 있는 사례를 생각해보자. 포도주는 인터넷으로 거래되는 양이 미미하다. 미국의 경우 전체 거래량의 1.8퍼센트, 독일과 일본은 3.3퍼센트, 그리고 프랑스는 4.3퍼센트 정도다. 세계 최대의 포도주 시장인 중국만은 예외적으로 전체 거래량의 19.3퍼센트가 인터넷으로 거래되고 있다. 비율이 10퍼센트가 넘는 다른 국가는 11.3퍼센트의 오스트레일리아와 10.3퍼센트의 영국 두 곳뿐인데, 포도주에 대한 선호도를 보면 그리 놀랍지 않다.

그렇다면 어째서 소비자들은 인터넷으로 포도주 구입하기를 꺼릴까? 이것은 중요한 질문이다. 옷과 신발은 수많은 국가에서 50퍼센트 이상이 인터넷으로 판매되고 있다. 좀 이상한 일이다. 옷은 상점에 가서 여러 벌을 입어보고 마음에 드는 걸 고를 수 있지만, 술은 상점에서 다양하게 맛보고 고를 수가 없기 때문이다. 하지만 달리 생각해보면 대부분의 소비자들은 포도주에 대한 지식이 많지 않고, 상점 직원이 추천해주는 쪽을 더 선호할지도 모른다. 또한 인터넷으로 주문하면 배송 과정에서 깨질까 봐 걱정되거나, 대개 배송되기를 기다리지 못하고 바로 사서 바로 마시는 경우가 더 많기 때문일 수도 있다. 좀 더 설득력 있는 이유는 대부분의 사람들이 포도주를 직전에 구입하기 때문이 아닐까. 즉, 연회나 모임에 참석하기 전이나 특별히 축하할 일이 생겼을 때 말이다. 어쨌든 이 모든 요소가 포도주의 인터넷 거래 성장을 방해하는 것은 분명하다. 그렇지만 왜 중국과 오스트레일리아, 영국이 일반적인 경향에서 벗어나 있는지는 앞서 언급한 이유로 설명되지 않는다.

3장에서 살펴본 것처럼 중국은 중산층이 빠르게 늘고 있는데 그에 맞춰 포도주 매장을 늘리기가 쉽지 않다. 그렇지만 오스트레일리아와 영국의 경우는? 그 해답은 포도주 판매 방식에서 찾을 수 있다. 어떤 포도주는 특정 양조장의 이름을 걸고 비싸게 판매되는 반면 대형 기업이 저렴하게 판매하는 포도주도 있다. 예를 들어 프랑스에서는 2만 7000여 곳의 개인 양조장들이 각각의 특성과 풍미를 자랑하는 포도주를 생산한다. 개인 양조장 포도주는 대형 기업의 상표를 달고 대량으로 판매되는 포도주처럼 인터넷에서 쉽게 찾아볼 수 없다. 널리 알려진 대형 기업 포도주 상표 중 하나는 오스트레일리아의 옐로 테일Yellow Tail이다. 오스트레일리아와 영국, 중국에서는 많은 소비자가 포도주를 기업에서 대량 생산하는 상품으로 본다. 포도주가 대량으로 판매되는 시장은 비교적 늦은 1980년대에 형성되었는데, 새롭게 유입된 포도주 소비자들에게는 개인 양조장 포도주의 복잡한 풍미를 즐기고 이해할 만한 충분한 시간이 없었다. 음료 전문 잡지《베버리지스Beverages》에 실린 최근 기사에서 줄리 바우어Julie Bower 는 이렇게 말했다. "현재 영국이 전 세계적으로 가장 큰 포도주 시장 중 한 곳이 된 이유는 포도주가 대량으로 판매되는 시장이 형성되면서 오스트레일리아가 프랑스를 대신해 주요 공급지가 되었고, 1990년대 후반에 오스트레일리아의 포도주들이 영국에 상륙해 크게 성공했기 때문이다." 전자책의 사례와 마찬가지로 온라인 구매라는 선택지를 제공했다고 해서 무조건 소비자들의 상상력을 충족시키고 관심을 끌 수 있는 것은 아니다. 특정 환경이 갖추어지지 않으면 효율적이거나 저렴한 기술도 결국 성공하기 어렵다.

기술 개발 그리고 재창조

노령화 사회와 환경 악화, 그리고 기후변화가 낳는 어려움들을 감안할 때 2030년 전에 개발해야 할 기술은 무엇일까? 내가 가장 중요하게 생각하는 기술은 생활에 필요한 편의시설이 부족한 사람들을 위한 물이 필요 없는 화장실과 전자책이다. 가상현실 기술에 바탕한 치료법도 심리적, 인지적 만성 장애를 앓는 사람들을 도울 수 있으니 중요하다. 나노 기술은 환경에 치명적인 일부 소재들로부터 우리를 자유롭게 만들어주며, 3D 인쇄술은 자원을 적게 낭비하게 해준다. 그렇지만 이 기술들이 일자리를 없애거나 우리의 사생활을 노출시키거나 혹은 가짜 뉴스 확산 등을 부추기면 미래는 오히려 위축될 수도 있다.

또한 오래된 기술들을 새롭고 창의적으로 다시 사용하는 방법을 생각해보자. '바퀴의 재창조'에 관한 사례를 살펴보자. 먼 옛날, 누군가가 바퀴를 옹기장이가 사용하는 물레에 적용함으로써 매끄럽고 정교한 그릇을 만들 수 있는 기발한 장치를 만들었다. 이 장치는 수천 년 동안 사용되었는데, 지금의 이라크 지역에 거주한 고대 수메르 사람들이 '재창조'를 했다고 추정된다. 1770년대에 제임스 와트가 이와 비슷한 '재창조'를 해냈다. 그는 증기기관의 축을 개량하고 둥근 원판을 추가로 달아 증기 엔진의 피스톤이 상하로 불규칙하게 오르내릴 때도 축이 일정한 속도로 회전하게 만들었다.

2010년대가 지나는 동안 매사추세츠의 한 회사가 이 속도 조절용 바퀴에 바탕을 둔 새로운 장치를 개발했다. 좀 더 효율적인 발전 방식으로 발전소 안에서 전기가 원활하게 전달되도록 해주고 여분의 에너지를 저장해 지구를 구하는 데 도움을 주는 장치였다. 뉴욕 비컨 발전소Beacon Power에 처음으로 설치된 이 장치는 200개의 특수 바퀴로 이루어져 있으며 뉴욕주 하루 전력 사용량의 10분의 1에 해당하는 20메가와트의 전력을 저장할 수 있다. 특수 바퀴는 돌이나 강철이 아니라 경량 탄소섬유로 제작되었으며, 마찰을 줄이기 위해 진공실 안에 자석의 힘으로 매달려 있다. 따라서 제트 엔진과 맞먹는 속도로 회전할 수 있으며 그 가속도를 유지할 정도의 에너지도 저장할 수 있다. 자동차의 제어장치에 응용하면 원하는 순간에 운동 에너지를 전력으로 바꿀 수도 있다. 또한 이 기술은 흐린 날에도 태양광 발전기의 성능을, 그리고 바람이 전혀 없는 날에도 풍력 발전기의 효율을 높일 수 있다. 처음에 물레 정도에만 사용되던 바퀴 기술이 에너지 부족과 환경에 대한 의식이 높아진 시대에 발맞춰 새로운 흐름에 부응한 일은 바퀴를 재창조해 적용 방법을 다시 찾아낸 좋은 사례다.

기술은 사회나 경제 분야에서 진행되고 있는 흐름과 잘 맞아떨어질 때 수용되고 널리 퍼질 수 있다. 성장과 접근을 용이하게 해주는 새로운 기술은 언제든 사람들의 환영을 받는다. 아프리카의 휴대전화와 전자책 기술, 혹은 중국과 영국의 인터넷 포도주 판매처럼 말이다. 세상을 그야말로 완전하게 바꾸고 싶다면 기술적 혁신은 반드시 거대한 인구통계학적 혹은 경제적 흐름과 궤를 같이해야 한다. 이 문제는 다음의 7장에서 살펴보겠다.

07
....

소유가 없는
세상

소유가 없는 세상을 상상해보세요, 그럴 수 있을지 모르겠지만,
욕심을 부릴 일도, 배고플 이유도 없는 세상,
한 형제처럼 모든 사람들이 함께 나누며 사는 세상을 상상해봐요.

— 오노 요코Ono Yoko와 존 레논John Lennon, 음악가

린지 하워드Linsey Howard는 제대로 된 일자리도, 자가용도 없다. 린지는 기회가 생길 때마다 불규칙적으로 일하지만 사회 부적응자는 아니고 저임금의 임시직 노동자도 아니다. 대학에서 공학을 전공한 그녀는 태스크래빗TaskRabbit 같은 디지털 협업을 위한 인터넷 사이트를 중심으로 일하며 생활한다. 그녀는 인터넷 사이트에서 전 세계 기업들이 올린 일거리들을 살펴보고 적당한 것을 선택한다. 이른바 '긱 워크gig work' 혹은 '임시직 근무'다. 맡은 일을 빠르고 정확하게 처리하면 받을 수 있는 돈이 많아진다. 한 가지 일을 끝내면 돈을 받아 필요한 물건들을 사러 나선다. 집을 나서는 방식도 다른 사람들과는 다르다. 공유 자전거를 이용하며, 짐이 많으면 공유 차량을 이용한다. 린지 같은 유형의 근로자는 미국에만 수천만 명이 있는데, 그 숫자는 2018년에 2000만 명을 조금 넘는 정도였다. 어떤 사람들은 전단지를 나눠주거나 심부름을 대행하는 등 몸을 써서 일하고, 린지처럼 두뇌 노동을 하는 사람들도 있다. 2018년《이코노미스트》는 미

래의 모습을 상상하는 사설 한 편을 실었다. "2026년 직업 소개 전문 인터넷 사이트 링크드인은 직종과 업무에 상관없이 6시간 이내에 필요한 사람을 책임지고 소개할 수 있으며 우버와 협약하여 하루 만에 필요한 인원을 현장에 투입할 수 있다는 광고를 실었다." 2030년이 되면 주택과 자동차, 일자리를 포함해 우리가 공유할 수 있는 것들의 가짓수가 끝없이 늘어날 것이다.

조만간 닥쳐올 공유 경제의 규모와 영향력에 대한 예측은 제각각이다. 브루킹스 연구소는 2025년이 되면 지금의 20배 이상 규모가 커질 것이라고 예측하며, 기업 컨설팅을 하는 다국적 기업 프라이스워터하우스쿠퍼 PwC는 특히 크라우드펀딩, 온라인 직원 모집, 개인들이 직접 거래하는 숙박 시설 제공, 차량 공유, 그리고 디지털 파일 음원과 영화 제공 등이 가장 크게 성장할 거라고 예측한다. 이런 추세들을 선형 외삽법으로 추정하면 2030년에는 공유 경제가 전 세계 용역과 소비의 30퍼센트 이상을 차지할 것이다.

인터넷을 통한 협업과 공유의 위력을 처음 알아차린 사람은 우버나 에어비앤비 같은 기업의 창업자들이었다. 지난 2009년 1월 19일, 워싱턴 D.C. 내셔널 몰National Mall에는 버락 오바마Barrack Obama 대통령의 기념비적인 취임식을 구경하기 위해 200만 명이 넘는 인파가 모여들었다. 주변의 호텔들을 비롯한 숙박업소들은 수많은 사람을 수용할 만한 객실이 없었다. 친구 사이면서 신출내기 사업가였던 브라이언 체스키Brian Chesky와 조 게비아Joe Gebbia, 그리고 네이선 블러차직Nathan Blecharczyk은 이 상황이 에어비앤비를 널리 알릴 절호의 기회라고 생각했다. 세 사람은 그 전에 일반인들이 남는 방을 여행자들에게 제공하는 사업을 구상했다. 그로부터 2년 전인 2007년에 애플이 아이폰을 출시했고, 1년 후에 약 500개의 앱을 선택할 수 있는 앱 스토어를 공개했다. 한편 구글은 인터넷 지도를 누구나 쉽게 이용할 수 있도록 개발하고 있었다. 이 모든 새로운 기술을 하나의 플랫폼 안에 묶으려면 기존의 상식을 벗어나는 수평적 사고가 필요했다.

에어비앤비는 2007년 10월 시작되었다. 첫 고객이 머문 곳은 샌프란시스코의 사우스 오브 마켓 지구의 한 연립주택이었다. 현재 에어비앤비에는 191개국의 6500여 개가 넘는 도시, 마을, 교외 지역 400만여 곳이 등록되어 있으며, 기업 가치는 400억 달러에 달한다. 우버와 에이비앤비를 다룬 책 『업스타트The Upstarts』를 써서 유명해진 브래드 스톤Brad Stone은 이렇게 지적한다. "위대한 기업을 세우고 싶다면 시대를 관통하는 진짜 흐름에 올라타야 한다. 또한 다른 사람들과 다르게 시장과 기술의 흐름을 바라보고 빨리 알아차릴 수 있는 역량도 갖추고 있어야 한다." 이동통신 기술에 여행과 체험에 대한 새로운 세대의 변화한 가치관이 합쳐지면서 거대한 시장의 변화를 이끌었다. 사용자와 공급자를 이어주는 에어비앤비는 젊은 여행자들과 나이 든 집주인들을 하나로 묶어주었다. 에어비앤비의 가치 제안은 친밀함을 체험할 수 있다는 장점에 바탕한다. "에어비앤비의 성공을 이끈 핵심은 우리가 감정 없는 사물이 아닌 하나의 공동체라는 사실이다." 에어비앤비의 최고경영자 겸 공동 창업자인 브라이언 체스키의 말이다. "나는 그저 쉬기 위해서가 아니라 새롭고 흥미로운 경험을 해보기 위해 여행한다." 뉴욕에 사는 스물세 살의 리버 태트리River Tatry는 이렇게 이야기한다. "나로서는 낯선 장소로 가서 하나가 되고 새로운 것들을 배우며 그 지역 사람들과 친구가 되어 다시 한 번 그곳을 방문하고 공동체를 만드는 일이 훨씬 가치 있다." 이런 모습이야말로 우리의 오래된 습관과 경제를 변화시키고 있는 수평적 사고의 대표적 사례다.

오래된 규범으로의 회귀

협력적 소비와 자산 공유는 전례가 없던 일이 아니다. 기록으로 남아 있는 역사의 90퍼센트에 해당하는 기간 동안 인간은 사유재산 없이 생존했고 오히려 더 번성했다. 특히 토지와 관련해서 그런 면이 두드러진다. 농업혁명이 일어나기 직전까지 거슬러 올라가는 공동체 관련 기록과 현재 아프리카에서 수렵과 채집을 하며 사는 부족들에 대한 인류학 연구를 바탕으로 연구자들은 사유재산이 없는 인간이 그렇지 않은 인간보다 대부분 더욱 행복하다고 주장한다. 『사피엔스Sapiens』의 저자 유발 노아 하라리Yubal Noah Harari는 이렇게 주장했다. "농업이 출현하면서 인간의 집단적 힘은 몇 배 늘어났다. 그렇지만 수많은 개개인의 삶이 더 풍요로워지고 개선되지는 않았다. 농부들은 수렵과 채집을 주로 하는 사람들보다 영양 상태가 훨씬 나빴다. 인간의 힘이 엄청나게 강대해졌지만 그와 똑같은 수준으로 인간이 크게 행복해지지는 못했다." 심지어 일부 농경 공동체는 경작지를 공유하고 사유재산을 금지했다. 2030년이 되면 협력적 소비라는 개념이 다시 한 번 사유재산을 압도할 것이다.

오늘날 젊은 세대들은 물건을 소유하는 대신 일정 비용을 내고 공유하며 나눠 쓰는 방식을 선호한다. 이들은 재산이나 재물을 공유의 관점에서 바라보는데, 우리가 익숙하게 생각하는 개인 소유물까지도 상호 이익을 위해 공유할 수 있다고 생각한다. 다른 연령대의 사람들 역시 소유보다는 임대나 대여라는 개념을 좀 더 유연하게 받아들이고 있다. 보통 사람들의 변화하는 문화를 늘 적절하게 반영하는 〈심슨 가족〉에서도 엄마 마지 심슨이 우버 영업에 나섰고, 대기업 회장인 번스도 우버 등록 차량을 이용하는 모습이 등장했다. 공유의 영향력은 이제 막 시작되고 있다. 2030년이 되면 매일 하는 소비의 절반 가까이를 '공유' 혹은 '협력' 형태의 소비가 차지하고, 여기에는 자동차와 집, 사무실, 각종 장비를 비롯해 온갖 개인 소유물들이 포함될 것이다. 소유의 개념은 사라지고 공유라는 개념이 그 자리를 차지할 것이다.

"내가 속한 세대는 이제 '나만의' 문화에서 '우리'의 문화로 옮겨가고 있다."『무엇을 나눌 수 있을까What's Mine is Yours』의 저자 레이철 보츠먼Rachel Botsman의 말이다. "모든 것이 연결된 시대에 공유를 위해 필요한 건 스마트폰뿐"이라는 것이다. 지난 2016년 밀레니얼 세대 기업인 캐런 마이오Caren Maio는 이렇게 주장했다. "불과 10년 사이에 자기 주택을 마련한다는 미국 사람들의 보편적인 꿈은 그 빛을 많이 잃고 말았다. 그 대신 오랫동안 임시방편일 뿐이라고 생각했던 임대가 미국 사람들의 새로운 선택으로 조용히 떠오르고 있다."《파이낸셜 타임스》는 이렇게 지적한다. "뉴욕에서 런던, 그리고 뉴델리와 상하이까지, 밀레니얼 세대들은 점점 더 많이 가정과 직장과 휴식의 경계선을 허물고 있다. 시간과 돈을 절약하고 새로운 친구들을 만나기 위해 서로의 공간을 공유하는 것이다."《포브스》는 이런 현상을 일컬어 '비소유권NOwnership'이라고 부르기도 했다. "과거에는 한 집에 차가 두 대 혹은 세 대나 네 대 있는 것이 신분의 상징이었지만 많은 밀레니얼 세대들은 차가 한 대 이하이면서 우버, 리프트Lyft, 그리고 카고CarGo 등의 공유 차량을 이용하는 쪽이 더 멋지고 의식 있다고 본다." 저명한 저술가이자 미래학자인 버나드 마Bernard Marr의 주장이다.

미국의 밀레니얼 세대는 자동차를 갖는 일뿐만 아니라 운전면허 취득까지 꺼려서 많은 사람을 놀라게 했다. 1983년만 해도 20~24세 미국인 중 92퍼센트가 운전면허를 취득했지만 2015년에는 77퍼센트로 줄어들었다. 그렇지만 최근의 이민자 가정은 자녀를 많이 가지려 하기 때문에

15~35세 인구 구성은 인종적, 언어적으로 좀 더 다양해지고 있다. 앞에서 살펴본 것처럼 이민자들과 그 자녀들은 결혼하고 자기 집을 갖고 자기 차를 모는 일에 좀 더 적극적이다. 따라서 다가올 2030년에 미국과 유럽 일부 국가들의 젊은 소비자층이 전체적으로 어떤 경향을 보일지는 미지수다. 모든 것은 결국 이민자 자녀들, 그리고 그들의 2세나 3세들의 행동에 달려 있는데 이들은 주요 연령대의 최소 3분의 2 이상을 차지할 것이다.

전 세계적인 조사에 따르면 연령대에 상관없이 모든 성인의 3분의 2 이상은 자신의 집과 자동차를 스마트폰 공유 어플리케이션에 올려놓고 싶어 한다. 신흥공업국 시장일수록 그 비율이 높은데, 공유 경제가 계속 발전하는 데 좋은 징조다. 공유 경제는 기본적으로 소비를 진작하며, 여기에 편리함과 저렴한 비용을 더하며 소비자들을 더욱 끌어들인다. 그렇지만 동시에 숙박업소와 운수업 같은 전통적인 산업에 생계를 의지하는 개인과 기업들에 커다란 어려움을 안겨줄 것이다. 이 산업들은 지금 변화라는 커다란 풍랑을 맞이하고 있다.

공유 경제의 성장 가능성을 생각할 때는 2장에서 살펴본 세대 사이의 역학 관계에 주목해야 한다. 예를 들어 에어비앤비는 60대 이상의 참여가 빠르게 늘고 있다. 또한 우버와 리프트 같은 차량 공유 사업에서도 운전자와 승객 모두에게서 비슷한 경향을 발견할 수 있다. 공유 경제 사업을 시작한 사람들의 성공은 우연이 아니다. 그들은 밀레니얼 세대와 노년층을 하나의 사업 안에서 엮어내는 날카로운 수평적 사고의 감각을 발휘했다.

이제 전 세계로 시선을 돌려보자. 아시아태평양 지역, 중동 지역, 그리고 아프리카 지역에서는 상품과 용역을 공유하려는 밀레니얼 세대의 비율이 세계 평균보다 높지만 라틴아메리카와 미국, 그리고 유럽은 대단히 낮다. 이런 차이점은 침묵의 세대, 베이비 붐 세대, X세대, 그리고 Z세대에서는 찾아볼 수 없다. 확실히 밀레니얼 세대는 이전 세대와 다르다.

여러 면에서 공유 경제는 세대를 거쳐, 심지어 수천 년간 이어져온 근본적 가정과 염원에 도전한다. 결국 우리에게 물건을 소유하고 싶은 염원이 사라진다면 '미국식 삶의 방식'이란 무슨 의미가 있겠는가? 40세 이상의 모든 미국 국민은 사유재산 제도가 최소한 자유 진영이라고 불리던 곳에서는 당연하게 여겨지던 시기에 성장했다. 모든 경제활동은 사유재산을 획득하고 유지하며 거기에서 이익을 취하는 데 집중되어 있으며, 사법 제도의 많은 부분도 사유재산을 보호하는 문제를 다룬다. 역사적으로 수많은 유명 저술가와 사회 운동가들이 재산 소유의 주체와 형태에 관해 갑론을박을 벌였다. 카를 마르크스Karl Marx를 모르는 사람이 있을까? 수많은 혁명적 사상과 선언이 사유재산 제도를 폐지해야 모든 사회적 문제를 해결할 수 있다고 부르짖었다. 개인이 소유하는 재산은 오랫동안 사회적 계급 질서의 핵심이었고, 불평등과 특히 전쟁을 포함한 온갖 범죄 행위의 주요 동기가 되었다. 시장경제와 경제 교류의 근간에도 사유재산 제도가 자리하고 있다. 주택 담보 대출은 햄버거나 핫도그처럼 철저하게 미국적인 방식이다. 나폴레옹은 언젠가 바다 건너 영국을 바라보며 상인들의 나라라고 말했는데, 그렇다면 미국은 주택 소유주들의 나라라고 할 수 있을까. 재산권이란 "국가와 정치, 법률 그리고 문화의 다양한 역할을 하나로 정리해 표현한 것"이라고 스탠퍼드대학교의 사회학자 앤드루 왈더Andrew Walder는 말했다. 또한 "사회적 불평등과 경제적 성과를 좌우한다."

우리는 사람들이 무엇을 소유했으며 소유하지 못했는가를 기준으로 사회적 계급과 성취, 그리고 행복까지도 정의하곤 했다. 세상은 땅을 소유한 대지주, 상업과 산업에 종사하는 자본가, 집을 소유한 중산층, 무산 노동자와 소작농 등으로 나뉘었다. 이제는 기술 발전을 통해 새로운 사회적 계층이 탄생했다. 소유한 재산이 아닌 생활 방식을 기준으로 정의되는 이른바 '공유 계층'이다. 물론 더 넓게 보면 기술과 그에 따라 변화하는 문화적 가치가 이런 변화의 흐름을 주도하고 있다. 심지어 『콜린스 영어 사전』에는 '우버하다uberize'가 타동사로 당당히 등재되었다. "이동통신 기술을 통해 산업의 공급자와 수요자를 직접 연결하는 새로운 방식으로 그때그때 필요에 따라 상품과 용역을 제공하도록 하는 것"이 '우버하다'의 정의다.

만일 디지털 기술에 힘입은 새롭고 커다란 흐름이 주택과 자동차 공유에만 그친다면 그 영향력은 근본적 변화를 일으키지 못할 것이다. 자산 공유 경제는 더 넓은 범위의 '공유 경제'의 일부분일 뿐이며, 여기에는 인터넷을 통한 개인들의 직접적인 금융 거래, 크라우드펀딩, 크라우드소싱, 재판매, 여러 종류의 협업, 그리고 수많은 인터넷 협업 방식 등이 포함된다. 《뉴요커》의 네이션 헬러는 이렇게 평가했다. "공유 경제 혹은 임시직 경제의 일부로 시작된 이 모든 새로운 방식을 하나로 묶어주는 공통점은 스마트폰 어플리케이션을 통한 결제와 등급제에 기반한 시장이다. 노동자들은 정식 취업을 통해서가 아니라 자신의 계획과 시간표에 맞춰 일하며 돈을 벌고, 경직된 기존의 경제 제도 안에서 새로운 성공의 발판을 찾는다." 이런 협업과 공유는 이미 다양한 형태로 오랫동안 존재해왔다. 그렇지만 "공유 경제 기업들은 새로운 사고방식이나 새로운 용역뿐 아니라 정보를 효과적으로 활용하여 사람들이 원하는 시간과 장소에서 서비스를 제공하는 새로운 방식을 제시했다." 버나드 마의 주장이다. 스마트폰 어플리케이션이나 컴퓨터를 통한 대규모 자료 처리 시스템이 개발되지 않았다면 우버나 리프트는 세상에 존재할 수 없었을 것이다. 공유 경제를 유행시킨 수많은 기업을 잘 나타내는 말은 조력자 혹은 일종의 촉매제다. 이들은 필요한 상품이나 용역을 직접 생산하거나 제공하지 않으며 거래 비용을 줄여주기 때문에 협력과 공유를 더 쉽고 편리하게 만들어준다. "인류 문명의 다음 단계로 들어가고 있다고 생각한다." 자신도 관련 사업체를 운영하고 있는 케이틀린 코너스Caitlin Connors의 주장이다. "인간은 이제 중간에 연결해주는 조직이나 기관 없이도 서로의 생각과 사업을 공유할 수 있다." 그렇다면 2030년에 관한 수평적 사고가 제기하는 중요한 질문들을 생각해보자. 공유 경제는 이 세상을 더 평등하게 만들까 아니면 그 반대일까? 공유 경제를 통해 우리가 알고 있는 일자리들이 사라질까? 환경 파괴로 인한 위기를 해결할 수 있을까?

연결의 힘

2014년 페이스북은 실질적인 자산도 없이 60명도 안 되는 직원들로 꾸려나가던 왓츠앱WhatsApp을 190억 달러를 주고 사들였다. 페이스북이 관심을 보인 스마트폰 전용 통신 어플리케이션 개발 업체 왓츠앱의 강점은 15억 명에 달하는 엄청난 이용자들이었다. 왓츠앱은 야후Yahoo의 개발자였던 브라이언 액턴Brian Acton과 얀 쿰Jan Koum이 2009년 설립했다. 얀 쿰은 우크라이나 출신 이민자로 1장에서 살펴본 '이민자 출신 기업가'이며, 브라이언 액턴은 미시간주에서 태어났다. "우리는 인터넷에서 낯설고 이상한 사람들과 연결되는 어플리케이션을 만들고 싶지는 않다." 액턴의 설명이다. "우리는 사람들 사이의 친밀한 관계에 관심 있다." 얀 쿰은 더 큰 야심을 드러냈다. "지구에 사는 모든 사람이 친구나 사랑하는 사람들과 저렴하고 믿을 수 있는 방식으로 의사소통하는 날까지 가던 길을 멈추지 않을 것이다." 페이스북 창업자 마크 저커버그_{Mark Zuckerberg} 역시 사람들이 서로 연결되기를 바라는 이유에 관해 조금 논란이 될 수 있는 설명을 했다. "왜냐하면 사람들은 서로 연결되어 있을 때 기분이 더 좋아지니까. 연결을 통해 더 풍요로운 삶을 누리게 되니까."

많은 유형의 사업체들이 이른바 네트워크 효과_{network effect}로 이득을 얻고 있다. 실제로 공유 경제 전체가 네트워크 효과에 의지하고 있다. 참여자의 수에 따라 참여자 개인에게 그 네트워크의 가치가 올라가며 그로 인해 긍정적인 네트워크 효과가 발생한다. 전화는 고전적인 사례라고 볼 수 있는데, 더 많은 사람이 전화로 연결되어 있을수록 한 개인 입장에서는 그 전화가 더욱 유용해진다. 전화를 걸 수 있는 사람들이 더 많아지기 때문이다. 반면에 개인이 아닌 어느 집단의 참여가 늘어나 반대편에 있는 또 다른 집단에게 그 네트워크의 가치가 올라가면 양방향 네트워크 효과가 일어난다. 공유 경제의 핵심은 바로 양방향 네트워크 효과다. 더 많은 사람이 집이나 남는 방을 에어비앤비에 등록할수록 숙소가 필요한 사람들이 더 많이 에어비앤비 사이트에 모여들며, 그 반대 상황도 마찬가지다. 오노 요코와 존 레논이 부른 〈이매진〉의 마지막 구절처럼 이제 "모든 사람이 함께 나누며 사는 세상"이 올지도 모른다.

2030년과 관련해서 이제는 네트워크 효과가 경제를 지배하는 것이 문제가 아니라 어떤 종류의 네트워크 효과가 우위에 서느냐가 중요한 문제가 될 것이다. 네트워크 효과가 일부 지역 수준으로 운용되는지 아니면 국가나 전체 지역, 혹은 세계적 수준으로 운용되는지도 중요하다. 대부분의 사람들은 모든 네트워크 효과가 당연히 전 세계적으로 운용될 거라고 생각하지만 실제로는 극히 일부 효과만 그렇다. 예를 들어 스마트폰으로 필요에 따라 차량을 공유하거나 택시처럼 부를 수 있는 사업에서는 지역 네트워크 효과가 대단히 중요하다. 차량을 이용하려는 사람 입장에서는 근처에 이용 가능한 차량이나 운전자가 얼마나 있는지가 더 중요하고 신경 쓰이는 문제이기 때문이다. 이와 유사하게 가벼운 만남을 주선하는 대부분의 어플리케이션도 지역의 네트워크 효과에 의존한다. 반면에 진지한 맞선을 주선하는 어플리케이션은 거의 전국적인 규모로 연결된다. 국가를 넘어서 전체 지역 단위의 네트워크 효과에 주로 의존하는 어플리케이션들도 있는데, 예를 들어 에어비앤비는 전 세계가 아니라 유럽이나 라틴아메리카, 아프리카 혹은 아시아처럼 같은 지역 단위 안에서 가장 많은 국제 여행이나 관광이 이루어진다는 사실을 일찍부터 알고 있었다. 미국이나 중국처럼 국가 크기가 대륙 전체에 이르는 경우는 대부분의 관광이나 여행이 국내에서 이루어진다. 따라서 우버는 이용자와 가까운 근처 지역 안에서 사업을 유지할 수 있을 정도의 이용 고객과 차량 등록자를 만들어낼 필요가 있으며, 에어비앤비는 좀 더 넓은 지역 안에서 사람들이 일정 수준 이상으로 교류해야 할 필요가 있다. 순수하게 전 세계를 넘나들며 운용되는 양방향 어플리케이션이나 사업은 드물다.

미국 국민들은 에어비앤비나 우버, 리프트, 위워크WeWork, 그리고 이베이 같은 기업들을 주로 선호한다. 모두 미국 시장을 지배하고 있는 기업들이다. 하지만 이제는 시야를 좀 더 넓혀야 한다. 예컨대 중국에서도 중국 기업들이 최고의 자리를 차지하고 있지만 규모가 미국의 경쟁자들보다 클뿐더러 대단히 빠르게 국제적으로 세력을 넓히고 있다. 여기에는 자동차와 자전거 공유 및 운전자 제공 사업을 하는 디디추싱, 소셜 미디어 서비스 위챗, 숙소를 공유하는 투지아途家民宿, 그리고 사무실이나 작업장 공유를 주선하는 유코뮨UCommune 등이 있다. 2017년의 경우 10억 달러 이상의 가치를 지닌 비상장 기업인 유니콘 기업은 미국보다 아시아에 더 많았다. 3장에서 살펴본 것처럼 2030년이 되면 상황은 지금보다 훨씬 아시아에 유리하게 전개될 것이다. 무엇보다 아시아에는 빠르게 성장하는 중산층이 있기 때문이다. 공유와 협력의 경제는 소비자와 노동자가 뒤섞인 완전히 다른 그림을 그려나가고 있다.

임시직 경제

카를 마르크스는 공동 저자이자 후원자였던 프리드리히 엥겔스Friedrich Engels와 함께 기존의 사회질서를 타도하고 지위를 끌어올리기 위해 노동 계급이 단결해야 한다고 부르짖었다. 임시직으로 일하는 사람들은 전통적인 방식으로 일하는 노동자들보다 상황이 더 나은가 아니면 나쁜가? 공유 계층의 등장은 불평등을 줄여줄까 아니면 오히려 더 악화시킬까? 미국 클린턴 행정부에서 노동부 장관을 지낸 로버트 라이시Robert Reich에 따르면, 지금 임시직으로 일하는 노동자들은 "우버 차량 기사, 인스타카트Instacart의 배달 대행 직원들, 에어비앤비로 집을 빌려주는 사람들, 태스크래빗으로 일을 찾는 사람들, 업카운셀Upcounsel에 등록되어 있는 변호사들, 그리고 헬스탭Healthtap에서 활동하는 의사들, 아마존이 운영하는 메커니컬 터크Mechanical Turks를 통해 온갖 일거리를 찾는 사람들을 포함한다." 이들은 새로운 기회를 찾아 끊임없이 움직인다. 그런데 라이시 전 장관은 이런 일자리들은 일하는 보람도 없을뿐더러 수입도 적다고 주장한다. "여기서 '공유' 경제라는 말은 그저 듣기 좋은 수사에 지나지 않는다. 좀 더 정확하게 말하면 '부스러기를 공유하는' 경제일 뿐이다."

라이시는 공유 경제를 기업들이 정규직 직원들을 임시적인 자유 계약 노동자들, 그리고 파견 노동자 등으로 바꿔가며 인건비를 줄이려는 노력의 결정체로 본다. 더 넓은 범위의 임시직 경제는 비정규직으로 일하는 노동자들의 증가와 맞물려 성장하고 있다. 이런 비정규직 노동자들에는 노동력 공급자의 입장에 있는 독립적인 하청 업자들이 포함된다. 경제학자로서 오바마 행정부 경제 자문을 맡았던 로렌스 카츠Lawrence Katz와 앨런 크루거Alan Krueger는 2005~2015년에 이런 임시직 노동자들의 비중이 전체 노동자의 10~16퍼센트 가까이 늘어났다고 추산한다.

공유 경제에 비판적인 인물은 라이시뿐만이 아니다. 영국의 경제학자 가이 스탠딩Guy Standing은 이런 노동자들을 일컬어 "불안한 노동자 계층", 혹은 "프레카리아트precariat"라는 용어를 만들었다. 프레카리아트란 이탈리아어로 '불안정하다'는 뜻인 '프레카리오precario'와 독일어로 '노동 계급'을 뜻하는 '프롤레타리아트proletariat'의 합성어다. 스티븐 힐Steven Hill은 2016년 《살롱Salon》에 실린 기고문에서 공유 경제를 바탕으로 하는 신생 기업들의 진화 과정의 특징을 이렇게 설명했다. "막대한 투자금을 유치해 많은 기대를 받으며 시작된 이 기업들은 처음에는 개인 대 개인의 경제적 교류에 대한 사람들의 역할과 사회의 대응 방식에 혁명을 일으킬 것을 다짐하지만 결국 임시직 일자리를 중개해주는 늘 보아오던 기업이 되어갈 뿐이다. 게다가 대부분은 아무런 성과도 거두지 못하고 흐지부지 사라지고 만다." 힐이 펴낸 유명한 저서 『부당 대우: 우버 경제와 고삐 풀린 자본주의가 미국의 노동자들을 압박한다Raw Deal: How the Uber Economy and Runaway Capitalism Are Screwing American Workers』는 제목이 모든 내용을 설명해준다. 저임금 노동자 보호 단체인 미국 고용법 프로젝트National Employment Law

Project의 활동가 레베카 스미스Rebecca Smith는 임시직 경제가 모든 노동자가 가내수공업 형태로 물건들을 만들어 팔면서 "스스로 노동력을 소개하고 팔아야 했던" 시절로 모든 것을 되돌리고 있는지도 모른다고 주장한다. 스미스의 관점에서 임시직 경제와 이를 선도하는 기업들은 "과거에 농장에서 일하던 계약 노동자, 노동이나 상품 중개인, 그리고 일용직 노동자 소개소 등이 일하던 방식대로 움직일 뿐"이다.

불안정한 고용이 가져오는 부정적 영향력에도 불구하고 일부 연구자들은 공유 경제가 소득 분포에서 최하위에 있는 계층을 돕는다고 주장한다. 자동차 공유 사업을 하는 겟어라운드Getaround가 제공한 자료를 연구한 뉴욕대학교의 경제학자 새뮤얼 프라이버거Samuel Fraiberger와 아룬 순다라라잔Arun Sundararajan은 개인 대 개인이 직접 거래하는 시장은 소비자, 특히 저소득 소비자들에게 유리하다는 사실을 밝혀냈다. "이 계층은 소유에서 임대를 선호할 가능성이 높고 관련 시장에 더 큰 수요를 제공하며 공급에도 역시 많이 기여할 확률이 크다. 그리고 다른 계층들보다 더 많은 이익을 누릴 수 있다." 간단히 말해 공유 경제에는 수요자 측에 있는 소비자와 공급자 측에 있는 노동자 모두를 포함해서 경제적으로 불리한 사람들을 도울 잠재력이 있다는 것이 두 사람의 결론이다.

그렇지만 임시직 경제에서 벌어들이는 돈은 대부분 주요 생계 수단이 아닌 일종의 부업을 통한 수입이라는 증거가 곳곳에서 발견된다. 보스턴 칼리지의 사회학자 줄리엣 쇼어Juliet Schor는 에어비앤비와 릴레이라이즈RelayRides, 그리고 태스크래빗 같은 어플리케이션을 통해 실제로 이익을 얻는 사람들이 누구인지 확인해보기로 했다. 각종 사례 연구에 따르면 "상품을 공급하는 사람들은 교육 수준도 높고 대부분 이미 좋은 직업을 갖고 있으며 이런 어플리케이션들을 통해 부가적으로 수입을 늘리고 있다." 공유 경제의 공급자 측에서 일하는 사람들에 "변호사, 정당 직원, 경영 관리 전문가, 기술 전문직, 의료 연구원, 교사, 회계사, 대학 교수, 그리고 영업직 직원" 등이 포함되어 있다.

쇼어는 일종의 구축효과驅逐效果가 일어나고 있다고 주장한다. 다시 말해 "전통적으로 교육 수준이 낮은 사람들이 해오던 청소나 대행업 같은 육체노동에 다른 사람들이 끼어들고 있다." 에어비앤비로 집을 빌려주는 사람들은 이용자들이 떠난 후에 사실상 숙박업소의 직원들이 하는 일들을 직접 하고 있다. 여러 일들을 대신해주는 어플리케이션 태스크래빗에서는 청소와 운전, 가구 배치, 방과 물건 정리, 그리고 장보기 등을 대신해줄 사람들을 구하는데, 쇼어는 변호사, 과학자 그리고 회계사 등이 포함된 고소득을 올리는 정규 전문직 종사자들이 기꺼이 이런 육체노동에 뛰어들고 있다는 사실을 확인했다. 태스크래빗을 통해 집 청소를 하러 나선 발레리아Valeria라는 학생은 이렇게 이야기한다. "처음에 나는 아무것도 제대로 하지 못했다. 그야말로 엉망이었다. 일을 부탁한 사람들은 대부분 낮은 평점을 남겼다. 왜 안 그렇겠는가? 나는 내 방도 제대로 정리해본 적이 없었는데. 우리 집에는 사실 청소를 해주는 사람이 따로 있었으니까." 쇼어가 내린 결론은 이렇다. 더 나은 교육을 받은 사람들이 이런 부업에 나서서 따로 수입을 얻고 기존의 비숙련 노동자들은 어플리케이션을 통해 자신들이 하던 일을 빼앗기는 상황 속에서 수입의 불평등이 더 커지고 있다.

임시직 경제에서 발생하는 불평등의 또 다른 원인은 무엇일까. 예컨대 에어비앤비로 집을 빌려주면 적지 않은 수입을 얻을 수 있지만 이건 집을 갖고 있거나 집이 커서 남는 방이 있는 사람들에게 해당되는 이야기다. "결국 돈이 돈을 벌어들인다." 쇼어가 만난 에어비앤비 사용자 키란Kiran

의 말이다. 혼자 살고 있는 젊은 여성 시라Shira 역시 에어비앤비로 1년에 3만 달러 정도를 벌고 있다. "실제 상황이라고 믿어지지 않을 만큼 만족스럽다." 쇼어는 에어비앤비로 집을 빌려주고 부수입을 올리는 사람들 대부분이 실제로 본업보다 많은 돈을 벌고 있다는 사실을 확인했다.

부업으로 조금이라도 더 돈을 벌고 싶다는 생각에는 대개 그럴 만한 이유가 있다. 쇼어에 따르면 임시직 경제활동을 하는 대부분의 젊은 노동자들은 "이 기회를 이용해 부채를 줄이고" 있으며 "에어비앤비로 1만 1000달러를 번 어느 부부는 그 돈으로 남편의 대학 학자금 융자를 갚았다." 이 연구에서 가장 놀라운 결과는 많은 사람이 자신들이 '시대의 첨단을 걷는 새롭고 멋진 일'을 한다고 생각한다는 사실일 것이다. 쇼어에 따르면 일부 사람들은 "자신들이 친환경적인 일을 하고 있으며 이를 통해 사회적 관계를 만들고 다른 사람들을 도우며 문화적 변화를 이끈다고 생각한다." 에어비앤비로 돈을 벌고 있는 한 사람은 《뉴요커》의 네이선 헬러에게 이런 말을 했다. "에어비앤비 덕분에 학교로 돌아가 정규 과정을 이수하며 틈틈이 사진 찍는 일도 할 수 있다." 순다라라잔은 임시직 경제가 제공하는 여러 사업을 성공적이라고 평가한다. "왜냐하면 사람들의 시간을 좀 더 효율적으로 이용하기 때문이다. 분명 사람들은 여분의 시간을 이용해 수익을 올리고 있다."

임시직 경제활동을 하는 사람들은 만화〈딜버트Dilbert〉가 묘사한 쥐구멍이나 닭장 같은 좁은 사무실에 틀어박힌 사람이 되고 싶어 하지 않는다. "나는 글을 써서 전하고 싶은 이야기가 있다. 우버 덕분에 그 꿈을 이뤄나가고 있다." 캘리포니아 샌타 바버라에서 우버 운전기사로 일하는 67세의 카라 오Kara Oh의 이야기다. 카라 오는 아침에는 소설을 쓰고 오후와 저녁 시간대에 자기 차로 사람들을 실어 나른다. 우버의 공동 창업자이며 전 최고경영자인 트래비스 캘러닉Travis Kalanick은 이렇게 주장한 바 있다. "우버 운전자들은 독립적으로 일할 수 있다는 점을 중요하게 여긴 다. 우버든 리프트든, 매일 출근 도장을 찍지 않고 일주일 내내 일하든 몇 시간만 일하든 상관없이 자신이 마음대로 선택할 자유가 있다." 바로 이 것이 다른 분석가들도 인정하는 임시직 경제의 중요한 장점이다. 카우프 만 재단의 선임 연구원이며 보스턴 칼리지의 강사인 다이앤 멀케이Diane Mulcahy는 자신의 책 『긱 이코노미The Gig Economy』에서 이렇게 이야기한다. "전통적 의미의 정규직은 이제 더 이상 안전하지 않고 그나마 점점 사라 지고 있다. 남아 있는 사람들도 삶에서 다른 무엇인가를 할 수 있기를 꿈 꾼다." 멀케이는 모바일 어플리케이션이 "그런 사람들에게 매력적이고 흥미로우며 자유롭고 심지어 수익성도 좋고 안전한 대안을 제공할 수 있 다"고 믿는다. 그녀에 따르면 "이들은 상품 자체보다 시간과 경험에 좀 더 집중하는 경향이 있다. 이제 미국인들이 생각하는 새로운 가치는 물질 적 풍요가 아닌 삶의 질이다."

물론 일에 실망하는 사람들도 있다. 법학 전문 대학원을 졸업했지만 적당한 일자리를 찾지 못했던 케이티Katy는 태스크래빗으로 구한 일들이 "뭐라 말할 수 없을 만큼 보잘것없었다"라고 토로했다. 어쩌다 경력을 소 개할 때 학력을 언급하면 사람들은 대개 "대학원까지 나온 사람이 이렇게 집 청소하러 오다니 참 안됐다는 반응을 보였다. 나는 그런 말이 너무나 듣기 싫었다. '이런 일을 해야 하다니 참 안됐군요'라고 말하면 '그래요, 나도 잘 알아요. 그러니 굳이 그렇게 말해줄 필요는 없어요'라고 내뱉고 싶을 정도였으니까." 역시 이과 석사 학위를 받은 베로니카Veronica는 스타 벅스에 가서 커피 한 잔을 사다주면 8달러를 받을 수 있는 일을 거절했다. "'그 정도는 당신이 직접 하지 그래'라고 말하고 싶었다. 나는 하녀나 심부름꾼 같은 건 되고 싶지 않다."

어플리케이션을 통한 양방향 사업이 계속 확장되면 2030년의 노동 시장은 지금과 크게 달라질 것이다. 순다라라잔의 주장처럼 그런 상황은 누군가는 다른 사람에게 없는 걸 갖고 있거나 혹은 누군가는 돈이 있고 누군가는 시간이 많다는 사실에 대한 효율적인 대응 방식일지도 모른다. "결국 전통적인 개념의 많은 기업이 우리가 예상하지 못하는 방식으로 어플리케이션을 기반으로 하는 노동 시장의 조정에 관여할 것 같다." 스티븐 힐이 《살롱》의 기고문에서 한 말이다. "다시 말하면 우리가 모든 미국 노동자들을 위한 보편적이고 실행 가능한 안전망을 만들 방법을 생각할 필요가 있다는 뜻이다."

새로운 계층의 출현

"우리는 사유재산의 원칙이 지배하는 세상에 산다." 캐나다 브리티시 컬럼비아 지역의 원주민 자치정부 대표 중 한 사람이며 아메리카 대륙 전체의 원주민 권리 향상을 위해 일하는 활동가 줄리언 브레이브 노이즈캣 Julian Brave NoiseCat의 말이다. "아메리카와 아프리카, 아시아, 아일랜드, 오스트레일리아의 원주민들로부터 빼앗은 수십억 에이커의 땅에서 얻은 이익을 통해 영어를 사용하는 두 제국인 영국과 미국이 차례차례 전 세계를 지배할 수 있었다." 덴마크나 벨기에, 이탈리아와 네덜란드, 포르투갈, 스페인 같은 다른 유럽 국가들도 약탈과 침략에 가담했다. 제국들이 몰락한 후에도 그들이 남긴 후손들은 계속 방대한 토지를 차지하고 정치 체제까지 지배하고 있다.

2030 축의 전환

전 세계의 수많은 사람들처럼 미국인들도 오랫동안 소유권이라는 개념을 발전시켜왔다. 노이즈캣은 이렇게 주장한다. "사유재산은 아메리칸 드림이라는 미국식 이상향을 선전하는 도구다. 토지와 집, 근면한 노동은 자본이 지배하는 세상에서 무한한 기회를 향한 발판이 된다."

3장에서 살펴본 것처럼 자가 주택과 자가용은 미국 중산층을 정의하는 상징이었다. 정부의 정책과 선거 전략도 사유재산을 소유한 사람 혹은 소유하고 싶어 하는 사람들의 이해관계를 반영하는 경우가 많다.

유럽과 미국의 구세대 중산층이 겪고 있는 어려움과 최상위 1퍼센트가 나머지 99퍼센트보다 더 부자인 불평등의 증가는 세금 문제와 관련해서 사유재산의 권리를 어느 정도까지 보호해주어야 하느냐는 중요한 의문을 제기한다. "이전 세대들은 비슷한 상황에서 공산주의를 대안으로 내세웠다." 노이즈캣의 지적이다. "그렇지만 마르크스나 레닌, 마오쩌둥의 사상은 이제 자본주의를 뒤흔들 위력이 없다." 사람들은 공유 경제에 참여함으로써 이런 상황에 대응하려 한다. 공유 경제는 결국 필요한 걸 모두 소유하기에는 자원이 부족하다는 현실과 집과 자동차 같은 자산을 새롭고 협력적이며 집단적으로 사용하는 일에 대한 선호도가 합쳐지면서 촉발되었다.

주택을 비롯한 값비싼 자산들에 대한 소유권은 오랫동안 정치적 행동에 영향을 미쳤다. 그렇지만 사람들이 보수적인 경제 정책이나 사회 정책을 더 많이 지지하도록 만들었는지는 분명하지 않은데, 연구에 따르면 주택을 소유한 사람들은 정치에 더 관심이 많고 투표도 더 열심히 한다. 2030년이 되어 대부분의 자산들이 공동의 소유가 된다면 정치에 대한 관심이나 투표에 대한 참여도가 떨어지며 시민의 의무에도 무관심해질 거라고 예측할 수 있지 않을까. 여러 관련 사업과 어플리케이션에서 수요자 측에 있는 사람들이 대부분 젊은 세대라는 점을 감안하면 이러한 흐름을 통해 젊은 세대가 더 정치에 무관심해질지도 모른다.

임시직 경제는 정치에 또 다른 방향으로 엄청난 영향을 미친다. 예일대학교 정치학 교수 제이컵 해커 Jacob Hacker 는 자신의 책『거대한 위험의 변화 The Great Risk Shift』에서 수십 년 전부터 정부와 기업들이 시민과 노동자에 대한 의무를 회피하며 그 대신 개인의 책임을 강조하는 문화를 제시해왔다고 주장했다. 개인의 책임이라는 개념의 근간에는 보수적 가치가 있으며, 이 개념은 대공황 이후 유럽과 미국에서 사회적 안전망 설치를 주도했던 중요한 진보적 사상의 일부를 타격한다. 집안일을 해줄 사람을 찾아주는 어플리케이션 잘리 Zaarly 의 창업자이자 최고경영자인 보 피시백 Bo Fishback 의 말처럼, 임시직 경제는 "'어떻게 일자리를 구해야 할지 모르겠다. 아니, 뭘 어떻게 시작해야 할지도 알 수 없다'고 말하는 사람들이 변명조차 할 수 없는, 그야말로 누구나 얼마든지 참여할 수 있는 궁극의 고용 시장"을 만들어냈다.

공유 계층의 부상은 차별에 대한 정치적 논쟁을 다시 불러일으켰다. 순다라라잔의 지적처럼 "호텔 같은 전통적 숙박업소와 다르게 에어비앤비로 집을 공유하려는 사람들은 이렇게 말하곤 한다. '이곳은 나의 집이다. 이 집의 남는 방을 내가 선택한 손님들만 이용해주었으면 한다.'" 임시직 경제는 차별의 기준에 대한 기존의 규범에 도전하고 있지만 한편으로는 전통적인 규칙과 기준을 방치하는 듯하다.

일자리를 공유하는 흐름이 노동 시장을 변화시키고 있다면 크라우드소싱과 크라우드펀딩은 정치 운동에 혁명을 불러일으키고 있다. 상원의원이었던 버락 오바마는 2008년 대선에 도전할 때 처음으로 이러한 방법들을 효과적으로 사용했다. 오바마는 휴대전화와 인터넷으로 수백만 명의 자원봉사자들을 하나로 뭉치게 하는 성과를 얻었는데, 당시는 지금과 같은 SNS를 통한 선전 활동이 자리를 잡기도 전이었다. 당시 대선 경쟁자였던 공화당의 존 매케인John McCain의 마이스페이스MySpace 팔로워가 22만 명, 그리고 트위터 팔로워는 5000명이었던 반면 오바마의 팔로워는 각각 85만 명과 12만 명이었다. "존 F. 케네디John F. Kennedy 대통령의 무기가 텔레비전이었다면 버락 오바마는 소셜 미디어를 무기로 삼았다." 가장 중요한 점은 오바마가 대중으로부터 자금을 조달하는 방식으로 400만 명의 기부자들로부터 8억 달러라는 기록적인 기부금을 모았다는 사실이다. "오바마는 2008년 대통령 선거전에서 인터넷으로 전국적 조직을 만들어 310만 명이 넘는 개인 참여자들에게 충분한 동기를 부여했고 500만 명이 넘는 자원봉사자들이 참여하는 풀뿌리 운동을 이끌어냈다." 어느 연구의 결론이다. 오바마의 선거운동은 다양한 목표를 달성하기 위해 새로운 기술들을 전방위적으로 사용하여 새로운 역사를 만들었다. "오바마의 선거운동은 이런 기술과 방법들로 대중을 교육하고 기부금을 모으는 수준을 뛰어넘어 풀뿌리 운동을 일으키고 정치적 참여를 독려한 끝에 원한 만큼의 표를 얻었다." 그리고 2016년 대통령 선거전에서 우리는 수많은 SNS 조작을 통한 이른바 '가짜 뉴스'들을 접하게 되었다.

공유 계층이 부상하면 많은 노동자가 최소한 완전히 은퇴하지 않을 수도 있는데, 이를 통해 또 다른 획기적인 정치적 변화가 일어날 수도 있다. 임시직 근무와 은퇴의 관계를 다른 측면에서 생각해보자. 은퇴자들은 정치적 행동, 특히 투표권을 행사할 때 다른 집단들과 구분된다. 이들은 다른 연령대 집단보다 투표를 열심히 한다. 많은 사람이 임시직 경제활동을 하는 계층이 많아지면 고갈되고 있는 연금 문제가 더 악화된다고 믿지만, 많은 사람이 은퇴 연령 이후에도 좀 더 자유로운 분야에서 계속하고 있다는 사실은 종종 잊는다. 많은 사람이 나이 든 후에도 일하고 싶어 하므로 임시직 경제활동을 하는 공유 계층은 은퇴를 늦추거나 시간제로라도 일을 계속하는 쪽을 선택할 것이고, 그 규모도 정규 직원을 넘어설 것이다. 많은 노년층이 새로운 사람들을 만나기를 좋아하기 때문에 에어비앤비로 집을 빌려준다.

또한 기대 수명이 계속 높아지고 공공 연금과 기업 연금 제도가 흔들리므로 임시직 경제가 실제로 돌파구가 될 수 있을 것이다. 분석가들은 임시직 경제를 '또 다른 은퇴 계획'으로 설명하고 있다. 이 일은 '정해진 시간에 출퇴근하는 전통적인 직종의 종사자들이 부족한 은퇴 자금을 채우기 위해서 하는 부업'으로도 볼 수 있다.

같은 공유 계층이라도 소비자와 임시직 경제활동을 하는 사람들은 차별과 임금 격차, 사회적 안전망 같은 중요한 정치적 문제들에 대한 관점이 다른 경우가 많다. 이들의 시간 활용이 비교적 자유롭다는 점을 감안하면 정규직 노동자들보다 선거에 더 많이 참여할 가능성이 높다. 그렇다면 이들의 자립심과 독립적인 자세는 경제적 문제에서는 진보적 가치, 그리고 사회적 문제에서는 보수적 가치에 공감하게 될 것이다. 2030년에 유럽과 미국, 그리고 세계 다른 지역 노동력의 절반 이상이 임시직 경제활동을 하는 사람들로 채워진다면 정치적 지형은 크게 달라질 것이다. 만약 독점적 디지털 기업이 시장을 지배하면 결국 소비자와 노동자 모두를 착취하게 되지 않을까?

압도적 독점의 위험

《월스트리트 저널》의 기자가 우버의 공동 창업자 트래비스 캘러닉을 만나 악의 없어 보이는 질문을 던졌다. 우버가 캘리포니아 샌프란시스코에서 사업을 시작하고 4개월이 지난 뒤 캘리포니아 공익사업 위원회California Public Utility Commission와 샌프란시스코 교통국San Francisco Municipal Transportation Agency이 각각 내린 사업 중단 명령에 대한 우버 측의 대응에 관한 질문이었다.

> "우버 운행을 중단했나?"
> "그렇지 않다."
> "사업 자체도 그만둔 적이 없고?"
> "그렇다."
> "정부의 명령을 대놓고 무시하는 것이 아닌가?"
> "이 상황은 사실 정부 쪽에서는 '이것 봐, 사업을 그만두는 게 좋을 것 같은데'라고 말하고 우리는 '꼭 그럴 필요는 없는 것 같다'고 응수하는 것과 비슷하다."

캘러닉은 실리콘밸리에 전해져 내려오는 오래된 원칙을 고수하고 있었다. 바로 '허가를 얻기보다는 일단 저지르고 용서를 구하는 편이 낫다'는 원칙이다.

공유 경제가 문제가 되는 이유 중 하나는 대부분의 경우 관련 규정이 없기 때문이다. 공유 경제 자체가 새롭고 혁신적인 개념이기 때문에 기존의 규정들을 적용할 수 없다. 그런 의미에서 보면 공유 경제야말로 우리가 알고 있던 세계를 종말로 몰고 가는 방법들 중 하나가 아닐까.

2009년 시작된 우버는 자동차가 있는 사람과 차가 필요한 사람을 연결해 모두가 이익을 얻도록 해주는 양방향 사업이다. 현재 우버는 73개국의 900여 곳이 넘는 도시와 대도시 지역에서 운영된다. 우버와 관련된 악평에도 불구하고 인구가 10만 명이 넘는 도시가 전 세계적으로 4500여 곳이 넘는다는 사실을 기억해둘 필요가 있다. 현재 대도시 다섯 곳 중 한 곳에서 영업 중인 우버는 각각의 지역에서 사업이 가능한 수준의 회원들을 끌어모으기 위해 애쓰고 있다. 일을 원하는 회원들에게는 사람들이란 늘 이동하기 마련이니 곧 일거리가 넘쳐날 것이라고 다짐하면서 말이다. 우버 이용자 입장에서는 스마트폰 어플리케이션의 편리함과 많은 등록 차량, 그리고 적절한 가격이 매력적이다. 또한 등급이나 평점을 매길 수 있어서 투명성도 보장된다.

우버 경영진이 예상하지 못한 유일한 문제점은 대부분의 도시들이 도시 운송 체계에 대한 엄격한 규정을 갖추고 있다는 사실이다. 택시 사업체와 소속 기사들도 우버 같은 사업에 가장 소리 높여 반대했다. 우버는 사업을 시작할 때부터 규정이나 자격 문제를 무시하는 쪽을 택했다. 일부 도시들은 주민들이 쉽고 편리하게 사용할 수 있다는 우버의 약속을 믿고 이를 묵인했다. 또한 교통 체증을 줄이고 세수도 늘어나는 효과를 기대할 수 있었다. 그렇지만 택시 회사들의 압력을 받은 많은 도시가 우버를 받아들이지 않았다. 우버는 사업을 확장하기 위해 규정을 따르거나 제약을 감수하는 쪽을 택해야 했고, 어떤 경우는 아예 사업을 포기했다. 실리콘밸리에서 활동하는 언론인 마커스 울슨Marcus Wohlsen은 한때 우버를 아마존과 비교했다. 디지털에 기반한 두 거대 사업체의 분명한 차이를 무시하는 듯한 발언이었지만 그는 이렇게 주장했다. "사실 근본적으로는 비슷하다. 자신만만하고 매력적인 최고경영자가 이끄는 신생 기업이 비틀거리고 있는 구시대의 산업을 어느새 따라잡았다. 기업은 빠르게 성장했고 기업의 이름 자체가 그 강력한 사업 내용과 동의어가 될 정도로 인기도 폭발적이다." 경쟁 업체의 반발이나 정부의 규제와 마주해도 두 기업은 물러서지 않고 앞으로 나아갔다. 물론 그 방식은 달랐지만 말이다. 그렇다면 우버와 아마존은 각각 무슨 계산을 했을까?

야심에 찬 모든 실리콘밸리의 신생 기업들은 크게, 그것도 아주 빠른 속도로 크게 성장하기를 바란다. 왜냐하면 몸집을 키워야 이익을 낼 수 있고, 빠르게 성장해야 경쟁 기업들이 비슷한 사업을 시작하는 걸 막을 수 있기 때문이다. 우버는 '압도적 독점' 전략을 취했다. 초반에 많은 이용자와 회원들을 확보해 이익을 얻도록 해주고, 이들을 통해 이해 관계가 얽힌 기존 운송 업체들의 압박과 정부의 관련 규제를 이겨내겠다는 전략이다. 우버의 성공에는 "경쟁 업체든 정부의 규제든 상관하지 않고 모든 어려움과 불편함을 돌파하는 전략"도 어느 정도 기여했다는 것이 《뉴요커》에 실린 실라 콜하트카 Sheelah Kolhatkar의 주장이다. 우버가 가장 성공적으로 정착한 런던의 사례를 생각해보자. 우버는 지난 2012년 하계 올림픽을 겨냥해 사업을 시작했고, 현재 런던에는 4만 명 이상의 우버 기사들이 활발하게 영업하고 있을뿐더러 상시 이용자만 350만 명이 넘는다. 그 과정에서 물론 많은 반대와 경쟁자들과 맞닥뜨려야 했다. "우버는 운전면허만 있으면 누구든 할 수 있는 일이다. 일거리를 찾을 때 장소에 크게 구애받지 않으며 이따금씩 일하려는 사람이나 개인에게 고용된 운전기사들이 티 나지 않게 부업처럼 할 수 있는 일종의 그림자 산업이었다." 그러다 2014년 6월 런던에서 택시 기사들이 처음 우버에 항의하는 시위를 했다. "오후에 4000대에서 1만 대가량의 택시들이 영업을 중단했다. 그리고 램

버스 브리지에서부터 차를 돌려 웨스트민스터와 저 멀리 피커딜리 서커스에 이르기까지 교통 체증을 일으켰다. 그렇지만 우버 이용자는 오히려 850퍼센트나 증가했다."《가디언》의 보도다. "우버의 인기만 갑작스럽게 올려준 택시 기사들의 무분별한 시위는 어차피 사라져갈 기존 시장 지배자들의 조잡한 대응으로 비쳤다."

우버의 공격적인 성장 전략은 그 기반이 되는 지역적 네트워크 효과라는 맥락 안에서 바라봐야 한다. 일단 특정 도시에 우버와 연결된 운전자와 이용자가 더 많아지는 것이 좋다. 가능한 한 빠르게 지지 기반을 성장시키는 방식이다. "우버가 촉발한 전 세계 택시 산업의 변화는 하나의 원칙에 기반한다."《가디언》은 이렇게 지적한다. "기존의 시장에 수많은 운전자와 이용자를, 그러니까 유동성을 더함으로써 이용료는 더 저렴해지고 운전자는 더 많은 돈을 벌 수 있도록 하는 것이 그 원칙이다." 마커스 울슨은 이렇게 설명했다. "우버가 더 많은 이용자를 확보하고 스마트폰을 몇 번 두드리는 것만으로 충분한 편리함에 사람들이 익숙해질수록 정치가들은 우버 문제를 걸고넘어질 이유가 적어진다." 중요한 사실은 "이용료가 급격하게 낮아질수록 우버는 고객층을 늘리는 것 이상의 다른 일도 할 수 있다. 바로 더 크게 성장할 수 있는 배경 자체를 만드는 것이다. 우버가 수많은 정치적 난관을 극복할 수만 있다면 그야말로 거대하고 막대한 가치를 지닌 세계적 기업으로 자리 잡을 수 있을 것이다. 투자자들 입장에서는 10억 달러의 가치가 있는 일이다." 2017년 런던의 금융 중심 지구에서 우버 이용이 금지되자 며칠이 지나지 않아 80만 명 가까이가 이용을 허가해달라는 청원서에 서명했다. 관계 당국 입장에서는 청원이 정식으로 받아들여질 때까지 한시적으로라도 우버의 영업을 다시 허락할 수밖에 없었다. 우버가 그토록 독점적으로 성장할 수 있었던 이유는 바로 수평적 사고를 적용한 덕분이었다. 우버 창업자들은 사업이 방해를 받으면 회원으로 등록된 운전자와 이용자들이 편을 들어줄 것이라고 확신했다. 이제 우버는 누구도 어쩔 수 없는 압도적인 독점 기업이 되었다.

혁명적인 사실은 공유 경제가 사회경제적 역할과 관계를 뒤집었다는 점이다. 우버는 소득이 적은 노동자들과 은퇴자들에게는 또 다른 수입을, 실업자들에게는 자유롭게 선택할 수 있는 새로운 일거리를 제공한다. 운전자들은 일의 유연함과 투명성을 마음에 들어 했으며, 더 이상 회사의 배치에 따라 움직일 필요 없이 어플리케이션으로 일거리를 자유롭게 고를 수 있다는 사실도 깨달았다. 물론 이용자들 역시 선택의 폭이 크게 넓어졌으며, 기존의 택시로 이용하기 어려웠던 외곽 지역이나 도시 중심부의 가까운 거리도 원할 때 이동할 수 있게 되었다. 우버는 또한 자사의 영업 활동 덕분에 음주 운전 비율이 줄고 있다고 주장한다. 심지어 영향력 있는 풀뿌리 조직인 음주 운전 방지 어머니회Mothers Against Drunk Driving도 우버와 협력해서 학교 축제일처럼 학생들이 크게 흥분할 수 있는 날에 학생들을 안전하게 실어 나를 수 있는 차량들을 확보하기도 했다.

우버는 몇 가지 분명한 사회적 흐름을 파악했고 수평적 사고로 모든 것을 하나로 묶어냈다. 이런 맥락에서 볼 때 디지털 기술이 기후변화를 막는 데 도움이 될까?

디지털 공유지의 비극

2017년《파이낸셜 타임스》의 한 독자가 편집부에 편지를 보냈다. 우버는 "공유지의 비극을 나타내는 교과서적인 사례"라는 내용이었다. 이 독자는 샌프란시스코를 예로 들었다. 샌프란시스코를 찾는 관광객과 사업가들은 편리한 교통수단이 필요하지만 도시 안에서 움직일 수 있는 교통수단은 숫자가 제한되어 있다. "그렇게 해서 예상대로 도로 위 사정은 비극적일 정도로 엉망진창이 되어버렸다." 거기에는 낮은 임금을 받는 운전자들과 미숙한 운전자들로 인한 불안감, 그리고 교통 정체와 대기오염 등도 포함된다. 영국의 평론가 아르와 마흐다위Arwa Mahdawi는 《가디언》 기고문에서 이렇게 지적했다. "에어비앤비의 주장에 따르면 단기로 집을 빌려주는 시장은 공동체를 활성화하고 이웃들에게 활력을 주며 일반인들이 어느 정도 수익을 얻도록 보장해주는 동시에 세계 평화를 가져올 수 있다고 한다." 하지만 동시에 에어비앤비 때문에 주택 관련 비용이 실수요자들이 감당할 수 없을 만큼 올라간다. 이웃들은 임대료 상승뿐만 아니라 소음이며 자신들의 일상생활이 헝클어지는 것에 대한 불만을 토로한다. "정확하게 말하면 이른바 공유 경제란 갖고 있는 모든 것, 할 수 있는 모든 것을 돈으로 바꾸는 것이 아닌가." 사람들이 소유한 주택은 이제 더 이상 중산층의 상징이 아니며 그저 "돈으로 바꿀 수 있는" 또 다른 기회가 되어버렸다.

이 양날의 검은 바르셀로나의 마을에서 뉴욕의 번화가에 이르는 어디에서나 볼 수 있기 때문에 이런 혼란이 가져올 악영향을 확인할 필요가 있다. 이런 혼란들은 어디에나 나타날 수 있다.

스코틀랜드의 계몽주의 사상가이자 근대 경제학의 창시자로 일컬어지는 애덤 스미스Adam Smith는 오래전에 이렇게 주장했다. "우리가 오늘 저녁 식사를 할 수 있는 것은 푸줏간, 양조장, 빵집 주인들의 자비심 때문이 아니라, 그들이 자신의 이익에 신경 쓴 덕분이다." 애덤 스미스의 수평적 사고에 의하면 자유 시장에는 이른바 "보이지 않는 손"이 있어서 소비자와 생산자 모두에게 가장 적절한 합의를 이끌어낸다. 소비자는 최선의 거래를 통해 필요한 모든 것을 확보하며, 생산자는 소비자의 필요를 충족시켜주며 이익을 얻는다. 이 기본적인 원칙은 대부분의 상황에서 잘 지켜지지만 최소한 두 가지 예외 상황이 있다.

그 첫 번째는 영화 〈뷰티풀 마인드〉의 실제 주인공으로 유명해진 수학자 존 내시John Nash가 확인했다. 그는 한 사람이 다수의 결정을 따로 혼자서 분석할 경우 그 다수의 결정이 가져올 결과는 예측할 수 없다고 주장했다. 영화에서는 한 술집에서 일어난 사건을 기회로 내시가 이런 수평적 사고를 시작하며, 앞서 언급한 그의 주장이 술집 사건을 설명하는 데 도움이 된다. 내시는 술집에서 여러 남학생이 한 여성에게 동시에 관심을 보이지만 여성은 남학생 모두를 거절하는 모습을 본다. 그런데 술집에 있던 다른 여성들도 그 여성과 똑같이 남자들의 관심을 거절한다. 왜냐하면 꿩 대신 닭의 신세가 되고 싶지는 않았기 때문이었다. 이렇게 되면 술집 안에 있는 남성과 여성 모두에게 안 좋은 결과가 나온 것이라는 게 내시의 주장이었다. 술집의 사례를 통해 내시는 그동안 널리 받아들여졌던 애덤 스미스의 이론, 즉 자유 시장에서의 경쟁이 모두에게 유익하다는 이론에 허점이 있다고 생각했다.

사적 이익에 의해 움직이는 시장의 경이로움과 관련된 두 번째 예외 상황은 이른바 '공유지의 비극'이다. 공동의 자원을 어느 개인이 이기적인 목적으로 남용하면 모든 사람이 사용해야 할 자원이 예상치 못하게 고갈된다. 이 문제를 처음으로 지적한 인물은 19세기 영국의 경제학자 윌리엄 포스터 로이드William Forster Lloyd다. 그는 공유지에서 가축들을 무분별하게 방목하여 일어나는 환경 파괴를 경고했다. 철학자와 생태학자, 그리고 인류학자와 정치학자들도 곧 로이드의 주장을 받아들여 대기오염과 수질오

염에서 시작해 어류 자원의 고갈이며 그린란드의 기후 상승에 이르는 문제들을 연구하기 시작했다. 공식적으로 '공유지의 비극'이라는 표현을 처음 사용한 인물은 생태학자 가렛 하딘Garrett Hardin이다. 그는 1968년《사이언스Science》를 통해 발표한 논문에서 이렇게 말했다. "인구 문제에는 어떠한 기술적 해결책도 없다. 그저 근본적으로 도덕적 양심이 확장되기를 바랄 뿐이다." 하딘은 특히 인구 증가와 지구의 한정된 자원의 관계에 주목했다. 1장에서 출생률이 올라갈수록 세상의 파국이 가까워진다고 사람들이 생각한 때가 있었다는 사실을 확인했는데, 하딘이 생각한 문제의 진짜 원인은 좋은 의도와 올바른 제도가 부족하다는 점이었다.

우버와 에어비앤비에 대해 일부 사람들은 때로 폭력까지 써가며 강력하게 반발한다. 공유지의 비극이 진행되고 있다고 생각하기 때문이다. 이들은 규제받지 않는 차량 공유 사업이 도로 위에서 더 큰 정체와 불편을 만들어낸다고 두려워한다. 혹은 택시 운전기사들에 비해 미숙한 일반인들이 사고를 일으키거나 이용자들에게 피해를 입힐 수도 있다고 생각한다. 또한 이미 방치된 것이나 마찬가지인 대중교통 체계가 관련 어플리케이션이나 사업 등과 경쟁하다가 더 큰 나락으로 떨어질 위험성도 있다고 지적한다. 예를 들어 뉴욕의 우버는 주로 맨해튼 59번가 아래 쪽 지구의 택시 회사들에 타격을 입혔지만 나머지 지역에서도 우버 이용률이 40퍼센트나 늘어나면서 교통 문제가 더 악화되었고 대중교통에 대한 투자 분위기도 가라앉았다. 우버와 마찬가지로 에어비앤비 역시 많은 유익을 가져다주었지만 관광객들을 지나치게 많이 끌어들이는 바람에 주변 지역의 삶의 질을 떨어트리고 기존 주민들이 감당할 수 없을 만큼 부동산 가격을 끌어올린다는 비난을 받았다. 우리는 이렇게 동시에 나타날 수 있는 장점과 단점들에 어떠한 입장을 취해야 할까?

2030 축의 전환

나는 수평적 사고를 바탕으로 세 가지 주장을 제시하여 디지털 공유 경제 사업을 변호하려 한다. 첫째, 공유는 천연자원과 관련된 압박으로부터 우리가 벗어나도록 도울 수 있다. 예컨대 차량 공유는 사람들의 편의를 위해 굳이 평소에 많은 차량을 준비하지 않아도 괜찮도록 해준다. 미국 국민들이 평균적으로 일주일 동안 자기 차를 이용하는 시간은 전체의 6~7퍼센트에 불과하다. 따라서 차량을 공유하면 기존의 자원을 더 효율적으로 이용할 수 있다.

둘째, 일반 사람들도 자신들의 삶에 가치를 더해주기 때문에 공유 경제에 기꺼이 참여하는 듯하다. 우버의 택시 사업인 우버엑스UberX가 미국 4대 도시에서 영업한 사례 4800만 건의 자료를 분석한 『괴짜 경제학Freakonomics』의 공동 저자 스티브 레빗Steve Levitt과 그의 동료들은 소비자들이 우버 덕분에 우버 택시 이용 비용보다 1.6배 많은 관련 부수익을 얻었다고 추정했다. 4대 도시에서만 하루에 약 1800만 달러의 이익이 발생했다. "어느 날 우버가 예고 없이 갑자기 사라지면 소비자들은 그만큼의 손해를 볼 것이다."

마지막 셋째이자 가장 중요한 주장은 다음과 같다. 공유지의 비극이 사람들이 공유 자원에 무임승차할 때마다 일어나는 필연적인 결과라는 주장은 결코 사실이 아니다. 저명한 정치학자이자 최초의 여성 노벨경제학상 수상자인 엘리너 오스트롬Elinor Ostrom은 수많은 미국 국민처럼 제2차 세계대전 동안 어머니와 둘이서 이른바 "승리를 위한 텃밭"을 일궜다. 주변의 남는 땅에 푸성귀를 심어 식량난을 이겨내자는 전시의 정책 때문이었다. 당시를 경험한 오스트롬은 특정한 상황에서라면 사람들이 공동의 유익을 위해 힘을 합한다고 생각했다. 오스트롬은 평생 동안 지역 경비며 바닷가재 양식, 숲과 수로, 그리고 목초지를 포함하여 사람들이 자원을 공동으로 소유하는 모든 종류의 상황들을 연구했다. 그녀는 자원 고갈과 생태계 붕괴를 피하기 위해 사람들이 처음부터 서로 협력하고 뭉치면 공유지의 비극을 피할 수 있다고 주장했다. 그러기 위해서는 자원 공유에 대한 규율을 명확하게 규정하고, 문제를 해결할 수 있는 체계를 확립하며, 규율을 위반하는 사람에 대한 적절한 제재를 준비하고, 신뢰를 바탕으로 공동체의 결정에 따르는 분위기를 만들라고 권유했다.

어떤 면에서 오스트롬은 정부나 행정 당국이 규제를 통해 간섭하기를 기다리지 말고 스스로 공동의 자원을 관리하고 이용하는 데 나서라고 이용자들을 격려했다. 이른바 오스트롬의 법칙은 "공동의 이익을 위한 적절한 자원 관리와 이용이 이론에서뿐만 아니라 실제로도 가능하다"라고 주장하며 공동의 이익을 추구할 때 풀뿌리 운동이 효과를 발휘할 수 있음을 보여준다. 따라서 공유 경제가 참여하는 사람과 거기에 영향받는 사람 모두를 돕는 최선의 방법은 역시 공동의 이익에 대한 추구일 것이다.

그 양배추를 버리지 마오

"전 세계에서 생산되는 식료품의 3분의 1 이상이 쓰레기통으로 직행한다." 마틴 J. 스미스Martin J. Smith의 말이다. OLIO 어플리케이션은 이런 낭비를 막기 위해 일반인들과 지역 사업체들이 식료품을 공유하도록 도와준다. 2015년 처음 등장한 OLIO는 지금은 49개국에서 200만 명이 이용하고 있다. "나눔은 많게, 쓰레기는 적게"가 OLIO의 좌우명이다. 예를 들어 식료품이나 식재료를 취급하는 소매상들은 유통기간이 다 된 상품을 기부 형태로 전달할 수 있는데, 그 전에 오랫동안 비슷한 일을 해온 푸드 뱅크_{food bank}와 함께 디지털과 모바일 기술을 통해 쓰레기와 탄소 발자국을 줄이도록 돕는다.

미국의 신생 기업 렌트 더 런웨이_{Rent the Runway}는 사람들에게 옷을 사는 대신 빌려 입는 쪽을 권유하며 옷이나 유행을 좀 더 오래 지속하는 방법을 고민한다. "옷을 사는 대신 빌려 입을 때마다 새 옷을 생산하는 데 드는 물과 전기를 절약하고 탄소 가스 배출을 줄일 수 있다." 회사 측의 주장이다. "여성들은 무게로 따지면 평균 1년에 82파운드(약 37킬로그램)에 달하는 옷을 내다버린다."

식료품과 옷의 낭비를 피하면 전 세계의 탄소 가스 배출을 10퍼센트가량 줄일 수 있다. 석유 산업을 제외하면 이 두 산업이 기후변화에 가장 큰 영향을 미친다. "모든 것을 공유하는 세상에서는 자동차 공유, 옷 바꿔 입기, 아이 함께 돌보기, 음식 나눠 먹기, 공동 거주 등이 삶을 더 재미있고 더 친환경적으로, 그리고 더 마음 편하게 만들어준다." 인터넷 잡지 '셰어러블_{Shareable}'은 이렇게 설명한다. "우리가 나누기 시작하면 더 나은 삶이 가능해질뿐더러 더 나은 세상을 만드는 일도 가능해진다." 《사이언티픽 아메리칸》은 "나눔이 곧 관심의 시작"이라고 제안한다. '셰어러블'의 설명과 일맥상통하는 내용이다.

공유가 낳는 환경적 유익에 관한 연구들은 결과가 제각각이다. 어떤 연구는 중고 거래 인터넷 사이트 크레이그스리스트_{Craigslist}가 한 도시에서 영업을 시작하면 쓰레기 배출량이 크게 줄어든다고 주장한다. 집카_{Zipcar} 같은 차량 공유 어플리케이션도 교통 정체와 배출 가스를 줄이는 데 도움이 된다. 미국 교통 연구 위원회_{Transportation Research Board}에 따르면 미국에서 "공유 차량 한 대가 최소한 개인 차량 다섯 대를 대신한다." 또 다른 연구에서는 대신할 수 있는 차량 숫자를 13대까지 보기도 한다. 웨이즈_{Waze}

는 이용자 참여형 네비게이션 어플리케이션이다. 운전자들이 웨이즈를 통해 도로 상황과 교통 혼잡 상태에 대한 정보를 공유하면 교통 혼잡은 물론 연료 소비도 줄일 수 있다. 우버와 리프트, 그리고 다른 차량 공유 어플리케이션 등은 자신들이 더 깨끗하고 효율적인 환경에 기여한다고 주장한다.

그런데 캘리포니아대학교의 레지나 클루로Regina Clewlow가 이끈 연구진에 따르면 미국 주요 대도시들의 차량 공유 사업체들은 결국 "더 많은 차와 차량 운행"을 불러왔을 뿐이다. 왜냐하면 사람들이 더 편리하게 차를 이용하게 되면서 대중교통을 외면하기 때문이다. "차량 공유가 미국 주요 도시에서 인기를 끌면서 버스나 경철도 이용이 각각 6퍼센트와 3퍼센트가량 줄어들었다." 하지만 동시에 차량 공유는 다른 이동수단을 보완해 준다. 예를 들어 통근용 열차 이용은 3퍼센트, 그리고 걷기는 9퍼센트 늘어났다. 그래도 전체적으로 보면 그 영향력은 부정적인 듯하다. "이 사업들이 진행되면서 주요 도시들에서는 지속가능한 교통수단이 아닌 임시로 이용할 수 있는 차량의 이용이 더 늘고 있다."

에어비앤비는 여행자들이 일반인이 빌려주는 집이나 방에서 머물면 숙박업소를 이용할 때보다 훨씬 많은 자원이 절약된다고 주장한다. 에어비앤비가 클린테크 그룹Cleantech Group이라는 자문 회사에 의뢰한 조사 결과에 따르면 "1년을 기준으로 북아메리카에서 올림픽 공식 수영 경기장 270개를 채울 수 있을 만큼의 물을 절약하고 자동차 3만 3000대만큼의 배기가스 배출을 피할 수 있다." EU의 경우 그 수치는 더 올라가는데, 물은 수영장 1100개 분량, 그리고 배기가스는 20만대 분량이다. 에어비앤비는 북아메리카에서 집이나 방을 빌려주는 회원의 80퍼센트 이상이 적어도 한 가지 이상의 고효율 가전제품을 갖추고 있다고 주장한다. 또한 클린테크 그룹은 에어비앤비를 이용하는 여행자들은 일반 숙박업소 이용자들보다 대중교통과 도보, 자전거 등을 이용하는 비율이 10~15퍼센트 정도 높다고 보고했다. 물론 에어비앤비 이용자들의 연령대가 상대적으로 훨씬 낮다는 점을 고려해야 한다. 이 수치들도 아직 독립적으로 검증되지 않았다.

사람들이 많이 활용하지 않는 자산들을 공유하면 사회에 정말 이득이 되는지도 아직은 확실하지 않다. 자동차는 전체 시간의 90퍼센트 이상을 주차된 상태로 보내는 경우가 많다. 그렇지만 자동차 주인이 우버나 리프트로 수입을 올리기 위한 영업에 나선다면 주행 거리가 누적되면서 수명도 줄어든다. 차의 수명이 빠르게 줄어든다는 건 결국 예상보다 빠르게 새 차를 사야 한다는 뜻이다. 10년 동안 전체 시간의 5퍼센트 정도 차를 사용하는 쪽과 더 짧은 기간 동안 전체 시간의 50퍼센트 정도 차를 사용하는 쪽, 어느 편이 나을까? 이 질문에 답하기는 쉽지 않은데, 왜냐하면 자동차는 얼마나 사용하느냐에 상관없이 시간이 지날수록 가치가 떨어지기 때문이다. 또한 새로운 차가 출시되어도 기존의 차는 가치가 떨어진다. 2030년이 되어 개인들이 소유한 차의 상당수가 공유 경제에 이용된다 해도 사회가 더 나아질지는 확실하지 않다. 예를 들어 차의 가치가 더 빠르게 떨어지면, 그리고 특히 새로운 차들이 시장에 쏟아져 나오면 기존의 수많은 차들을 어떻게 재활용하거나 처분해야 할지 구체적으로 생각할 필요가 있다. 또한 차량 공유가 유행할수록 대중교통에 대한 의존도가 더 떨어질 수도 있다. 따라서 차량 공유는 환경적 측면에서 더 부정적인 영향을 미칠 수도 있다.

집이나 방을 공유하는 문제는 차량 공유와 비교해 유사점과 차이점이 있다. 이제는 사람들이 여행이나 출장 때문에 집을 비우는 일이 점점 더 잦아지는데, 그렇다면 비는 공간을 다른 사람들에게 충분히 빌려줄 수 있다. 경제적 측면에서 보면 그렇게 때때로 사용하지 않는 자산으로 수입을 올리는 건 상식적인 행동이다. 무엇보다 주택은 자동차처럼 시간이 흐를수록 빠르게 가치가 떨어지지 않으며, 호텔 같은 전통적인 숙박 시설과 비교해 환경에도 크게 부정적인 영향을 미치지 않는다.

차량 공유가 가져올 일부 부정적인 가능성을 제외하면 공유 경제는 지구의 한정된 자원을 절약하는 데 도움이 된다. 네덜란드계 대형 금융사 ING가 실시한 국제적 여론 조사에 따르면 사람들은 환경에 도움이 되고 공동체를 되살리는 데 이익이 된다고 믿기 때문에 공유 경제에 참여하는 경우가 많다고 한다. 공유 관련 어플리케이션이 더 인기를 끌수록 더 많은 사람이 환경에 관한 유익을 믿게 된다.

공유, 협력 그리고 미래

전형적인 밀레니얼 세대인 린지 하워드는 환경을 보호하고 탄소 가스 배출을 줄일 수 있다면 무슨 일이든 열심히 하려고 한다. 린지는 정기적인 출퇴근을 피하기 위해 안정된 직장을 포기하고 의뢰가 있을 때만 일한다. 린지는 일하고 있는 '실직 상태의 노동자'의 전형적인 사례다. 공유 경제는 직업과 직장, 소유와 소유권과 접근권 같은 개념들을 뒤흔들며 새로운 상황들을 만들고 있다. 인터넷과 모바일 기술로 연결된 사회 안에서 공유란 한때는 직업이나 업무라고 불렸던 것들을 각기 다른 사람들이 처리할 수 있도록 작은 부분들로 쪼개는 것을 의미한다. 그 사람들은 집이나 혹은 각기 다른 시간대에 다른 사람들과 공유하는 사무실 공간에서 주어진 일을 처리한다. 사유재산도 의미가 어느 정도 달라져서 역시 잘게 쪼개 접근해 사용할 수 있게 되면서 가격은 낮아지고 일종의 유연성도 생겨났다. 이런 현상들을 뒷받침하는 문화는 더 이상 소유하지 않고 경험하고 향유하는 세계관, 공정한 경쟁, 그리고 더 단단해진 공동체 의식이라는 개념과 일치하는 듯하다. 존 레논과 오노 요코의 노랫말을 다시 한 번 떠올려보자. "소유가 없는 세상을 상상해보세요."

이러한 변화는 인구통계학과 기술의 엄청난 변화와 맞물려 사회질서를 크게 변화시킬 가능성도 있다. 우리는 결혼과 자녀, 나이 듦, 제조업 일자리, 부동산 담보 대출, 도시, 그리고 개인용 컴퓨터 등의 개념을 앞으로도 당연하게 받아들일 수 있을까? 그렇다면 인류의 가장 중요한 제도 중 하나인 화폐 제도는? 이 문제는 8장에서 다뤄질 것이다.

08

····

너무 많은 화폐들

나에게 한 국가의 화폐를 발행하고 통제할 수 있는 권리만 준다면
누가 그 국가를 지배하든지 아무 상관하지 않을 것이다.

— **마이어 암셸 로트실트**Mayer Amschel Rothschild, **로스차일드 가문의 시조**

우리 대부분은 모든 국가가 주권의 상징들을 가진 세상에서 자라났다. 모든 국가에는 국기가, 국가 원수가, 그리고 화폐가 있다. 그렇지만 2030년이 되면 세계에서 가장 중요한 화폐 중 일부를 정부 당국이 아닌 기업이나 심지어 개인용 컴퓨터가 발행할지도 모른다. 현재는 많은 사람이 그러한 가능성 자체를 대단히 위험한 사상으로 여긴다.

13세기 말 중국에서 지폐가 사용되는 모습을 처음 본 마르코 폴로Marco Polo는 경탄을 금치 못하며 이렇게 기록했다. "이 종잇조각들은 순금이나 순은처럼 확실한 가치를 갖고 발행된다." 1260년 이 기묘하고 특별한 종이를 처음 유통시킨 인물은 쿠빌라이 칸Kublai Khan이다. 그는 잔혹했던 몽골의 정복자 칭기즈 칸Genghis Khan의 손자이자 원 제국의 시조다. 우리가 알고 있는 현대적 개념의 지폐는 그보다 몇백 년 뒤 영국과 프랑스가 경쟁하던 와중에 탄생했다. 1694년, 영국 국왕 윌리엄 3세William III와 신하들은 바다 건너편에 있는 적국과 끝없이 전쟁할 자금을 마련하기 위해 새

로운 방법을 고안했다. 새롭게 설립된 민자 회사 영국은행Bank of England에 금과 은을 담보로 잡고 사람들에게 빌려줄 수 있는 지폐를 발행할 권리를 준 것이다.

국가가 아닌 다른 곳이 더 많은 화폐를 발행하는 현상은 새로운 일이 아니다. 19세기 후반까지도 은행이나 회사가 발행한 상업 어음이 신용 연장이나 지급을 위한 일종의 화폐로 통용되었다. 은행들도 새로운 기술을 받아들이는 일을 그리 꺼리지 않았다. 전해오는 이야기에 따르면 로트실트 가문은 1815년 전서구傳書鳩로 런던의 누구보다도 빠르게 나폴레옹의 워털루 패전 소식을 전해들었고, 이 금쪽 같은 정보를 이용해 런던 채권 시장에서 막대한 이득을 올렸다고 한다.

영토 내에서 통용되는 화폐에 대한 통제력이 떨어지고 금융 위기가 반복되면서 각국 정부는 약 150년 전부터 화폐 발행과 유통에 대해 국가가 독단적인 권리를 행사하기로 결정했다. 2030년이 되면 국가가 독점 발행하는 화폐들은 과거에 국가가 독점했던 항공사와 전력 회사 혹은 통신 회사들이 그러했듯 영향력이 약해질 것이다. 이 화폐들은 여전히 남아 있겠지만 디지털 대안 화폐들이 새롭게 등장할 것이다.

우리가 알고 있는 전통적 화폐와 암호 화폐, 그리고 또 다른 유형의 화폐들이 모두 사용되는 미래를 그려보려면 우선 화폐가 어떤 일을 하는지부터 알아야 한다. 20세기 들어 가장 유명세를 치른 화가 중 한 사람이며 초현실주의의 선구자인 살바도르 달리Salvador Dali에 관한 흥미로운 사례를 살펴보자. 살바도르 달리가 그린 유화들은 현재 수천만 달러를 호가한다. 재기 넘치는 사업가 기질을 갖추고 유별난 구석도 있었던 그는 친구들과 뉴욕의 어느 고급 식당에서 식사하는 자리에서 수평적 사고방식을 바탕으로 작은 실험을 했다. 계산할 때가 되자 그는 수표 뒷장에 자신만이 그릴 수 있는 그림을 그려 종업원에게 주었고, 종업원은 그 수표를 주인에게 가져갔다. 달리가 서명하고 건네준 수표는 은행으로 가져가면 달리의 은행 계좌에서 그만큼의 현금으로 바꿔주게 되어 있었다. 하지만 이제 그 수표는 보통 수표가 아니었다. 그림을 그린 사람이 누구인지 알아본 식당 주인은 수표를 액자에 넣어 누구나 볼 수 있도록 식당 벽에 걸어두었다(그림 9).

결국 공짜로 식사한 달리는 매우 흡족해하며 같은 수법을 여러 번 써먹었다고 한다. 당연히 달리가 그림을 그린 수표의 액자가 여러 식당의 벽에 내걸렸다. 이 상황이 얼마나 비정상적인지 생각해보자. 달리가 건네준 수표는 예술 작품으로 바뀌며 별개의 존재가 되었고, 식사는 했지만 그 비용은 실제 통용되는 화폐로 해결되지 않았다. 달리는 천재적인 수법으로 자신만이 쓸 수 있는 화폐를 '찍어낸' 것이다. 사람들은 기꺼이 달리의 '그림'을 '화폐'의 형태로 받아주었다. 물론 이런 일은 진짜 화폐를 둘러싸고도 일어날 수 있다. 이윽고 달리는 자신만의 '화폐'를 무수히 '찍어'

그림 9

냈고, 그 '화폐'의 가치는 실제 음식값과는 비교할 수 없을 정도로 곤두박질치기 시작했다. 마침내 식당 주인들은 제정신을 차리고 수표를 벽에 걸어두는 대신 은행으로 가져가 진짜 화폐와 바꾸었다.

여기서 주목해야 할 점은, 누구든 화폐를 찍어내거나 만들 수 있으며 그 화폐가 다른 사람들의 신뢰를 바탕으로 편리하게 사용될 수만 있다면 얼마든지 진짜 '화폐'처럼 유통될 가능성이 있다는 사실이다. 이런 대안 화폐는 사람들이 시간이 지날수록 가치가 오를 것이라고 생각할 경우 투자 대상이 될 수도 있다. 그렇지만 국가가 발행하는 진짜 '화폐'가 그렇듯, 모든 종류의 화폐는 수요와 공급의 법칙에 따라 가치가 오르내린다. 과도한 공급은 가치를 떨어뜨리며 사람들이 사용할 의지 자체를 줄어들게 만든다.

*   *   *

전 세계는 국제적으로 가장 중요한 지급 수단이자 계산 단위, 그리고 준비 통화로 미국 달러화에 크게 의존하고 있다. 국제적으로 결제되는 대출과 채무, 그리고 외환 보유고의 절반 이상이 달러화로 채워져 있으며, 외환 이체와 국제 거래도 45퍼센트 이상이 달러화에 의존한다. 무역 분야에서도 80퍼센트 이상이 달러화로 청구되고 결제된다. 그렇지만 2030년이 다가올수록 미국 달러화의 강세에 계속 의문이 제기될 것이다.

신흥공업국 시장은 이미 전 세계 경제의 절반 이상을 차지하고 있다. 게다가 중국은 이미 세계 최대의 무역 대국이며 머지않아 최대 경제 대국이 될 태세다. 그렇지만 중국의 공식 화폐인 런민비人民幣는 중국 안에서조차 사람들의 신뢰를 받지 못하고 있다. 런민비는 자유로운 거래나 전환이 어려우며 자유로운 자본 흐름의 대상이 되지도 못한다. 어쩌면 중국은 역사상 최초로 최고의 경제 선진국이면서 거기에 어울리는 화폐를 갖추지 못한 나라가 될지도 모른다. 로마 제국이 지중해 세계를 지배할 때 아우레우스aureus 금화 역시 세계를 지배했다. 세월이 흘러 동로마 제국이 전성기에 이르자 이번에는 모든 상인이 솔리두스solidus 금화를 경배했다. 이탈리아 피렌체 공화국이 지중해 상권을 장악했을 때는 피오리노fiorino 금화가, 네덜란드가 해양 강국이 되었을 때는 휠던gulden 금화가, 그리고 스페인 제국의 시대가 되자 8레알 은화real de a ocho가 널리 사용되었다. 화폐의 역사는 영국의 파운드, 그리고 모두가 알고 있듯 미국의 달러로 이어졌다. 시대를 지배한 경제 대국이나 제국들은 이렇게 누구나 신뢰하고 사용할 수 있는 화폐를 갖고 있었다.

세상에 공짜 점심은 없다

20세기 가장 유명한 경제학자 중 한 사람인 밀턴 프리드먼이 강조했듯 모든 일에는 그만한 대가가 따르는 법이다. 화폐는 신뢰를 바탕으로 만들어진 특별하고도 독창적인 도구다. 정부가 발행한 화폐는 때로 금 같은 실물 자산이 뒷받침하는데, 영국도 오랫동안 파운드화의 신뢰도를 높이고 정치가들이 국가 재정을 낭비하지 않기 위해 이 방식을 사용했다. 물론 그러기 위해서는 진짜 금이 필요했고, 영국은 많은 금이 매장된 남아프리카 식민지에서 네덜란드계 주민들과 두 차례나 전쟁을 치러야 했다. 1944년 미국 역시 제2차 세계대전이 끝날 때까지 전 세계 금융 제도를 안정시키기 위해 금본위제도를 채택했다. 이후 세월이 흘러 1971년이 되자 연방정부의 적자가 크게 늘어났고 연방준비은행이 덩달아 달러를 계속 더 많이 찍어내자 리처드 닉슨Richard Nixon 당시 대통령은 금본위제를 끝내기로 결정했다. 1971년 이후 화폐의 변동성, 투기성, 위험성이 전 세계로 빠르게 확산되었다.

나는 종종 학생들에게 한 국가가 초인플레이션에 빠지는 현상을 직접 경험하지 못하면 돈의 가치를 제대로 이해할 수 없다고 말하곤 한다. 초인플레이션이란 물가가 급격하게 오르고 화폐 가치는 크게 떨어지는 상황이다. 나는 이런 질문을 학생들에게 던지곤 한다. 초인플레이션 상황이라면 버스와 택시 둘 중 어느 쪽을 이용하겠는가? 대부분의 학생들은 물가가 급격하게 뛰어오르는 상황에서 더 싼 대중교통을 이용하겠다고 대답한다. 그렇지만 그런 상대적인 가격은 전체 물가가 세 자리 수 비율로 뛰어오를 때는 의미가 없다. 다시 말해, 차를 타면서 돈을 내는 버스 대신 내릴 때 돈을 내는 택시를 타는 쪽이 낫다는 뜻이다. 화폐의 가치는 그 사이에도 계속 떨어지기 때문이다. 이렇게 택시를 타는 것이 버스를 타는 것보다 상대적으로 '저렴해질 때' 비로소 우리는 물가 상승의 문제점을 깨닫게 된다. 이와 유사하게 물가 상승은 채권자보다는 채무자에게 더 유리하게 작용한다.

밀턴 프리드먼은 이렇게 말한 적이 있다. "물가 상승은 생산량보다 통화량이 더 빠르게 증가할 때마다 일어날 수 있는 현상이고, 언제 어디서든 일어나는 통화 현상이다." 다시 말해 물가 상승은 너무 적은 상품에 너무 많은 돈이 몰릴 때 일어난다는 뜻이다. 과거 미국 서부에서 금광이 발견되었을 때, 그리고 최근에 셰일 가스가 발견되었을 때 그 주변에 급하게 건설된 거주지에서 비슷한 현상이 일어났다. 정부가 국민들의 경제적 안정을 중요시한다면 화폐 공급을 통제하는 것이 현명한 행동이다. 통화

2030 축의 전환

정책에 관해 보통은 이렇게 생각한다. 바로 정부의 중앙은행이 채택하는 정책이다. 이러한 프리드먼의 접근 방식에 동의하는 경제학자들이 있는 반면, 중앙에서 관리하는 통화 정책은 너무나 경직되어 있기 때문에 빠르게 변화하는 경기 순환에 대처하기 힘들다고 믿는 사람들도 있다. 그렇지만 "물가 상승은 법적으로 승인받지 않은 세금이나 마찬가지다"라는 주장에 관해서라면 프리드먼은 틀리지 않았다. 물가가 급격하게 상승하면 시장이 어지러워지고 정치가들은 혼란에 빠지며 결국 국민들은 빈곤해진다. 프리드먼은 통화량이 서서히 증가하는 쪽을 선호했고, 연방준비은행보다는 오히려 컴퓨터가 통화 정책을 잘 관장할 거라고 생각했다.

암호 화폐의 시작

2030년이 다가오면서 첨단 기술이 화폐에 관한 새로운 생각을 촉발하고 있다. 정부가 아닌 다음에야 화폐를 찍어 발행하는 일은 번거롭고 비용도 많이 들 뿐 아니라 불법이다. 그런데 디지털 암호 화폐는 정부가 불법으로 규정하지 않는다면 비용과 수고는 생각할 필요도 없으며, 대단히 빠르게 확산할 수 있다. 현재 사용되는 모든 암호 화폐의 가치는 정확히 계산하기는 어렵지만 대략 수천억 달러 규모이며, 암호 화폐를 통해 실제로 유통되는 화폐의 가짓수가 사상 처음으로 국가의 수를 넘어섰다. 사라지는 화폐도 있지만 어쨌든 암호 화폐의 종류는 계속 늘고 있기 때문에 격차는 계속 벌어질 것이다. 암호 화폐가 정말로 혁명적인 이유는 발행과 유통에 중앙 정부의 권위가 필요하지 않기 때문이다. 필요한 건 컴퓨터 네트워크뿐이다. 암호 화폐는 혁명인 동시에 어쩌면 파멸의 근원이 될지도 모른다.

이론적으로만 보면 암호 화폐는 '컴퓨터가 연방준비은행을 대신하는' 밀턴 프리드먼의 꿈에 대한 해답일 수도 있다. 다시 말해 연방준비은행의 이사들이 금리와 화폐 공급량을 결정하는 대신 컴퓨터 연산을 통해 암호 화폐를 통제한다는 뜻이다.

그렇다면 이 놀라운 암호 화폐의 신세계는 무엇을 의미할까? 암호 화폐와 관련된 투기 혹은 투자는 일부에게는 엄청난 부를, 그리고 대부분의 사람들에게는 크나큰 실망을 안겨줄 것이다. 암호 화폐의 가치는 무척 광범위하고 또한 빈번하게 오르내리기 때문이다. 만약 정부가 더 이상 화폐와 자산, 부채의 가치를 제대로 통제하지 못하게 된다면 정부와 국민의 관계가 어떻게 바뀔지 생각해보자. 분명 우리가 알고 있는 기존의 금융업과 은행업의 관행들도 같이 바뀔 것이다.

암호 화폐는 전자 화폐의 일종으로 암호를 사용해 보내주는 사람에 의해 거래가 인증되며, 지불과 잔액은 관련된 모든 사람이 접속할 수 있는 전자 기록 보관소에 기록된다. 이런 기록 보관 장치에는 블록체인blockchain 이라는 재미있는 이름이 붙어 있지만 사실 블록체인의 개념은 무척 단순하다. 벽돌로 쌓아올린 벽이 길게 늘어서 있다고 상상해보자. 그리고 그 벽 옆을 지나가는 사람들이 자신만의 다양한 기록을 벽돌 하나하나에 새긴다. 자신의 이름이나 찾아온 날짜를 적을 수도 있고 혹은 사랑하는 사람의 이름이나 좋아하는 책의 제목을 적을 수도 있다. 규칙은 단 하나, 반드시 무엇인가 적혀 있는 벽돌 바로 옆에 빈 공간, 빈 벽돌이 남지 않도록 적어서 채워야 한다. 그러면 사람들이 뭔가를 적어나갈 때마다 제일 윗줄부터 차례로 아래까지 벽돌 하나하나가 채워진다. 벽돌 위에 새겨진 기록은 절대 지울 수 없으며, 모든 사람이 그 기록을 살펴볼 수 있다. 이렇게 상상 속 벽돌 벽이 다 채워지면 그 옆에 똑같은 두 번째 벽을 나란히 세우고 똑같은 과정을 반복한다. 이런 벽들은 어떤 목적으로든 이용할 수 있다. 예를 들어 호텔이 있다면 누가 호텔의 어떤 방에 묵었는지, 각각의 손님들은 매일 어떤 추가 비용을 물었는지, 그리고 마지막으로 호텔을 나설 때 모두 합해 숙박료는 얼마나 냈는지 등등을 추적할 수 있다. 또한 유통되고 있는 동전과 지폐를 누가 갖고 있으며 그 돈이 언제 지급 수단으로 사용되는지도 추적할 수 있다.

이런 종류의 기록을 앞서 언급한 것과 같은 진짜 실체가 있는 벽 대신 서로 하나로 이어진, 그리고 결코 수정이나 변조가 불가능한 기록들을 보관할 수 있는 디지털 기록 보관소를 만들어 보관한다면 어떨까. 그것이 바로 블록체인이다. 블록체인에 접속한 컴퓨터는 각각의 거래를 확인하고 전체적인 체계에 투명성을 제공한다. 블록체인에 접속한 각각의 컴퓨터에는 전체 블록체인과 똑같은 복사본이 저장되어 있다. 우리는 서로 연결되어 있는 컴퓨터의 절반 이상이 거래 기록의 변경에 대한 승인을 제공해야 하는 식으로 또 다른 안전성 요건을 추가할 수 있다. 표면적으로 보면 블록체인 기술을 바탕으로 하는 암호 화폐 비트코인bitcoin은 대단히 안전하다. 미국 복권인 파워볼Powerball의 당첨 확률이 대략 2억 9200만 분의 1이라고 하는데, 256비트 암호 체계를 사용하는 비트코인 개인 암호가 뚫릴 수 있는 확률은 115콰트로비진틸리언quattuorvigintillion 분의 1이다. 콰트로비진틸리언이란 0이 78개나 붙는 단위다. 다시 말하면 파워볼 복권에 연속으로 아홉 번 이상 당첨되는 것과 같은 확률이다.

투명성에 관한 이런 분산된 체계야말로 나카모토 사토시中本哲史가 2008년 10월 31일 '크립토그래피 메일링 리스트cryptography mailing list'라는 곳에 올린 유명한 보고서 「비트코인: 개인끼리 거래하는 전자 화폐 제도

Bitcoin: A peer-to-peer electronic cash system」에서 강조한 내용이다. 비트코인의 발명자로 알려진 나카모토 사토시는 가명이며, 그의 정체를 아는 사람은 없다. 2008년 10월 31일이라는 날짜 역시 중요한데, 투자은행 리먼 브라더스가 파산한 지 몇 주 후에 발표되었기 때문이다. 이 보고서는 "개인과 개인이 거래하는 개념의 전자 화폐를 통해 중간에 어떤 금융기관도 거치지 않고 한쪽에서 다른 한쪽으로 직접 온라인 결제를 하도록 해주는" 혁명적인 개념을 제시했다.

인간이 화폐와 금융 제도를 발명한 이후 신뢰는 모든 금융 활동의 근간이 되었다. 비트코인 보고서에 담긴 가장 대담한 주장은 블록체인 기술을 통해 운용되는 암호 화폐가 "신뢰를 바탕으로 하지 않는 전자 거래를 위한 제도"라는 것이다. 나카모토에게 온라인 네트워크는 "그 체계적이지 않은 단순함 안에서 더 믿을 수 있는 존재"였다. 네트워크 안에서 각각의 연결 지점이라고 할 수 있는 컴퓨터나 단말기들은 "중앙처리장치CPU의 역량에 따라 유효한 기록, 즉 블록들을 수용하겠다는 의사 표현을 할 수 있다. 모든 필요한 규칙과 동기 부여는 이런 의사 표현을 통한 합의를 통해 시행된다." 클릭 한 번으로 나카모토는 수천 년에 걸쳐 형성된 금융 제도를 끝내버릴 수 있었을지도 모른다.

나카모토의 목표는 금융의 민주화였다고 알려져 있다. 모든 암호 화폐 선각자와 후원자, 그리고 사업가가 공통적으로 생각하는 목표다. "우리의 임무는 전 세계가 사용할 수 있는 개방된 금융 제도를 만드는 것이다." 코인베이스Coinbase의 최고경영자 브라이언 암스트롱Brian Armstrong의 설명이다. "우리는 금융 업무 방식을 공개하면 더 많은 혁신과 경제적 자유, 그리고 기회의 평등을 이끌어낼 수 있다고 믿는다. 인터넷으로 정보가 공개되고 공유되며 그렇게 되었듯이 말이다." 여기서 지지자들의 주장처럼 자유를 위한 기술이 세상을 더 나은 곳으로 만들 것이라는 약속을 다시 확인할 수 있다.

암호 화폐의 가능성을 강력하게 믿는 사람들이 있는 것만큼 적대적이지는 않아도 회의적인 사람들도 많다. "비트코인을 살 만큼 '어리석다면' 언젠가는 그 어리석음에 대한 값을 단단히 치를 것이다." JP모건 체이스 JPMorgan Chase의 최고경영자 제이미 다이먼Jamie Dimon의 말이다. 2008년 금융 위기를 예언함으로써 경제 비관론자를 뜻하는 '닥터 둠Dr. Doom'이란 별명을 얻은 누리엘 루비니Nouriel Roubini 교수는 암호 화폐 거래를 두고 "냄새나는 오물통"이라며 평가 절하했다. 그는 공식적으로 이런 말을 했다고 한다. "아무짝에 쓸모없는 암호 화폐 따위에 가치를 인정할 만한 기본적 조건 같은 게 있다는 생각은 웃기는 일 아닌가." 루비니는 "환경을 파괴하고 전기를 낭비하는 암호 화폐의 부정적인 외부적 특성을 제대로 평가한다면 암호 화폐에서 가치를 인정할 수 있는 기본적인 조건은 전혀 없거나 부정적인 가치만 있을 뿐"이라고 주장했다. 실제로 비트코인을 사용하기 위해 블록체인 설비를 움직이려면 오스트리아 인구 900만 명이 1년간 사용할 수 있는 전기가 소모된다고 한다.

물론 비트코인은 화폐로서 가치가 2017년 말 2만 달러로 최고치에 달했다가 불과 1년 뒤 2500달러 이하로 급락하는 등 변동이 심한 것이 사실이다. 그렇지만 그 기반이 되는 디지털 기술은 여전히 남아 있다. 블록체인 기술은 암호 화폐 혹은 전자 화폐와 관련해 잘 알려진 '이중 지불 문제'에 대한 간단하고 깔끔하며 효율적인 해결책을 제시할 수 있다. 누군가 위조한 돈으로 대금을 치르는 것처럼 같은 지불 수단을 한 번 이상 사용하지 못하도록 하려면 어떻게 해야 할까? 블록체인은 디지털 기록 보관소를 투명하게 개방해 거래에 참여하는 모든 사람이 확인할 수 있게 만듦으로써 이 문제를 해결한다. 이렇게 하면 같은 비트코인으로는 절대로 두 번 이상 사용할 수 없다. 신뢰감을 더욱 높이기 위해 암호 화폐는 지속적이지만 상대적으로 느리게 공급량이 조절되고 있으며, 항상 컴퓨터 연산 과정을 통해 안정적이고 예측 가능하게 움직인다. 암호 화폐의 또 다른 장점은 나카모토의 말처럼 "각 연결 지점이 마음대로 네트워크에 접속하거나 끊을 수 있고, 그렇게 잠시 연결을 끊은 사이에도 무슨 일이 있었는지에 관한 증거로 작업 증명 기록을 분량에 상관없이 확인할 수 있는 점"이다.

기술적 기반에는 문제가 없지만 비트코인은 편리하고 신뢰성 높은 교환 수단이 되는 데 결국 실패했다. 계산용 화폐나 가치 보관의 수단으로서도 실패했다. 실패 이유는 다양하지만 각국 정부가 암호 화폐들을 어떻게 규제할지 아직 불확실하다는 이유가 제일 크다. 또한 한탕을 노리는 투기 세력의 끝없는 탐욕도 문제다. 비트코인 이외에 XRP나 이더리움 Ethereum, 라이트코인 Litecoin, 메이커 Maker나 지캐시 Zcash 같은 인기 있는 암호 화폐 역시 비슷한 상황이다. 이처럼 암호 화폐는 기존의 화폐를 대신하지 못했지만 블록체인 기술은 근본적 토대부터 기존의 세상을 바꾸기 시작했다.

모든 것이 거래된다

세계의 시장경제 안에서는 매일 수십억 건의 거래가 발생하는데, 각각의 거래에는 최소한 둘 이상의 거래 당사자가 있어야 한다. 예를 들어 구매자와 판매자, 보험 가입자와 보험 판매자, 혹은 채권자와 채무자 등이다. 넓게 보면 인간이 관련된 모든 관계에는 반드시 당사자들이 있다. 결혼과 이혼 같은 법적 합의도 그렇고 심지어 유언에도 죽는 사람이 있고 수혜자가 있다. 블록체인 기술은 이 모든 거래와 관계에 따른 과정들을 쉽고 저렴하게 만들어준다. 블록체인의 장점은 여기서 그치지 않는다. 암호 화폐 전문가 조지프 버돈Joseph Buthorn에 따르면 블록체인은 "모든 것을 토큰token, 즉 일종의 증표證票"로 바꿀 수 있으며 주식, 상품, 채무, 부동산, 예술 작품, 출생 기록, 합의 기록, 학위, 투표 기록 등을 모두 디지털화한 증명서나 인증서로 만들 수 있다. 심지어 자료도 이렇게 바꿀 수 있기 때문에 구글이나 페이스북 같은 기업들에 잠재적 위협이 될 수도 있다.

지금까지 모든 공식 기록 및 등록 보관소는 모든 이용자가 신뢰할 수 있는 개인이나 주체가 하나로 모아 관리했는데, 대부분은 국가가 그 주체였다. 문자로 된 최초의 기록은 5000년 전에 등장했고 이후 인쇄술이 탄생했으며, 최근에는 컴퓨터가 등장해 기록 관리와 공유에 관한 모든 일을 뒤바꾸었다. 이제 독특한 분산적, 불변적 특성을 지닌 블록체인 기술이 그보다 혁명적인 변화를 가져올 것이다.

EU의 한 보고서에 따르면 디지털 기록 보관 기술은 "보건과 복지 같은 모든 공공사업에서 새로운 기회를 만들고, 그 최전선에 블록체인 기술의 발전을 앞세워 인간이 개입하지 않아도 관련 기업들이 스스로 운영할 수 있는 길을 열어주는 일종의 자동 발효 계약, 즉 스마트 계약smart contract으로 이어질 수 있다." 블록체인 기술의 가장 혁신적인 잠재력은 "일상에서 벌어지는 기술과의 상호작용에 대한 통제력 일부를 중앙의 지배층이 아니라 이용자들이 나눠 가질 수 있다는 점이다. 또한 그 과정에서 좀 더 투명하고 민주적인 제도나 체제를 만들 수 있다." 이를 통해 우리는 수세기 동안 이어져온 중앙집권 방식을 바꾸고 정부와 국민 사이의 관계를 되돌리며 기존의 관료주의까지 뒤바꿀 수도 있다.

모든 방향으로 확대하거나 확장할 수 있다는 것도 블록체인의 또 다른 장점이다. 예를 들면 블록체인 기술로 디지털 화폐와 함께 스마트 계약, 디지털 기록 관리, 그리고 분산된 자율 조직들을 하나로 묶는 것이다. 이 모든 일은 기존의 계층 구조 밖에서 이루어진다. "블록체인 기술을 이용하면 계약에 관한 모든 권리와 의무를 추적할 수 있고, 계약이 성립하는 순간 자동으로 지급된다. 그러면 다른 쪽이 계약대로 지급되었는지 굳이 추적이나 확인할 필요가 없다." 마이크 오컷Mike Orcutt이 《MIT 테크놀로지 리뷰MIT Technology Review》에 쓴 글이다. 블록체인에 기록된 모든 거래를 바탕으로 정부에 납부해야 할 세금 액수를 자동으로 계산해 더 간단하게 만들 수도 있다. 공급망 관리도 계약 실행, 기록 관리, 추적, 지급, 보충 과정 등을 결합하여 단순하고 빠르게 만들 수 있다.

블록체인 기술은 특정 상품의 원산지를 추적하는 데 사용할 수도 있는데, 인력과 자원에 대한 기업들의 착취가 만연한 현재 이런 투명성에 대한 소비자들의 요구가 더욱 커지고 있다. 예컨대 의류를 만드는 일부 기업들은 각각의 옷마다 특별한 디지털 표시를 하는데, 이를 통해 소비자들은 원료에서 유통에 이르는 모든 공급 과정을 확인할 수 있다. 그러면 금지된 원료 사용이나 아동 노동을 막는 데 도움이 된다.

내 수업을 들은 학생 중 하나인 미첼 베네딕신스키Michal Benedykcinski는 블록체인 기술로 다이아몬드의 원산지를 추적하는 덱시오Dexio라는 회사를 차렸다. 독재자들이 국민들을 착취해 손에 넣은 귀금속을 전쟁을 일으키거나 독재를 강화하는 데 쓴다고 해서 이름 붙은 '블러드 다이아몬드blood diamond'를 확인하고 구입하지 않으려는 고객들을 돕는 회사다. 또 다른 학생인 아이제이 아난드Ajay Anand는 사람들이 구입하는 결혼반지에 관한 정보들을 알려주는 문제에 관심을 기울였다. 논문 작성을 위해 연구하는 과정에서 인도와 방글라데시, 필리핀 등지를 여행한 아난드와 동료 학생들은 아동 노동력 착취의 실상을 깨달았다. 이들은 아동 인권 운동가로서 2014년 노벨평화상을 수상한 카일라시 사티아르티Kailash Satyarthi를 만났다. 이 일을 계기로 아난드는 관련 사업을 구상하기 시작했다. 유엔에서 실무 실습을 하다가 영감을 떠올린 그는 결국 비영리 재단들을 위해 경영 방법을 전수해주는 시스트맵Systmapp이라는 회사를 시작했다. 시스트맵은 현재 빌 앤드 멀린다 게이츠 재단의 자금 지원을 받아 50개 국가에서 사업을 진행하고 있다. 아, 물론 결혼반지에 관한 일도 진행하고 있다. 아난드는 결혼을 준비하면서 적당한 다이아몬드 반지를 고르는 일이 시간도 많이 걸릴뿐더러 엄청나게 어렵다는 사실을 깨달았다. 사람들이 가격과 품질 관련 정보를 거의 찾지 못하는 시장의 불투명성에 충격을 받은 그는 인공지능과 기계 학습을 이용해 시장의 흐름을 분석하겠다고 결심했다. 그리고 2016년 10월 레어 캐럿Rare Carat이라는 회사를 시작했다. "우리는 다이아몬드의 가격을 예측할 수 있다." 아난드의 주장이다. "그것도 미국의 유명한 부동산 어플리케이션 질로Zillow의 부동산 가격 예측보다 정확하게 말이다." 그는 사업 계획을 IBM이 주최하는 세계 기업 정신 경진 대회에 출품했고, 상위 50위 안에 들어 자금을 지원받았다. 이후 그는 블록체인 기술로 다이아몬드 거래 관련 정보를 더 투명하게 확인할 수 있도록 만들었다. 현재 레어 캐럿은 30여 명의 임직원과 함께 1억 달러 이상의 수익을 올리고 있다.

암호 기술 시대의 천생연분

디지털 혁명으로 소프트웨어와 동영상, 음악, 그리고 디지털화한 유형의 상품과 용역들이 쉽게 도용당하게 되기 전에는 특허권과 상표, 저작권 같은 기존의 보호 장치들이 꽤 효과를 발휘했다. 하지만 이제는 아니다. 기술 혁신의 속도가 빨라짐에 따라 특허권과 상표, 저작권을 적용하는 방법도 많아지고 빨라지고 있다. 2018년《포브스》는 이런 질문을 던졌다. "어떻게 하면 블록체인 기술로 지적 재산권을 더 '똑똑하게' 만들 수 있을까?"

7장에서 살펴본 공유 기술과 관련된 핵심 과제 중 하나도 바로 그것이다. 별도의 허가 대상에 해당하지 않는 음악이나 동영상 콘텐츠는 온라인에서 공유할 수 있으며, 이용료는 이용 가능한 콘텐츠와 이용자들의 수를 추적할 수 있는 블록체인 기술을 통해 각각 할당된다. 또한 기업들은 다른 기업에 사용권이나 소유권을 넘기고 대가를 지급받는 일에 블록체인 기술을 이용하는 방법을 조사하고 있다.《포브스》에 실린 앤드루 로소Andrew Rossow의 주장에 따르면 블록체인 기술은 "권리 침해를 최소화하는 동시에 모든 지적 재산에 관한 디지털 기록을 제공할 수" 있으며, 일반 대중은 "모든 특정한 작업 결과물의 값어치와 장점들을 판단할 수 있다." 데이튼대학교의 법대 교수인 트레이시 라일리Tracy Reilly는 이렇게 이야기한다. "저작권이 있는 음악을 디지털화하는 작업 자체는 그록스터Grokster나 냅스터Napster, 아이튠즈iTunes 등에서 볼 수 있듯이 새롭지 않다. 저작권자들 입장에서 정말 새롭고 충격적인 일은 블록체인 기술을 통해, 승인받지 않은 사용을 추적하는 유용한 디지털 추적 장치를 만들 날이 다가왔다는 사실이다. 특히 소셜 미디어 사이트들이 대상이 될 수 있다." 또한 블록체인 기술은 모든 예술가와 영화 제작자, 그리고 방송 관계자들이 고민하는 여러 인허가 과정을 더 쉽고 편하게 만들어줄 수 있다.

바커 매킨지Barker McKenzie 소속 변호사인 버짓 클라크Birgit Clark는 이렇게 주장한다. "블록체인과 지적 재산은 디지털 암호 기술 시대의 천생연분이다." 클라크가 보기에 블록체인 기술은 "창작자와 유래 인증에 대한 증거, 지적 재산권의 구분과 등록, 각종 지적 재산 유통의 관리와 추적, 상업적 사용 여부에 대한 증거 제공, 온라인 음원 사이트 같은 디지털화한 권리에 대한 관리, 지적 재산 합의 구성과 이행, 스마트 계약을 통한 허가 혹은 독점 유통망, 그리고 지적 재산 소유자에 대한 실시간 이용료 지급" 등에 사용할 수 있는 잠재력이 있다. 다시 말해 특정한 재산에 관한 모든 기록과 사건의 보관소 역할을 할 수 있도록 블록체인 기술을 이용하자는 생각이다.

지적 재산에 대한 현재의 규제, 승인 기관들은 디지털 시대 이전에 만들어졌다. 당시는 어느 누구도 빠른 기술 진화를 예견하지 못했다. 인터넷 사이트 인포메이션 에이지Information Age의 편집인 닉 이스메일Nick Ismail은 블록체인 기술이 새로운 사고의 전환에서 소유권과 인허가 확정까지 혁신의 과정 전체를 최적화하는 과정을 돕는다고 주장한다. 자동차나 컴퓨터 같은 복잡한 제품들은 물론 소프트웨어와 음악, 동영상 같은 무형의 상품들의 경우 더욱 그렇다.

"세계화한 경제 안에서 지적 재산을 관리하는 일은 엄청난 도전이다." 이스메일의 주장은 계속된다. "기업들은 먼저 새로운 아이디어를 어떻게 보호해야 할지 결정할 필요가 있으며, 그다음 관련 지역에 각각 따로 지적 재산권에 대한 보호를 신청해야 한다." 디지털화한 기록 보관소의 핵심적인 장점은 "새로운 발상이 떠올랐을 때부터 블록체인에 저장할 수 있으며, 바뀌는 내용도 계속 저장할 수 있다는 것"이다. 이 새로운 기술은 창조 과정에서 빼놓을 수 없는 부분이 될 수 있다. "궁극적으로 블록체인 기술은 금융 산업보다는 오히려 지적 재산 산업에 더 영향을 미칠 수 있다. 문제는 이 새로운 기술을 적절하게 적용하는 방법을 찾는 것이다."

불필요한 관료주의와 작별하기

블록체인 기술에 수평적 사고를 적용하면 정부 기관과 국민, 기업과 주주, 혹은 정당과 당원이나 정부와 유권자 사이의 상호작용을 개선할 수도 있다. 예컨대 전 세계 어디든지 선거에서는 여전히 투표용지나 기계식 투표 혹은 검표 장치를 사용한다. 블록체인 기술을 활용하면 전자 투표가 가능해지며, 투표소가 필요 없어지기 때문에 좀 더 편리하게 한 표를 행사할 수 있다. 유권자들은 각자 블록체인에 자신의 기록을 갖게 되며, 개인에게 부여된 암호로 인증하면 투표를 할 수 있다. 덴마크의 일부 정당들은 정당 내부 투표에 이 방식을 도입했으며, 에스토니아의 기업들은 의결 과정에서 주주들의 투표를 이 방식으로 처리하고 있다. 전자 투표의 또 다른 장점은 유권자를 위협하는 상황을 피할 수 있다는 점이다. 모두가 평등하게 디지털 기기에 접근하지 못할 수 있다는 어려움도 감안해야겠지만, 어쨌든 참여도와 참여율은 크게 오를 것이다. 블록체인 기술을 적용하면 고등교육을 받은 지적인 집단의 투표율이 올라갈 수 있다. 이 집단은 투표 참여율이 이미 높지만 더 올라갈 수 있다. 전국적 선거에서는 사람들의 이해관계가 크게 엇갈릴 수 있다. "투표 과정과 결과가 충분히 공정하고 신뢰할 수 있다고 말하기는 힘들다." 유럽의회에서 발표한 보고서의 주장이다. "투표 결과가 실망스럽더라도 모든 유권자가 그 과정이 합법적이고 신뢰할 수 있다는 사실을 인정해야 한다. 따라서 전자 투표는 단순히 정확성과 보안 문제를 확실히 해주는 것 이상으로 믿음과 신뢰 역시 불러일으킬 수 있어야 한다."

여기서 생각의 방향을 조금 바꾸면 어떨까? 전자 투표의 또 다른 장점들에 관한 생각이다. 만약 우리가 블록체인 기술을 사용해 사전 합의한 특정한 조건에 따라 정부 관료들이 선거 공약을 자동으로 이행하도록 만들 수 있다면? 예를 들어 선거가 끝난 후에 '스마트 계약'이나 특정 항목으로 예산이 자동으로 배치되도록 하는 방법 등을 통해 약속한 정책들이 이행되도록 할 수 있다. 아니면 국민이 정부나 정당이 공약을 얼마나 충실히 이행하는지, 혹은 약속한 만큼의 예산을 사용하는지 등을 추적할 수도 있다. 자동으로 이루어지는 스마트 계약은 정부의 정책 결정뿐만 아니라 경제 분야 전반에도 이용할 수 있다. 특정 조건이 충족되면 자동으로 특정 거래가 진행되도록 당사자들이 합의하여 스마트 계약을 맺을 수 있다. 간단한 사례가 바로 시장 금리가 내려가면 매달 갚아야 할 대출 이자도 함께 내려가는 대출 계약이다. 이런 계약은 "국법이 암호의 '조항'들에 우선한다"라는 조항을 따로 첨언할 필요가 있다고 해도 유럽의회의 주장처럼 "독립적으로 진행되며 자체적인 구속력을 가지고 자체적으로 처리되는 계약"이다.

"블록체인을 만들 수 있는 컴퓨터 알고리듬algorithm은 강력하고 파괴적인 혁신이다." 영국 정부의 과학 수석 자문이 작성한 2016년 보고서의 첫 번째 문장이다. 블록체인은 "광범위한 어플리케이션들로 공공 및 민간 사업 부문에 변혁을 가져오고 생산성을 끌어올릴 수 있다." 이 보고서는 블록체인 기술로 비용을 절감하고 법 집행을 감시하며 책임감을 확실하게 북돋움으로써 정부의 기능을 향상시킬 수 있다고 주장했다. 또한 세금을 징수하고 복지 비용을 지출하며 국민들과 좀 더 원활하게 소통하는 데도 도움이 된다고 주장했다.

디지털 공화국

2030년 정부와 국민의 관계가 어떻게 바뀔지 예측하고 싶다면 에스토니아로 눈을 돌려보자. 에스토니아에는 전 세계에 자국을 '디지털 에스토니아e-Estonia'로 내세울 정도로 세계에서 가장 발전한 전자 정부가 있다. 이 작은 나라의 130만 국민은 복지 수당 신청에서 의료 처방전 수령, 사업 등록, 투표 등은 물론 3000여 개에 달하는 정부의 디지털 방식 지원을 온라인으로 처리한다. 《와이어드》는 에스토니아를 "세계에서 가장 발전한 디지털 사회"라고 부르며, 《뉴요커》의 네이션 헬러는 "디지털 공화국"이라고 표현했다. "에스토니아 정부는 블록체인으로 연결되어 모든 경계선이 허물어진 가상현실 속 정부나 다름없다. 게다가 안전하다." 헬러는 에스토니아가 "국가를 디지털 사회로 변모시키려고 정부가 통합적으로 노력한 결과"라고 말한다.

에스토니아의 사례를 모방하려는 곳은 많다. 스페인의 카탈루냐 자치 정부는 독립적인 민족 국가가 되려는 의미 없는 시도의 일환으로 단순하면서도 디지털화한 국가 구조를 세우는 방법을 배우려고 했다. 하지만 그런 노력은 에스토니아가 추구하는 목표와 상반된다. 에스토니아는 '국가'라는 기존의 개념 자체를 떨쳐버리려고 한다. 에스토니아에서는 디지털 '거주'가 가능하므로 외국인도 정부의 허락을 받아 접속만 하면 정부가 제공하는 여러 혜택을 받을 수 있는데, 예컨대 에스토니아 국민과 똑같이 금융 업무도 볼 수 있다. 확실히 일부 이용자들에게는 대단히 편리하며 에스토니아의 세수에도 기여하지만 동시에 예상치 못한 위험의 원인이 될 수도 있다. 에스토니아 국민들은 사실상 국경이나 경계선이 없는 새로운 개념의 가상현실 국가를 만들고 있다. 지금까지 에스토니아에 디지털 거주 신청을 한 외국인은 3만여 명에 달한다. 에스토니아는 경제와 사회 전반에 걸쳐 블록체인 기술의 수평적 적용이라는 새로운 사고방식의 시대를 열었다.

가나와 케냐를 포함한 일부 아프리카 국가들은 휴대전화 결제나 도시 농업과 함께 기술로 정부와 국민들을 더 가깝게 하나로 묶으려는 세계적 노력의 최전선에 서 있다. 세계은행에 따르면 "디지털 가나eGhana 계획은 관료주의를 무너뜨리고 국민들을 정부와 가깝게 만들어줄 새로운 정보통신 기술을 위한 선구적인 계획이다. 많은 아프리카 국가가 이 계획을 모방하고 있다." 어느 연구진은 케냐의 이런 노력을 평가하고 다음과 같은 결론을 내렸다. "케냐는 디지털 정부의 구현에 어울리는 적절한 정치적, 법률적, 사업적 환경을 조성했다." 케냐는 이를 통해 "관료주의 감소, 언제든 정부의 도움을 얻을 수 있는 접근성, 빠르고 편리한 업무 처리, 투명성과 책임감 증가, 공무원의 생산성 향상, 그리고 손쉬운 정보 교류" 같은 유익을 얻을 수 있다. 가나와 케냐는 정보통신 기술 활용의 최전선에서 계속 앞서고 있는데, 특히 보건, 모바일 결제, 정부 행정 분야에서 우수성이 두드러진다. 그렇지만 디지털 정보 격차의 문제는 여전히 남아 있다. 이 연구에 따르면 "도시를 제외한 외곽 지역에는 정부가 제공하는 온라인 사업에 접속할 만한 기반 시설이나 기술이 부족해 참여할 권리 자체를 박탈당한 사람들"이 있다.

너무 많은 화폐들

현재 각국 정부는 블록체인 기술의 핵심적 내용들을 활용하고 있다. 유럽의회 연구 결과에 따르면 "블록체인 내부의 자료들이 절대 바뀔 수 없다는 사실이 경제 분야에서 투명성과 책임감을 제공한다." 사생활과 자료만 확실히 보호된다면 블록체인 기술은 국민들의 삶을 더 편하게 만들고 공무원들의 부담도 덜어줄 수 있다. 곧 살펴보겠지만 일부 공무원들은 할 일이 사라질 수도 있다. 투표와 마찬가지로, 수준 높은 교육을 받고 인터넷에 쉽게 접속할 수 있는 사람들이 블록체인 기술로 가장 큰 혜택을 얻을 수 있는데, 이런 상황은 디지털 포용을 위한 새로운 노력으로만 극복할 수 있다.

총알 한 발까지 감시한다면?

「총기 규제와 블록체인 기술A blockchain solution to gun control」은 2017년 11월 공개된 워싱턴주립대학교 공중보건학 교수 토머스 헤스턴Thomas Heston의 논문 제목이다. 이 논문 역시 블록체인 기술을 수평적으로 적용한 사례를 제시하고 있다. "발전한 블록체인 기술은 기존의 법률과 상관없이 총기를 더 효율적으로 규제하는 데 이용할 수 있다. 총기 유통을 추적하고 요주의 인물이 총기를 구입하는 상황을 사전에 확인하는 일 등을 할 수 있다. 총기를 구입한 개인의 배경을 조사하고 범죄에 사용된 총기를 추적하는 작업이 더 원활해질 것이다." 헤스턴 교수는 "블록체인 기술에 기반한 디지털 총기 추적 방식으로 개인의 사생활을 보장하고 기존의 관련 법률을 유지한 채 총기를 효율적으로 규제할 수 있을 것"이라고 단순하게 생각한 듯하다.

미국의 현황을 살펴보면 총기 등록을 중앙에서 통합해 관리하는 제도가 부실한 것이 사실이다. 이 때문에 인구 비율은 전 세계 인구의 4.5퍼센트에 불과하지만 개인 소유 총기의 42퍼센트가 몰려 있는 미국에서 범죄 조사 및 예방, 법 집행 능력이 심각하게 제약받고 있다. 개인의 총기 소유를 옹호하는 사람들은 중앙정부가 관련 기록과 자료를 보관하는 데 반감을 드러낸다. "기록의 중앙집권화에 대한 자연스러운 해결책은 무엇일까? 바로 기록의 분산화다." 캘리포니아대학교 버클리 캠퍼스에서 컴퓨터과학을 공부하는 루크 스테거Luke Stegar의 말이다. "말하자면 총기를 소유한 공동체가 기록을 유지할 수 있는 체계를 구축하자는 뜻이다." 스테거의 목표는 총기 규제와 관련하여 대립하는 양측이 동의할 수 있는 해결책을 찾는 것이다.

　　그렇지만 지금까지 뚜렷한 성과는 없었다. 다만 개인이 총기를 소유할 권리를 옹호하는 쪽에서 상황을 주의 깊게 지켜보고 있다. 새로운 의견 제시에 크게 자극받은 듯 나름대로 행동에 나서려 하는 의원들도 있다. 2017년 4월, 애리조나주는 미국에서 최초로 블록체인 기술을 적용해 총기를 추적하는 일을 금지하는 법안을 통과시켰다. 미주리주 하원의원으로 이후에도 비슷한 법안 상정을 지지한 닉 슈로어Nick Schroer는 이렇게 주장했다. "법안을 의결하는 의원들은 연습 삼아 쏘는 총 한 발 한 발까지 제삼자나 '절대 권력'이 감시할 수 있다는 발상에 크게 불안해하고 있다." 총기 규제에 관련한 블록체인 기술은 미국 전역에서 총기 사용을 제한하려는 다른 시도들과 마찬가지로 계속해서 많은 반발을 사고 있다.

블록체인 기술이 빈곤을 퇴치한다

《MIT 테크놀로지 리뷰》에서 마이크 오컷은 이렇게 지적했다. "나카모토 사토시는 은행이나 정부의 도움 없이 사람들이 금융 거래를 할 수 있도록 비트코인 블록체인을 발명했다. 얄궂은 사실은 블록체인 기술을 가장 크게 후원한 곳 중 하나가 바로 세계은행이라는 것이다." 세계은행은 후원자들에게 교육 증진을 위한 자금이 어떻게 사용되는지를 블록체인 기술로 보여주고 있으며, 지속가능한 개발 계획을 위해 8000만 달러를 모금하는 블록체인 기술에 기반한 채권을 발행했다. 세계은행은 매년 채권을 발행하여 600억 달러 정도의 자금을 조성해 개발 계획을 지원하는데, 블록체인 기술은 자금 조성에 필요한 중간 과정을 크게 줄이며, 자금이 실제로 현장에서 필요한 사람들에게 지원되는지도 확인하게 해준다. 블록체인 기술은 또한 세금 부과와 징수, 그리고 납부 절차를 간소화해서 재정난에 처한 지방자치단체들을 도울 수도 있다.

경제 발전의 큰 걸림돌 중 하나는 전 세계 대부분의 사람들이 공식적인 금융기관을 이용하기가 어렵다는 점이다. 아프리카와 남아시아는 전체 인구의 5퍼센트 이하, 그리고 소규모 사업체의 절반 정도만이 정식 은행 계좌를 갖고 있다. 빌 앤드 멀린다 게이츠 재단은 형편이 어려운 사람들도 금융 업무를 볼 수 있도록 돕기 위해 레벨 원 프로젝트Level One Project를 시작했는데, 블록체인 기술을 기반으로 국가적인 디지털 결제 제도를 구축하는 것이 목표다. 휴대전화를 이용한 기존 결제 제도와 달리 블록체인 기술은 일반인들과 소규모 업체들이 현재 이용하는 통신 업체와는 상관없이 돈을 보내거나 받도록 해준다. "나의 꿈은 하나로 통일되고 상호 이용이 가능한 결제 제도를 모든 아프리카 사람에게 제공하는 것이다." 레벨 원 프로젝트의 책임자 코스타 페릭 Kosta Peric의 말이다.

교과서에서조차 '실패한 불량 국가'의 사례로 언급하는 아프리카 소말리아에서는 전 국민의 약 60퍼센트가 유목민 아니면 반유목민에 가까운 방랑 생활을 하고 있다. 그럼에도 불구하고 휴대전화를 이용한 결제 방식은 큰 인기를 얻고 있다. 소말리아의 16세 이상 인구 중 90퍼센트가 휴대전화를 갖고 있으며, 그중 70퍼센트는 최소한 한 달에 한 번 이상 휴대전화로 결제한다. 소말리아에서는 금융 업무를 제대로 볼 수 없기 때문에 사람들에게는 사실 대안이 없다. 문제가 있다면 자금 세탁과 테러 행위를 위한 자금 조달이 함께 이루어지고 있다는 것이다. 휴대전화 결제는 추적이 어렵고 책임의 영역도 불투명하지만 블록체인 기술을 기반으로 분산된 기록 보관소를 활용하면 이 단점들을 개선할 수 있다.

지구 구하기

2018년 남아메리카의 칠레 앞바다에 몸길이 66피트(약 20미터)의 흰긴수염고래 한 마리가 떠내려 왔다. 리오 세코 자연사 박물관의 연구원 가브리엘라 가리도 Gabriela Garrido는 죽어서 밀려온 이 포유류 위에 사람들이 올라가 휴대전화로 사진을 찍고 몸통에 낙서하는 모습을 믿기지 않는 심정으로 바라보았다. 전 세계 사람들에게 고래가 떠밀려 온 일은 그저 진기한 사건에 불과했다. 푸에르토리코 출신으로 멸종 위기에 몰린 동물들을 위해 활동하는 알레한드로 로베르토 Alessandro Roberto는 이렇게 묻는다. "이런 동물들을 인간으로부터 보호하려면 어떻게 해야 하는가?" 우간다의 비정부 기구 케어 포 더 언케어드 Care for the Uncared는 블록체인 기술로

흰긴수염고래나 인도호랑이, 해달, 아시아코끼리와 대왕판다 같은 멸종
위기종에 표시를 부착하고 추적해 보호하는 일을 한다. "관련 기록들은
블록체인 기술을 통해 누구에게나 공개될 것이다." 기구의 대변인 베일
카붐바Bale Kabumba의 설명이다. "블록체인 기술은 우리가 자연과 함께 행
동하고 상호작용하는 방식을 바꿀 것이다. 블록체인에 담긴 기록은 결국
생명체 멸종의 중요한 요인들을 이해하도록 도울 것이다." 케어 포 더 언
케어드는 또한 비트코인으로 기부금을 모은다.

서로 연결된 감지 장치와 제어장치로 구성된 사물 인터넷이 더해진 블
록체인 기술은 환경 보호에 도움이 될 수 있다. 가장 중요한 가능성은 탄
소 배출권을 거래가 가능한 디지털 교환권으로 바꾸도록 해줌으로써 기
업과 개인이 환경 문제에 더 신경 쓰게 만드는 것이다.

수평적으로 생각하면 환경에 이롭도록 블록체인 기술을 사용할 방법
들을 떠올릴 수 있다. 예컨대 블록체인 기술은 주택에서 태양광으로 만든
잉여 전력을 복잡한 서류 작업 없이 지역 발전소에 판매하는 데 도움이
된다.《패스트 컴퍼니》에 실린 벤 실러Ben Schiller의 기사에 따르면, 유럽의
신생 기업 위파워WePower는 개인과 개인이 연결망을 통해 "일반 사람들
에게 결정권을 부여하여 누구나 쉽게 전력을 거래할 수 있도록" 해준다.
공동 창업자 중 한 사람인 닉 마르티누크Nick Martyniuk는 이렇게 주장한다.
"에너지 생산이 점점 더 분산화됨에 따라 전력 생산과 공급도 분산화할
것이다. 블록체인 기술의 특성에 따라 생산과 공급의 분산화가 함께 진행
될 것이다."

또 다른 신생 기업 에너지 마인Energi Mine은 사람들이 대중교통을 이용
하고 전기 소비 효율이 높은 가전제품으로 교체하거나 집의 단열에 신
경 써서 탄소 발자국을 줄이면 블록체인 기술을 이용해 암호 화폐로 '상

품권'을 지급한다. "이 상품권은 시장에서 사용할 수 있으므로 전기세를 낼 수도 있고 전기 자동차 충전을 할 수 있으며, 디지털 암호 화폐가 아닌 '일반' 화폐로 교환할 수도 있다."《포브스》의 보도다. 다른 신생 기업들은 탄소 배출권을 관리해서 좀 더 쉽게 운용할 수 있는 블록체인 기술을 개발하고 있다. 탄소 배출권은 탄소 배출량을 관리하기 위한 방법이지만 "전체적인 원본 기록이 없으면 각 기업들이 얼마나 많은 탄소 가스를 배출했는지 확인하기가 쉽지 않다. 따라서 실제로 탄소 가스 배출을 줄이기 위한 노력이 얼마나 효과를 발휘했는지도 알기 어렵다." 에코스피어 플러스Ecosphere+의 최고경영자 리사 워커Lisa Walker의 말이다. 블록체인 기술을 활용하면 기업과 정부 모두 자신들의 활동이 얼마나 큰 탄소 발자국을 남겼는지 계속 추적할 수 있을 것이다. 소비자들은 자신들의 선택이 환경에 어떤 결과를 가져오는지를 잘 이해할 수 있다. 워커는 이렇게 주장한다. "수많은 작은 거래가 쌓여 커다란 변화를 가져온다. 블록체인 기술은 기후변화를 막는 데 큰 역할을 할 수 있다."

그렇지만 지구를 구하기 위해 정보통신 기술을 사용할 때는 분명 단점도 있다. 사실 기후변화의 가장 큰 원인은 다름 아닌 정보통신 기술의 발전이다.《네이처》는 2030년이 되면 정보통신 기반 시설을 유지하기 위해 전 세계가 지금보다 전력을 20퍼센트 더 소모할 것이라고 예측했다. "자료 저장소는 전체 탄소 배출량의 0.3퍼센트 정도를 차지한다. 그런데 개인이 사용하는 휴대전화부터 텔레비전에 이르는 디지털 장치들을 모두 포함한 정보통신 기술 생태계 전체가 전 세계 탄소 배출량의 2퍼센트 이상을 차지한다. 정보통신 기술 분야의 탄소 발자국은 항공 업계가 연료를 소모하며 만들어내는 탄소 배출량과 맞먹는다." 게다가 엄청난 전기를 소모하는 암호 화폐 거래가 많아지는 상황도 염두에 두어야 한다. "우리가 살고 있는 사회는 디지털화한 자료가 없이는 존재할 수 없다. 점점 더 많은 자료를 이용하는 우리는 결국 점점 더 많은 에너지 혹은 전기를 소모할 것이다." 미국의 모든 자료 공유 및 사용량의 3분의 1 이상이 넷플릭스 사업과 관련 있으며, 3분의 1은 고해상도 사진 공유나 전송과 관련 있다. 탄소 발자국은 친환경적인 측면에 신경을 쓸 때만 줄어들 수 있다. 미국의 거대 디지털 기업들은 대부분 자사의 자료 보관소를 태양광 및 풍력 발전으로 유지하고 있다. 그렇지만 중국은 그렇지 않다.

줄어드는 변호사와 금융인

"실리콘밸리가 오고 있다." JP모건 체이스의 최고경영자 제이미 다이먼이 지난 2015년 주주들에게 보낸 연례 서한의 첫 대목이다. "수많은 영민한 두뇌와 자금이 모인 수백여 개의 신생 기업이 기존의 금융업을 대신할 만한 다양한 사업을 펼치고 있다." 자동화와 블록체인 기술로 금융 분야에서 수백만 개의 일자리가 사라질 위험에 처해 있다. "컴퓨터가 똑똑해질수록 중간에서 일을 대신해줄 인간은 필요 없어진다." 미래 연구소인 퓨처 투데이 인스티튜트Future Today Institute를 설립한 에이미 웹Amy Webb의 주장이다. "거래 업무와 관련된 일자리들을 기계가 대신하리라는 데는 의심의 여지가 없다. 생각보다 빠르게 그날이 올 것이다." 전문가들은 현재의 은행과 은행 업무, 그리고 종사자 중 블록체인 기술혁명에서 살아남을 수 있는 건 하나뿐이라고 지적한다. 은행은 보이지 않는 곳에서 일하는 블록체인 기술의 위협을 받고 있다. 젊은 세대들이 어플리케이션 사용을 더 선호하면서 고객들과 직접 대면하는 은행원들의 업무는 충분히 자동화가 가능해졌다. 세상의 흐름은 분명 인간이 아닌 '기계'의 도움을 받는 쪽으로 진행되고 있다. 하지만 은행이나 은행원들이 사라지더라도 은행 업무 자체는 유지될 것이다.

노동 시장에서 블록체인 기술이 미치는 영향은 6장에서 살펴본 자동화만큼이나 거대할 것이다. 말 그대로 근본적인 변화가 일어나기 때문이다. 역사적으로 볼 때 계약법과 기록에 바탕한 자유 자본주의는 경제 및 금융 거래와 관련된 결산, 검증, 이행, 합의, 기록 관리 같은 다양한 문제를 처리하기 위해 중간 역할을 해주는 수많은 일자리를 만들어냈다. 이 직업에 종사하는 사람은 전 세계적으로 수천만 명이 넘는다. 그런데 누구든 쉽게 접속할 수 있는 온라인을 기반으로 분산화한 블록체인 기술은 중간 역할을 하는 사람들의 존재 의미 자체를 사라지게 할 수 있다. 그저 이들을 거치지 않고 일을 처리하게 만듦으로써 말이다. 높은 보수를 받는 일자리들이 몰려 있는 금융업 분야도 판도가 영원히 바뀔지 모른다.

앞서 살펴본 것처럼 블록체인 기술에 기반한 스마트 계약은 변호사와 회계사의 업무마저 대신할 수 있다. 2010년 이후 미국 법학대학원 입학생 수는 29퍼센트나 줄어들었는데, 큰 이유 중 하나는 지금까지 젊은 신참 변호사들이 해온 서류나 기록 정리 업무를 인공지능이 대신하면서 변호사 숫자가 남아돌기 때문이다. 일부 전문가들의 반론에도 불구하고 스마트 계약은 법률 관련 일자리 시장을 좀 더 잠식할 수 있다. "변호사들은 인공지능이나 로봇 때문에 일자리를 잃을까 봐 걱정하는데, 사실은 이미 스마트 계약을 보완하는 일 정도만 주로 하고 있다고 볼 수 있다." 암호화 자산 관리 회사 글로벌 파이낸셜 액세스Global Financial Access의 공동 창업자 닉 자보Nick Szabo의 경고다. "스마트 계약은 이전에는 없었던 새로운 일들을 가능하게 해준다." 자보에 따르면 "기존의 법률은 사람이 직접 관여해

각 지역에 따라 다르게 적용되고 불확실한 면이 많지만 개방형 블록체인 기술은 자동화되어 있으며 전 세계적으로 어떻게 운영될지 예측할 수 있다."

회계 관련 일자리도 블록체인 기술의 영향을 크게 받을 것이다. 독일의 통계 전문 연구소 스타티스타Statista에 따르면 2018년 미국에서 회계나 감사 관련 업무에 종사한 사람들은 130만 명 정도였다. 그리 복잡하지 않은 수준의 계좌 조정, 확인, 수납과 수취 등의 업무는 블록체인 기술로 충분히 해결할 수 있다. 감사나 검증, 세금 신고 같은 업무들도 블록체인 기술의 도움을 받으면 더 효과적으로 처리할 수 있다. 물론 회계사와 감사관은 여전히 필요하다. 《어카운팅 투데이Accounting Today》는 "블록체인 기술은 회계 관련 직업인들의 두려움과 호기심을 동시에 자아내는 주제"라며, "그렇지만 여전히 미지의 영역으로 남아 있을 필요는 없다"라고 결론지었다.

블록체인 기술은 2030년의 세상을 바꿀 것이다. 그때가 되면 수많은 자료 저장소와 서류 업무는 물론 일자리까지도 사라질 것이다.

블록체인 기술과 암호 화폐의 미래

모든 일은 우리가 실제로 사용하는 화폐를 암호화한 디지털 증표로 바꾸면서 시작되었다. 2030년이 되면 디지털 화폐만큼이나 블록체인 기술을 여러 분야에 적용하는 가능성도 중요해질 것이다. 블록체인 기술은 예컨대 각종 공무, 지적 재산, 무역 거래, 위조 방지, 총기 규제, 빈곤 퇴치, 환경보호 같은 다양한 분야에 도움이 된다. 이들은 모두 수평적 사고의 산물이다. 나는 암호 화폐가 규제 담당자들을 포함해 수많은 사용자의 상상력을 사로잡을 것이라고 생각한다. 다만 그러려면 우리가 돈에 관해 생각하고 사용하는 방식 자체를 암호 화폐가 변화시킬 수 있어야 하며, 사업체 경영이나 개인 재무 상황 관리를 넘어서 우리의 삶 자체를 개선할 수 있는 새로운 가능성과 지평을 열어젖혀야 한다. 만약 디지털 화폐가 기존의 현금을 대신할 뿐이라면 사람들이 꽤 실망할 수도 있다. 그렇지만 현금을 주고받는 데 드는 막대한 비용을 절약할 수 있을뿐더러 자원을 절약하거나 탄소 발자국을 지우는 데 도움이 된다면 사람들은 금융업의 지각 변동을 목격하는 동시에 지구를 구할 수 있을 것이다. 과연 어떻게 암호 화폐 기술 활용을 사람들의 행동 변화와 연결할 수 있을까. 사람들은 탄소 가스 배출 감소처럼 장기적으로 사회의 모든 구성원에게 이득이 되는 일뿐만 아니라 쉬운 사용법이나 비용 절약처럼 즉각적인 이득이 생기기를 원한다. 예컨대 디지털 공유 방식으로 먹을거리나 의류 낭비를 줄이면 자신이 보유한 암호 화폐에 지급되는 이자가 늘어나기를 원한다.

내가 이 책에서 보여주려고 한 것처럼 우리의 의사와는 상관없이 인구 통계학적, 지정학적, 기술적 요인이 한데 얽혀 움직이고 있다. 우리가 이 요인들을 어떻게 대하는지가 새로운 세상에 대한 결정적인 시험들 중 하나가 될 것이다.

위기는 어떻게 기회가 되는가

새로운 흐름과 싸우고 있는가? 그렇다면 미래와 싸우는 것과 다름없다.
새로운 흐름을 받아들여라. 그 흐름이 순풍이 되어
당신을 앞으로 이끌어줄 테니까.

— 제프 베조스, 아마존 창립자 겸 최고경영자

2019년에 과학자들이 사상 최초로 블랙홀 사진을 공개하자 전 세계가 충격에 빠졌다. 1915년 아인슈타인이 일반상대성 원리를 제시한 지 100년도 더 지난 시점이었다. 그 사진 한 장은 과학자들이 국제적으로 공조하여 8개의 전파망원경으로 나흘간 찍은 수많은 사진을 합성한 결과였다. 연구를 이끈 천체물리학자 셰퍼드 돌먼Sheperd Doeleman은 이렇게 말했다. "우리는 그동안 볼 수 없다고 생각했던 모습을 보았다."

볼 수 없는 것들을 보는 것은 2030년을 향한 나의 목표이기도 하다. 나는 독자들이 인구통계학적 변화와 지구온난화, 기술적 혼란과 지정학적 분열로 새롭게 만들어진 세상이라는 또 다른 블랙홀을 눈으로 확인하게 해주고 싶었다. 그때쯤 우리는 파멸을 맞이할까?

미래를 정확하게 예측할 수 있는 사람은 없다. 하지만 조심스럽게 접근해볼 수는 있다. 그러려면 끊임없이 수평적으로 생각해야 한다. 수평적 사고의 7가지 원칙은 다음과 같다.

1. 멀리 보기

2. 다양한 길 모색하기

3. 천릿길도 한 걸음부터

4. 막다른 상황 피하기

5. 불확실한 상황에서도 낙관적으로 접근하기

6. 역경을 두려워하지 않기

7. 흐름을 놓치지 않기

각각에 대해 자세히 살펴보자.

멀리 보기

"육지에서 멀어질 용기가 없다면 새로운 수평선을 향해 나아갈 수 없다." 미국의 작가 윌리엄 포크너William Faulkner의 말이다. 잘 모르는 것들을 두려워하면 기회를 붙잡는 데 방해가 된다. 바로 2030년과 그 이후에 다가올 거대한 변화에 숨은 기회들이다. 역사상 가장 위험하고 믿기지 않는 탐험 중 하나였던 스페인의 멕시코 침략을 예로 들어보자. 1519년 에르난 코르테스Hernán Cortés는 지금의 멕시코시티에 있었던 아즈텍 제국의 수도 테노치티틀란에 가기 위해 베라크루즈에 상륙했다. 이 무자비한 정복자는 부하들에게 자신들이 타고 온 11척의 배 모두를 침몰시키라고 명령했다. 코르테스는 200명이 넘는 부하들에게 '처음 출발했던 지점으로 돌아갈' 방법 같은 건 없다는 사실을 알려주려 했다. 한 부하의 기록에 따르면 그는 부하들이 '그저 지금 당장 가진 무기와 용기'에만 의지하기를 바란 듯하다.

코르테스를 따라나선 부하이자 기록자인 베르날 디아스 델 카스티요 Bernal Díaz del Castillo가 태어난 곳은 스페인 북부에 있는 나의 고향에서 가깝다. 카스티요는 열여덟 살이 되던 1514년에 신대륙 아메리카를 향해 떠났고, 일생 동안 겪은 수많은 모험에 관한 기록들을 남겼다. 그의 기록을 보면 미지의 땅에 관해 아는 것이 거의 없었던 코르테스가 어떻게 불리한 상황 속에서도 육체적, 정신적으로 부하들을 뭉치게 만들었는지 잘 나타나 있다. 코르테스는 스페인 왕실이 파견한 그 지역의 총독 디에고 벨라스케스 데 케야르Diego Velázquez de Cuéllar가 안전한 지역으로 돌아오라고 명령하자 이를 무시했다. "벨라스케스 총독은 급히 사자 두 명을 보냈다. 두 사람은 코르테스에게 위임한 탐험대의 지휘권을 박탈하는 동시에 함대의 이동을 금지하고 당장 그를 체포해 산티아고에 있는 감옥으로 보내라는 총독의 명령을 전했다." 디아스 델 카스티요의 기록이다.

그렇지만 코르테스는 무모하기만 한 바보가 아니었다. 그는 모험에 실패할 경우 자신의 행적을 변명할 평계를 염두에 두고 있었다. 늘 상황을 수평적으로 혹은 또 다른 측면에서 보고 있었다는 뜻이다. "타고 온 배들을 침몰시키는 일만 해도 그랬다. 그 일은 대장 코르테스와 대화하던 부하들이 먼저 제안했다. 그런데 사실 코르테스는 이미 그렇게 하기로 결심을 굳힌 상태였고, 그저 부하들의 제안에 따른 행동처럼 보이기를 바랐을 뿐이었다. 따라서 나중에 누군가가 침몰한 배들에 대한 보상을 요구했다면 그는 부하들이 제안하여 그랬을 뿐이니 보상 문제는 모두의 연대 책임이라고 변명할 수 있었을 것이다."

코르테스와 부하들은 쿠바를 떠난 지 거의 1년이 지난 1519년 11월 8일에 테노치티틀란에 도착했다. 연이은 전투와 속임수, 그리고 음모와 전염병 등이 이어진 끝에 결국 운명의 그날이 다가왔다. 1521년 8월, 아즈텍 제국은 코르테스와 부하들의 손에 멸망했다.

아프리카의 인구 증가, 이민자, 자동화 혹은 암호 화폐 등이 미국 국민들 대부분을 강타하고 있다. 이들은 도전과 위협으로 가득 차 위험해 보이는 발전의 요소들이다. 물론 근거는 있겠지만 무작정 두려워하면 새로운 환경에 제대로 적응하지 못할 수도 있다. 코르테스의 사례는 더 먼 곳을 바라봄으로써 두려움을 극복할 수 있다는 교훈을 보여준다. 육지에서 멀어질수록 우리는 새로운 수평선을 향해 나아갈 수 있다. 수평적 사고를 갖추면 이민자들을 일자리에 대한 경쟁자가 아니라 경제의 새로운 활력소로 바라볼 수 있다. 아프리카의 미래에 비관적인가? 2030년이 되기 전에 태어날 4억 5000만 명을 교육하여 새로운 동반자로 삼는 미래를 그려 보면 어떨까? 자동화와 암호 화폐의 영향력은 감당할 수 없을 정도로 커 보인다. 그렇지만 우리는 기술이 낳은 혼란의 실체를 받아들이고 혁신을 이끌어내 누구도 뒤처지지 않도록 할 수 있을 것이다.

다양한 길 모색하기

사람들은 불확실성과 맞닥뜨리면 두려워서 다양한 길을 찾으려 한다. 다가오는 위협에 정면으로 노출되는 상황을 피하려 한다. 쉽게 말하면 "달걀을 한 바구니에 담지 말라."는 격언을 떠올리면 될 것이다. 투자자와 경영자, 그리고 운 좋게도 운용할 만한 연금이 있는 사람이라면 불확실한 시장이라는 험난한 바다를 헤쳐 가기 위해 매일 이 교훈을 되새길 수 있을 것이다. 이 원칙은 목표가 다른 여러 상황에서도 유용하다.

레고Lego의 경우를 생각해보자. 레고의 상품들은 오랫동안 어린아이들은 물론 어른들까지도 매료시켰다. 덴마크의 한 오래된 마을에 본사를 두고 가족이 경영해온 레고는 1990년대에 이르러 비디오 게임과 전자 장난감들이 크게 성공하자 위기를 맞았다. 레고는 '생활용품' 기업으로 탈바꿈하기로 결단을 내리고 레고 상표를 앞세워 의류와 장신구, 시계 등을 만들기 시작했다. 또한 비디오 게임을 개발하고 놀이공원 사업에 착수했다. 이 모든 노력은 처참한 실패로 끝나고 말았다. 2001년 새로운 최고경영자로 취임한 예르겐 비 크누스토르프Jørgen Vig Knudstorp는 경영 방침을 바꿔 '블록 장난감'으로 돌아가기로 결정하고 다양한 모델을 개발했다. 이번에는 분명한 목표가 있었다. 크누스토르프의 시도는 성공을 거두었다. 매출은 급증했고, 레고는 하스브로Hasbro와 마텔Mattel을 누르고 세계 최대의 장난감 회사로 등극했다. 이제 레고는 '장난감 업계의 애플'로 불린다. 그렇다면 과거와 비교해 무엇이 어떻게 달라졌을까?

다양한 시도가 사람들의 관심을 끌지 못하면, 그리고 처음 시작할 때 장점이었던 부분을 잃으면 실패할 수밖에 없다. 1932년 설립된 레고는 1949년부터 창립자의 아들인 고트프레드 크리스티안센Godtfred Christiansen의 지휘 아래 오늘날 우리가 잘 알고 있는 '조립식 플라스틱 블록' 장난감을 생산하기 시작했고, 1958년에는 미국에 이 장난감에 관한 특허를 신청했다. 레고 블록의 기본적 개념은 바로 호환성이었다. "레고 이전에는 이런 식으로 조립할 수 있는 장난감이 없었다." 수학 강사이자 저술가, 그리고 레고의 열광적 애호가인 윌 리드Will Reed의 말이다. "레고 블록의 다양한 범용성을 이용하면 그야말로 생각나는 모든 것을 만들어낼 수 있다. 공룡이며 자동차, 건물, 심지어 미래 세계에나 존재할 법한 것들도 말이다." 그야말로 놀라운 개념이었다. "레고의 기본형 블록 여섯 개로 만들 수 있는 조합은 9억 1500만 개가 넘는다."『레고: 어떻게 무너진 블록을 다시 쌓았나Brick by Brick : How LEGO Rewrote the Rules of Innovation and Conquered the Global Toy Industry』의 저자 데이비드 로버트슨David Robertson의 설명이다. 레고는 장난감과 놀이를 새롭게 정의했다. "장난감과 놀이는 결국 문제 해결 방법과 협력을 바탕으로 하며, 세상을 더 강하고 성공적으로 살아가는 데 도움이 되는 기술들을 습득하게 해준다." 레고의 영업 책임자 줄리아 골딘Julia Goldin의 설명이다. "우리는 아이들의 성장과 관련해 레고가 아이들의 삶에 엄청나게 중요한 역할을 하고 있다고 자부한다."

레고는 지속가능한 성공의 비결은 세대 사이의 간극을 메우는 것이라는 사실을 깨달았다. 바로 2030년을 위한 핵심적인 학습 요점이다. 레고는 블록으로 조립할 수 있는 영화 주인공과 보드게임, 그리고 〈레고 무비〉, 〈레고 스타워즈〉, 〈레고 배트맨〉, 〈레고 닌자고〉 같은 가족 영화들 쪽으로 방향을 바꾸었다. "연령대나 조립 능력에 상관없이 누구든 레고 블록으로 마음껏 상상의 나래를 펼칠 수 있다." 드라마 제작자로 2011년에 동생 조슈아 핸론Joshua Hanlon과 레고 유튜브 채널을 개설한 존 핸론John Hanlon의 말이다. "전자오락이나 비디오 게임이 아닌 레고를 통해 젊은 세대와 나이 든 세대가 한자리에 모일 수 있다."

그렇지만 2030년 이후에도 성공하려면 좀 더 깊고 다양한 길을 모색해야 한다. 미국의 작가 존 스타인벡John Steinbeck은 이런 말을 남겼다. "새로운 발상이란 토끼의 번식과 비슷해서 한두 가지 좋은 생각을 가지고 어떻게 조합할지 배울 수만 있다면 곧 10여 개가 넘는 또 다른 발상이 떠오른다." 이런 맥락에서 보면 다양화에 관한 레고의 가장 대담한 시도는 영감의 원천을 어떻게 다루는가와 관련 있는데, 이는 미래를 위해 우리 모두가 알아야 할 내용이다. 레고가 운영하는 인터넷 사이트에는 100만 명에 가까운 성인들이 레고와 관련된 새로운 생각들을 올리고 있다. 레고는 이렇게 제품에 대한 사용자들의 의견을 수용하며 디지털 기술의 혁명을 사업과 연결했다. 레고는 제임스 서로위키가 자신의 책 제목으로도 쓴 이른바 '대중의 지혜'를 통해 도움을 받는다. 레고의 소셜 미디어와 동영상 홍보 책임을 맡고 있는 라스 실버바우어Lars Silberbauer는 이렇게 이야기한다. "쉴 새 없이 흔들리고 있는 혼란한 세상 속에서 뭔가를 해내고 싶다면 자신이 바로 지금 하는 일의 여러 측면에 관심을 기울여야 한다." 레고는 대중의 참여를 통해 기업의 문제를 해결하는 방식을 변형하여 적용하고 핵심 고객들이 직접 자신들의 요구 사항과 필요를 정의할 수 있는 권한을 부여했다.

2030년을 맞이하려면 수많은 새로운 발상에 마음을 열어야 한다. 기존의 믿음이나 행동 방식을 고수하면서 지속적으로 증가하는 기대 수명과 인구 노령화, 그리고 인공지능의 영향력을 살피는 데 도움을 얻겠다는 생각은 안이하다. 이 세상을 움직이는 요소가 엄청나게 많다는 사실을 감안하면 '이미 입증된 생각'은 사실 '시대에 뒤떨어진 생각'이라는 뜻이다. 따라서 새로운 기술들이 끊임없이 등장하는 시대에는 직업과 퇴직, 혹은 장래 문제에 대한 새로운 관점들을 언제든지 받아들일 필요가 있다.

천릿길도 한 걸음부터

대규모로 일어나는 변화에 대처할 때 발생하는 또 다른 어리석은 믿음은 뭔가 거창하게 행동해야 성공할 수 있다는 것이다. 우리는 두려움에 시달릴 때 과도하게 반응하는 경향이 있다. 최초로 시가 총액 1조 달러에 도달한 애플의 사례는 작은 생각들을 모아 각 단계마다 수평적 사고와 시행착오를 반복하며 한 걸음씩 앞으로 나아가는 것이 처음부터 파격적으로 행동하는 것보다 훨씬 낫다는 사실을 보여준다. 애플은 관련 업계의 생태계를 교란할 만한 컴퓨터와 휴대전화, 그리고 음악이나 여가 활동을 위한 기기에 이르는 없어서는 안 될 신기한 제품들을 연이어 선보였다. 이들은 기존에 있던 제품이나 사업을 변화시키려는 작은 노력들의 결과물들이다. 애플은 언제나 새로운 조합과 배열, 수평적 연결을 염두에 둔다. 말콤 글래드웰Malcolm Gladwell은 《뉴요커》에 "작은 변화들The Tweaker"이라는 제목으로 기고한 글에서 월터 아이작슨Walter Isaacson이 쓴 잡스의 전기를 소개했다. 스티브 잡스는 디지털로 음악을 재생하는 장치도, 스마트폰도, 태블릿 컴퓨터도 직접 발명하지 않았다. 하지만 그는 "개발자들을 독려해 연이어 스무 차례 이상 반복해서 기존의 기술에 변화를 주도록 했다. 다시 말해 작은 변화가 계속 이어지게 해서 더 나은 결과물을 만들어낸 것이다." 애플은 고객들에게 제품들을 계속 개선할 것이라고 약속한다. 이 각각의 점진적 변화나 개선은 거창한 계획이 아니라 새로운 시장과 기술의 혁신을 예상하고 고객들의 의견을 수렴함으로써 실현된다. 애플은 이상과 현실 사이에서 끊임없이 의견을 교환하는 듯하다. 잡스는 빠르게 변화하는 상황을 헤쳐나가는 가장 좋은 방법은 모든 행동에 관한 계획을 미리 세우는 것이 아니라 진행 상황에 따라 개선 방법을 찾는 데 주목하는 것이라는 사실을 잘 알았다.

애플이나 잡스의 접근 방식은 언제, 그리고 어느 지점에서 실수했는지 깨닫고 받아들이지 않으면 효과가 없다. 현실에 어울리지 않는 의견들도 늘 주의하며 진지하게 받아들이고 그에 따라 나아가고자 하는 방향을 바꾼다. 이른바 '앞의 결과들을 조금씩 개선하는' 방식이다. 그 과정에서 새로운 정보가 있으면 기꺼이 받아들여 흡수한다.

자신의 방식이 별 효과가 없다는 분명한 증거를 확인했으면서도 고집을 피우며 계속 밀고 나가면 얼마나 문제가 되는지 생각해보자. 이처럼 별 도움이 되지 않는 접근 방식을 캘리포니아대학교의 심리학자 배리 스토Barry Staw는 '몰입 상승 효과escalation of commitment'라고 부른다. 우리는 부정적 결과를 마주하면 과거의 결정을 수정하지 않고 자기 합리화를 하며 계속 부정적인 결과만 나오는 길을 고집하는 경향이 있다. 방향을 바꿔 더 나은 결과를 얻어야겠다는 생각은 사각지대에라도 있는 것처럼 떠오르지 않는다.

몰입 상승 효과의 대표적인 사례 중 하나는 아프가니스탄에 대한 외부 세력의 끝없는 개입과 실패일 것이다. 처음에는 영국이, 다음에는 구소련과 미국이 이 중앙아시아의 광대하고 험준한 지역에 차례로 발을 들이밀었다. 워털루에서 나폴레옹을 격파하고 그의 찬란했던 인생에 종지부를 찍은 전술의 천재 웰링턴 공작Duke of Wellington도 아프가니스탄을 보고 이렇게 경고하지 않았던가. "소규모 병력으로 쳐들어가면 몰살당하고, 대규모 병력을 보내면 보급이 막혀 굶어죽을 것이다." 그렇지만 아프가니스탄을 침공한 국가들은 이 중요한 충고를 무시했다. 침략 전쟁은 도무지 끝이 보이지 않았고, 병력을 증강해도 소용이 없었다. 어느 외부 세력도 이 다루기 힘든 땅을 복속시킬 수 없었는데, 그 이유는 침략자들이 실패할 수밖에 없는 방식을 계속 고집했기 때문이다. 군 지휘관들은 도박장에서 사람들이 저지르는 가장 기본적인 실수들 중 하나에 빠지고 말았다. 어쨌든 계속 버티면 언젠가 역전을 이끌어낼 수 있다고 생각한 것이다. 그렇지만 도박에서 연속으로 열 번을 잃었다고 해서 다음에 돈을 딸 거라는 보장은 어디에도 없다. 2030년이 다가오지만 무조건 버티면 효과가 있을 거라는 생각은 버려라. 거대한 변화에는 완고한 고집이 아니라 점진적인 수정과 적응이 필요하다.

막다른 상황 피하기

막다른 곳에 몰려 두려움이 엄습하면 점진적인 방향 수정이나 수평적 이동을 하기 어렵다. 어떤 선택도 가능하다고 생각해야 상황 변화에 확실하게 적응할 수 있다. 이러한 원칙은 지도자의 생각과 행동에 관한 상식과 어긋날뿐더러 일상생활에서 겪는 일들에 관해 충고하는 수많은 책의 내용과도 다르다. 예를 들어 2011년 《패스트 컴퍼니》에는 "어떤 선택도 가능하다는 생각은 왜 정말로 정말로 잘못된 생각인가?"라는 제목의 기사가 실렸다. 나로서는 물론 어떤 선택도 가능하다는 생각은 정말로 정말로 좋다고 주장하고 싶다. 도저히 감당할 수 없는 불확실성에 직면하면, 혹은 대규모 인구통계학적, 경제적, 기술적 변화의 영향을 정확하게 알 수 없다면, 또는 미래 세상에 관한 확실하고 안전한 가정이 없고 어느 것도 장담할 수 없으면 앞으로 나아가기 위해 어떤 선택이든 받아들일 자세를 유지하는 것이 이성적인 해결책 아닐까? 이전의 선택들이 미래와 맞지 않을 때는 다른 방향의 선택을 하고 싶지 않은가?

모든 선택을 열어두자는 생각이 좋지 않다고 주장하는 사람들 중에는 하버드대학교의 심리학 교수 댄 길버트Dan Gilbert도 있다. 그는 연구 결과를 바탕으로 한번 내린 결정을 뒤바꾼다고 해서 큰 만족을 얻을 수는 없다고 주장했다. 인간은 자신이 올바르게 선택했는지 궁금해하고 그 결과를 확인하려 애쓰는 경향이 있는데, 그러면 필요한 힘만 낭비하고 자신이 바른 길을 가고 있는지에만 신경 쓰게 된다는 것이었다. 하나에 집중하지 못하고 이것저것 선택의 여지를 열어놓으면 결국 좋은 성과를 거두기 어렵다는 논리다.

과연 그럴까?

'선택의 여지가 있는 상황'이 어떤 역할을 하는지 내 어린 시절의 생활을 예로 들어 설명하겠다. 우리 가족은 여름이면 대부분의 시간을 할아버지 집에서 보냈다. 어른들이 집을 비우면 우리는 사촌들이며 주변 아이들을 불러 모아 숨바꼭질을 했다. 한번은 재미를 위해 어둠 속에서 놀기로 했는데, 다섯 살에서 열다섯 살까지 나이도 제각각인 서른에서 마흔 명 가까운 아이가 집 안의 불을 다 끄고 숨바꼭질을 시작했다. 그야말로 등줄기가 오싹해지는 경험이었다. 그렇지만 불빛이 없고 어둡다는 것과는 무관한 또 다른 두려움과 불확실성의 근원이 있었다. 나이 많은 아이들이 어린아이들을 사방에서 쫓아다니며 겁을 주며 상황을 뒤바꿔버렸다. 어두운 것만으로도 몸이 떨릴 지경인데 이제 어린아이들은 진정한 공포에 맞서야 했다.

제한된 장소나 앞이 전혀 보이지 않는 곳에서 하는 숨바꼭질은 급변하는 경제 여건 속에서 어찌할 바를 모르고 두려움만 느끼는 수많은 사람이 빠진 상황과 비슷하다. 더군다나 두려움을 주는 상대의 정체는 알 수 없다. 나이 많은 아이들에게 쫓기며 겁에 질린 다섯 살 아이의 처지를 생각해보자. 아이는 어느 방 안으로 들어가 옷장에 머리를 들이밀고 그 안에 숨는다. 하지만 아이는 곧 발견되어 나이 든 아이들로부터 간지럼 태우기 같은 무자비한 공격을 받는다. 그래도 도망칠 수 있는 선택의 여지 같은 건 없다.

그런 상황을 피하기 위해 아이가 한 전문 상담 업체와 사전에 연락을 취했다고 상상해보자. 그 상담 업체는 어떤 제안을 할 수 있을까? 아이의 상황을 타개할 만한 방법은 여러 가지다. 먼저 작은 방보다는 큰 방을 찾는다. 그 방에 문이 하나 이상 있으면 더 좋다. 그다음에는 모든 문을 열어놓고 각 문에서 똑같은 거리가 되는 지점을 찾아 그 자리에 선다. 탁자 밑이나 옷장 안으로는 숨으러 들어가지 않는다. 이런 결정에 따라 아이는 자신이 할 수 있는 여러 선택의 가치를 최대화할 수 있다. 그런데 옷장 안으로 숨어들기라도 하면 아무것도 선택할 수 없다.

선택의 여지를 항상 열어두는 것이 왜 중요한지 알겠는가? 탈출할 곳이 없는 막다른 골목으로 내달리는 것 같은 결정은 하지 말라. 수평적 이동을 가로막는 일은 해서는 안 된다. 되돌릴 수 없거나 되돌리는 과정에서 많은 피해가 발생하리라고 예상되는 결정은 하지 말라. 선택의 여지를 열어두는 일은 경제 상황이 불확실할 때 '리얼 옵션real option'을 확보하는 일과 비슷하다. 경제가 불확실할수록 리얼 옵션의 가치는 올라간다.

그렇다면 매킨지 같은 상담 전문 업체의 논리적인 설명을 들어보자. "리얼 옵션이 가치 있는 이유는 의사 결정권자가 지속적으로 비용을 낭비하는 일 없이 다시 상황을 자신에게 유리하게 만들 수 있기 때문이다." 매킨지의 전략 투자 부문 부책임자 휴 커트니Hugh Courtney의 주장이다. 이 전략은 아무것도 하지 않는 것과 위험 속으로 몸을 던지는 것 같은 극단적 선택 사이에 다른 선택의 여지가 있음을 깨닫고 '양자택일'이라는 어려운 상황을 극복하자는 의미다. "선택의 여지를 열어두면 불확실성이 커질 가능성이 있지만 행동의 제약도 줄어든다." 선택의 여지를 열어두는 것은 처음부터 더 다양한 선택지가 있다는 사실을 행동의 지침으로 삼는 방식으로 볼 수도 있다. 커트니는 다음과 같이 결론을 내린다. "최고의 전략을 구사하는 결정권자라면 '선택의 여지를 두어야 할지 말아야 할지'를 결정해야 할 때 그 결정 자체에도 '선택의 여지'를 두어야 하며, 실제로도 체계적으로 위험을 분산하고 대안 확보에 전력을 기울여야 한다." 여기서 교훈은 우리 모두가 선택의 여지를 열어두는 데 집중해야 한다는 것이다. 그렇지 않으면 다가올 변화들이 우리의 의표를 찔러서 막다른 골목으로 몰고 갈 것이다.

불확실한 상황에서도 낙관적으로 접근하기

미국 프로야구의 전설적인 투수 밥 펠러Bob Feller는 "매일 매일이 또 다른 새로운 기회"라고 말한 적이 있다. "우리는 어제의 성공을 발판으로 삼을 수도 있고 실패를 뒤로하고 새롭게 시작할 수도 있다." 불확실성이라는 두려움은 엄청난 스트레스를 주므로 노련한 운동선수조차 '경쟁으로 인한 불안' 때문에 몸을 떨 정도인데, 특히 경기장에서 예상치 못한 일들이 벌어지고 평정심이나 균형을 잃을 때 더욱 그렇다. 어쩌면 상대방이 믿기지 않는 실력을 보이거나 뜻하지 않은 실수로 자신이나 팀이 수세에 몰릴 때도 그러하리라. 음악가나 배우들은 이런 불안감을 '무대 공포증'이라 부른다.

음악가나 운동선수들처럼 우리도 주변 환경에 대한 통제력을 잃으면 미래를 더 두려워하게 된다. 실패할지도 모른다는 불안과 두려움에 빠지면 사람들은 승리를 지향하기보다는 패배하지 않거나 손실을 줄이려는 노력만 하게 된다. 이런 현상이 1장에서 살펴본 '손실 회피 편향'이다. 사람들은 이익을 보는 것보다 손실을 피하는 쪽을 선호하는 경향이 있다는 사실을 기억하자.

요컨대 우리가 부정적인 면보다 기회에 초점을 맞출수록 2030년이라는 새로운 시대에 성공적으로 적응할 확률이 올라간다. 윈스턴 처칠Winston Churchill은 이렇게 말했다. "비관론자는 모든 기회에서 어려움을 찾아내고, 낙관론자는 모든 어려움에서 기회를 찾아낸다." 예컨대 기후변화는 다루기 어려운 문제 같지만 모든 문제에는 그만큼 기회가 있는 법이다.

역경을 두려워하지 않기

　2030년이 되면 우리는 깨끗한 물과 공기, 그리고 쾌적한 주거지가 부족하여 고민할 것이다. 우리는 그때 심각한 환경 위기를 극복해야 했던 이전 사회들로부터 수평적 사고의 비결을 배울 수 있을 것이다. 인간이 사는 지역 중 가장 고립되어 있다고 알려진 이스터섬을 생각해보자. 크기가 63제곱마일(약 163제곱킬로미터) 남짓한 이 작은 화산섬은 한때 찬란한 문명의 중심지였으며 예술과 종교, 정치가 크게 발전했다. 그중에서도 '모아이'로 알려진 인간 형상의 돌 조각상이 유명한데, 크기가 각기 다르고 숫자만 1000여 개에 달한다. 가장 큰 모아이는 무게 80톤에 높이는 30피트(약 9.1미터)가 넘는다.

　이스터, 혹은 원주민 말로 라파 누이Rapa Nui라고 불리는 이 섬의 문명은 자원을 모두 소진한 후 흔들리기 시작했다. 1722년 유럽 사람들이 처음 찾아왔을 때는 이미 섬이 몰락한 지 한참이 지난 후였다. 재레드 다이아몬드Jared Diamond는 『문명의 붕괴Collapse』에서 이렇게 썼다. "이스터섬과 현대의 문명 세계 사이에는 소름 끼칠 정도로 닮은 점이 많다. 과거 태평양의 이스터섬은 지금 우주 안에 있는 지구처럼 철저하게 고립되어 있었다." 섬을 탈출하거나 외부의 도움을 구할 가능성이 전혀 없었다. "그렇기 때문에 많은 사람은 이스터섬 사회의 붕괴가 인류의 미래에 관한 최악의 상황을 미리 보여준다고 생각한다."

재레드 다이아몬드를 비롯한 여러 사람이 소개해 잘 알려진 것처럼 이스터섬의 운명을 가른 계기는 10여 개에 달하는 토박이 씨족들의 치열한 경쟁이었다. "시간이 지나면서 규모가 커진 모아이들을 보면 씨족 지도자들의 경쟁이 그 원인이었음을 짐작할 수 있다. 십중팔구 서로가 더 낫다는 우월감을 자랑하기 위해 더 큰 조각상을 만들어 세웠으리라." 다이아몬드의 주장은 이렇게 이어진다. 먼저 인구가 증가하고 모아이를 통한 경쟁이 시작되었다. 그러자 농작물 재배와 모아이 운반을 위해 나무들이 잘려나갔고 생물학적 다양성이 사라졌으며 이윽고 식량 생산이 줄어들었다. 그러다가 마침내 "기근과 생태계 파괴가 일어났고 식인이 자행될 정도로 문명이 퇴화했다."

그런데 인류학자 테리 헌트Terry Hunt와 고고학자 칼 리포Carl Lipo는 공동저서 『걷는 모아이The Statues Walked』를 통해 다른 의견을 제시한다. "섬의 숲을 황폐화하고 생태계를 파멸에 가깝게 몰고 간 것은 모아이를 통한 무분별한 경쟁 때문이 아니다." 숲은 원주민이 아니라 이들이 처음 정착할 때 따라 들어온 쥐들이 파괴했다. 발굴한 무기며 싸움으로 죽었다고 판명된 유골들이 적은 걸 보면 씨족들끼리 그리 치열하게 다툰 듯하지도 않다. 원주민들은 이 척박한 화산섬에서 늘어나는 인구를 먹여 살리기 위해 수평적 혁신을 시도했다. "이스터섬은 텃밭이 끝없이 이어진 듯한 형태로 변모해갔다. 그중 2500여 개는 돌담으로 둘러싸여 있었다."

누구의 주장이 좀 더 설득력 있는지 판단하기 전에 중요한 문제는 이 석기시대 문명이 자원이 풍족하지 않은 상태에서도 처음에는 크게 번성했다는 사실이다. 이스터섬은 자원이 풍족했던 적이 없다. "이스터섬의 사례는 생태학적 자살이 아니라 혁신을 도입한 섬 주민들의 끈기와 회복력에 관한 이야기다." 그렇다면 진정한 수수께끼는 이 태평양의 섬 사회가 왜 붕괴했는가가 아니라 그렇게 작고 고립된 섬에서 어떻게 수백 년이 넘는 세월을 잘 견딜 수 있었느냐다. 중요한 천연자원이 전혀 없는 곳에서 말이다.

이스터섬 주민들의 혁신 역량은 바퀴도 가축도 없는 상황에서 거대한 모아이 조각상을 만들고 옮긴 기술에서 가장 잘 드러난다. 실험에 따르면 스무 명이 되지 않는 인원으로 섬에 한 곳뿐인 채석장에서 만든 조각상을 똑바로 세운 뒤 잘 다듬은 길을 따라 '걷는 것처럼' 뒤뚱거리며 움직이게 할 수 있었는데, 조각상에 밧줄을 연결해 시계추가 움직이듯 양 옆에서 정교하게 끌고 잡아당기는 작업을 반복해 이동시켰다고 한다. 그렇다면 섬의 나무들을 소모해가며 썰매나 굴림대 등을 만들어서 조각상을 나를 일은 없었던 것 같다.

놀라운 일도 아니지만 현재 이스터섬 문화를 가장 크게 위협하는 요소는 지구온난화다. 바닷가 근처에 있는 모아이는 해수면 상승으로 물에 잠길 위험에 처해 있다. "조상들의 유적을 보존할 수 없다는 사실에 무력감을 느낀다." 라파 누이 국립공원을 운영하는 원주민 단체의 책임자 카밀로 라푸Camilo Rapu의 말이다. "대단히 어려운 상황이다." 그렇지만 기획을 맡고 있는 세바스티앙 파오아Sebastián Paoa는 조금 낙관적이다. "과거에도 비슷한 일을 겪었다. 원주민들은 환경이 파괴되고 있다는 사실을 알았지만 그래도 견뎌냈다. 지금 겪고 있는 기후변화도 마찬가지다." 전 세계적으로 보면 현재의 기후 위기는 중산층과 도시가 성장하고 소비가 계속 늘어나더라도 자원을 덜 쓰고 탄소 가스를 적게 배출하여 해결해야 하는 문제다.

공동 저술한 책을 통해 이스터섬의 역사에 이중적인 의미가 있다고 주장한 고고학자 폴 반Paul Bahn과 식물학자 존 플렌리John Flenley가 그 점을 가장 잘 이해하고 있는 듯하다. "이스터섬의 역사에는 우리가 사는 행성을 위한 교훈도 있지만 동시에 역경을 극복하고 혁신하는 인간의 역량에 대한 희망적인 사례도 들어 있다. 섬의 원주민들은 새로운 환경에 성공적으로 적응하도록 노력했다." 두 사람의 결론에 따르면 이스터섬만의 교훈은 몰락이 아니라 "1000년이 넘는 세월 동안 진행된 평화로운 분위기"에서 얻을 수 있다. 인류학자 데일 심슨 주니어Dale Simpson Jr.에 따르면 섬의 각기 다른 지역에 살던 씨족들은 경쟁하거나 다툰 적이 없다고 한다. 오히려 "서로 협력하며 제한된 자원을 최대한 유용하게 사용하는 삶의 형태를 지속"한 듯하다. 필요할 때마다 각 씨족들이 섬의 자원을 공유한 것이다. "따라서 나는 더 큰 모아이 조각상을 만드는 경쟁 속에서 섬이 붕괴해갔다는 주장에 동조하지 않는다." 심슨의 주장이다.

생존을 모색하는 과정에서 이스터섬 원주민들은 문화를 바꾸는 일도 개의치 않았다. 지금 우리도 그렇게 해야 한다. 원주민들은 "태평양 섬 주민들 사이에서 흔히 볼 수 있는 조상들을 신격화하여 숭배하는 종교"를 "유일한 창조주 마케마케를 숭배하는 종교로 바꾸고 대부분의 의식이나 축하 행사도 다산과 풍년을 기원하는 데 집중했다." 새로이 바뀐 문화적 관습에는 "새 인간birdman"을 선택하기 위해 "첫 번째로 새의 알을 가져오는 경주"가 포함되어 있다. 1년에 한 번 열리는 이 의식의 승자가 다음 1년 동안 씨족들을 다스리며 제한된 자원을 관리하는 평화롭고 효과적인 방식이었다. 따라서 이스터섬 주민들은 유럽 사람들이 찾아오기 오래전부터 모아이 조각상을 만드는 소모적인 경쟁을 그만둔 상태였다. "적어도

1500년 이후부터는 모아이를 전혀 만들지 않거나 아주 적은 수만 만들어 세웠다고 추정된다." 새 인간 의식은 부족한 자원을 각 씨족과 나누며 관리하기 위한 해결책으로, 공유지의 비극을 극복하기 위해 엘리너 오스트롬이 제안한 내용과 비슷하다. 우리는 지질학자 데이비드 브레상David Bressan의 주장처럼 선사시대의 이스터섬은 "많은 미래의 가능성을 빼앗긴 사회"라고 결론 내릴 수 있을 것이다. 지금 우리의 사회가 그런 것처럼 말이다.

2030년을 맞이하는 우리는 한정된 자원을 보존하고 혁신을 쉬지 않으면서 선택의 폭을 계속 넓혀야 한다. 우리가 좀 더 친환경적으로 행동하면 일상적인 적응과 수평적 사고를 통해 기후변화를 비롯한 환경적 위협들을 극복하는 데 큰 도움이 될 것이다.

흐름을 놓치지 않기

세상은 계속 바뀐다. 변화에 대응하는 유일한 방법은 자신도 함께 변하는 것이다. 당연한 일이지만 그저 손실을 최소화하려 애쓰거나 한 번에 하나씩 소극적으로만 해결하려고 하면 크든 작든 새로운 변화에 제대로 대응할 수 없다. 일곱 번째이자 마지막 원칙은 '흐름을 놓치지 않는 사람'이 되어 인구통계학적, 경제적, 문화적, 기술적인 변화가 다가올 때 그 흐름에 올라탈 수 있도록 준비하는 것이다. 셰익스피어의 희곡 『줄리어스 시저Julius Caesar』를 보면 브루투스가 이 원칙을 간단하게 설명한다. "흐름이 우리 쪽으로 왔을 때 그 위에 올라타야 하오. 그렇지 않으면 우리는 모든 것을 잃을 것이오."

변화의 흐름을 놓치지 않는 일의 중요성은 경제와 기술의 여러 분야에서 확연하게 드러난다. 우리는 다음에는 어떤 경제적, 기술적 변혁이 일어날지 궁금해하지만, 발명의 역사를 살펴보면 뒷받침해줄 흐름이 미처 일어나지 않아 빛을 보지 못한 발명품의 사례가 얼마든지 있다. 사실 많은 기업가가 오랫동안 잊혔던 깨달음이나 장치들을 되살려 성공했는데, 그들은 다만 처음 모습을 드러낸 후 몇 년이나 몇십 년, 심지어 몇백 년이 지난 것들에 새로운 생명을 불어넣었을 뿐이다. "기술 산업을 오랫동안 지켜보면 비슷한 발상들이 재활용되는 현상이 눈에 들어오기 시작한다. 너무 일찍 세상에 나타났기에 인정받지 못했을지도 모를 발상들이다." 론 밀러Ron Miller와 알렉스 윌헬름Alex Wilhelm의 말이다. 웹밴WebVan은 1990년대에 인터넷으로 장을 대신 봐주고 배달까지 해주는 사업을 선보였지만 이 흐름이 시장을 주도하려면 20년은 더 기다려야 했다. IBM은 1992년에 터치스크린이 있는 최초의 스마트폰 사이먼Simon을 출시했다. 아이폰이 등장하기 15년 전의 일이었다. '정보 권한 관리information rights management'라는 개념은 '클라우드 컴퓨팅'이 대세가 되기 몇 년 전에 처음 등장했다. 마이크로소프트의 태블릿 컴퓨터는 아이패드보다 적어도 10년은 앞서서 선을 보였고, 포인트캐스트PointCast는 트위터보다 10년 전에 올리는 글의 길이를 제한하자고 제안했다. "독창적이지 않다고 해서 실패하는 것은 아니다." 밀러와 윌헬름의 결론이다. "기업들이 처음 시도하고 나서 시간이 지난 후에야 세상이 이 개념들을 받아들일 준비가 된 것 아닐까." 무르익지 않은 때에 등장한 기업들은 종종 실패를 맛보지만 때를 기다린 기업들은 성공한다. "적절한 때를 만난 생각을 거부할 수는 없다." 프랑스 문학의 거장 빅토르 위고Victor Hugo의 말이다.

      *   *   *

   2030년을 준비하기에는 아직 늦지 않았다. 가장 중요한 것은 우리가 아는 세상이 10년 이내, 적어도 우리의 인생 어느 지점에서 사라질 수밖에 없다는 사실을 깨달아야 한다는 점이다. 이런 깨달음은 기존 사고방식이나 사상을 계속 존중하는 대신 도전하는 방향으로 이어져야 한다. 다양하게 생각하고 점진적으로 발전시키며 모든 선택의 여지를 열어두고 새로운 기회에 집중하며 부족한 상황을 두려워하지 않고 흐름을 놓치지 않음으로써 수평적 연결을 추구하라.

   지나치게 직선적이거나 수직적이어서 도움이 되지 않는 전통적 사고방식을 바꾸지 않으면 2030년의 도전들을 이겨낼 수 없다. 늦었다고 생각할 때가 변화를 위한 가장 빠른 때다. 성공하기 위해서는 7가지 수평적 비결과 방식들 사이에서 균형을 잡아야 한다. 그리고 기억하라. 이제는 돌이킬 수 없다. 우리가 아는 세상은 변하고 있으며 결코 원래의 모습으로 돌아가지 않는다는 사실을. 세상은 변하고 있다. 그것도 영원히.

   극작가 유진 오닐Eugene O'Neill은 이런 말을 남겼다. "행복을 추구하다니, 얼마나 멋진 일인가."

   2030년을 기다리며 다가올 기회를 붙잡자.

후기

코로나19 이후의 세계

2019년 11월 17일, 중국 우한武漢에서 신종 코로나바이러스 변종이 일으킨 전염병인 코로나19의 첫 사례가 발생했다. 이듬해 3월 중순까지 이 병원균은 중국 밖 100여 개 국가로 퍼져나갔고, WHO에서는 결국 팬데믹pandemic, 즉 최고 위험 단계의 전염병 경보를 전 세계에 선언할 수밖에 없었다. 이 글을 쓰고 있는 2020년 3월 현재, 코로나19의 파급력과 규모가 어느 정도인지조차 확실하게 밝혀지지 않았지만 전 세계적으로 적어도 수십만 명이 넘는 사람들에게 영향을 미치리라는 사실은 분명하다. 이미 소비 및 금융 시장이 심각한 피해를 입었고 각국 정부는 피해를 최소화하기 위해 어쩔 수 없이 전례가 없는 재정 및 통화 정책 등을 내놓고 있다. 이 책을 독자들에게 선보일 2020년 8월 무렵이 되면 장기 불황과 치솟은 실업률 등이 나타날 가능성도 충분하다. 서두에서 밝힌 것처럼 미래가 어떻게 흘러갈지 완벽하게 예측하기는 불가능하다. 그렇지만 코로나19라는 위기는 이 책에서 이야기한 전 세계에 영향을 미치는 놀랍고도 중요한 현상들에 관한 특별한 사례가 될 것이다.

많은 사람이 이 중대한 위기가 현재 진행되는 거대한 흐름들을 흐트러뜨리며 시대를 팬데믹 이전과 이후로 나눌 거라고 믿는다. 코로나바이러스의 대유행은 중대한 위기지만, 일반적인 생각과는 다르게 한순간 시대의 흐름을 흐트러뜨리는 것이 아니라 그 흐름의 방향을 다른 쪽으로 바꾸거나 더 가속화할 가능성이 크다. 1장에서 살펴본 출생률 하락에 관해 생각해보자. 세 가지 이유에서 코로나바이러스의 유행은 그러한 흐름을 가속화할 수 있다. 첫째, 이처럼 불확실한 시기에는 사람들이 대개 아기를 갖는 일 같은 중요한 결정을 미룬다. 둘째, 아기를 갖는 일은 경제적으로 큰 부담이 되므로 불황의 위협 속에서는 많은 사람이 과연 지금이 적절한 때인지 다시 한번 생각해볼 수밖에 없다. 1930년대의 대공황 시기와 2008년 금융 위기의 여파 후에도 같은 현상이 나타났다. 셋째, 전쟁이나 천재지변, 그리고 이번의 팬데믹처럼 삶의 변화를 일으킬 만한 사건들은 우리의 일상생활과 우선순위를 무너트리는데, 여기에는 당연히 자녀 문제도 포함된다.

2장에서 살펴본 세대에 대한 새로운 정의에 관한 또 다른 흐름도 더욱 심화될 것이다. 코로나바이러스는 60세 이상 노년층과 기저 질환이 있어서 면역력이 취약한 사람들에게 대단히 치명적일 것이다. 이 바이러스는 연령대에 따라 다른 영향을 미칠 듯한데, 요즘처럼 여러 세대가 뒤섞인 시대에는 더 복잡한 문제를 야기할 것이다. 불평등은 더 커질 것이다. 특히 일하고 있지만 빈곤 상태를 벗어나지 못하는 극빈층은 제대로 된 치료를 받을 수 없을뿐더러 영양 부족이나 불결한 환경 때문에 이미 면역력이 크게 떨어져 있을 것이다. 코로나바이러스가 부자와 가난한 사람을 가리지는 않겠지만, 사회경제적으로 가장 아래쪽에 있는 계층은 전염병에 훨

2030 축의 전환

씬 크게 노출되기 마련이다.

이번 위기가 야기할 심각한 경제적 결과들에 주목하지 않을 수 없다. 2008년 금융 위기에서 완전히 벗어나지 못한 여러 유럽 국가 입장에서 최악의 순간에 나타난 코로나19 팬데믹은 특히 이탈리아와 스페인에 엄청난 피해를 입혔다. 그에 따라 공공 부문에 대한 자금 지원이 크게 줄어들면 정부의 행정 활동이 제약을 받는다. 3장에서 살펴본 것처럼 유럽의 중산층은 신흥경제국 중산층들에 뒤처진 상태인데, 이러한 흐름은 코로나바이러스가 퍼지는 동안 더욱 빨라진다. 이란처럼 정치적, 경제적으로 불안정하고 취약한 국가들에는 이 위기 상황이 정부의 지도력에 대한 혹독한 시험 무대가 될 것이다. 안 그래도 불안해하는 국민들이 사방에서 정부를 압박할 것이다.

하나의 사회로서 우리는 지진이나 태풍처럼 익숙한 자연재해 정도는 대처할 준비가 되어 있으며, 개인이나 기업들도 따라야 할 지침 등이 있기 마련이다. 예컨대 상업용 건물이나 주택 같은 사회기반시설들은 자연재해를 이겨내도록 만들어져 있다. 그런데 우리는 코로나바이러스처럼 감당하기 힘든 치명적인 전염병에도 대비해왔을까? WHO는 2011~2017년에 세계 각 지역에서 1307건 정도의 유행병이 발생했다고 보고했다. 인간은 40~70년을 주기로 전 세계적인 심각한 전염병을 경험해왔다. 1855년에는 제3차 페스트가 퍼졌고, 1918년에는 이른바 스페인 독감이 발생했다. 1980년대 초에는 에이즈가, 2020년에는 코로나19가 등장했다. 대규모 지진도 대략 비슷한 주기로 발생한다. 예를 들어 미국 샌프란시스코만 지역에서는 각각 1906년과 1989년에 지진이 발생했다. 지진 같은 대규모 재난에 대한 준비와 비슷하게 공공 부문과 민간 부문 모두는 지역에서 발생한 전염병이 세계적으로 유행할 때를 대비해 효과적인 대비책을 준비해두어야 한다. 그래야 대중의 우려와 과잉 반응을 진정시킬 수 있다. 물론 이런 준비에는 질병에 관한 위기 상황을 잘 극복하고 필요에 따라 더 많은 역량을 투입할 수 있는 장비와 우수한 능력이 뒷받침된 보건 제도도 포함된다.

정책적 결정과는 별도로 '사회적 거리 두기'와 '정해진 지역 안에 머무르기'처럼 개인의 책임 의식이 필요한 해결책도 지역사회 감염을 막을 수 있는데, 도심지 같은 인구 밀집 지역이라면 이런 해결책이 더 중요하다. 5장에서 살펴본 것처럼 2030년 무렵이 되면 지금보다 훨씬 많은 사람이 도시에 살 것이다. 또한 격리 생활은 몇 가지 새로운 흐름들을 더 심화시킬 것이다. 온라인 장보기가 급증하자 아마존은 채용 인원은 물론 모든 창고 근무 직원에 대한 초과 근무 수당도 크게 늘렸다. 재택근무는 또 어떤가. 벌써 수많은 사람이 줌Zoom이나 왓츠앱 같은 다양한 통신 및 화상 연결 프로그램과 장치 등으로 사회적 연결망을 유지하며 일하고 있지 않은가. 디지털로 즐기는 오락거리도 마찬가지다. 예컨대 영화와 책, 음악 산업 관련 종사자들은 이제 어쩔 수 없이 진짜 매장이 아닌 인터넷으로 고객을 찾고 또한 만날 수밖에 없다. 거스를 수 없는 대세가 되어버린 공유 경제는 위기 상황 속에서 덩치를 더욱 키워나갈 것이다. 그 와중에 운송 업체처럼 고통을 겪는 쪽도, 디지털 기술에 기반한 업체들처럼 새로운 호황을 맞이하는 쪽도 나올 것이다. 이러한 현상들은 결국 머지않은 장래에 우리가 살고 일하며 상호작용하는 과정 전반에 영향을 미칠 것이다. 또한 나는 6장에서 새로운 기술혁명을 캄브리아기 대폭발에 비유하며 이야기했다. 예컨대 3D 프린터는 이미 인공호흡기나 산소호흡기 등의 의료용 필수품을 생산하는 데 사용되고 있다. 이 기술은 조만간 사회의 최첨단에 설 것이다.

2030 축의 전환

이 모든 새로운 흐름이 코로나바이러스가 위협하는 상황에서 강화되고 적응하는 모습이 우리 눈앞에서 매일 펼쳐지고 있다. 출생률 저하와 각 세대 사이의 새로운 역학 관계, 그리고 새로운 기술 같은 흐름과 경향들이 팬데믹 때문에 오히려 강화되고 가속화하고 있다. 우리는 정말 중요한 문제의 핵심을 돌아봐야 한다. 코로나19처럼 예상치 못한 위기들을 통해 닥쳐오는 변화들에 잘 적응할 수 있을까, 아니면 반대로 무너져내릴까. 내가 이 책에서 주장했듯이, 그런 변화나 흐름들이 남은 10년 동안 거스를 수 없는 대세가 되어 우리의 삶을 뒤바꿀 것이기 때문이다.

감사의 글

어느 누구도 혼자서는 책을 완성할 수 없다. 이 책은 완성하는 데 특히 많은 시간이 걸렸다. 나는 이 책을 위한 연구를 7년 전에 시작했는데, 그동안 와튼스쿨과 펜실베이니아대학교의 영감 넘치고 지적인 환경으로부터 많은 도움을 얻었다. 덕분에 이 책을 위한 연구에 몰입할 수 있었다.

또한 나는 출판 업계에서 가장 유능하고 재미있는 사람들과 작업할 수 있었다. 바로 에이비타스 크리에이티브 매니지먼트의 제인 본 메렌Jane von Mehren, 세인트 마틴스 프레스의 담당 편집자 프로노이 사카Pronoy Sarkar, 제작 담당 앨런 브래드쇼Alan Bradshaw, 그리고 교열 담당 수 와가Sue Warga, 홍보를 맡아준 FINN 파트너스의 폴 슬리커Paul Sliker, 바버라 몬테이로Barbara Monteiro, 루이자 백슬리Louisa Baxley, 그리고 스테이시 토팔리언Stacy Topalian 등이다. 차트웰 스피커스 뷰로의 프랜시스 호치Francis Hoch도 이 책이 널리 알려지도록 도왔다. 이들의 철저한 직업 정신과 순수한 지적 호기심은 내게 꾸준히 영감과 용기를 불어넣어주었다. 제인 본 메렌은 출판과 관련해

내게 새로운 가능성의 세계를 열어주었다. 프로노이 사카는 더 이상 바랄 것 없는 최고의 편집자인데, 내가 정말 하고자 하는 말이 무엇인지 확인하고 그 뜻을 다른 사람들에게 잘 전달하기 위해 최선을 다해주었다. 또한 이 책을 위해 헌신한 미셸 캐시먼Michelle Cashman, 가비 간츠Gabi Gants, 로라 클라크Laura Clark, 폴 호치먼Paul Hochman, 어빈 세라노Ervin Serano, 그리고 세인트 마틴스 프레스의 다른 팀원들에게도 감사드린다.

이 책에 관한 여러 발표장에서 내게 난감한 질문들을 던진 수많은 학생과 기업가, 그리고 정치가에게 가장 크게 감사드린다. 나는 또한 와튼 스쿨 인터넷 강의를 비롯한 내 강의나 강좌를 들은 수많은 사람으로부터 많은 의견을 전달받았다. 베니토 카치네로Benito Cachinero, 호세 마누엘 캄파José Manuel Campa, 카를로스 데 라 크루즈Carlos de la Cruz, 알바로 쿠에르보Álvaro Cuervo, 모하메드 엘-에리언Mohamed El-Erian, 줄리오 가르시아 코보스Julio García Cobos, 조프리 개릿Geoffrey Garrett, 빅토리아 존슨Victoria Johnson, 에밀리오 온티베로스Emilio Ontiveros, 샌드라 수아레즈Sandra Suárez, 그리고 조지프 웨스트팔Joseph Westphal은 이 책의 다양한 주제에 관한 탁월한 가르침을 헤아릴 수 없을 만큼 제공해주었다.

아내 샌드라와 두 딸 대니얼라와 안드레아 덕분에 이 책에 집중하며 자료를 찾아 많은 곳을 돌아볼 수 있었다. 이 책을 특히 사랑하는 가족들에게 전한다.

참고 문헌

여러 사실과 통계

(모든 인터넷 웹사이트는 2019년 11월 1일 기준이다.)

아프리카의 농업에 대해서는 아프리카 개발은행의 '아프리카 영농 산업(Africa Agri-business)' 관련 내용들을 참조할 것. https://www.afdb.org/en/news-and-events/africaagribusiness-a-us-1-trillion-business-by-2030-18678.

여성이 차지하고 있는 부에 대해서는 Capgemini SE와 RBC Wealth Management의 자료를 참조했다. *World Wealth Report*, 2014, https://worldwealthreport.com/wp-content/uploads/sites/7/2018/10/2014-World-Wealth-Report-English.pdf.

비만과 굶주림에 대해서는 유엔 자료를 참조했다. "Goal 2: Zero Hunger," https://www.un.org/sustainabledevelopment/hunger; UN, "Pathways to Zero Hunger," https://www.un.org/zerohunger/content/challenge-hunger-can-beeliminated-our-lifetimes; T. Kelly et al., "Global Burden of Obesity in 2005 and Projections to 2030," *International Journal of Obesity* 32, no. 9 (2008): 1431 – 1437; WHO, "Obesity and Overweight," February 16, 2018, https://www.who.int/news-room/fact-sheets/detail/obesity-andoverweight##targetText=Some%20recent%20WHO%20global%20estimates,%25%20of%20women)%20were%20overweight. 또한 이 책의 5장도 이 자료를 참조했다.

도시 관련 자료들은 5장에서 가져온 것으로, 5장 자료들을 참조할 것.

출생률 관련 자료들은 1장에서 가져온 것으로, 1장 자료들을 참조할 것.

중산층 관련 자료들은 3장에서 가져온 것으로, 3장 자료들을 참조할 것.

들어가는 글: 시간은 우리를 기다려주지 않는다

(모든 인터넷 웹사이트는 2019년 9월 22일 기준이다.)

여기에서 언급한 통계 자료들은 이 책의 다음 부분에서도 계속 등장한다.

테일러 판사의 이야기는 다음에서 인용했다. Lee, Harper, *To Kill a Mockingbird*, chapter 17. 국내 출간: 『앵무새 죽이기』, 열린책들.

인도의 화성 탐사 예산은 다음을 참조할 것. Ipsita Agarwal, These Scientists Sent a Rocket to Mars for Less than It Cost to Make 'The Martian,'" *Wired*, March 17, 2017. See also Jonathan Amos, Why India's Mars Mission Is So Cheap—and Thrilling," BBC, September 24, 2014, https://www.bbc.com/news/science-environment-29341850.

달 표면에 존재하는 물에 대한 인도 측 자료와 NASA의 확인에 관해서는 다음을 참조할 것. Helen Pidd, "India's First Lunar Mission Finds Water on Moon," *Guardian*, September 24, 2009; Jesse Shanahan, "NASA Confirms the Existence of Water on the Moon," *Forbes*, August 22, 2018.

드 보노의 말은 다음에서 인용했다. Shane Snow, "How to Apply Lateral Thinking to Your Creative Work," 2014, https://99u.adobe.com/articles/31987/how-toapply-lateral-thinking-to-your-creative-work.

조지 데이와 폴 슈메이커가 함께 쓴 책의 제목은 다음과 같다. *Peripheral Vision: Detecting the Weak Signals That Will Make or Break Your Company* (Boston: Harvard Business School Press, 2006).

프루스트의 말은 그의 책에서 인용했다. *The Captive*, which is the fifth volume of *Remembrance of Things Past*, published in 1923. 국내 출간: 『잃어버린 시절을 찾아서』 9권, 10권, 펭귄클래식코리아. 영어판 전문은 다음에서 확인할 수 있다. http://gutenberg.net.au/ebooks03/0300501h.html.

1장 출생률을 알면 미래가 보인다
(모든 인터넷 웹사이트는 2019년 5월 12일 기준이다.)

에드윈 캐넌의 말은 다음에서 인용했다. V. C. Sinha and Easo Zacharia, *Elements of Demography* (New Delhi: Allied Publishers, 1984), 233.

폴 에를리히와 앤 에를리히 부부의 책은 1968년에 처음 출간되었는데, 당시 사정으로 앤 에를리히의 이름은 저자로 올라가지 않았다. 인구 문제에 관한 각기 다른 이론들은 다음을 참조할 것. http://www.economicsdiscussion.net/theory-ofpopulation/top-3-theories-of-population-with-diagram/18461. 인구통계학 이론과 흐름에 관한 개괄적인 설명은 다음을 참조할 것. chapter 4 of *Global Turning Points*, by Mauro F. Guillén and Emilio Ontiveros, 2nd ed. (Cambridge: Cambridge University Press, 2016). 인구와 출생률, 그리고 기대 수명에 대한 자료와 예측은 유엔의 인구 담당 부서에서 정기적으로 공개하고 있다. http://www.un.org/en/development/desa/population. 1장에 나오는 첫 번째 표의 자료는 중위 인구 추정을 바탕으로 계산한 것이다.

맬서스의 주장은 다음에서 인용했다. *An Essay on the Principle of Population*, originally published in 1798. 국내 출간: 『인구론』, 박영사. http://www.esp.org/books/malthus/population/malthus.pdf, 44. 미국 국민의 줄어드는 성관계 횟수에 관해서는 다음을 참조할 것. Jean M. Twenge, Ryne A. Sherman, and Brooke E. Wells, "Declines in Sexual Frequency Among American Adults, 1989–2014," *Archives of Sexual Behavior* 46, no. 8 (2017): 2389–2401.

정전과 출생률의 관계는 다음을 참조할 것. Burlando, "Power Outages, Power Externalities, and Baby Booms," *Demography* 51, no. 4 (2014): 1477–1500; and Amar Shanghavi, "Blackout Babies: The Impact of Power Cuts on Fertility," *CentrePiece* (London School of Economics), Autumn 2013.

미국 국민들이 과거에 비해 많은 자녀를 갖지 않는 이유에 대한 설문 조사와 개인 사례는 다음 글에서 논의된 바 있다. Claire Cain Miller, "Americans Are Having Fewer Babies. They Told Us Why," *New York Times*, July 5, 2018. 미국에서 자녀 하나를 키우는 데 드는 비용은 다음 글에 요약되어 있다. Abha Bhattarai, "It's More Expensive than Ever to Raise a Child in the U.S.," *Washington Post*, January 10, 2017.

게리 베커의 인구통계학적 이론들은 다음 글에 적절하게 요약되어 있다. Matthias Doepke, "Gary Becker on the Quantity and Quality of Children," *Journal of Demographic Economics* 81 (2015): 59–66. 게리 베커의 말은 다음 책에서 인용했다. Gary Becker, *A Treatise on the Family* (Cambridge, MA: Harvard University Press, 1991), 144.

한 가구 한 자녀 정책의 시행 이전과 이후의 중국의 도시 및 외곽 지역 출생률에 대해서는 다음 자료를 참조했다. Junsen Zhang, "The Evolution of China's One-Child Policy and Its Effects on Family Outcomes," *Journal of Economic Perspectives* 31, no. 1 (2017): 141–160. 한 가구 한 자녀 정책과 관련된 여러 이야기는 다음 글에서 논의된 바 있다. Martin King Whyte, Wang Feng, and Yong Cai, "Challenging Myths About China's One-Child Policy," *China Journal* 74 (2015): 144–159, and by Amartya Sen, "Women's Progress Outdid China's One-Child Policy," *New York Times*, November 2, 2015.

한 자녀 정책과 관련된 중국의 저축률 상승에 관해서는 다음 글을 참조할 것. Shang-Jin Wei and Xiaobo Zhang, "The Competitive Savings Motive: Evidence from Rising Sex Ratios and Savings Rates in China," NBER Working Paper no. 15093, 2009; Taha Choukhmane, Nicolas Coeurdacier, and Keyu Jin, "The One-Child Policy and Household Savings," September 18, 2014, https://economics.yale.edu/sites/default/files/tahamaclunch100214_2.pdf.

인터넷을 통한 남녀의 만남에 관한 자료는 다음을 참조했다. Statista, *eServices Report 2017*(Hamburg: Statista, 2017). 중국의 만남 사이트에 관한 실험은 다음을 참조할 것. David Ong and Jue Wang, "Income Attraction: An Online Dating Field Experiment," *Journal of Economic Behavior and Organization* 111 (2015): 13–22.

시베리아의 남녀 성비 불균형에 대한 연구와 연구 내용의 발표에 관해서는 다음을 참조할 것. Caroline Humphrey, Mira Katbamna, "Half a Good Man Is Better than None at All," *Guardian*, October 26, 2009. Kate Bolick, "All the Single Ladies," *Atlantic*, November 2011.

새뮤얼 오위티 아위노, 셀레스티나 뭄바, 그리고 펠릭스 아폴라비 목사를 포함한 다른 아프리카 농경 현실에 관한 사례는 아프리카 농업 기술 재단의 인터넷 사이트를 참조했다. https://www.aatf-africa.org/fieldstories.

아프리카 54개 주권 국가들에 관해서는 다음을 참조할 것. Center for Systemic Peace, Global Report 2017, www.systemicpeace.org/vlibrary/GlobalReport2017.pdf.

아프리카의 카사바 재배에 관해서는 다음을 참조할 것. Emiko Terazono, "African Farming: Cassava Now the Centre of Attention," *Financial Times*, January 21, 2014. 나오미 완지루 응강가의 사례는 다음을 참조할 것. "How the Mobile Phone Changed Kenya," *Irish Times*, May 14, 2016. 케냐의 이동통신을 이용한 보건 정책은 다음 글에 잘 설명되어 있다. Martin Njoroge, Dejan Zurovac, Esther A. A. Ogara, Jane Chuma, and Doris Kirigia, "Assessing the Feasibility of eHealth and mHealth: A Systematic Review and Analysis of Initiatives Implemented in Kenya," *BMC Research Notes* 10 (2017): 90–101.

이민자들에 대한 자료 및 분석, 그리고 인용문들은 다음을 참조했다. *UN Migration Report 2015*(New York: United Nations, 2015); OECD, *Is Migration Good for the Economy?* (Paris: OECD, 2014); Giovanni Peri, "Immigrants, Productivity, and Labor Markets,"

Journal of Economic Perspectives 30, no. 4 (2016): 3−30; David H. Autor, "Why Are There Still So Many Jobs?," *Journal of Economic Perspectives* 29, no. 3: 3−30; and National Academies of Sciences, Engineering and Medicine, *The Economic and Fiscal Consequences of Immigration* (Washington, DC: National Academies Press, 2017).

미국에서 일하고 있는 이민자들에 관한 통계 자료는 다음을 참조할 것. Nicole Prchal Svajlenka, "Immigrant Workers Are Important to Filling Growing Occupations," Center for American Progress, May 11, 2017, https://www.americanprogress. org/issues/immigration/news/2017/05/11/431974/immigrant-workers-important-filling-growing-occupations. 브리타 글래넌의 연구는 다음 글에 실려 있다. Stuart Anderson, "Restrictions on H-1B Visas Found to Push Jobs Out of the U.S.," *Forbes*, October 2, 2019.

이민자들의 창업과 기업 활동에 대한 자료 및 분석 내용은 다음을 참조할 것. Stuart Anderson, *American Made 2.0: How Immigrant Entrepreneurs Continue to Contribute to the US. Economy* (Washington, DC: National Venture Capital Association, 2015); Stuart Anderson, *Immigrant Founders and Key Personnel in America's 50 Top Venture-Funded Companies* (Arlington, VA: National Foundation for American Policy, 2011); and Stuart Anderson, *Immigrants and Billion Dollar Startups* (Arlington, VA: National Foundation for American Policy, 2016).

미국의 보건복지 분야와 이민자들 사이의 관계에 관한 자료는 다음을 참조할 것. George Mason University Institute for Immigration Research, "Immigrants in Healthcare," June 2016; Anupam B. Jena, "U.S. Immigration Policy and American Medical Research: The Scientific Contributions of Foreign Medical Graduates," *Annals of Internal Medicine* 167, no. 8 (2017): 584−586.

손실 회피 편향에 관한 내용은 다음을 참조할 것. Daniel Kahneman and Amos Tversky, "Choices, Values, and Frames," *American Psychologist* 39, no. 4 (1984): 341−350; Daniel Kahneman and Amos Tversky, "Advances in Prospect Theory: Cumulative Representation of Uncertainty," *Journal of Risk and Uncertainty* 5, no. 4 (1992): 297−323; Thea Wiig, "Can Framing Change Individual Attitudes Towards Migration?," master's thesis, University of Bergen, 2017, https://pdfs. semanticscholar.org/f48f/2aac7860277f9fb97e234f0d28963b5d618d.pdf; Mehtap Akgüç et al., "Risk Attitudes and Migration," *China Economic Review* 37, no. C (2016): 166−176; William A. V. Clark and William Lisowski, "Prospect Theory and the Decision to Move or Stay," *Proceedings of the National Academy of Sciences* 114, no. 36 (2017): E7432–E7440; Mathias Czaika, "Migration and Economic Prospects," *Journal of Ethnic and Migration Studies* 41, no. 1 (2015): 58–82; James Surowiecki, "Losers!," *New Yorker*, May 30, 2016.

사회복지 정책과 관련된 이민자들의 영향에 관해서는 다음을 참조할 것. *The 2018 Report of the Board of Trustees of the Federal Old Age and Survivors Insurance and Federal Disability Insurance Trust Funds* (Washington, DC: Social Security Administration, 2018), https://www.ssa.gov/OACT/TR/2018/tr2018.pdf; Andrew Cline, "Social Security and Medicare Are Slowly Dying, but No One in Washington Will Lift a Finger," *USA Today*, June 13, 2018; Alexia Fernández Campbell, "Why Baby Boomers Need Immigrants to Fund Their Retirement," *Vox*, October 23, 2018, https://www.vox.com/2018/8/1/17561014/immigrationsocial-security; Nina Roberts, "Undocumented Immigrants Quietly Pay Billions into Social Security and Receive No Benefits," Marketplace, January 28, 2019, https://www.marketplace.org/2019/01/28/undocumented-immigrantsquietly-pay-billions-social-security-and-receive-no.

'두뇌 순환' 개념이 어떻게 만들어졌는가에 관해서는 다음 글을 참조할 것. AnnaLee Saxenian, "From Brain Drain to Brain Circulation: Transnational Communities and Regional Upgrading in India and China," *Studies in Comparative International Development* 40 (2005): 35–61. 국적을 초월한 기업가들에 관한 세계은행의 연구와 조사 내용은 다음 제목의 보고서로 출간되었다. *Diaspora Networks and the International Migration of Skills* (Washington, DC: World Bank, 2006). 민 우에 관해서는 다음 글을 참조할 것. Anna Lee Saxenian, "Brain Circulation: How High-Skill Immigration Makes Everyone Better Off," Brookings Institution, 2002, https://www.brookings.edu/articles/brain-circulation-how-high-skillimmigration-makes-everyone-better-off. 제임스 김 혹은 김주진에 관해서는 다음 글을 참조할 것. Tim Hyland, "Kim: 'There Is Much to Be Done,'" *Wharton Magazine*, Summer 2010, http://whartonmagazine.com/issues/summer-2010/kim-there-ismuch-to-be-done/#sthash.bepdPPNK.dpbs.

캐나다의 컨퍼런스 보드에 관한 내용은 다음 인터넷 사이트에서 찾아볼 수 있다. https://www.conferenceboard.ca/press/newsrelease/2018/05/15/imaginingcanada-s-economy-withoutimmigration?AspxAutoDetectCookieSupport=1.

2장 밀레니얼 세대보다 중요한 세대

(모든 인터넷 웹사이트는 2019년 7월 9일 기준이다.)

2장에 등장하는 각기 다른 연령대의 인구수 변화에 관한 자료는 유엔에서 발표하는 세계 인구 추계 2019년도 자료를 참고했다. https://population.un.org/wpp.

모건 스탠리 관련 내용은 다음에서 인용했다. John Gapper, "How Millennials Became the World's Most Powerful Consumers," *Financial Times*, June 6, 2018. 밀레니얼 세대와 관련된 언론들의 기사 제목은 다음을 참조했다. Carly Stern, "'I Wanted to Make a Memorial of All Our Destruction,'" *Daily Mail*, August 17, 2017.

미국의 연령대별 건강관리 비용 분석은 다음을 참조했다. Tate Ryan-Mosley, "U.S. Health-Care Costs Are Soaring, but Don't Blame Old People," *MIT Technology Review*, September – October 2019, 57.

노년층이 보유하고 있는 재산 상황에 관해서는 다음 내용을 참조할 것. AARP and Oxford Economics, *The Longevity Economy: How People over 50 Are Driving Economic and Social Value in the US*, September 2016, https://www.aarp.org/content/dam/aarp/home-and-family/personaltechnology/2016/09/2016-Longevity-Economy-AARP.pdf.

닐 하우의 말과 연방준비은행의 자료는 다음 글에서 인용했다. Neil Howe, "The Graying of Wealth," *Forbes*, March 16, 2018. 존 더스 패서스의 말은 다음 인터넷 사이트에서 찾아볼 수 있다. https://www.brainyquote.com/quotes/john_dos_passos_402864. 린다 번스타인의 기사는 다음에서 인용했다. "What to Say When They Blame It on the Boomers" appeared in *Forbes*, November 15, 2016.

카를 만하임이 이야기하는 세대 관련 이론은 다음에서 인용했다. "The Problem of Generations," in *Essays on the Sociology of Knowledge*, edited by Paul Kecskemeti (London: Routledge & Kegan Paul, 1952), 276 – 322; Pierre Bourdieu, *Outline of a Theory of Practice* (Cambridge, UK: Cambridge University Press, 1977).

페기 누넌의 글은 다음 인터넷 사이트에서 인용했다. https://www.brainyquote.com/quotes/peggy_noonan_159262.

스테파노 하트필드의 말은 다음에서 인용했다. "Why Is Advertising Not Aimed at the Over-50s?," *Guardian*, December 3, 2014. 미국 은퇴자 협회 관련 내용은 다음 인터넷 사이트에서 확인할 수 있다. https://www.aarp.org/money/budgeting-saving/info-2014/advertising-tobaby-boomers.html.

소비자 집단으로서의 노년층에 대한 연구는 다음을 참조했다. Paul Irving, "Aging Populations: A Blessing for Business," *Forbes*, February 23, 2018; "The Grey Market," *Economist*, April 7, 2016; Elizabeth Wilson, "Find Hidden Opportunities in the Senior Market," *Entrepreneur*, April 16, 2019. 앞서 언급한 윌슨의 글에는 마리아 헹케의 지적이 포함되어 있으며 코코 샤넬의 말은 다음에서 인용했다. Ben Cooper, "Analysis: Why Retailers Should be Engaging the Aging," *Retail Week*, July 28, 2017.

제프 비어, 세라 라비아 그리고 나디아 투마의 말은 다음에서 인용했다. Jeff Beer, "Why Marketing to Seniors Is So Terrible," *Fast Company*, June 6, 2019.

세탁기와 관련된 내용은 다음에서 인용했다. Nellie Day, "Elder Friendly Guide to Top-Loading Washing Machines," Elder Gadget, December 1, 2019, http://elder-gadget.com/eldergadget-guide-to-top-loading-washingmachines.

노년층의 삶의 질에 대한 자료는 다음에서 인용했다. "The United States of Aging Survey," https://www.aarp.org/content/dam/aarp/livable-communities/oldlearn/research/the-united-states-of-aging-survey-2012-aarp.pdf.

국제 노년 도움 협회에서 제공하는 체육 시설 관련 자료는 다음 인터넷 사이트에서 확인할 수 있다. https://www.icaa.cc/facilitylocator/facilitylocator.php.

노년층의 인터넷 사이트 구매와 관련된 이마케터의 자료는 다음 인터넷 사이트에서 확인할 수 있다. https://www-statista-com.proxy.library.upenn.edu/statistics/868862/onlineshopping-buying-related-activities-internet-users. 필수품 이외의 지출에 대한 자료는 펑 글로벌 리테일 앤드 테크놀로지(Fung Global Retail and Technology)에서 제공받았다. *The Silver Wave: Understanding the Aging Consumer*, 2016, https://www.fbicgroup.com/sites/default/files/Silver%20Wave%20The%20Aging%20Consumer%20Report%20by%20Fung%20Global%20Retail%20Tech%20May%202023%202016_0.pdf.

필립스 관련 내용은 필립스 공식 홍보 사이트 및 다른 인터넷 자료들을 참고했다. https://www.philips.nl/en/a-w/philips-museum.html.

제니퍼 졸리의 말은 본인이 직접 쓴 다음 기사에서 인용했다. "Best New Tech to Help Aging Parents," *USA Today*, May 11, 2014.

인터넷 사용과 우울증의 관계에 관해서는 다음 글을 참조했다. Shelia R. Cotton, George Ford, Sherry Ford, and Timothy M. Hale, "Internet Use and Depression Among Retired Older Adults in the United States," *Journals of Gerontology, Series B*,

69, no. 5 (September 2014): 763 - 771. 애너나 매클레스키의 말은 다음에서 인용했다. Robin Erb, "Teaching Seniors to Use Internet Cuts Depression Risk," *USA Today*, April 22, 2014.

렌데버 관련 내용은 다음을 참조했다. Gökay Abacı, "Reconnecting the Elderly with the Joys of Everyday Life Through Virtual Technology," *Medium*, August 8, 2018.

https://medium.com/@MassChallengeHT/reconnecting-the-elderly-withthe-joys-of-everyday-life-through-virtual-reality-277bf957483e. 기계로 만든 외골격 장치에 관해서는 다음을 참조했다. Jonas Pulver, "An Ageing Japan Looks to Mechanical Exoskeletons for the Elderly," *World Weekly*, February 4, 2016.

미국 주식 시장의 주가 수익 비율에 관해서는 다음 글을 참조했다. Zheng Liu and Mark M. Spiegel, "Boomer Retirement: Headwinds for U.S. Equity Markets?," FRBSF Economic Letter 2011-26, Federal Reserve Bank of San Francisco, August 22, 2011,http://www.frbsf.org/publications/economics/letter/2011/el2011-26.html.

라우, 코탄스키, 플랙스, 그리고 티슬러에 관해서는 다음 글에서 인용했다. Penny Crosman, "6 Fintechs Targeting Seniors and Their Families," *American Banker*, June 20, 2018.

은퇴 이후 다시 일을 찾는 노년층에 관해서는 다음 글들을 참조할 것. Lauren Smiley, "Late-Stage Startup," *MIT Technology Review*, September - October 2019; Roger St. Pierre, "Oder Entrepreneurs Can Age to Their Advantage," *Entrepreneur*, May 26, 2017.

노년층을 대상으로 한 금융사기 행각에 관해서는 다음을 참조할 것. Sara Zeff Geber, "Hot Tech Solutions to Keep Older Adults Safe from Financial Abuse," *Forbes*, April 23, 2019; Victoria Sackett, "New Law Targets Elder Financial Abuse," AARP, May 24, 2018, https://www.aarp.org/politics-society/government-elections/info-2018/congress-passes-safe-act.html. 에버세이프에 관해서는 다음 내용을 참조할 것. Financial Solutions Lab, "EverSafe,"http://finlab.finhealthnetwork.com/challenges/2017/eversafe.

콜린슨과 웨인스톡에 관해서는 다음 글에서 인용했다. Kenneth Terrell, "Why Working After Retirement Works," AARP, August 13, 2018, https://www.aarp.org/work/working-at-50-plus/info-2018/why-work-afterretirement.html.

다양한 연령대로 이루어진 BMW의 작업조에 관해서는 다음 글들을 참조할 것. Helen Dennis, "The HR Challenges of an Ageing Workforce," *HR Magazine*, February 16, 2016; Robert M. McCann, "Aging and Organizational Communication," *Oxford Research Encyclopedias: Communication*, August 2017, doi:10.1093/acrefore/9780190228613.013.472.

밀레니얼 세대에 대한 각기 다른 관점들은 다음 글들에서 확인할 수 있다. Jean Twenge, *Generation Me: Why Today's Young Americans Are More Confident, Assertive, Entitled—and More Miserable than Ever Before* (New York: Free Press, 2006); *PR Newswire*, October 20, 2016; William Strauss and Neil Howe, *Millennials Rising: The Next Great Generation* (New York: Vintage Original, 2000); David Burstein, *Fast Future: How the Millennial Generation Is Shaping Our World* (Boston: Beacon Press, 2013); Eric Hoover, "The Millennial Muddle," *Chronicle of Higher Education*, October 11, 2009; Jia Tolentino, "Where Millennials Come From," *New Yorker*, November 27, 2017; Council of Economic Advisers, *15 Economic Facts About Millennials*, October 2014, https://obamawhitehouse.archives.gov/sites/default/files/docs/millennials_report.pdf; World Values Survey, http://www.worldvaluessurvey.org/WVSContents.jsp?CMSID=Findings; Kathleen Shaputis, *The Crowded Nest Syndrome* (New York: Clutter Fairy, 2004).

밀레니얼 세대와 저축률에 관해서는 다음 글을 참조할 것. Josh Zumbrun, "Younger Generation Faces a Savings Deficit," *Wall Street Journal*, November 9, 2014; Bank of America, *2018 Better Money Habits Millennial Report*, https://bettermoneyhabits.bankofamerica.com/content/dam/bmh/pdf/ar6vnln9-boa-bmh-millennial-report-winter-2018-final2.pdf.

밀레니얼 세대 다음인 Z세대에 관해서는 다음 글을 참조할 것. Varkey Foundation, "Generation Z," January 2017, https://www.varkeyfoundation.org/what-we-do/policy-research/generationz-global-citizenship-survey.

중국의 노년층에 관해서는 다음 글들을 참조할 것. Chong Koh Ping, "China's Elderly: Old and Left Behind," *Straits Times*, October 28, 2017; Jieyu Liu, "Ageing, Migration, and Familial Support in Rural China," *Geoforum* 51 (January 2014): 305-312.

요양소 기숙사에 관해서는 다음 글을 참조할 것. Tiffany R. Jansen, "The Nursing Home That's Also a Dorm," Citylab, October 2, 2015, https://www.citylab.com/equity/2015/10/the-nursing-home-thats-also-adorm/408424.

레빈의 말은 다음 책에서 인용했다. Bridey Heing, *Critical Perspectives on Millennials* (New York: Enslow, 2018), 23.

《와이어드》와 화이자의 합작 연구에 관해서는 다음 인터넷 사이트에서 확인할 수 있다. "The Future of Getting Old: Rethinking Old Age," *Wired*, April 2018, https://www.wired.com/brandlab/2018/04/the-future-of-getting-old.

스탠퍼드대학교 노화 연구소의 로라 카스텐슨(Laura Carstensen) 교수의 말은 그녀가 기고한 기사에서 인용했다. "What Millennials Already Know About Growing Old," *Time*, June 16, 2016.

3장 새로운 중산층의 탄생

(모든 인터넷 웹사이트는 2019년 8월 29일 기준이다.)

중산층에 대한 마거릿 할시의 감상은 그녀의 책에서 인용했다. *The Folks at Home* (New York: Simon & Schuster, 1952).

타타 나노에 대한 이야기는 다음 글들을 참조했다. "Ratan Tata Hands Over First Three Nano Cars to Customers," *Economic Times*, July 17, 2009; Saurabh Sharma, "How a Scooter on a Rainy Day Turned into Ratan Tata's Dream Project Nano," *Business Today*, April 14, 2017; Kamalika Ghosh, "It's Time to Say Ta-Ta to the World's Cheapest Car," *Quartz*, July 13, 2018.

웨버-스티븐의 인도에서의 성공 사례는 다음 글들을 참조할 것. Dave Sutton, "8 Common Mistakes When Expanding into Emerging Markets," TopRight, April 20, 2017, https://www.toprightpartners.com/insights/8-common-mistakes-expanding-emerging-markets; Natasha Geiling, "The Evolution of American Barbecue," *Smithsonian.com*, July 18, 2013; Shrabonti Bagchi and Anshul Dhamija, "Licence to Grill: India Takes to the Barbecue," *Times of India*, November 18, 2011.

전 세계 중산층의 구매력에 대한 자료(그림5 포함)는 브루킹스 연구소의 자료들을 참조했다. Homi Kharas, "The Unprecedented Expansion of the Global Middle Class," Brookings Institution, February 2017, https://www.brookings.edu/wpcontent/uploads/2017/02/global_20170228_global-middle-class.pdf.

판매 증진을 위한 각국의 특별 할인 행사들에 관해서는 다음 인터넷 사이트들에서 확인할 수 있다. Niall McCarthy, "Singles' Day Sets Another Sales Record," Statista, November 12, 2018, https://www.statista.com/chart/16063/gmv-for-alibaba-on-singles-day.

찰스 디킨스의 말은 1855년 그가 윌리엄 C. 마크레디William C. Macready에게 쓴 편지에서 인용했다. http://www.victorianweb.org/authors/dickens/ld/bezrucka1.html. 조지 오웰의 말은 그의 작품 마지막 문단에서 인용했다. *The Road to Wigan Pier*, 국내 출간: 『위건 부두로 가는 길』, 한겨레출판사. 영어 전문은 다음에서 확인할 수 있다. http://gutenberg.net.au/ebooks02/0200391.txt. 클라이브 벨의 말은 다음 글에서 인용했다. Clive Crook, "The Middle Class," Bloomberg, March 2, 2017, https://www.bloomberg.com/quicktake/middle-class. J. K. 롤링의 말은 다음 인터넷 사이트에서 인용했다. https://www.stylist.co.uk/people/life-according-to-jkrowling-harry-potter-books/18793. 아버지 호머 심슨의 경제 상황에 관해서는 다음 유튜브 동영상을 참조했다. "Homer Simpson: An Economic Analysis," September 16, 2018, https://youtu.be/9D420SOmL6U.

마거릿 할시와 거트루드 스타인의 말은 각각 자신들의 책에서 인용했다. *The Folks at Home* (New York: Simon & Schuster, 1952), *Three Lives* (New York: Pocket Books, 2003), 250.

순응성의 개념에 관해서는 다음을 참조할 것. Damon J. Phillips and Ezra W. Zukerman in "Middle-Status Conformity: Theoretical Restatement and Empirical Demonstration in Two Markets," *American Journal of Sociology* 107, no. 2 (September 2001).

법규 위반 문제에 관해서는 다음 연구를 참조할 것. P. Piff et al., "Higher Social Class Predicts Increased Unethical Behavior," *Proceedings of the National Academy of Sciences of the United States of America*, 109, no. 11 (2012): 4086–4091.

저우위안옌과 존 먼데이의 이야기는 각각 다음 기사들에서 인용했다. David Pilling, "Asia: The Rise of the Middle Class," *Financial Times* (January 4, 2011), Norimitsu Onishi, "Nigeria Goes to the Mall," *New York Times*, January 5, 2016.

딜로이트의 "Africa: A 21st Century View" 보고서는 다음 인터넷 사이트에서 확인할 수 있다. https://www2.deloitte.com/content/dam/Deloitte/ng/Documents/consumerbusiness/the-deloitte-consumer-review-africa-a-21st-century-view.pdf. 브랜드 아프리카의 인기 상표 순위는 다음 인터넷 사이트를 참조할 것. http://www.brandafrica.net/Rankings.aspx.

빌 게이츠와 스티브 잡스의 대화 내용은 다음 책을 참조할 것. Walter Isaacson, *Great Innovators* (New York: Simon & Schuster, 2011), chapter 16. 세계 지적 재산권 기구(World Intellectual Property Organization)에서 제공하는 특허 관련 자료는 다음 인터넷 사이트를 참조할 것. "World Intellectual Property Indicators 2017," 12, http://www.wipo.int/edocs/pubdocs/en/wipo_pub_941_2017.pdf.

후커 가구 회사의 일화는 다음 기사를 참조했다. Jason Margolis, "North Carolina's Fight to Keep Its Foothold on Furniture," *The World*, May 2, 2018, https://www.pri.org/stories/2018-05-02/northcarolina-s-fight-keep-its-foothold-furniture. 이 회사 관련 다른 자료들은 다음 인터넷 사이트를 참조했다. "Creating Opportunities: 2018 Annual Report," http://investors.hookerfurniture.com/static-files/3551b785-4637-4d55-a5b7-8221c1b15164.

퓨 리서치 센터의 "The American Middle Class Is Losing Ground" 연구는 다음 인터넷 사이트에서 확인할 수 있다. http://www.pewsocialtrends.org/2015/12/09/the-american-middleclass-is-losing-ground.

스포티파이의 매출 관련 자료는 다음 인터넷 사이트의 상장 관련 자료에서 확인할 수 있다. https://www.sec.gov/Archives/edgar/data/1639920/000119312518063434/d494294df1.htm. 넷플릭스 관련 자료는 다음 글들을 참조할 것. Louis Brennan, "How Netflix Expanded to 190 Countries in 7 Years," *Harvard Business Review*, October 12, 2018; Manish Singh, "Netflix Will Roll Out a Lower-Priced Subscription Plan in India," TechCrunch, July 17, 2019, https://techcrunch.com/2019/07/17/netflix-lower-price-india-plan; and P.R. Sanjai, Lucas Shaw, and Sheryl Tian Tong Lee, "Netflix's Next Big Market Is Already Crowded with Cheaper Rivals," *Economic Times*, July 20, 2019, https://economictimes.indiatimes.com/industry/media/entertainment/media/netflixs-next-big-market-is-already-crowded-with-cheaperrivals/articleshow/70287704.cms.

전 세계에 진출한 미국 기업들의 부침 사례는 다음 글을 참조했다. "10 Successful American Businesses That Have Failed Overseas," International Business Degree Guide, September 12, 2013, https://www.internationalbusinessguide.org/10-successful-americanbusinesses-that-have-failed-overseas. 신세대 중국 소비자들의 자유분방한 소비 행태는 다음 글들에서 인용했다. Yiling Pan, "Why Chinese Millennials Are Willing to Max Out Their Cards for Luxury Goods," originally published on

January 2, 2019, in *Jing Daily*, and available in English from https://www.scmp.com/magazines/style/peopleevents/article/2178689/can-chinas-debt-ridden-millennial-and-gen-zshoppers; and from Stella Yifan Xie, Shan Li, and Julie Wernau, "Young Chinese Spend Like Americans—and Take on Worrisome Debt," *Wall Street Journal*, August 29, 2019.

중국과 미국의 폐기물 재활용 문제는 다음 기사들을 참조했다. Cassandra Profita, "Recycling Chaos in U.S. As China Bans 'Foreign Waste,'" *Morning Edition*, NPR, December 9, 2017, https://www.npr.org/2017/12/09/568797388/recycling-chaos-in-u-s-aschina-bans-foreign-waste; Sara Kiley Watson, "China Has Refused to Recycle the West's Plastics. What Now?," NPR, June 28, 2018, https://www.npr.org/sections/goatsandsoda/2018/06/28/623972937/chinahas-refused-to-recycle-the-wests-plastics-what-now; and Amy L. Brooks, Shunli Wang, and Jenna R. Jambeck, "The Chinese Import Ban and Its Impact on Global Plastic Waste Trade," *Science Advances* 4, no. 6 (2018), http://advances.sciencemag.org/content/4/6/eaat0131.

레딧에 올라온 게시물은 다음 인터넷 사이트에서 확인할 수 있다. https://www.reddit.com/r/jobs/comments/6e6p3n/is_it_really_that_hard_to_find_a_job_as_a. OECD의 연구 내용은 다음 보고서 26, 57, 그리고 69쪽에서 인용했다. *Pressure: The Squeezed Middle Class* (Paris: OECD Publishing, 2019).

2019년 5월 15일 '파덜리'에 실린 패트릭 A. 콜먼의 기고문은 다음 인터넷 사이트에서 확인할 수 있다. https://www.fatherly.com/love-money/american-middle-class-parents-cantafford-kids.

버펄로시의 부활에 관한 내용들은 다음 글들을 참조할 것. David Russell Schilling, "Buffalo: The Best Designed & Planned City in the United States," Industry Tap, January 25, 2015, http://www.industrytap.com/buffalo-best-designedplanned-city-united-states/26019; Courtney Kenefick, "Buffalo, New York, Is Stating a Comeback," *Surface*, June 26, 2017, https://www.surfacemag.com/articles/architecture-buffalo-newyork-urbanrenewal; David A. Stebbins, "Buffalo's Comeback," *Urbanland* (blog), Urban Land Institute, October 17, 2014, https://urbanland.uli.org/development-business/buffalos-comeback; and Jesse McKinley, "Cuomo's 'Buffalo Billion: Is New York Getting Its Money's Worth?," *New York Times*, July 2,

2018. The Brookings study by Alan Berube and Cecile Murray, "Renewing America's Economic Promise Through Older Industrial Cities," April 2018, can be found at https://www.brookings.edu/wp-content/uploads/2018/04/2018-04_brookings-metro_older-industrial-cities_full-report-berube_murray_-final-version_af4-18.pdf#page=16.

대니얼 라프 교수의 글은 다음에서 찾아볼 수 있다. "Wage Determination Theory and the Five-Dollar Day at Ford," *Journal of Economic History* 48, no. 2 (June 1988): 387–399. 존 더스 패서스의 *The Big Money* (New York: New American Library, 1979)는 1936년 처음 단행본으로 출간되었고 이 책에서는 1973년판을 인용했다. 헨리 포드 및 포드 자동차와 관련된 일화들은 다음 인터넷 사이트에서 찾아볼 수 있다. https://www.thehenryford.org/explore/blog/fords-five-dollar-day. 아마존의 시급 15달러에 관해서는 다음을 참조할 것. Louise Matsakis, "Why Amazon Really Raised Its Minimum Wage to $15," *Wired*, October 2, 2018. Nathan Heller's "Who Really Stands to Win from Universal Basic Income?" appeared in the *New Yorker*, July 9–16, 2018.

존슨 행정부가 시범적으로 실시한 부의 소득세에 관해서는 다음 글에 요약되어 있다. Jodie T. Allen, "Negative Income Tax," *Encyclopedia of Economics*, http://www.econlib.org/library/Enc1/NegativeIncomeTax.html.

기본 소득제에 대한 개념과 연구에 관해서는 다음 글들을 참조했다. Catherine Clifford, "Why Everyone Is Talking About Free Cash Handouts—an Explainer on Universal Basic Income," CNBC, June 27, 2019, https://www.cnbc.com/2019/06/27/free-cash-handouts-what-is-universalbasic-income-or-ubi.html. 미국 경제 연구소의 알래스카 관련 조사 내용은 다음을 참조할 것. Damon Jones and Ioana Elena Marinescu, "The Labor Market Impacts of Universal and Permanent Cash Transfers: Evidence from the Alaska Permanent Fund," NBER Working Paper No. w24312, February 2018. 좀 더 비판적인 연구 내용에 관해서는 다음을 참조할 것. Hilary W. Hoynes and Jesse Rothstein, "Universal Basic Income in the U.S. and Advanced Countries," NBER Working Paper No. 25538, February 2019. 알래스카 배당금과 관련된 사회적 영향에 관해서는 다음 글을 참조할 것. Mouhcine Chettabi, "What Do We Know about the Effects of the Alaska Permanent Fund Dividend?," Institute of Social and Economic Research, University of Alaska Anchorage, May 20, 2019. https://pubs.iseralaska.org/media/a25fa4fc-7264-4643-ba46-

1280f329f33a/2019_05_20-EffectsOfAKPFD.pdf.

4장 더 강하고 부유한 여성들

(모든 인터넷 웹사이트는 2019년 9월 6일 기준이다.)

지난 2018년 연예 문화 주간지 《버라이어티Variety》가 주최한 '여성들을 위한 오찬회(Power of Women luncheon)'에서 마거릿 애트우드가 연설한 내용은 다음 인터넷 사이트에서 확인할 수 있다. https://variety.com/2018/tv/features/margaret-atwoodpower-of-women-handmaids-tale-1202751729.

4장에 나오는 여성의 사회적, 그리고 경제적 지위에 대한 자료는 다음 글들을 참조했다. Sarah Jane Glynn, "Breadwinning Mothers Are Increasingly the U.S. Norm," Center for American Progress, 2016, https://www.americanprogress.org/issues/women/reports/2016/12/19/295203/breadwinning-mothers-are-increasingly-the-u-s-norm; Capgemini and RBC Wealth Management, *World Wealth Report*, 2014, https://worldwealthreport.com/wp-content/uploads/sites/7/2018/10/2014-World-Wealth-Report-English.pdf; Equal Measures 2030, "Harnessing the Power of Data for Gender Equality: Introducing the EM2030 SDG Gender Index," 2019, https://data.em2030.org/2019-global-report; Alexandre Tanzi, "U.S. Women Outpacing Men In Higher Education," Bloomberg, August 6, 2018, https://www.bloomberg.com/news/articles/2018-08-06/us-women-outpacing-men-in-higher-education-demographic-trends.

닐 베넷과 데이비드 블룸, 그리고 퍼트리샤 크레이그가 실시했던 하버드와 예일대학교의 공동 연구 내용은 다음을 참조했다. "The Divergence of Black and White Marriage Patterns" *American Journal of Sociology* 95, no. 3 (November 1989): 692–722. 큰 파장을 몰고 온 문제의 기사를 《애드버킷》에 실은 기자는 리사 마리 피터슨(Lisa Marie Petersen)이다. "They're Falling in Love Again, Say Marriage Counselors," *Advocate* (Stamford, CT), February 14, 1986, A1 and A12. 《뉴스위크》 기사는 1986년 6월 2일에 실렸다. 또한 이 문제에 대한 비판적인 반응은 다음 글을 참조할 것. Andrew Cherlin, "A Review: The Strange Career of the 'Harvard-Yale' Study." *Public Opinion Quarterly* 54, no. 1 (1990): 117–124.

성별에 따른 소비와 저축, 그리고 투자 관련 통계는 다음 글들을 참조할 것. "Sales Share of the Luxury Goods Market," https://www.statista.com/statistics/246146/sales-of-the-luxury-goodsmarket-worldwide-by-gender; S. A. Grossbard and A. Marvao Pereira, "Will Women Save More than Men? A Theoretical Model of Savings and Marriage," Working Paper No. 3146, Ifo Institute for Economic Research, Munich, 2010; Gary Charness and Uri Gneezy, "Strong Evidence for Gender Differences in Risk Taking," *Journal of Economic Behavior and Organization* 83, no. 1 (2012): 50-58.

그로프와 스캔런 같은 여성들이 겪은 확연한 경험의 차이에 관해서는 다음 글을 참조할 것. Quoctrung Bui and Claire Cain Miller, "The Age That Women Have Babies," *New York Times*, August 4, 2018. 익명을 요구한 이혼 여성의 사연은 다음 글에서 확인할 수 있다. Mike Dang, "A Conversation with a Single Mom Living on $40,000 a Year," Billfold, April 22, 2013, https://www.thebillfold.com/2013/04/a-conversation-with-a-single-momliving-on-40000-a-year. 이혼 관련 정보들은 다음 글들을 참조했다. Pamela J. Smock, Wendy D. Manning, and Sanjiv Gupta, "The Effect of Marriage and Divorce on Women's Economic Well-Being," *American Sociological Review* 64, no. 6 (December 1999): 794-812; Jay L. Zagorsky, "Marriage and Divorce's Impact on Wealth," *Journal of Sociology* 41, no. 4 (2005): 406-424.

아직 10대지만 아이를 양육하고 있는 여성들에 대한 이야기는 다음 글들을 참조했다. CDC, "About Teen Pregnancy," https://www.cdc.gov/teenpregnancy/about/index.htm; Jamie Rush as told to Debra Immergut, "My Life as a Teen Mom," *Parents*, https://www.parents.com/parenting/dynamics/single-parenting/my-life-asa-teenage-mom; Kevin Ryan and Tina Kelley, "Out of the Shelter: How One Homeless Teenage Mother Built a Life of Her Own," *Atlantic*, November 16, 2012; Paul Heroux, "Two Stories of Homeless, Teenage Mothers," *Huffington Post*, July 9, 2016, https://www.huffingtonpost.com/paul-heroux/homeless-teenagemothers_b_7758958.html; Poverty USA, "Facts: The Population of Poverty USA," https://povertyusa.org/facts.

자녀가 없는 남성과 여성들에 대한 자료는 다음을 참조할 것. U.S. Census Bureau, "Childlessness Rises for Women in Their Early 30s," May 3, 2017, https://www.census.gov/newsroom/blogs/randomsamplings/2017/05/childlessness_rises.

html; Lindsay M. Monte and Brian Knop, "Men's Fertility and Fatherhood: 2014," *Current Population Reports*, P70–162, June 2019, https://www.census.gov/content/dam/Census/library/publications/2019/demo/P70–162.pdf; Claire Cain Miller, "They Didn't Have Children, and Most Said They Don't Have Regrets," *New York Times*, July 23, 2018; Sian Cain, "Women Are Happier Without Children or a Spouse, Says Happiness Expert," *Guardian*, May 25, 2019; Jennifer Glass, Robin W. Simon, and Matthew A. Anderson, "Parenthood and Happiness," *American Journal of Sociology* 122, no. 3 (November 2016: 886 – 929.

10대의 어린 나이로 미혼모가 되었거나 결혼 생활을 하고 있는 여성들에 관해서는 다음 글들을 참조할 것. Girls Not Brides, "Child Marriage Around the World," https://www.girlsnotbrides.org/where-does-it-happen; Office of the High Commissioner on Human Rights, "Ending Forced Marriage Worldwide," November 21, 2013, https://www.ohchr.org/EN/NewsEvents/Pages/EnforcedMarriages.aspx; United Nations Population Fund, "Female Genital Mutilation," https://www.unfpa.org/female-genital-mutilation.

여성 기업가들에 관해서는 다음 글을 참조할 것. Ester Boserup, *Woman's Role in Economic Development* (London: Earthscan, 1970); UNIFEM, *Annual Report 2009-2010* (New York: United Nations Development Fund for Women, 2010). 또한 클라크의 말도 여기에서 인용했다. Global Entrepreneurship Monitor, https://www.gemconsortium.org

키숍베와 삼보, 파미, 우, 디오네, 로아, 카수리, 그리고 쿠바나와 자모라 등에 대한 이야기는 다음 글에서 인용했다. Mauro F. Guillén, ed., *Women Entrepreneurs: Inspiring Stories from Emerging Economies and Developing Countries* (New York: Routledge, 2013). 여성의 합법적 지위와 관련된 세계은행의 연구에 관해서는 다음 보고서를 참조할 것. *Women, Business, and the Law* (Washington, DC: World Bank, 2010).

가정과 일 사이의 균형 문제에 대한 논의는 주로 다음 글들을 참조했다. "5 Women, 5 Work-Life Balance Tales," *Forbes*, May 29, 2013; "If I Think about My Money Problems Too Much, I'll Miss My Babies Growing Up," *HuffPost*, December 6, 2017, https://www.huffpost.com/entry/helenbechtol-working-poor_n_4748631?utm_hp_ref=%40working_poor; Katie Johnston, "The Working Poor Who Fight to Live on $10 an Hour," *Boston Globe*, August 17, 2014; Adrienne Green, "The Job of Staying Home," *Atlantic*, September 30, 2016; M. Bertrand, C. Goldin, and L. F.

Katz, "Dynamics of the Gender Gap for Young Professionals in the Financial and Corporate Sectors," *American Economic Journal*, July 2010, 228 – 255; Emma Johnson, "You Cannot Afford to Be a SAHM," June 20, 2019, https://www.wealthysingle-mommy.com/you-cannot-afford-to-be-a-sahmmom; Motoko Rich, "Japan's Working Mothers," *New York Times*, February 2, 2019; Wendy J. Casper et al., "The Jingle-Jangle of Work264 Nonwork Balance," *Journal of Applied Psychology* 103, no. 2 (2018): 182 – 214; Nancy Rothbard, Katherine W. Phillips, and Tracy L. Dumas, "Managing Multiple Roles: Family Policies and Individuals' Desires for Segmentation," *Organization Science* 16, no. 3 (2005): 243 – 248; Gøsta Esping-Andersen, *Social Foundations of Postindustrial Economies* (Oxford: Oxford University Press, 1999). 안차리아의 사례는 다음 글에서 인용했다. Mauro F. Guillén, ed., *Women Entrepreneurs:Inspiring Stories from Emerging Economies and Developing Countries* (New York: Routledge, 2013).

노동으로 인한 성별 사망률의 변화에 대한 내용은 다음 글들을 참조했다. 특히 그림 7은 다음의 유엔 자료를 참조했다. United Nations, World Population Prospects, 2019 Revision, https://population.un.org/wpp; Bertrand Desjardins, "Why Is Life Expectancy Longer for Women than It Is for Men?," *Scientific American*, August 30, 2004; Rochelle Sharpe, "Women's Longevity Falling in Some Parts of the U.S., Stress May Be Factor," Connecticut Health I-Team, November 12, 2012, http://c-hit.org/2012/11/12/womens-longevity-fallingin-some-parts-of-u-s-stress-may-be-factor; Irma T. Elo et al., "Trends in Non-Hispanic White Mortality in the United States by Metropolitan-Nonmetropolitan Status and Region, 1990 – 2016," *Population and Development Review*, 2019, 1 – 35; Arun S. Hendi, "Trends in Education-Specific Life Expectancy, Data Quality, and Shifting Education Distributions: A Note on Recent Research," *Demography* 54, no. 3 (2017): 1203 – 1213; Monica Potts, "What's Killing Poor White Women?," *American Prospect*, September 3, 2013.

유리 천장에 관해서는 다음 자료를 참조했다. Justin Wolfers, "Fewer Women Run Big Companies than Men Named John," *New York Times*, March 2, 2015. 사업과 정치 분야에서의 여성 비율에 관해서는 다음 자료를 참조했다. OECD, "Gender Equality," https://www.oecd.org/gender; ILO, *Women in Business and Management:Gaining Momentum,* (Geneva: ILO, 2015), https://www.ilo.org/wcmsp5/groups/public/-dgreports/-dcomm/-publ/documents/publication/wcms_316450.pdf.

로라 리스우드의 말은 다음 인터넷 사이트에서 인용했다. https://www.goodreads.com/quotes/159719-theres-no-such-thing-as-a-glass-ceiling-for-women.

대처와 메르켈에 관해서는 다음을 참조할 것. Judith Baxter, "How to Beat the Female Leadership Stereotypes," *Guardian*, December 9, 2013; Daniel Fromson, "The Margaret Thatcher Soft-Serve Myth," *New Yorker*, April 9, 2013; "Nicknames of Margaret Thatcher," *Searching in History* (blog), https://searchinginhistory.blogspot.com/2014/04/nicknames-of-margaretthatcher.html; Helen Walters, "Ban the Word Bossy. Sheryl Sandberg Lights Up TEDWomen 2013," *TED Blog*, December 5, 2013, https://blog.ted.com/sheryl_sandberg_tedwomen2013; "Americans No Longer Prefer Male Boss to Female Boss," Gallup News, November 16, 2017, https://news.gallup.com/poll/222425/americans-no-longer-prefermale-boss-female-boss.aspx.

로자베스 모스 캔터의 이론을 자세히 알고 싶으면 다음 논문을 참조하라. "Some Effects of Proportions on Group Life: Skewed Sex Ratios and Responses to Token Women," *American Journal of Sociology* 82, no. 5 (March 1977): 965–990.

중국 여성들을 향한 중국 잡지의 충고 내용은 다음 글에 요약되어 있다. Roseann Lake, "China: A Wife Less Ordinary," *The Economist 1843*, April–May 2018, https://www.1843magazine.com/features/a-wife-less-ordinary. 사우디아라비아 여성들의 자동차 선호도에 관해서는 다음 글을 참조할 것. Margherita Stancati, "What Saudi Women Drivers Want: Muscle Cars," *Wall Street Journal*, July 18, 2018.

더 많은 여성들이 일정 지위에 올라갔을 때 부패 상황과 폭력성이 어떤 영향을 받는지 연구한 보고서들은 다음과 같다. Chandan Kumar Jha and Sudipta Sarangi, "Women and Corruption: What Positions Must They Hold to Make a Difference?," *Journal of Economic Behavior and Organization* 151 (July 2018): 219–233; C. E. DiRienzo, "The Effect of Women in Government on Country-Level Peace," *Global Change, Peace and Security* 31, no. 1 (2019): 1–18; Naomi Hossein, Celestine Nyamu Musembi, and Jessica Hughes, "Corruption, Accountability and Gender," United Nations Development Programme, 2010, https://www.undp.org/content/dam/aplaws/publication/en/publications/womens-empowerment/corruption-accountability-and-gender-understandingthe-connection/Corruption-accountability-and-gender.pdf.

기후변화가 여성과 아이들에게 미치는 영향에 관해서는 다음 보고서를 참조할 것.

WHO, *Gender, Climate Change, and Health* (Geneva: WHO, 2014), https://www.who.int/globalchange/GenderClimateChangeHealthfinal.pdf.

5장 변화의 최전선에 도시가 있다

(모든 인터넷 웹사이트는 2019년 9월 12일 기준이다.)

도심 지역과 기후변화에 대한 통계 자료들은 다음 글들을 참조했다. United Nations, "World Urbanization Prospects 2018,"https://population.un.org/wup; Rohinton Emmanuel, "How to Make a Big Difference to Global Warming—Make Cities Cooler," The Conversation, February 9, 2015, http://theconversation.com/how-to-make-a-bigdifference-to-global-warming-make-cities-cooler-37250; Laura Parker, "Sea Level Rise Will Flood Hundreds of Cities in the Near Future," *National Geographic*, July 12, 2017, https://news.nationalgeographic.com/2017/07/sea-level-rise-flood-globalwarming-science; Jonathan Watts, "The Three-Degree World: The Cities That Will be Drowned by Global Warming," *Guardian*, November 3, 2017; John Englander, "Top 10 Sinking Cities in the World," January 7, 2018, http://www.johnenglander.net/sea-level-rise-blog/top-10-sinkingcities-in-the-world.

바우터스의 지적은 다음 글에서 인용했다. Larry O'Hanlon, "Heat Stress Escalates in Cities Under Global Warming," American Geophysical Union, September 8, 2017, https://phys.org/news/2017-09-stress-escalates-cities-global.html.

기후변화에 대한 유엔의 문서들은 다음 인터넷 사이트에서 확인할 수 있다. https://www.un.org/en/sections/issues-depth/climate-change. 고고학 유적지가 받는 영향에 대한 논의는 다음 글을 참조할 것. Nick Paumgarten, "An Archeological Space Oddity," *New Yorker*, July 8 - 15, 2019.

윈스턴 처칠의 말은 다음 글을 포함해 다른 여러 곳에서도 인용되었다. "Africa as a Frontier Market," https://www.cfr.org/event/africa-frontiermarket-0. 찰스 디킨스의 말은 1855년 그가 윌리엄 C. 마크레디에게 쓴 편지에서 인용했다. http://www.victorianweb.org/authors/dickens/ld/bezrucka1.html.

도시의 빈부격차에 대한 자료는 다음 글들을 참조했다. *World Ultra Wealth Report 2018*,

WealthX, 2018, https://www.wealthx.com/report/world-ultra-wealthreport-2018; Michael Savage, "Richest 1% on Target to Own Two-Thirds of All Wealth by 2030," *Guardian*, April 7, 2018; Economic Analysis Division, Census and Statistics Department, *Hong Kong Poverty Situation Report 2016* (Hong Kong: Government of the Hong Kong Special Administrative Region, 2017), https://www.povertyrelief.gov.hk/eng/pdf/ Hong_Kong_Poverty_Situation_Report_2016(2017.11.17).pdf.

미국의 빈곤 문제에 관해서는 다음 글들을 참조할 것. Allan Mallach, *The Divided City: Poverty and Prosperity in Urban America* (Washington, D.C.: Island Press, 2018); Barbara Raab, "Poverty in America: Telling the Story," Talk Poverty, May 21, 2014, https://talkpoverty.org/2014/05/21/raab; Poverty USA, "Facts: The Population of Poverty USA," https://povertyusa.org/facts; Leon Dash, "Rosa Lee's Story," *Washington Post*, September 18 – 25, 1994, https://www.washingtonpost.com/wpsrv/ local/longterm/library/rosalee/backgrnd.htm.

개츠비의 말은 다음에서 인용했다. F. Scott Fitzgerald, *The Great Gatsby*, online edition chapter 9, https://ebooks.adelaide.edu.au/f/fitzgerald/f_scott/gatsby/contents.html. 국내 출간: 『위대한 개츠비』, 민음사. 소스타인 베블런의 말은 다음에서 인용했다. *the Theory of the Leisure Class* chapter 4, 국내 출간: 『유한계급론』, 현대지성. 영어판 전문은 다음에서 확인할 수 있다. http://www.gutenberg.org/files/833/833-h/833-h. htm#link2HCH0004.

비만 문제에 관해서는 다음 자료들을 참조할 것. Sarah Catherine Walpole et al., "The Weight of Nations: An Estimation of Adult Human Biomass," *BMC Public Health* 12, article no. 439 (2012); WHO, "Obesity," https://www.who.int/topics/ obesity/en;

OECD, *Obesity Update 2017*, https://www.oecd.org/els/healthsystems/Obesity-Update-2017.pdf; National Institute of Diabetes and Digestive and Kidney Diseases, "Overweight and Obesity Statistics," August 2017, https://www.niddk. nih.gov/health-information/healthstatistics/overweight-obesity; "Why the Pacific Islands are the Most Obese Nations in the World," Healthcare Global, April 21, 2015, https://www.healthcareglobal.com/hospitals/why-pacific-islands-are-mostobese-nations-world.

소셜 미디어 이용 관련 통계에 관해서는 다음 글을 참조할 것. "Digital in 2019," We

Are Social, https://wearesocial.com/global-digital-report-2019.

작은 변화가 큰 결과로 이어지는 평범함의 위력에 관해서는 다음 글들을 참조할 것. Daniel F. Chambliss, "The Mundanity of Excellence: An Ethnographic Report on Stratification and Olympic Swimmers," *Sociological Theory* 7, no. 1 (1989): 70 – 86; Richard H. Thaler and Casey R. Sunstein, *Nudge: Improving Decisions About Health, Wealth, and Happiness* (New Haven, CT: Yale University Press, 2008), 국내 출간: 『넛지』, 리더스북; Olivier Poirier-Leroy, "Mary T. Meagher: Success Is Ordinary," Your Swim Book, https://www.yourswimlog.com/mary-t-meagher-success-is-ordinary.

물 부족 현상에 대한 내용은 다음 글들을 바탕으로 했다. "Water: Scarcity, Excess, and the Geopolitics of Allocation," Lauder Institute, Wharton School, University of Pennsylvania, 2016, https://lauder.wharton.upenn.edu/life-atlauder/santander-globalization-trendlab-2016; Willa Paterson, et al., "Water Footprint of Cities," *Sustainability* 7 (2015): 8461 – 8490; UN – Water Decade Programme on Advocacy and Communication, "Water and Cities: Facts and Figures," 2010, https://www.un.org/waterforlifedecade/swm_cities_zaragoza_2010/pdf/facts_and_figures_long_final_eng.pdf; *Water Security and the Global Water Agenda: A UN-Water Analytical Brief* (Hamilton, Ontario: United Nations University Institute for Water, Environment and Health, 2013); *Towards Green Growth* (Paris: OECD, 2011); *Water Security and the Global Water Agenda: A UN-Water Analytical Brief* (Hamilton, Ontario: United Nations University Institute for Water, Environment and Health, 2013); *Report on Women and Water* (New Delhi: National Commission for Women, 2018), http://ncw.nic.in/pdfReports/WomenandWater.pdf; Bethany Caruso, "Women Carry More than Their Fair Share of the World's Water," Grist, July 22, 2017, https://grist.org/article/women-carry-more-than-their-fairshare-of-the-worlds-water; Kassia Binkowski, "Clean Water for a Thirsty World: Cynthia Koenig, Founder of Wello," The Good Trade, 2019, https://www.thegoodtrade.com/features/interview-series-cynthia-koenigwello; Mary Howard, "An Idea That Holds Water," *Trinity Reporter*, Spring 2017, https://commons.trincoll.edu/reporter-spring2017/features/anidea-that-holds-water; "Cynthia Koenig, Wello Water," Asia Society, April 23, 2014, https://asiasociety.org/texas/events/cynthia-koenig-wello-water.

도시의 농업에 대한 내용은 다음 글들을 참조할 것. Christopher D. Gore, "How

African Cities Lead: Urban Policy Innovation and Agriculture in Kampala and Nairobi," *World Development* 108 (2018): 169 – 180; Ravindra Krishnamurthy, "Vertical Farming: Feeding the Cities of the Future?," Permaculture News, October 29, 2015, https://permaculturenews.org/2015/10/29/verticalfarming-feeding-the-cities-of-the-future; Breana Noble, "Indoor Farms Give Vacant Detroit Buildings New Life," *Detroit News*, August 15, 2016; "Nigerian Entrepreneur: We're Farming in a Shipping Container,'" BBC, February 2, 2018, https://www.bbc.com/news/av/business-42919553/nigerian-entrepreneur-we-re-farming-in-a-shipping-container.

빌바오의 부흥에 관해서는 다음 글들을 참조할 것. Herbert Muschamp, "The Miracle in Bilbao," *New York Times Magazine*, September 7, 1997; Ibon Areso, "Bilbao's Strategic Evolution," *Mas Context* 30 (2017), http://www.mascontext.com/issues/30-31-bilbao/bilbaos-strategicevolutionthe-metamorphosis-of-the-industrial-city; "The Internationalization of Spanish Companies: Ferrovial, the Rise of a Multinational," MIT, February 28, 2008, https://techtv.mit.edu/videos/16339-the-internationalization-of-spanishcompanies-ferrovial-the-rise-of-a-multinational(라파엘 델 피노의 말은 영상 5분 9초부터).

피츠버그를 비롯한 미국 여러 도시의 부흥에 관해서는 다음 글들을 참조할 것. Eillie Anzilotti, "American Cities Are Reviving—But Leaving the Poor Behind," *Fast Company*, July 5, 2018; David Rotman, "From Rust Belt to Robot Belt," *MIT Technology Review*, June 18, 2018; Allan Mallach, *The Divided City: Poverty and Prosperity in Urban America* (Washington, DC: Island Press, 2018). 리처드 플로리다의 글은 다음 책 4쪽에서 인용했다. *The New Urban Crisis* (New York: Basic Books, 2017), 국내 출간: 『도시는 왜 불평등한가』, 매경출판.

채터누가에 관해서는 다음 글들을 참조할 것. David Eichenthal and Tracy Windeknecht, "Chattanooga, Tennessee," Metropolitan Policy Program, Brookings Institution, 2008, https://www.brookings.edu/wpcontent/uploads/2016/06/200809_Chattanooga.pdf; Jason Koebler, "The City That Was Saved by the Internet," *Vice*, October 27, 2016, https://www.vice.com/en_us/article/ezpk77/chattanooga-gigabit-fibernetwork; Bento J. Lobo, "The Realized Value of Fiber Infrastructure in Hamilton

Country, Tennessee," Department of Finance, University of Tennessee, Chatta-
nooga, June 18, 2015,

　　http://ftpcontent2.worldnow.com/wrcb/pdf/091515EPBFiberStudy.pdf; Daniel
T. Lewis, "A History of the Chattanooga Choo-Choo Terminal," http://lewisdt.
net/index.php?option=com_content&view=article&id=77%3Aa-history-of-
the-chattanooga-choo-choo-terminal-station-atrolley&catid=39%3Ahistory-
&Itemid=1.

　　창의성과 활기가 넘치는 도시들의 문화와 그 거주민들의 특성에 관해서는 다음을 참조
할 것. Saskia Sassen, *The Global City* (Princeton, NJ: Princeton University Press, 2001);
Richard Florida, "Bohemia and Economic Geography," *Journal of Economic Geography* 2
(2002): 55–71; Richard Florida, "America's Leading Creative Class Cities in 2015,"
Citylab, April 20, 2015, https://www.citylab.com/life/2015/04/americas-leading-
creative-classcities-in-2015/390852; Richard Florida, "A New Typology of Global
Cities," Citylab, October 4, 2016,https://www.citylab.com/life/2016/10/the-seven-
types-of-global-citiesbrookings/502994; David J. Deming, "The Growing Impor-
tance of Social Skills in the Labor Market." NBER Working Paper No. 21473, June
2017, https://www.nber.org/papers/w21473; World Values Survey, http://www.
worldvaluessurvey.org/WVSContents.jsp?CMSID=Findings.

6장 과학기술이 바꾸는 현재와 미래

(모든 인터넷 웹사이트는 2019년 9월 21일 기준이다.)

화장실에 관해서는 다음 글들을 참조할 것. "A Brief History of the Flush Toilet,"
British Association of Urological Surgeons, https://www.baus.org.uk/mu-
seum/164/the_flush_toilet; Nate Barksdale, "Who Invented the Flush Toilet?,"
History Channel, last updated August 22, 2018, https://www.history.com/news/
who-invented-the-flush-toilet;

　　Lina Zeldovich, "Reinventing the Toilet," Mosaic, June 19, 2017, https://mosa-
icscience.com/story/poo-toilet-waste-energy-madagascarloowatt-future; Phoebe
Parke, "More Africans Have Access to Cell Phone Service Than Piped Water,"

CNN, January 19, 2016, https://www.cnn.com/2016/01/19/africa/africa-afroba-rometerinfrastructure-report/index.html; United Nations University, "Greater Access to Cell Phones than Toilets in India: UN," press release, April 14, 2010, https://unu.edu/media-relations/releases/greater-access-to-cellphones-than-toilets-in-india.html; Pramit Bhattacharya, "88% of Households in India Have a Mobile Phone," LiveMint, December 5, 2016,

https://www.livemint.com/Politics/kZ7j1NQf5614UvO6WURXfO/88-ofhouse-holds-in-India-have-a-mobile-phone.html.

손목시계의 역사에 관해서는 다음 글들을 참조할 것. Alexis McCrossen, *Marking Modern Times: A History of Clocks, Watches, and Other Timekeepers in American Life* (Chicago: University of Chicago Press, 2013); Michael L. Tushman and Daniel Radov, "Rebirth of the Swiss Watch Industry, 1980 – 1992 (A)," Harvard Business School Case 400-087, June 2000.

창조적 파괴의 개념에 대한 조지프 슘페터의 주장은 그의 책에서 인용했다. *Capitalism, Socialism, and Democracy* (New York: Harper & Brothers, 1942), 83. 국내 출간 『자본주의 사회주의 민주주의』, 북길드.

인공지능에 관해서는 다음 글들을 참조할 것. Laura Geggel, "Elon Musk Says 'Humans Are Underrated,'" LiveScience, April 17, 2018, https://www.livescience.com/62331-elon-musk-humans-underrated.html; William Fifield, "Pablo Picasso: A Composite Interview," *Paris Review* 32 (Summer-Fall 1964).

기술과 자동화, 그리고 일자리 문제에 관해서는 다음 글들을 참조할 것. Association for Advancing Automation, "Record Number of Robots Shipped in North America in 2018," February 28, 2019, https://www.a3automate.org/record-number-ofrobots-shipped-in-north-america-in-2018; Executive Office of the President, "Artificial Intelligence, Automation, and the Economy," December 2016, https://obamawhitehouse.archives.gov/sites/whitehouse.gov/files/documents/Artificial-Intelligence-Automation-Economy.PDF; Maximiliano Dvorkin, "Jobs Involving Routine Tasks Aren't Growing," Federal Reserve Bank of St. Louis, January 4, 2016, https://www.stlouisfed.org/on-theeconomy/2016/january/jobs-involving-routine-tasks-arent-growing; Michael J. Hicks and Srikant Devaraj, "Myth and Reality of Manufacturing in America," Center for Business and Economic Research, Ball

State University, 2017; Mark Muro, "Manufacturing Jobs Aren't Coming Back." *MIT Technology Review*, November 18, 2016; "Automation and Anxiety," *Economist*, June 23, 2016, https://www.economist.com/news/specialreport/21700758-will-smarter-machines-cause-mass-unemploymentautomation-and-anxiety; Eliza Strickland, "Autonomous Robot Surgeon Bests Humans in World First," IEEE Spectrum, May 4, 2016, https://spectrum.ieee.org/the-human-os/robotics/medicalrobots/autonomous-robot-surgeon-bests-human-surgeons-in-world-first; Laura Sydell, "Sometimes We Feel More Comfortable Talking to a Robot," NPR, February 24, 2018, https://www.npr.org/sections/alltechconsidered/2018/02/24/583682556/sometimes-we-feel-more-comfortable-talking-to-a-robot; Eyal Press, "The Wounds of a Drone Warrior," *New York Times*, June 13, 2018; E. Awad et al., "The Moral Machine Experiment," *Nature* 563 (November 2018): 59–64; Mauro F. Guillén and Srikar Reddy, "We Know Ethics Should Inform AI. But Which Ethics?," World Economic Forum, July 26, 2018, https://www.weforum.org/agenda/2018/07/we-know-ethics-should-informai-but-which-ethics-robotics.

3D 인쇄술에 관해서는 다음 글들을 참조할 것. Tim Moore, "This Startup Is Building Houses with the World's Biggest Freeform 3D Printer," Hypepotamous, April 9, 2019, https://hypepotamus.com/companies/branch-technology; Dave Flessner, "3D Printer to Move into Branch Technology's Riverside Drive Warehouse," *Times Free Press*, July 8, 2018, https://www.timesfreepress.com/news/business/aroundregion/story/2018/jul/08/branch-technology-expands-beyond-incubator3d/474370; Davide Sher, "Branch Technologies' C-FAB 3D Process Can Build Better Walls······on Mars," 3D Printing Media Network, February 26, 2018, https://www.3dprintingmedia.network/branch-technologies-c-fab-3dprocess-can-take-us-mars.

사물 인터넷과 관련된 예측은 다음 글을 참조할 것. Michelle Manafy, "Exploring the Internet of Things in 5 Charts," Digital Content Next, October 13, 2015, https://digitalcontentnext.org/blog/2015/10/13/exploring-theinternet-of-things-in-5-charts.

가상현실 기술에 관해서는 다음 글들을 참조할 것. Daniel Freeman and Jason Freeman, "How Virtual Reality Could Transform Mental Health Treatment," *Psychology*

Today, May 13, 2016, https://www.psychologytoday.com/us/blog/know-your-mind/201605/how-virtual-reality-could-transform-mental-health-treatment; S. M. Jung and W. H. Choi, "Effects of Virtual Reality Intervention on Upper Limb Motor Function and Activity of Daily Living in Patients with Lesions in Different Regions of the Brain," *Journal of Physical Therapy Science* 29, no. 12 (December 2017): 2103–2106; Juanita Leatham, "How VR Is Helping Children with Autism Navigate the World Around Them," VR Fitness Insider, June 22, 2018, https://www.vrfitnessinsider.com/howvr-is-helping-children-with-autism-navigate-the-world-around-them.

나노 기술에 관해서는 다음 글들을 참조할 것. "The Price of Fast Fashion" (editorial), *Nature Climate Change* 8, no. 1 (2018); Jelena Bozic, "Nano Insulation Materials for Energy Efficient Buildings," *Contemporary Materials* 6, no. 2 (2015): 149–159; Amy Yates, "Potential Breakthrough in Cancer-Fighting Nanomedicine," National Foundation for Cancer Research, June 19, 2018, https://www.nfcr.org/blog/potential-breakthrough-cancer-fightingnanomedicine; "MIT Programmable Material Adapts to Temperature Just Like Human Skin," Design Boom, February 13, 2017, https://www.designboom.com/technology/mit-programmable-materialadapts-to-tempterature-02-13-2017; Michael Alba, "The Promise and Peril of Programmable Matter," Engineering.com, May 24, 2017, https://www.engineering.com/DesignerEdge/DesignerEdgeArticles/ArticleID/14967/The-Promise-and-Peril-of-Programmable-Matter.aspx.

전자책과 종이책의 차이점에 관해서는 다음 글들을 참조할 것. Edward Tenner, "Why People Stick with Outdated Technology," *Scientific American*, November 24, 2015; Craig Mod, "Digital Books Stagnate in Closed, Dull Systems, While Printed Books Are Shareable, Lovely and Enduring. What Comes Next?," *Aeon*, October 1, 2015, https://aeon.co/essays/stagnant-and-dull-can-digital274books-ever-replace-print; Gregory Bufithis, "Books vs. E-Books," July 4, 2016, http://www.gregorybufithis.com/2016/07/04/books-vs-e-books-letsnot-lose-sight-of-the-main-goal-diverse-reading-and-increased-literacy; Ferris Jabr, "The Reading Brain in the Digital Age: The Science of Paper Versus Screens," *Scientific American*, April 11, 2013; Pew Research Center, "Book Reading 2016," https://www.pewinternet.

org/2016/09/01/book-reading-2016. The video of the one-year-old girl is at "A Magazine Is an iPad That Does Not Work.m4v," posted by UserExperienceWOrks, October 6, 2011, https://www.youtube.com/watch?v=aXV-yaFmQNk. The statistics are from Amy Watson, "Book Formats in the U.S.," Statista, January 11, 2019, https://www.statista.com/topics/3938/book-formats-in-the-us.

전자책을 제공하는 기술과 아동 교육에 관해서는 다음 글들을 참조할 것. "Revolutionising eBook Access in South African Schools," Montegray Capital, February 2015, https://www.montegray.com/our-e-learning-solution-revolutionises-ebookaccess-in-south-african-schools; "Worldreader," Center for Education Innovations, https://educationinnovations.org/program/worldreader.

구조적 관성과 순간적인 도약에 관해서는 다음 글들을 참조할 것. Michael Hannan, "Structural Inertia and Organizational Change," *American Sociological Review* 49, no. 2 (1984): 149 – 164; United Nations Conference on Trade and Development, *Technology and Innovation Report 2018* (Geneva: UN, 2018), https://unctad.org/en/PublicationsLibrary/tir2018_en.pdf.

인터넷을 통한 포도주 거래 관련 자료는 유로모니터(Euromonitor)로부터 제공받았다. 영국의 인터넷 포도주 거래에 관해서는 다음 글을 참조할 것. Julia Bower, "The Evolution of the UK Wine Market: From Niche to Mass-Market Appeal," *Beverages*, November 2018, https://www.mdpi.com/2306-5710/4/4/87/pdf.

바퀴의 재창조, 혹은 속도 조절용 바퀴에 관한 내용은 다음 기사를 참조할 것. Ben Harder, "Reinventing the (Fly)Wheel," *Washington Post*, April 18, 2011.

7장 소유가 없는 세상

(모든 인터넷 웹사이트는 2019년 9월 21일 기준이다.)

긱 이코노미, 혹은 임시직 선호 경제에 관해서는 다음 글들을 참조할 것. Eileen Appelbaum, Arne Kalleberg, and Hye Jin Rho, "Nonstandard Work Arrangements and Older Americans, 2005 – 2017," Economic Policy Institute, February 28, 2019, https://www.epi.org/publication/nonstandard-work-arrangements-andolder-americans-2005-2017; "Run, TaskRabbit, Run: July 2030," *Economist*, July 7, 2018;

Niam Yaraghi and Shamika Ravi, "The Current and Future State of the Sharing Economy," Brookings Institution, Impact Series No. 032017, March 2017; PwC, "The Sharing Economy," 2015,

https://www.pwc.fr/fr/assets/files/pdf/2015/05/pwc_etude_sharing_economy. pdf; Brad Stone, *The Upstarts: How Uber, Airbnb, and the Killer Companies of the New Silicon Valley Are Changing the World* (New York: Little, Brown, 2017), Kindle ed., 32, 국내 출간 『업스타트』, 21세기북스; Shirin Ghaffary, "The Experience Economy Will be a 'Massive Business,' According to Airbnb CEO Brian Chesky," *Vox*, May 30, 2018, https://www.recode.net/2018/5/30/17385910/airbnb-ceo-brian-cheskycode-conference-interview; Kari Paul, "Millennials Are Trying to Redefine What It Means to Be an American Tourist Abroad," MarketWatch, October 5, 2017, https://www.marketwatch.com/story/what-we-can-all-learn-frommillennials-about-travel-2017-10-04.

유발 하라리의 주장은 다음 기사에서 인용했다. "Were We Happier in the Stone Age?," *Guardian*, September 5, 2014).

사유재산에 대한 정치적, 사회적 측면에 관해서는 다음 글들을 참조할 것. Andrew G. Walder, "Transitions from State Socialism: A Property Rights Perspective," in *The Sociology of Economic Life*, ed. Mark Granovetter and Richard Swedberg (Boulder, CO: Westview, 2011), 510; Nathan Heller, "Is the Gig Economy Working?," *New Yorker*, May 15, 2017.

왓츠앱에 관해서는 다음 글을 참조할 것. Jillian D'Onfro, "Facebook Bought WhatsApp One Year Ago Today. Here Are 11 Quotes from Its Billionaire Cofounders," *Business Insider*, February 19, 2015, https://www.businessinsider.com/brian-acton-jan-koum-quotes-whatsapp-2015-2#koum-on-their-no-nonsense-style-neither-of-us-has-an-ability-tobull-10.

저커버그의 말은 다음 글에서 인용했다. Jillian D'Onfro, "11 Mark Zuckerberg Quotes That Show How He Buitl the Company That Took Over the World," *Business Insider*, January 1, 2014, https://www.businessinsider.com/best-mark-zuckerberg-quotes-2013-12?.

유니콘 기업들의 순위나 국적에 관해서는 다음 글을 참조할 것. CB Insights, "The Global Unicorn Club," https://www.cbinsights.com/research-unicorn-companies.

공유 문화에 관해서는 다음 글들을 참조할 것. Rachel Botsman, *What's Mine Is Yours: The Rise of Collaborative Consumption* (New York: HarperCollins, 2010); Caren Maio, "Forget the American Dream: For Millennials, Renting is the American Choice," Inman, August 30, 2016, https://www.inman.com/2016/08/30/forget-the-american-dream-formillennials-renting-is-the-american-choice/#; Enel, "Millennials: Generation (Car) Sharing," August 29, 2018, https://www.enel.com/stories/a/2018/08/millennials-sharing-economy; Blake Morgan, "NOwnership, No Problem," *Forbes*, January 2, 2019; Anjli Raval, "What Millennial Homes Will Look Like in the Future," *Financial Times*, July 30, 2018; Bernard Marr, "The Sharing Economy—What It Is, Examples, And How Big Data, Platforms and Algorithms Fuel It," *Forbes*, October 21, 2016; "Uberize," Collins Dictionary, https://www.collinsdictionary.com/us/dictionary/english/uberize; Executive Office of the President, "Artificial Intelligence, Automation, and the Economy," December 2016, https://obamawhitehouse.archives.gov/sites/whitehouse.gov/files/documents/Artificial-Intelligence-Automation-Economy.PDF; Nielsen, "Global Survey of Share Communities," 2014, https://www.nielsen.com/apac/en/press-releases/2014/global-consumersembrace-the-share-economy/.

공유지의 비극과 공유 경제에 관해서는 다음 글들을 참조할 것. Tad Borek, "Uber Exemplifies the Tragedy of the Commons," *Financial Times*, December 6, 2017; Arwa Mahdawi, "How to Monetise Your Home," *Guardian*, October 28, 2018; Garrett Hardin, "The Tragedy of the Commons," *Science* 162, no. 3859 (December 13, 1968): 1243–1248; Peter Cohen et al., "Using Big Data to Estimate Consumer Surplus: The Case of Uber," NBER Working Paper No. 22627, 2016, https://www.nber.org/papers/w22627; David Sloan Wilson, "The Tragedy of the Commons: How Elinor Ostrom Solved One of Life's Greatest Dilemmas," Evonomics, October 29, 2016, https://evonomics.com/tragedyof-the-commons-elinor-ostrom.

애덤 스미스의 말은 그의 책에서 인용했다. *Wealth of Nations*, Chapter II (1776), 국내 출간: 『국부론』, 비봉출판사. 영어판 전문은 다음에서 확인할 수 있다. https://www.gutenberg.org/files/3300/3300-h/3300-h.htm.

우버에 관해서는 다음 글들을 참조할 것. Andy Kessler, "Travis Kalanick: The Transportation Trustbuster," *Wall Street Journal*, January 25, 2013; Marcus Wohlsen,

"Uber's Brilliant Strategy to Make Itself Too Big to Ban," *Wired*, July 8, 2014; Sheelah Kolhatkar, "At Uber, a New CEO Shifts Gears," *New Yorker*, March 30, 2018; Sam Knight, "How Uber Conquered London," *Guardian*, April 27, 2016; Christopher N. Morrison et al., "Ridesharing and Motor Vehicle Crashes in 4 US Cities: An Interrupted Time-Series Analysis," *American Journal of Epidemiology* 187, no. 2 (2018): 224-232.

임시직 경제와 일자리 문제에 관해서는 다음 글들을 참조할 것. Matt Williams, "The Evolution of American Labor: A Defense of the Gig Economy," Department of Anthropology, University of Notre Dame, April 2005, https://anthropology.nd.edu/assets/200504/williamsmatthew.pdf; Robert Reich, "The Share-the-Scraps Economy," February 2, 2015, http://robertreich.org/post/109894095095; Lawrence F. Katz and Alan B. Krueger, "The Rise and Nature of Alternative Work Arrangements in the United States, 1995-2015," https://krueger.princeton.edu/sites/default/files/akrueger/files/katz_krueger_cws_-_march_29_20165.pdf; Guy Standing, *The Precariat: The New Dangerous Class* (London: Bloomsbury, 2011); Steven Hill, "Good Riddance, Gig Economy," *Salon*, March 27, 2016; Samuel P. Fraiberger and Arun Sundararajan, "Peer-to-Peer Rental Markets in the Sharing Economy," Heartland Institute, October 6, 2015, https://www.heartland.org/publications-resources/publications/peer-topeer-rental-markets-in-the-sharing-economy; Juliet B. Schor, "Does the Sharing Economy Increase Inequality Within the Eighty Percent?," *Cambridge Journal of Regions, Economy, and Society* 10, no. 2 (July 2017): 263-297; Emma Plumb, "Author Insights: Diane Mulcahy on the Gig Economy," 1 Million for Work Flexibility, February 2, 2017, https://www.workflexibility.org/diane-mulcahy-gig-economy. 임시직 경제의 일자리에 대한 내용은 쇼어의 연구에서 인용했다.

공유 경제와 사회 계층에 관해서는 다음 글들을 참조할 것. Julian Brave NoiseCat, "The Western Idea of Private Property Is Flawed. Indigenous People Have It Right," *Guardian*, March 27, 2017; Jacob S. Hacker, *The Great Risk Shift* (New York: Oxford University Press, 2019). 피시백의 말은 다음 글에서 인용했다. Hill, "Good Riddance, Gig Economy."

정치 활동이나 선거운동과 관련된 소셜 미디어의 활용에 관해서는 다음 글들을 참조할 것. Lynda Lee Kaid, "Changing and Staying the Same: Communication in Campaign 2008," *Journalism Studies* 10 (2009): 417–423; Derrick L. Cogburn, "From Networked Nominee to Networked Nation: Examining the Impact of Web 2.0 and Social Media on Political Participation and Civic Engagement in the 2008 Obama Campaign," *Journal of Political Marketing* 10 (2011): 189–213.

공유 경제가 환경 문제에 미치는 유익에 관해서는 다음 글들을 참조할 것. "Sharing Is Caring," *Scientific American* (October 10, 2013); "How Green is the Sharing Economy?," Knowledge@Wharton, December 11, 2015, http://knowledge.wharton.upenn. edu/article/how-green-is-the-sharingeconomy; Laura Bliss, "The Ride-Hailing Effect: More Cars, More Trips, More Miles," Citylab, October 12, 2017, https:// www.citylab.com/transportation/2017/10/the-ride-hailing-effectmore-cars-more-trips-more-miles/542592; Benjamin Snyder, "Exclusive: Airbnb Says It's Saving our World with Each Rented Room," *Fortune*, July 31, 2014; Andrew Simon, "Using Airbnb Is Greener than Staying in Hotels," Grist, July 31, 2014, https://grist. org/business-technology/usingairbnb-is-greener-than-staying-in-hotels; Martin J. Smith, "Don't Toss That Lettuce—Share It," Stanford Graduate School of Business, October 23, 2017, https://www.gsb.stanford.edu/insights/dont-toss-lettuce-share-it; "The *Real* Sustainable Fashion Movement," Rent the Runway, https:// www.renttherunway.com/sustainablefashion?action_type=footer_link.

8장 너무 많은 화폐들

(모든 인터넷 웹사이트는 2019년 9월 22일 기준이다.)

화폐와 통화에 대한 내용은 다음 글들을 바탕으로 했다. Walter Bagehot, *Lombard Street: A description of the money market* (London: Henry S. King, 1873); "The Invention of Money," *New Yorker*, August 5–12, 2019; Dante Bayona, "The Fed and the 'Salvador Dalí Effect,'" Mises Institute, August 19, 2014, https://mises.org/library/fed-and-%E2%80%9Csalvadordali-effect%E2%80%9D; Barry Eichengreen, "Number One Country, Number one Currency?," *World Economy* 36, no. 4 (2013): 363–374; Milton Friedman, *Inflation: Causes and Consequences* (New York: Asia Publishing House, 1963),

39; Milton Friedman, *There is No Such Thing as a Free Lunch* (Chicago: Open Court, 1975); Deroy Murdock, "The Friedmans, Up Close: An Interview with Rose and Milton Friedman," *National Review*, May 11, 2001.

전 세계 경제에서 달러화가 차지하고 있는 위상에 관해서는 다음 글들을 참조할 것. Emine Boz, Gina Gopinath, and Mikkel Plagborg-Moller, "Global Trade and the Dollar," March 31, 2018, https://scholar.harvard.edu/files/gopinath/files/global_trade_dollar_20180331.pdf; Gita Gopinath, "Dollar Dominance in Trade," Exim Bank of India, December 21, 2017, https://www.eximbankindia.in/blog/blog-content.aspx?BlogID=9&BlogTitle=Dollar%20Dominance%20in%20Trade:%20Facts%20and%20Implications.

로트실트 가문에 대한 일화는 다음 책에서 인용했다. Michael A. Hirchubel, *Vile Acts of Evil: Banking in America* (CreateSpace Independent Publishing, 2009), 1:28.

암호 화폐인 비트코인에 관해서는 다음 글들을 참조할 것. Satoshi Nakamoto, "Bitcoin: A Peer-to-Peer Electronic Cash System" (2008), https://bitcoin.org/bitcoin.pdf; Brian Armstrong, "What Is Coinbase's Strategy?," *Medium*, June 6, 2017, https://medium.com/@barmstrong/what-is-coinbases-strategy-1c5413f6e09d; Evelyn Chang and Kayla Tausche, "Jamie Dimon Says If You're 'Stupid' Enough to Buy Bitcoin, You'll Pay the Price One Day," CNBC, October 13, 2017, https://www.cnbc.com/2017/10/13/jamiedimon-says-people-who-buy-bitcoin-are-stupid.html; Ryan Browne, "Roubini Doubles Down on Criticisms of Crypto," CNBC, October 12, 2018, https://www.cnbc.com/2018/10/12/dr-doom-economist-nourielroubini-calls-crypto-stinking-cesspool.html.

블록체인 기술에 관해서는 다음 글들을 참조할 것. European Parliament, *How Blockchain Technology Could Change Our Lives* (Strasbourg: European Parliament, 2017); Mike Orcutt, "Hate Lawyers? Can't Afford One? Blockchain Smart Contracts Are Here to Help," *MIT Technology Review*, January 11, 2019; Michael Del Castillo, "Relax Lawyers, Nick Szabo Says Smart Contracts Won't Kill Jobs," CoinDesk, last updated August 11, 2017, https://www.coindesk.com/nick-szabo-lawyers-jobs-safe-in-smart-contractera; Jacob Pramuk, "Trump to Slap 25% Tariffs on Up to $50 Billion of Chinese Goods; China Retaliates," CNBC, June 15, 2018, https://www.cnbc.com/2018/06/15/trump-administration-to-slap-a-25-percent-tariffon-50-billion-of-chinese-goods-threatens-more.html; Andrew Rossow, "How Can We Make Intellectual Property Rights 'Smarter' with the Blockchain?," *Forbes*, July 24, 2018; Birgit Clark, "Blockchain and IP Law: A Match Made in Crypto Heaven," *WIPO Magazine*, February 2018, https://www.wipo.int/wipo_magazine/en/2018/01/article_0005.html; Nick Ismail, "What Is Blockchain's Role in the Future of Intellectual Property?," *Information Age*, July 12, 2018; UK Government Chief Scientific Adviser, *Distributed Ledger Technology:Beyond Block Chain* (London: Government Office for Science, 2016); Nathan Heller, "Estonia, the Digital Republic," *New Yorker*, December 18 – 25, 2017; Matt Reynolds, "Welcome to E-stonia," *Wired*, October 26, 2016; World Bank, "eGhana Additional Financing," http://projects.worldbank.org/P093610/eghana?lang=en; Esther Nderitu Imbamba and Nancy Kimile, "A Review of Status of e-Government Implementation in Kenya," *Regional Journal of Information and Knowledge* 2, no. 2 (2017): 14 – 28; Sissi Cao, "Blockchain Could Improve Gun Control—But Lawmakers Hate the Idea," *Observer*, February 22, 2018; "Blockchain Could Be Key to Cracking Gun Debate," ScienceBlog, May 12, 2018, https://scienceblog.com/500871/blockchain-could-be-keyto-cracking-gun-debate; Thomas F. Heston, "A Blockchain Solution to Gun Control," PeerJ.com, November 13, 2017, https://peerj.com/preprints/3407.pdf; Matt Egan, "30% of Bank Jobs Are Under Threat," CNN Money, April 4, 2016, https://money.cnn.com/2016/04/04/investing/bank-jobs-dying-automationcitigroup/index.html; Mike Orcutt, "The World Bank Is a Verified Blockchain Booster," *MIT Technology Review*, September 13, 2018; Mike Orcutt, "The World Bank Is Betting Big on Blockchain-Based Bonds," *MIT Technology Review*, August 10, 2018; Elizabeth Woyke, "How Blockchain Can Bring Financial Services to the Poor," *MIT Technology Review*, April 18, 2017, https://www.technologyreview.com/s/604144/how-blockchain-can-lift-upthe-worlds-poor/; World Bank, "Somalia Economic Update: Rapid Growth in Mobile Money," press release, September 13, 2018, https://www.worldbank.org/en/news/press-release/2018/09/13/somaliaeconomic-update-rapid-growth-in-mobile-money; "Endangered Species Protection Finds Blockchain and Bitcoin Love," Bitcoin Warrior, February 22, 2018, https://bitcoinwarrior.net/2018/02/endangered-speciesprotection-finds-blockchain-and-bitcoin-love; Moe Levin,

"Top Five Blockchain Projects That Will Save the Environment," *Medium*, March 26, 2018, https://medium.com/@kingsland/top-five-blockchain-projects-thatwill-save-the-environment-28a2d4366ec0; Kate Harrison, "Blockchain May Be the Key to a Sustainable Energy Future," *Forbes*, February 14, 2018; Lisa Walker, "This New Carbon Currency Could Make US More Climate Friendly," World Economic Forum, September 19, 2017, https://www.weforum.org/agenda/2017/09/carbon-currency-blockchainposeidon-ecosphere; Nicola Jones, "How to Stop Data Centres from Gobbling Up the World's Electricity," *Nature*, September 12, 2018; Sean Stein Smith, "Tackling Blockchain in the Accounting Profession," *Accounting Today*, March 13, 2018.

제이미 다이먼과 에이미 웹에 관해서는 다음 글에서 인용했다. Egan, "30% of Bank Jobs Are Under Threat."

나가는 글: 위기는 어떻게 기회가 되는가

(모든 인터넷 웹사이트는 2019년 9월 22일 기준이다.)

새로운 흐름과 순풍에 대한 베조스의 말은 1997년 그가 아마존 주주들에게 보낸 편지에서 인용했다. https://www.sec.gov/Archives/edgar/data/1018724/000119312517120198/d373368dex991.htm.

블랙홀을 촬영한 첫 번째 사진은 다음 기사에 등장한다. Dennis Overbye, "Darkness Visible, Finally: Astronomers Capture First Ever Image of a Black Hole," *New York Times*, April 10, 2019.

윌리엄 포크너의 말은 크리스토퍼 콜럼버스가 한 말이라고도 전해진다. https://www.quotery.com/quotes/one-doesnt-discover-new-lands.

스페인 제국의 멕시코 침략과 정복에 관해서는 베르날 디아스 델 카스티요의 기록을 참고했다. *The True History of the Conquest of New Spain* (New York: Penguin, 1963). 이 기록이 처음 책으로 출간된 시기는 1632년이며, 영어판 전문은 다음 인터넷 사이트에서 확인할 수 있다. https://archive.org/stream/tesisnoqueprese00garcgoog/tesisnoqueprese00garcgoog_djvu.txt. 이 책에서 소개한 부분은 특히 22장과 57장에서 인용했다.

레고에 관한 내용은 다음 글들을 바탕으로 했다. David C. Robertson, *Brick by Brick:*

How LEGO Rewrote the Rules of Innovation and Conquered the Global Toy Industry (New York: Crown Business, 2013), 국내 출간: 『레고: 어떻게 무너진 블록을 다시 쌓았나』, 해냄출판사; Mary Blackiston, "How Lego Went from Nearly Bankrupt to the Most Powerful Brand in the World," Success Agency, February 27, 2018, https://www.successagency.com/growth/2018/02/27/lego-bankruptpowerful-brand; Lucy Handley, "How Marketing Built Lego into the World's Favorite Toy Brand," CNBC, April 27, 2018, https://www.cnbc.com/2018/04/27/lego-marketing-strategy-made-it-worldfavorite-toy-brand.html; Johnny Davis, "How Lego Clicked: The Super Brand That Reinvented Itself," *Guardian*, June 4, 2017; Jeff Beer, "The Secret to Lego's Social Media Success Is in the Creative Power of Crowds," *Fast Company*, June 20, 2017; Jonathan Ringen, "How Lego Became the Apple of Toys," *Fast Company*, August 1, 2015; David Kindy, "How Lego Patents Helped Build a Toy Empire, Brick by Brick," *Smithsonian Magazine*, February 7, 2019.

존 스타인벡의 토끼 관련 비유는 1947년 있었던 어느 기자와의 대담 내용에서 인용했다.

https://smallbusiness.com/monday-morning-motivation/john-steinbeckquote-ideas-are-like-rabbits.

스티브 잡스에 관해서는 다음 기사를 참조할 것. Malcolm Gladwell, "The Tweaker," *New Yorker*, November 14, 2011.

몰입 상승 효과에 관해서는 다음 글들을 참조할 것. Barry M. Staw, "The Escalation of Commitment: An Update and Appraisal," in *Organizational Decision Making*, ed. Zur Shapira (New York: Cambridge University Press, 1997), 191–215. 웰링턴 공작의 말은 다음 책에서 인용했다. *The Nineteenth Century: A Monthly Review*, volume XVII (London: Kegan Paul, Trench, 1885), 905.

'선택의 여지가 있는 것'에 관해서는 다음 글들을 참조할 것. Heidi Grant Halvorson, "Why Keeping Your Options Open Is a Really, Really Bad Idea," *Fast Company*, May 27, 2011; Hugh Courtney, "Keeping Your Options Open," *World Economic Affairs*, Winter 1999, https://www.mcgill.ca/economics/files/economics/keeping_your_options_open.pdf.

'경쟁으로 인한 불안'에 관해서는 다음 글들을 참조할 것. Nathan Davidson, "The 20 Greatest Sports Psychology Quotes of All Time," Thriveworks, August 8, 2017, https://thriveworks.com/blog/greatest-sports-psychology-quotes-of-alltime; Simon M. Rice et al., "Determinants of Anxiety in Elite Athletes: A Systematic Review and Meta-Analysis." *British Journal of Sports Medicine* 53, no. 11 (2019): 722–730.

라파 누이 혹은 이스터섬에 관해서는 다음 책과 글들을 참조할 것. Jared Diamond, *Collapse* (New York: Viking, 2005), 국내 출간: 『문명의 붕괴』, 김영사; Terry Hunt and Carl Lipo, *The Statues That Walked: Unraveling the Mystery of Easter Island* (Berkeley, CA: Counterpoint, 2012), 이 책의 경우 53, 92, 155, 그리고 180쪽에서 인용했다. Paul Bahn and John Flenley, *Isla de Pascua, Isla de Tierra*, 4th ed. (Viña del Mar, Chile: Rapanui Press, 2018), 국내 출간: 『이스터 섬의 수수께끼: 세계에서 가장 불가사의하고 매혹적인 섬 이야기』, 아침이슬. 이 책의 경우 15, 204, 235, 그리고 257쪽에서 인용했다. Nicholas Casey and Josh Haner, "Easter Island Is Eroding." *New York Times*, March 15, 2018; Megan Gannon, "People of Easter Island Weren't Driven to Warfare and Cannibalism. They Actually Got Along." LiveScience, August 13, 2018, https://www.livescience.com/amp/63321-easter-island-collapse-myth.html; David Bressan, "Climate, Overpopulation and Environment—The Rapa Nui Debate." Scientific American, October 31, 2011.

예전의 발명품이나 기술의 부활에 관해서는 다음 글을 참조할 것. Ron Miller and Alex Wilhelm, "With Tech, What's Old Is New Again." TechCrunch, April 6, 2015, https://techcrunch.com/2015/04/06/with-tech-whats-old-is-newagain.

유진 오닐의 말은 그 자신이 쓴 글에서 인용했다. *Recklessness: It's a Great Game—The Pursuit of Happiness* (Amazon Digital Services, 2014).

옮긴이 우진하

삼육대학교 영어영문학과를 졸업하고 성균관대학교 번역 테솔 대학원에서 번역학 석사 학위를 취득했다. 한성디지털대학교 실용외국어학과 외래 교수를 역임했으며, 현재는 출판 번역 에이전시 베네트랜스에서 전속 번역가로 활동 중이다. 옮긴 책으로는 『어떻게 마음을 움직일 것인가』, 『나의 기억을 보라』, 『노동, 성 권력』, 『붕괴』, 『존 나이스비트 미래의 단서』, 『다크 머니』, 『와일드』 등이 있다.

2030 축의 전환

초판 1쇄 발행 2020년 10월 16일
초판 28쇄 발행 2024년 3월 15일

지은이 마우로 기엔
옮긴이 우진하

발행인 이봉주 **단행본사업본부장** 신동해 **편집장** 김경림
책임편집 이민경 **디자인** 김은정 **교정교열** 강진홍 **마케팅** 최혜진 백미숙
홍보 반여진 허지호 정지연 송임선 **국제업무** 김은정 **제작** 정석훈

브랜드 리더스북 **주소** 경기도 파주시 회동길 20
문의전화 031-956-7430(편집) 031-956-7129(마케팅)

홈페이지 www.wjbooks.co.kr
인스타그램 www.instagram.com/woongjin_readers
페이스북 www.facebook.com/woongjinreaders
블로그 blog.naver.com/wj_booking

발행처 ㈜웅진씽크빅 **출판신고** 1980년 3월 29일 제406-2007-000046.호

한국어판 출판권 © ㈜웅진씽크빅, 2020
ISBN 978-89-01-24608-6 (03320)

리더스북은 ㈜웅진씽크빅 단행본사업본부의 브랜드입니다.

※ 책값은 뒤표지에 있습니다.
※ 잘못된 책은 구입하신 곳에서 바꾸어드립니다.